Marc Lucas Weber

Motivierende Kommunikation in heterogenen Gruppen

Eine empirische Studie zur
Kommunikation zwischen Lehrkraft und
Schüler*innen im inklusiven Sportunterricht

Weber, Marc Lucas: Motivierende Kommunikation in heterogenen Gruppen. Eine empirische Studie zur Kommunikation zwischen Lehrkraft und Schüler*innen im inklusiven Sportunterricht, Hamburg, disserta Verlag, 2021
Zugl.: Bielefeld, Universität Bielefeld Diss. 2021

Buch-ISBN: 978-3-95935-586-5
PDF-eBook-ISBN: 978-3-95935-587-2
Druck/Herstellung: disserta Verlag, Hamburg, 2021
Covermotiv: © pixabay.com

Bibliografische Information der Deutschen Nationalbibliothek:
Die Deutsche Nationalbibliothek verzeichnet diese Publikation in der Deutschen Nationalbibliografie; detaillierte bibliografische Daten sind im Internet über http://dnb.d-nb.de abrufbar.

© disserta Verlag, Imprint der Bedey & Thoms Media GmbH
Hermannstal 119k, 22119 Hamburg
http://www.disserta-verlag.de, Hamburg 2021
Printed in Germany

Meinen Eltern

Inhaltsverzeichnis

Abbildungsverzeichnis

Tabellenverzeichnis

1 Einleitung

„Du sollst wollen"
(Horkheimer, 2020)

Die Motivation der Schüler*innen hat einen entscheidenden Einfluss auf den Sportunterricht. Schüler*innen, die eine geringe Motivation aufweisen, erschweren den Unterrichtserfolg auf verschiedenen Ebenen: wenig Anstrengungsbereitschaft, wenige Wortbeiträge und träge, gefühlt erzwungene Bewegungen sorgen oftmals für verzweifelte Lehrkräfte. Für Lehrkräfte die ratlos sind, wenn es darum geht, motivierend auf ihre Schüler*innen einzuwirken. Oftmals rücken dann auch die vorab gesetzten Unterrichtsziele in weite Ferne.

Umso erstrebenswerter ist es, die Motivation der Schüler*innen zu fördern. Auch das Ministerium für Schule und Weiterbildung des Landes Nordrhein-Westfalen (kurz: MSW NRW) erkennt, dass „der Bildungsprozess nur als aktiver, freiwilliger Akt eines selbstbestimmungsfähigen Subjekts gelingen kann" (2014, S. 14). Eine hohe Motivation kann zu einer solchen Teilnahme am Sportunterricht führen. Sind die Schüler*innen erst einmal motiviert, ist oftmals zu beobachten, dass diese fleißig üben, schnelle Entwicklungsschritte machen, sich gegenseitig durch konstruktives Feedback unterstützen und eine hohe Anstrengungsbereitschaft zeigen. Oftmals bringen motivierte Schüler*innen mehr Geduld beim Lernen auf, sind konzentrierter bei der Sache und bringen den Unterricht mit Wortbeiträgen voran. So ist wenig verwunderlich, dass eine hohe Motivation auch mit der erbrachten Leistung (vgl. u. a. Boiché, Sarrazin, Grouzet & Pelletier, 2008) und der erzielten Note (vgl. Barkoukis, Taylor, Chanal & Ntoumanis, 2014) in Verbindung gebracht werden kann.

Abgesehen davon, dass die körperlich-motorischen, kognitiven und sozial-emotionalen Ziele des Sportunterrichts besser erreicht werden können, hat die Motivation im Sportunterricht auch Auswirkungen, die über den schulischen Kontext hinausgehen. Denn wenn motivierende Erfahrungen gemacht werden, die das Fach Sport emotional positiv besetzen, kann ein Ziel erreicht werden, welches sowohl von vielen Sportlehrkräften als auch auf ministerialer Ebene (vgl. MSW NRW, 2014, S. 15) angestrebt wird – die Motivation zum außerschulischen Bewegen, Spielen und Sporttreiben (vgl. Ommundsen & Kvalø, 2007).

Die Ausführungen zeigen: Eine hohe Motivation der Schüler*innen bringt viele Vorteile mit sich. Dennoch kann in der Praxis beobachtet werden, dass es oftmals an dieser Motivation mangelt. Woran kann das liegen?

Ein relevanter Aspekt ist diesbezüglich die hohe Heterogenität der Lerngruppen. Von verschiedenen Interessen bis hin zu unterschiedlich ausgeprägten Leistungsniveaus – die Heterogenität einer Lerngruppe zeigt sich auf verschiedenen Ebenen (vgl. Stöger & Ziegler, 2013; Reich, 2016, S. 19).

In Bezug auf eine hohe Motivation der Schüler*innen stellt diese Heterogenität zweifelsohne eine große Herausforderung für Sportlehrkräfte dar.
Denn selten erweckt ein bestimmter Sportbereich bei der gesamten Klasse
ein hohes Interesse und selten ist eine Aufgabenschwierigkeit für alle Schüler*innen angemessen. So kann es im Sportunterricht schnell passieren, dass
sich manche Schüler*innen unter- und andere überfordert fühlen.

Während also die einen stolz ihr Können demonstrieren, halten sich andere
zurück, weil sie sich in der Gruppe unwohl fühlen oder ihre vermeintliche
Inkompetenz nicht vor ihren Mitschüler*innen präsentieren wollen (vgl.
Wiesche, 2017). Mit Blick auf diese Heterogenität erscheint es daher schwie-
rig, nahezu unmöglich, dass im besten Fall alle Schüler*innen mit hoher
Motivation am Unterricht teilnehmen.

Hinzu kommt, dass durch die Ratifizierung der UN-Konvention über die
Rechte von Menschen mit Behinderungen (kurz: UN-BRK) im Jahre 2009,
die Heterogenität innerhalb der Lerngruppen noch weiter verschärft wird.
Ausgehend vom Prinzip der Gleichberechtigung ist in Artikel 24 dieser
Konvention die Rede vom Recht auf eine „volle und gleichberechtigte
Teilhabe an der Bildung". Das bedeutet, dass Schüler*innen mit zugewiesenem Förderschwerpunkt gemeinsam mit Schüler*innen unterrichtet
werden, die keinen Förderschwerpunkt zugewiesenen bekommen haben. Die
inklusive Schule ist somit keine bildungspolitische Option mehr, stattdessen
ist ihre Umsetzung gesetzlich verankert (vgl. Giese, 2015, S.19).

Diese gemeinsame Beschulung verstärkt die Heterogenität enorm und erhöht
damit die Herausforderung der Sportlehrkräfte, den Sportunterricht in
inklusiven Lerngruppen so zu gestalten, dass möglichst alle Schüler*innen
motiviert am Unterricht teilnehmen.

Denn leistungsstarke wie auch weniger leistungsstarke Schüler*innen, solche mit und ohne zugewiesenen Förderschwerpunkt werden in Situationen
kommen, in denen ihre Unterschiedlichkeit relevant wird. So zum Beispiel,
wenn es um die Einteilung von Mannschaften geht und ein Schüler, nennen
wir ihn Lukas, äußert, nicht mit Maik zusammen in eine Mannschaft zu
wollen, weil dieser aufgrund einer Sehbeeinträchtigung den Ball nicht sicher
fangen kann und daher den Sieg seiner Mannschaft gefährdet.

Was aber kann eine Sportlehrkraft tun, um solchen Problemen entgegenzuwirken? Welches Handlungspotenzial hat sie, um in heterogenen Lerngruppen positiv auf die Motivation der Schüler*innen einzuwirken?

Eine Sportlehrkraft greift diesbezüglich insbesondere auf die Kommunikation zurück (vgl. z. B. Hattie & Timperley, 2007; Hattie, Beywl & Zierer,
2013). Mittels Kommunikation versucht sie, das Interesse für das anstehende
Thema zu wecken und in jeglichem Sinne das Geschehen innerhalb des
Sportunterrichts zu beeinflussen. Sie gibt Feedback, ermutigt, muntert auf
und feuert an. Sie erläutert Aufgaben, erklärt Regeln und unterstützt die
Schüler*innen dabei, Ungereimtheiten zu bereinigen. Egal welche metho-

disch-didaktischen Entscheidungen sie trifft; sie muss diese auf irgendeine Art und Weise den Schüler*innen gegenüber kommunizieren.

Der Anspruch an eine solche Kommunikation scheint aufgrund der großen Heterogenität im inklusiven Sportunterricht besonders hoch zu sein. Dennoch müssen Sportlehrkräfte einen Weg finden, mit dieser Heterogenität umzugehen – doch nicht nur das, im besten Fall soll der Umgang mit der Heterogenität auch noch für alle Schüler*innen motivierend sein. Aus diesem Anspruch und der damit zusammenhängenden Herausforderung, der sich Sportlehrkräfte tagtäglich konfrontiert sehen, leitet sich die für diese Arbeit übergeordnete Forschungsfrage ab:

*Inwiefern gelingt es Lehrkräften, im inklusiven Sportunterricht motivierend mit ihren Schüler*innen zu kommunizieren?*

Um diese Frage beantworten zu können, ist ein theoretisches Modell vonnöten, das mehrere Bereiche miteinbezieht. Diesbezüglich gilt es, den Kontext zu charakterisieren, in dem die Kommunikation stattfindet. Daher muss geklärt sein, welche Besonderheiten den inklusiven Sportunterricht auszeichnen. Weiterhin bedarf es einer Präzisierung des Kommunikations-verständnisses, welches zur Beantwortung der Forschungsfrage herangezogen wird. Zudem gilt es, darzulegen, was unter Motivation verstanden wird und welche Maßnahmen eine Lehrkraft ergreifen kann, wenn es darum geht, ihre Schüler*innen zu motivieren. Auf Grundlage dieser theoretischen Rahmung, soll schließlich ein empirisches Forschungsdesign dazu dienen, konkrete Kommunikationssituationen zu analysieren, sodass Erkenntnisse in Bezug auf die Forschungsfrage gewonnen werden können.

Im nächsten Schritt werden daher die Theorieentscheidung dargelegt und begründet sowie der Aufbau dieser Forschungsarbeit konkretisiert.

2   Theorieentscheidung und Aufbau der Arbeit

Zunächst gilt es, eine Entscheidung hinsichtlich der theoretischen Rahmung zu treffen, die in dieser Arbeit zugrunde liegt. Um Erkenntnisse in Bezug auf die Forschungsfrage generieren zu können, ist eine theoretische Perspektive notwendig, die das Forschungsinteresse fokussiert und in seiner Komplexität abbildet.

Das theoretische Kommunikationsverständnis dieser Arbeit beruht diesbezüglich auf den Themenkomplexen der Kommunikationspsychologie. Diese lassen sich in die drei für diese Arbeit relevanten Komplexe unterteilen, nämlich in (1) die Kommunikationsbedingung, (2) den Kommunikationsprozess sowie (3) die Kommunikationsfolge (vgl. Six, Gleich & Gimmler, 2007, S. 26).

Diese Theorieentscheidung ermöglicht es, (1) die forschungsrelevanten Kontextbedingungen des inklusiven Sportunterrichts darzustellen. Dazu gehört auch die Darlegung der Heterogenitätsmerkmale, welche für die Forschungsfrage relevant sind. Denn nicht jeder Kommunikationsprozess kann einen Beitrag für die Beantwortung der Forschungsfrage liefern. Wie aus der Einleitung hervorgeht, geht es beim Forschungsanliegen fokussiert um eine Kommunikation, die durch eine bestimmte Bedingung beeinflusst wird – nämlich der Heterogenität des inklusiven Sportunterrichts. Diese Bedingung nimmt schließlich Einfluss auf (2) den Kommunikationsprozess, der zwischen der Lehrkraft und den Schüler*innen innerhalb des inklusiven Sportunterrichts stattfindet. Doch mit Beendigung eines solchen Kommunikationsprozesses endet nicht das Forschungsinteresse. Um Antworten auf die Forschungsfrage zu generieren, ist es zudem notwendig, (3) die Folge dieses Kommunikationsprozesses zu erfassen. Schließlich geht es um die Frage, welche motivationale Wirkung ein Kommunikationsprozess bei den Schüler*innen hinterlässt. Erst durch Erkenntnis dieser Kommunikationsfolge können Schlussfolgerungen hinsichtlich des Forschungsinteresses getroffen werden. Da Motivation ‚von innen‘ kommt und nicht von außen oktroyiert werden kann, soll der*die Adressat*in der Kommunikation, also der*die Schüler*in, in Bezug auf diese Kommunikationsfolge im Zentrum des Forschungsinteresses stehen. Diesbezüglich stellt das Kommunikationsverständnis der Kommunikationspsychologie das Individuum in den Mittelpunkt des Interesses und ermöglicht somit eine Betrachtungsweise auf der Mikroebene (vgl. ebd.).

Bzgl. der motivationalen Wirkung eines Kommunikationsprozesses, bedarf es einer weiteren Theorie, die ebendiese Wirkung abbildet. Die Selbstbestimmungstheorie der Motivation nach Deci und Ryan (2000) liefert dies. Denn wie aus der einleitenden Problembeschreibung hervorgeht, zeigt sich die Heterogenität einer inklusiven Lerngruppe auf vielen verschiedenen Ebenen. Dementsprechend muss eine Motivationstheorie zugrunde gelegt werden, die nicht ausschließlich Aspekte der Leistungsmotivation fokussiert (z. B.: „Ich will weiter springen können"). Diese nimmt mit Blick auf die Leistungsheterogenität ohne Zweifel eine zentrale Rolle ein, allerdings geht es darüber hinaus beispielsweise auch um Aspekte der sozialen Teilhabe (z. B.: „Ich will mich in der Klasse wohlfühlen") oder um das Ausschöpfen der Handlungsfreiheit (z. B.: „Ich will mich einbringen und eigene Entscheidungen treffen können"). Diesbezüglich bedarf es einer umfassenden Motivationstheorie, die neben dem Aspekt der Leistung auch Aspekte des sozialen Miteinanders und der Selbstbestimmung miteinbezieht. Als globale Motivationstheorie berücksichtigt die Selbstbestimmungstheorie der Motivation diese verschiedenen Aspekte. Mit Blick auf die motivationalen Folgen der Kommunikationsprozesse stellt sie zudem das Individuum in den Mittelpunkt und ist insbesondere durch die Betrachtung der Bedürfnisse des Menschen gekennzeichnet, die aufgrund einer großen Heterogenität äußerst vielfältig sein können. Aus diesen Gründen wird sie hinsichtlich des Nutzens für diese Forschungsarbeit als besonders geeignet eingestuft.

Nach Darlegung dieser Theorieentscheidung soll nun überblickgebend der Aufbau der Arbeit dargestellt werden. Zunächst findet eine ausführliche Schilderung der Theorie statt, die als Basis für das weitere Vorgehen betrachtet wird. Dazu werden einführend die drei Themenkomplexe der Kommunikationspsychologie beschrieben (vgl. Kapitel 3). Diese werden anschließend mit Blick auf die Forschungsfrage in den relevanten Kontext eingeordnet. Dabei wird zunächst die Kommunikationsbedingung dargestellt, die in dieser Arbeit durch die Heterogenität des inklusiven Sportunterrichts charakterisiert ist (vgl. Kapitel 4). Im Anschluss daran wird sich dem Kommunikationsprozess zwischen der Lehrkraft und den Schüler*innen gewidmet, der auf der Grundlage dieser Kommunikationsbedingung vollzogen wird. Es geht somit um den Umgang mit Heterogenität, wobei der Frage nachgegangen wird, welche methodisch-didaktischen Entscheidungen dabei relevant werden (vgl. Kapitel 5). Im letzten Komplex wird die für diese Arbeit relevante Kommunikationsfolge präzisiert. Diese ist im Sinne des Forschungsanliegens durch die Motivation der Schüler*innen gekennzeichnet und wird durch die Selbstbestimmungstheorie der Motivation nach Deci und Ryan fundiert (vgl. Kapitel 6).
Der anschließende Forschungsstand bezieht sich auf diese theoretischen Darstellungen und setzt diesbezüglich das Verständnis der Fachtermini voraus. Da diese erst im Theorieteil der Arbeit erläutert werden, wird der Forschungsstand im Anschluss an diesen vorgestellt. Im Hinblick auf das Forschungsanliegen werden hier Forschungsergebnisse präsentiert, um auf dieser Grundlage Desiderate ausfindig zu machen sowie die Forschungsfrage auszudifferenzieren (vgl. Kapitel 7).

Mit Blick auf diese Differenzierung wird schließlich die Entscheidung über das forschungsmethodische Vorgehen getroffen und die Methode geschildert, mit deren Hilfe Erkenntnisse in Bezug auf die Forschungsfrage gewonnen werden sollen (vgl. Kapitel 8). Nach der Schilderung der methodischen Vorgehensweise folgt die ausführliche Auswertung der empirischen Daten (vgl. Kapitel 9), bevor diese Arbeit mit einem Fazit abschließt (vgl. Kapitel 10).

3 Die Kommunikationspsychologie

Die Kommunikationspsychologie bildet das Fundament dieser Arbeit und soll in diesem Kapitel dargelegt werden. Dazu wird zunächst der Begriff der Kommunikation erläutert. Ziel ist es, aufzuzeigen, was in dieser Arbeit unter Kommunikation verstanden wird und dadurch einzugrenzen, welche Kommunikationsprozesse für die Forschungsfrage relevant und welche irrelevant sind (vgl. Kapitel 3.1). Nach der Klärung des Kommunikationsbegriffs wird sich den bereits genannten Themenkomplexen der Kommunikationspsychologie gewidmet. Im Ergebnis sollen die Kommunikationsbedingung, der Kommunikationsprozess sowie die Kommunikationsfolge erläutert und ihre Verwendung im Hinblick auf den weiteren Nutzen für diese Arbeit dargelegt werden (vgl. Kapitel 3.2).

3.1 Betrachtungsweise des Kommunikationsbegriffs

Der Begriff der Kommunikation wurde in der Vergangenheit bereits auf vielfältige Weise definiert, was sicherlich damit zusammenhängt, dass sich der Kommunikationsbegriff aus unterschiedlichen Perspektiven betrachten lässt (ein Überblick liefert z. B. Knapp & Daly, 2011, S. 3ff.). Auf der Suche nach einem ‚kleinsten gemeinsamen Nenner‘ sind sich die Definitionen in der Regel darüber einig, dass die Kommunikation aus drei zentralen Komponenten besteht: Einem*einer Sender*in (auch Kommunikator*in), einer Botschaft sowie einem*einer Empfänger*in (auch Rezipient*in)[1] (siehe Abbildung 1).

---

[1] In Auseinandersetzung mit dem Kommunikationsbegriff wird oftmals auch im Kontext von direkter „face-to-face"-Kommunikation auf die Begriffe Sender*in und Empfänger*in/Rezipient*in verzichtet. Stattdessen wird für beide Seiten der Begriff Kommunikator*in verwendet. Dadurch soll der überholte Gedanke, Kommunikation sei ein linearer Prozess (vgl. Shannon & Weaver, 1949), aufgehoben und stattdessen verdeutlicht werden, dass es sich bei der Kommunikation um einen transaktionalen Prozess handelt (vgl. Hargie, 2013, S. 36). Dies hängt mit der Wechselwirkung innerhalb eines Kommunikationsprozesses zusammen, der zwischen den beiden Kommunikatoren stattfindet. Auch der*die ‚Rezipient*in‘ fungiert als Kommunikator*in, da er unmittelbar während des Prozesses ein Feedback (z. B. in Form eines verwirrten Gesichtsausdrucks) an den*die Kommunikationspartner*in sendet. Diese*r nimmt dies wahr und reguliert aufgrund dessen wiederum seine Kommunikation (vgl. Six, Gleich & Gimmler, 2007, S. 33; Hargie, 2013, S. 33).
So erkennen Röhner und Schütz (2016) in Anlehnung an Schütz (2005): „Die Wirkung auf die Empfangenden wird wiederum von den Sendenden wahrgenommen und es kommt zu Rückkopplungen. Beispielsweise mag sich die sendende Person als kompetent oder inkompetent erleben, je nachdem, ob es gelungen ist, die angestrebten kommunikativen Ziele zu erreichen – beispielsweise das Gegenüber zu überzeugen. Auf diese Weise kommt es zu Rückkopplungen auf die Bewertung der eigenen Person und die Selbstwertschätzung" (S. 11).

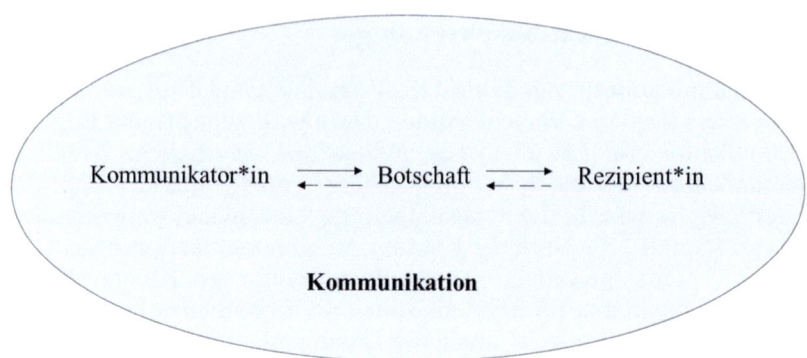

Kommunikator*in ←--→ Botschaft ←--→ Rezipient*in

Kommunikation

**Abbildung 1: Elemente der Kommunikation - vereinfachtes Schema
(in Anlehnung an Six, Gleich & Gimmler, 2007, S. 21)**

Eine überblickgebende Definition des Kommunikationsbegriffs, die diese Komponenten berücksichtigt, liefern Six et al. (2007):

> „Menschliche Kommunikation ist ein Prozess zwischen zwei oder mehr Beteiligten (Einzelpersonen, Mitglieder sozialer Gemeinschaften oder Institutionen, jeweils als Sender bzw. *Kommunikator* und/oder als Empfänger bzw. *Rezipient*), in dem die Akteure durch Zeichen und Symbole verschiedener Modalitäten direkt (von Angesicht zu Angesicht, „face-to-face") oder indirekt über Medien miteinander in Beziehung treten. Dabei ist ein Mindestmaß an Gemeinsamkeit des Zeichen- und Symbolvorrats und -verständnisses sowie des Wissens- und Erfahrungshintergrunds erforderlich, um eine Verständigung zu ermöglichen" (S. 21).

Wenn in dieser Arbeit von Kommunikation die Rede ist, meint dies stets die direkte interpersonale Kommunikation. Damit ist eine „face-to-face"-Kommunikation zwischen mindestens zwei Personen gemeint, die auf Medien wie Telefon, Fernsehen, Internet, E-Mail, Zeitungen etc. verzichtet (vgl. ebd., S. 25). Die Kommunikation ist dadurch auf verbale (Sprache), paraverbale (Stimmhöhe, Sprechpausen etc.) und nonverbale (Mimik, Gestik, Körpersprache etc.) Ausdrucksmöglichkeiten beschränkt (vgl. ebd., S. 21).

Diese Aspekte ergänzend unterliegt die Kommunikation dabei stets einer Intention. Jede Kommunikation erfüllt daher einen Zweck (vgl. ebd., S. 22; in Anlehnung an Burgoon, Hunsaker & Dawson, 1994; Heath & Bryant, 2000).

> „Diejenigen, die sich an einem Gespräch beteiligen, tun dies mit einem bestimmten Ziel vor Augen; sie wollen ein gewünschtes Ergebnis erzielen. Nach dieser funktionalen Betrachtungsweise des Phänomens ist Kommunikation alles andere als unproduktiv oder planlos, sondern erfolgt vielmehr, um etwas zu bewirken – um irgendein Ziel zu erreichen" (Hargie, 2013, S. 37).

Dabei kann es sich beispielsweise um Informationssuche, Verständigung, Konfliktlösung, Selbstdarstellung, bloße Mitteilung, Beziehungspflege, Beratung, Überzeugung oder Motivierung handeln (vgl. Six et al., 2007, S. 22). Vor diesem Hintergrund beinhaltet Kommunikation auch ein strategisches Element, mit dem eigene Ziele erreicht werden sollen. Die jeweiligen Ziele müssen den Kommunikator*innen dabei nicht vollständig bewusst sein. „Einzelne kommunikative Akte und Prozesse können mehr oder weniger strategisch geplant und bewusst ebenso wie ritualisiert oder automatisiert ablaufen" (ebd.; vgl. Hargie, 2013, S. 38f.; in Anlehnung an Kellermann, 1992 & Lakin, 2006, S. 63). Auch können sich die Ziele während des Kommunikationsprozesses noch ändern, falls die Person die Situation aufgrund gewonnener Information neu interpretiert (vgl. Six et al., 2007, S. 22; in Anlehnung an Burgoon et al., 1994; Heath & Bryant, 2000). Die Botschaft dient schließlich dazu, die Intention des Kommunikators*der Kommunikatorin zu realisieren, obgleich dies nicht zwangsläufig gelingen wird:

> „Die von der einen Seite kodierten und übermittelten und von der anderen Seite empfangenen und dekodierten Zeichen und Symbole machen die „*Botschaft*" bzw. den Kommunikationsinhalt aus. Die gesendete und die rezipierte Botschaft können durchaus graduell oder gar erheblich differieren" (Six et al., 2007, S. 21).[2]

Der Grund für diese Differenzen wird im Rauschen (bzw. in den Störquellen) gefunden (vgl. Hargie, 2013, S. 35). Mit dem Rauschen sind jegliche Störungen gemeint, die eine Botschaft verzerren und einer erfolgreichen Kommunikation im Weg stehen. Dementsprechend können Missverständnisse durch verschiedene Faktoren beeinflusst werden. Zu erwähnen sind beispielsweise der Einfluss der Kommunikator*innen, des Kontextes, des externen Rauschens (laute Geräusche), des internen Rauschens (Ablenkungen bei den Beteiligten) oder von kulturellen Unterschieden (vgl. ebd.).

Während einer solchen Kommunikation beeinflussen sich die Kommunikator*innen wechselseitig (vgl. Six et al., 2007, S. 22). Während dieser Beeinflussung führen sie eine Vielzahl an Aktivitäten simultan aus. Dazu zählen einerseits äußere Aktivitäten wie Bewegung oder Sprache und andererseits innere Aktivitäten, wie Denkprozesse oder Gefühlsregulierungen. Das bedeutet, dass ein großer Teil dieser Aktivitäten nicht direkt sichtbar wird. „Nicht beobachtbar sind etwa die der Kommunikation zugrundeliegenden Motivationen oder die Interpretation der Botschaft" (ebd.).

Diese Aspekte hängen maßgeblich mit der Fragestellung dieser Arbeit zusammen. Die von dem*der Sender*in kodierten Symbole müssen von dem*der Empfänger*in dekodiert und interpretiert werden. Dieser Prozess

---

[2] Mit Kommunikationsstörungen hat sich im deutschsprachigen Raum insbesondere Schulz von Thun (2010) auseinandergesetzt.

hat zur Folge, dass bei dem*der Empfänger*in eine Wirkung hinterlassen wird. Die empfangene Botschaft nimmt, ob gewollt oder nicht gewollt, Einfluss auf den*die Rezipienten*Rezipientin. Frindte (2001) begründet dies damit, dass sich Menschen durch Kommunikation dazu bringen, „Vorstellungen, Bilder, Konstruktionen über die Wirklichkeit zu produzieren" (S. 17). Für Frindte (2001) ist Kommunikation demnach „ein sozialer Prozess, in dessen Verlauf sich die beteiligten Personen wechselseitig zur Konstruktion von Wirklichkeit anregen" (S. 17). Ihre jeweiligen Vorstellungen, Bilder und Wirklichkeitskonstruktionen müssen sich – ähnlich wie die gesendete und die empfangene Botschaft – dabei nicht zwangsläufig gleichen (vgl. ebd., S. 17).[3] Die geschaffenen Wirklichkeitskonstruktionen können somit als „Resultate (oder auch die weiteren Voraussetzungen) des kommunikativen Geschehens" (ebd.) bezeichnet werden (vgl. Hargie, 2013, S. 35). In dieser Arbeit wird diesbezüglich der Terminus Kommunikationsfolge genutzt. Genau diese ist es, die den Kern des Forschungsinteresses ausmacht. Geht es bei der Fragestellung darum, die Wirkung der Lehrkraft-Schüler*innen-Kommunikation auf die Motivation der Schüler*innen zu untersuchen, so ist ebendiese Motivation die für die Forschungsarbeit interessante Kommunikationsfolge.

Nach dieser Darlegung des Kommunikationsverständnisses werden nachfolgend die drei Themenkomplexe der Kommunikationspsychologie sowie deren Beziehung zur vorliegenden Forschungsfrage erläutert.

3.2   Themenkomplexe der Kommunikationspsychologie

In der Kommunikationspsychologie ist das Individuum in seiner unmittelbaren Kommunikationsumgebung Gegenstand des Forschungsinteresses. Ihre Aufgabe ist „die Analyse, Erklärung und Vorhersage von Kommunikationsprozessen und -ergebnissen unter psychologischen Aspekten" (Six et al., S. 26).

Die Kommunikationspsychologie verknüpft dabei kommunikationsspezifische Aspekte mit Perspektiven weiterer (sozial-) psychologischer Theorien (vgl. ebd., S. 27). In dieser Arbeit geht es in diesem Zusammenhang um die Perspektive der Motivationspsychologie. Wesentliches Ziel ist es, Erkenntnisse über die Kommunikation zu gewinnen, um schließlich zu ihrer Optimierung in einem spezifischen Kontext beizutragen (vgl. ebd.). Die Kommunikationspsychologie richtet sich dabei

---

[3] Daher ist es im empirischen Teil dieser Arbeit elementar, dass nicht nur Daten der Lehrkräfte, sondern auch der Schüler*innen erhoben werden. Welche Botschaft von der Lehrkraft intendiert gesendet wird und welche Auswirkungen diese aufseiten der Schüler*innen hat, können weit voneinander abweichen.

„weniger auf die Kommunikatorseite oder auf die Kommunikationsinhalte an sich als vielmehr auf die Rezipientenseite und auf die Interaktion zwischen den Beteiligten. Dazu gehört auch der Zusammenhang zwischen individuellen und mikrosozialen Bedingungen, Kommunikationsprozessen und -inhalten sowie Ergebnissen und Wirkungen von Kommunikation" (ebd., S. 27).

Mit Schwerpunktsetzung auf die Rezipient*innenseite nehmen die Decodierung und Verarbeitung der Botschaft sowie die daraus resultierende Kommunikationsfolge eine zentrale Rolle ein. Im Sinne der Forschungsfrage geht es somit weniger um das, was die Lehrkraft sagt, sondern vielmehr um das, was bei dem*der Schüler*in ankommt (vgl. ebd., S. 34). Vor diesem Hintergrund können Erkenntnisse gewonnen werden, die dazu dienen, die Kommunikation – je nach Zielsetzung – erfolgreicher zu gestalten (vgl. ebd., S. 47). Im Kontext dieser Arbeit ist die übergeordnete Zielsetzung daher die Optimierung der Kommunikation zwischen der Lehrkraft und den Schüler*innen im inklusiven Sportunterricht mit dem Ziel der Motivationsförderung aufseiten der Lernenden.

Wie bereits geschildert konzentriert sich dieses Gebiet nicht nur auf den Kommunikationsprozess, sondern bezieht darüber hinaus insbesondere die Kommunikationsbedingungen als Einflussfaktor sowie die Kommunikationsfolge mit ein (vgl. Six et al., 2007, S. 26; siehe Abbildung 2).[4] Diese drei Komplexe sollen im Folgenden ausdifferenziert und im Hinblick auf ihre Nutzen für diese Arbeit erläutert werden.

---

[4] Zur konkreteren Ausdifferenzierung des Forschungsgegenstandes sowie zu Überschneidungen und Abgrenzungen zu anderen Forschungsgegenständen sei auf Six et al., (2007, S. 26ff.) verwiesen.

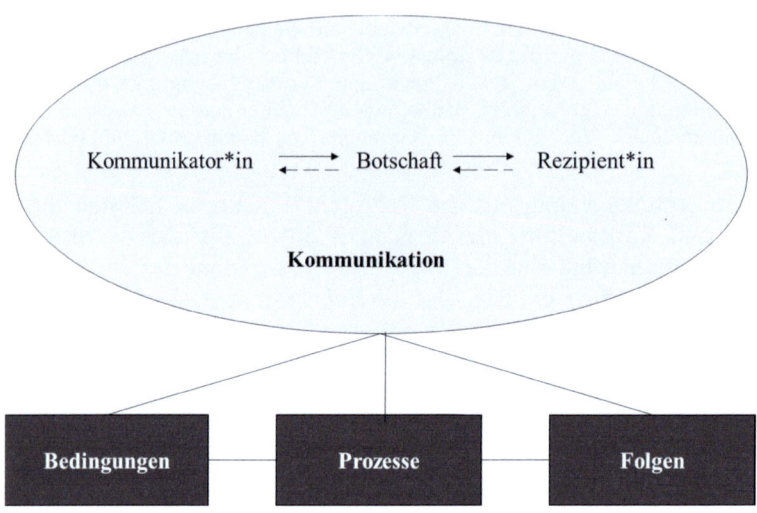

Abbildung 2: Themenkomplexe der Kommunikationspsychologie
(in Anlehnung an Six et al., 2007, S. 26)

Die Kommunikationsbedingung
„Was sind Bedingungen für das Zustandekommen einer Kommunikation"
(Röhner & Schütz, 2016, S. 15)?

> „Kommunikation findet in einem jeweiligen Kontext statt (z. B. einer
> Organisation). Insofern sind für Kommunikationsprozesse und deren Ergeb-
> nisse Rahmenbedingungen aufseiten des Kontexts (z.B. Kommunikations-
> strukturen, -regeln und -klima) ebenso von Bedeutung wie personale Be-
> dingungen aufseiten der daran Beteiligten selbst" (Six et al., 2007, S. 22).

Diese kontextuellen und personellen Bedingungen, die einem Kommunikationsprozess zugrundeliegen sind äußerst komplex und vollständig kaum
greifbar. Zu erwähnen sind beispielsweise die nichtsozialen Rahmenbedingungen, in der sich die Kommunikator*innen befinden, der soziale
Kontext, die Vorgeschichte, die Beziehung unter den Beteiligten, der Ge-
sprächsanlass, die jeweiligen Persönlichkeitseigenschaften uvm. (vgl. ebd.,
S. 27; Röhner & Schütz, 2016, S. 9).
Kontextuelle Bedingungen für den Sportunterricht sind beispielsweise die
relative Altershomogenität zwischen den Schüler*innen, die hierarchisierte
Rollenverteilung zwischen der Lehrkraft und den Schüler*innen oder die
unterschiedlichen Vorerfahrungen der Schüler*innen in Bezug auf einen
Unterrichtsinhalt. Auch Faktoren, wie die Rahmenbedingungen, die durch
die Sporthalle hergestellt werden sowie das Bewegungsverhalten der
Beteiligten innerhalb dieser Sporthalle, nehmen ohne Zweifel Einfluss auf
die Kommunikation innerhalb des Sportunterrichts (vgl. Wegener, Wegener
& Kastrup, 2012).

Bereits diese unvollständige Liste zeigt die Komplexität der Kommunikationsbedingung. Im Sinne der Forschungsfrage wird diese Komplexität durch die Fokussierung auf einen Teilbereich überwunden. Diesbezüglich ist die Kommunikationsbedingung dieser Arbeit im Wesentlichen durch die Heterogenität des inklusiven Sportunterrichts charakterisiert. Daher werden in dieser Arbeit nur solche Kommunikationsprozesse zwischen der Lehrkraft und den Schüler*innen betrachtet, die durch den Einflussfaktor der Heterogenität geprägt sind. Welche Heterogenitätsmerkmale in diesem Zusammenhang betrachtet werden, wird im weiteren Verlauf durch die Erläuterung des zugrundeliegenden Inklusionsverständnisses transparent gemacht (vgl. Kapitel 4). Weitere für den Sportunterricht charakteristischen Kontextbedingungen werden im Forschungsprozess zwar mitgedacht, aber durch die Fokussierung dieser Arbeit nicht explizit untersucht.

Der Kommunikationsprozess
Welches Handeln kennzeichnet den Kommunikationsprozess in der unmittelbaren Kommunikationsumgebung? Dieser Komplex betrachtet unter anderem kommunikationsbezogene Prozesse, die sich auf konkrete und beobachtbare Kommunikationssituationen beziehen. Auch interne Prozesse, beispielsweise Überlegungen der Lehrkraft (in Bezug auf ihr Handeln), die sich vor oder während einer Kommunikationssituation ereignen, sind hier inkludiert. Das Spektrum geht daher über ein klassisches Sender*in-Empfänger*in-Kommunikationsmodell hinaus (vgl. Six et al., 2007, S. 27ff.).
In Bezug auf die Forschungsfrage lässt sich grundlegend die Frage stellen, wie die Lehrkraft mit ihren Schüler*innen kommuniziert, wenn die Heterogenität des inklusiven Sportunterrichts relevant wird. Dabei ist allerdings nicht nur interessant, wer was zu wem sagt. Auch methodisch-didaktische Entscheidungen, die die Lehrkraft im Vorfeld getroffen hat oder spontan innerhalb der Situation trifft, haben maßgeblich Einfluss darauf, wie sie in der Situation mit der Heterogenität umgeht. Welche grundlegenden methodisch-didaktischen Überlegungen in Bezug auf die Heterogenität getroffen werden und die Kommunikation innerhalb des Kontextes beeinflussen, wird im weiteren Verlauf der Arbeit genauer thematisiert (vgl. Kapitel 5).

Die Kommunikationsfolge
„[Welche] Folgen resultieren aus diesen kommunikationsbezogenen Prozessen" (Six et al., 2007, S. 27)? Ebenso komplex wie die Kommunikationsbedingung und der Kommunikationsprozess sind die Folgen der Kommunikation. Sie können sowohl aus expliziten als auch gedeuteten impliziten Botschaften resultieren. Dies kann auch Dritte betreffen, die nicht direkt an einem beobachtbaren Kommunikationsprozess beteiligt sind (vgl. ebd., S. 30): Beispielsweise dann, wenn eine Lehrkraft einer Schülerin ein positives Feed-

back gibt und eine weitere Schülerin, die diesen Kommunikationsprozess beobachtet, aufgrunddessen verunsichert ist, da sie selbst kein Feedback von der Lehrkraft erhalten hat.

Wie beschrieben wird der Annahme gefolgt, dass jede Kommunikation eine Wirkung hinterlässt. Die Wahrnehmung der eigenen Umwelt wird durch einen Kommunikationsprozess auf irgendeine Art und Weise verändert; die Welt wird anders gesehen als zuvor (vgl. Röhner & Schütz, 2016, S. 8).

Da die Wirkungsbereiche äußerst vielseitig sind, soll auch an dieser Stelle die Komplexität für die Beantwortung der Forschungsfrage überwunden werden (vgl. Six et al., 2007, S. 30). Diesbezüglich gilt es, den Wirkungsbereich der Kommunikation einzuschränken, wobei sich diese Forschungsarbeit auf den Wirkungsbereich der Schüler*innenmotivation fokussiert. Somit stellt sich die Frage, wie sich die oben beschriebenen Kommunikationsprozesse auf die Motivation der Schüler*innen auswirken.[5] Die zugrundeliegende Motivationstheorie, die Selbstbestimmungstheorie der Motivation nach Deci und Ryan, wird diesbezüglich ausführlich im weiteren Verlauf der Arbeit thematisiert (vgl. Kapitel 6).

Unter Berücksichtigung dieser inhaltlichen Zuspitzung entsprechen diese drei Themenkomplexe der theoretischen Struktur dieser Arbeit (siehe Tabelle 1):

Tabelle. 1: Themenkomplexe der Kommunikationspsychologie in Anbetracht der vorliegenden Forschungssfrage (in Anlehnung an Six et al., 2007, S. 28)

Kommunikations-bedingung	Kommunikations-prozess	Kommunikations-folge
Die Heterogenität im inklusiven Sportunterricht	Der Umgang mit der Heterogenität im inklusiven Sportunterricht	Die Motivation der Schüler*innen
(vgl. Kapitel 4)	(vgl. Kapitel 5)	(vgl. Kapitel 6)

Die dargestellte Unterteilung dient als Orientierung, um die Komplexität der Forschungsfrage in eine Ordnung zu bringen. Dennoch sei angemerkt, dass Kommunikation nicht linear verläuft. Stattdessen handelt es sich bei ihr um einen interaktiven Prozess, der durch eine permanente Beeinflussung der Kommunikator*innen charakterisiert ist. Dies bedeutet auch, dass die dargestellten Themenkomplexe interdependent sind. Sie sind untrennbar miteinander verknüpft und verändern sich durch ständige Aktualisierungen.

---

[5] Der Vollständigkeit halber sei erwähnt, dass die Motivation wiederum weitere Kommunikationsprozesse beeinflussen kann (vgl. Hargie, 2013, S. 35; Frindte, 2001, S. 17).

Eine Kommunikationsfolge wird beispielsweise zu einem neuen Einfluss-faktor für den kommenden Kommunikationsprozess.

Ziel ist es, das in der Praxis äußerst komplexe kommunikative Geschehen in eine Struktur zu bringen, sodass auf theoretischer und empirischer Ebene Erkenntnisse bzgl. der Forschungsfrage gewonnen werden können.

4 Die Kommunikationsbedingung – Zur Heterogenität des inklusiven Sportunterrichts

Mit Blick auf das Forschungsanliegen stellt sich die Frage, in welchem Kontext die für diese Arbeit relevante Kommunikation zwischen der Sportlehrkraft und den Schüler*innen stattfindet. In diesem Kapitel geht es um diesen Kontext, der im Sinne der Kommunikationsbedingung die für diese Arbeit relevanten Kommunikationsprozesse beeinflusst.

Ziel dieses Kapitels ist es daher, diese Kommunikationsbedingung genauer zu bestimmen. Dazu werden zunächst Kerngedanken einer inklusiven Pädagogik dargestellt sowie Aufgaben und Ziele diskutiert. Dabei wird sich auch dem Begriff der Heterogenität gewidmet, wobei begründet wird, welche Heterogenitätsmerkmale und -dimensionen für diese Arbeit relevant sind (vgl. Kapitel 4.1). Mit Blick auf die Kommunikationsbedingung nimmt auch der Sportunterricht eine elementare Rolle ein. Diesbezüglich werden im nachfolgenden Kapitel folgende Fragen diskutiert: Welche Aufgaben und Ziele setzt sich der Sportunterricht im Hinblick auf die Inklusion und welche Besonderheiten gibt es dort hinsichtlich der Kommunikation zwischen der Lehrkraft und den Schüler*innen (vgl. Kapitel 4.2)?

4.1 Kerngedanken einer inklusiven Pädagogik

Kerngedanke einer inklusiven Pädagogik ist der Verzicht auf eine Unterscheidung zwischen Menschen aufgrund bestimmter Persönlichkeitseigenschaften. Voraussetzung dafür ist eine barrierefreie Teilhabe aller Menschen an der Gesellschaft.[6]

Hierbei muss die Gesellschaft Leistungen erbringen, die geeignet sind, „Diskriminierungen von Menschen jeder Art und auf allen Ebenen abzubauen, um eine möglichst chancengerechte Entwicklung aller Menschen zu ermöglichen" (Reich, 2012, S. 39). In Bezug auf Saldern (2013, S. 21) fassen Giese & Weigelt (2015) zusammen:

---

[6] Um die Kerngedanken einer inklusiven Pädagogik herzuleiten, lohnt ein Blick auf die konzeptionellen Entwicklungsphasen, welche sich auch in der deutschen Entwicklung des Bildungssystems wiederfinden lassen (vgl. Giese & Weigelt, 2015, S. 13ff; in Anlehnung an Sander, 2003).
Die erste Phase stellt die Exklusion dar. Sie beschreibt den Ausschluss von Menschen aus der Gesellschaft, da diese Personen bestimmte Persönlichkeitsmerkmale (z.B. Behinderungen) aufweisen (vgl. Giese & Weigelt, 2015, S. 13).
Die nächste Entwicklungsphase betrifft die Segregation (teilweise auch Separation), die versuchte, Menschen mit Behinderungen die gesellschaftliche Teilhabe zu ermöglichen. Für die Pädagogik bedeutete dies, bestimmte Schulformen zu schaffen, in denen möglichst homogene Gruppen unterrichtet werden sollten. Dies führte zu separierten Lebensräumen (Sonderkindergarten, Sonderschule, Werkstatt für behinderte Menschen etc.) (vgl. Giese & Weigelt, 2015, S. 13f.; Frühauf, 2008, S. 16).
Die anschließende Integration versuchte, eine kleinere Gruppe (z.B. Menschen mit Behinderungen) in eine größere einzugliedern, indem diese sich der größeren Gruppe anpasst (vgl. Heubach, 2013, S. 26; in Anlehnung an Hüppe, 2012, S. 92). Bei dieser Vorgehensweise wurden Schüler*innen mit und ohne Behinderung zwar räumlich oftmals gemeinsam beschult, in der Praxis lernten Schüler*innen mit und Schüler*innen ohne Behinderung eher nebeneinander als miteinander (vgl. Giese & Weigelt, 2015, S. 13; in Anlehnung an Frühauf, 2008, S. 19).

„Inklusives Denken betont in diesem Sinne in bewusster Abgrenzung zu den Begriffen Exklusion, Segregation und Integration die grundsätzliche Heterogenität aller Individuen und versteht diese Heterogenität als Normalfall menschlichen Zusammenlebens" (S. 14).

Durch dieses Verständnis von Inklusion, bei dem individuelle Unterschiede als normal angesehen werden, soll jedem Menschen die Möglichkeit eröffnet werden, ein möglichst selbstbestimmtes Leben innerhalb der Gesellschaft führen zu können (vgl. Heubach, 2013, S. 27; in Anlehnung an Hüppe, 2012, S. 92).

„Ein zentraler Paradigmenwechsel ist darin zu erkennen, dass sich Menschen mit Behinderungen nun nicht mehr den gesellschaftlichen Systemen anzupassen haben, sondern sich die Systeme, u. a. auch das Schulsystem, so zu verändern haben, dass die Barrieren für Menschen mit Behinderungen möglichst klein sind" (Giese & Weigelt, 2017, S. 18).

Schulische Inklusion ist in diesem Sinne also kein Aufgabengebiet der Sonderpädagogik, sondern vielmehr Aufgabengebiet der allgemeinen Pädagogik, da jegliche Formen der Diversität als normal angesehen werden und damit die Vielfalt von Menschen in den Mittelpunkt rückt. So beschreibt Inklusion ein zieldifferentes Lernen ohne äußere Differenzierung (vgl. Giese & Weigelt, 2015, S 24; in Anlehnung an Bleckmann, Saldern & Wolfangel, 2012, S. 24; Saldern, 2013, S. 8).

Ainscow und Miles (2009) beschreiben vier Schlüsselelemente für eine inklusive Pädagogik (S. 2f.), die sich im Sinne einer funktionellen Arbeitsdefinition als hilfreich erweisen (vgl. Lindmeier & Lütje-Klose, 2015, S. 9):
- *„Inclusion is a process"* (Ainscow und Miles, 2009, S. 2).

Dieser Prozess entspricht einer niemals endenden Suche nach Möglichkeiten mit Verschiedenheit umzugehen. Es geht darum, zu lernen, wie man von dieser Verschiedenheit profitiert. Dafür bedarf es ständiger Anpassung und Umsetzung (vgl. ebd.).
- *„Inclusion is concerned with the identification and removal of barriers"* (ebd., S. 3).

Um Barrieren zu erkennen und zu beseitigen, muss eine Vielzahl von Quellen und Informationen herangezogen werden, um auf dieser Grundlage rechtlich und praktisch Umsetzung zu verwirklichen (vgl. ebd.).
- *„Inclusion is about the presence, participation and achievement of all students"* (ebd.).

Präsenz meint die zuverlässige Gewährleistung von Erziehung und Bildung der Kinder an einem Standort. Partizipation bezieht sich auf die Qualität ihrer Erfahrung während der Lernprozesse. Leistung bezieht sich auf die

Ergebnisse des Lernens sowie auf die jeweiligen Lernprozesse und meint dabei nicht ausschließlich Tests (vgl. ebd.).

- *„Inclusion involves a particular emphasis on those groups of learners who may be at risk of marginalisation, exclusion or underachievement"* (ebd.).

Dieses Element hebt eine moralische Verantwortung hervor, die darauf aufmerksam macht, dass es in jeder Gesellschaft Gruppen gibt, die statistisch betrachtet am ehesten gefährdet sind, ausgeschlossen bzw. benachteiligt zu werden. In diesem Fall ist es notwendig, entsprechende Maßnahmen zu ergreifen, die die Teilhabe und den Erfolg dieser vulnerablen Gruppe am Bildungssystem sicherstellen (vgl. ebd.).

In Bezug auf diese vulnerable Gruppe werden im nationalen Diskurs unterschiedliche Positionen diskutiert. Im folgenden Kapitel werden diese Positionen dargestellt, bevor im Anschluss daran das für diese Arbeit zugrundeliegende Inklusionsverständnis präzisiert wird.

4.1.1 Heterogenitätskategorien im Diskurs

Tendenziell lassen sich im fachdidaktischen Diskurs der Inklusions-befürworter*innen zwei konkurrierende Richtungen beobachten.

> „Infolge der divergierenden Interpretationen der UN-BRK haben sich im deutschsprachigen Inklusionsdiskurs zwei Lesarten etabliert, die in Anlehnung an Brodkorb (2012) als radikale und moderate Formen der Inklusion bezeichnet werden" (Giese & Weigelt, 2017, S. 18).

Auf der einen Seite stehen Befürworter*innen einer kategorisierenden Perspektive, die auch als moderate Inklusionsbefürworter*innen bezeichnet werden. Eine Kategorisierung soll ihrer Meinung nach sicherstellen, dass betroffene Schüler*innen eine angemessene sonderpädagogische Förderung erhalten. Diese Förderung kann sowohl in inklusiven Settings als auch in Förderschulen gewährleistet werden:

> „Kann das gemeinsame Lernen für alle Beteiligten große Chancen bieten, ist das nach unserem Verständnis allerdings nicht mit der Forderung nach einer generellen Auflösung aller Förderschulen gleichzusetzen, die hier ebenso ausdrücklich zurückgewiesen wird" (Giese & Weigelt, 2017, S. 15).

Dabei wird bzgl. einer Dekategorisierung die Gefahr gesehen,

> „dass behindertenpädagogische Expertise verloren gehe und die betroffenen Schüler nicht mehr die sonderpädagogische Förderung erhalten, die notwendig und in einem entsprechenden Förderschulsystem machbar sei" (ebd., S. 19).

Ahrbeck & Fickler-Stang (2015) betonen daher, dass „differenzierte Diag-nosestellungen" notwendig seien, um auf deren Grundlage individuelle „Interventionen zu planen" (S. 260).

„Die im Inklusionsdiskurs geforderte Dekategorisierung steht dazu im Widerspruch. Sie führt zu einem beträchtlichen Niveauverlust in der Auseinandersetzung mit Schülerinnen und Schülern, die aus inneren und äußeren Gründen auf eine hochwertige Förderung angewiesen sind" (ebd., vgl. auch Giese und Weigelt, 2017, S. 22).

Giese & Weigelt (2017) plädieren daher für eine Fokussierung auf die sonderpädagogischen Förderschwerpunkte und bezeichnen diese Vorgehensweise als „notwendige Voraussetzung für eine optimale sonderpädagogische Förderung" (S. 25).

Dem gegenüber kritisieren radikale Inklusionsbefürworter*innen, dass eine Kategorisierung – zum Beispiel in Förderschwerpunkte – bedeuten würde, (vermeintlich) homogene Gruppen zu bilden (vgl. z. B. Wocken, 2012; Tiemann, 2015a; vgl. Tiemann, 2019). Dies würde allerdings vernachlässigen, dass beispielsweise auch die Gruppe der Menschen mit Behinderungen in sich keine homogene Gruppe darstellt.

„So wäre beispielsweise die Information an eine Lehrerin, dass in Zukunft ein Kind mit geistiger Behinderung an ihrem Sportunterricht teilnehmen wird, für ihre Planung nur begrenzt aussagekräftig, – zu unterschiedlich könnte das Kind in Bezug auf seine motorische, kognitive oder sozial-emotionale Entwicklung sein" (Tiemann, 2012, S. 168).

„Ein Kind mit Down-Syndrom zum Beispiel, das regelmäßig schwimmen geht und gut schwimmen kann, stellt für die Sportlehrkraft im Gegensatz zu Kindern ohne Förderschwerpunkt, die nicht oder kaum schwimmen können, keine große Herausforderung dar" (Tiemann, 2019, S. 151).

Tiemann (2012) kritisiert die starren Heterogenitäts- und Differenzkategorien, da diese

„Assoziationen, Erwartungen und unter Umständen auch Stigmatisierungen [transportieren], die unflexibel machen und den Blick auf das Individuum trüben können" (S. 168; vgl. ebd., 2015, S. 54).

Seitz (2012) bezeichnet mit Bezug auf Prengel (2003) diese Kategorisierung als „eine unangemessene Reduzierung im Blick auf die Gesamtpersönlichkeit eines Kindes" (S. 164). So bestünde die Gefahr des sozialen Ausschlusses, der durch diese personengebundenen Zuschreibungen erwächst (vgl. ebd.).[7]

Zudem bliebe unberücksichtigt, dass auch ein*e Schüler*in ohne entsprechende Kategorie-Zuordnung spezielle Bedürfnisse hat, die er*sie sich befriedigt wünscht (vgl. Tiemann, 2012, S. 168f.).

Daher formuliert Tiemann (2019) die folgende Forderung an den Sportunterricht:

---

[7] Der soziale Ausschluss von Schüler*innen mit Behinderungen ist beispielsweise in den USA gut belegt: „Research clearly shows that students with disabilities are often isolated and not socially included even though they may be physically present in GPE [general physical education]" (Block, 2007, S. 27; zit. nach Fediuk, 2015, S. 73).

„Der Sportunterricht muss sich also unabhängig von zugeschriebenen Kategorien an den individuellen Lernständen ausrichten und Lernwege anbieten" (S. 151).

Eine Kategorisierung zwischen Schüler*innen mit und Schüler*innen ohne Förderbedarfe entspricht ihrer Meinung nach nicht dem Inklusionsverständnis. Gleichzeitig erkennt sie aber auch, dass „diese Personengruppe natürlich immer mitgedacht werden muss" (Tiemann, 2015b, S. 55). Letzteres sei wichtig, um spezielle Bedürfnisse in der Planung von Sportunterricht zu berücksichtigen.

Giese und Weigelt (2017) fassen den Diskurs wie folgt zusammen:

> „Beide Ansätze teilen [...] das Bestreben, die Zahl der gemeinsam beschulten Schüler mit und ohne Behinderungen zu erhöhen. Plädieren Vertreter einer radikalen Inklusion allerdings dafür, sämtliche Förderschulen aufzulösen und wirklich alle Schüler zusammen zu unterrichten, treten Vertreter einer moderaten Inklusion für den Fortbestand eines parallelen Förderschulsystems in Ergänzung" (S. 18).

Die unterschiedlichen Richtungen machen eine Herausforderung deutlich, die auch die Kommunikation zwischen der Lehrkraft und den Schüler*innen beeinflusst. Einerseits soll auf Kategorisierungen verzichtet, andererseits sollen spezielle Bedürfnisse berücksichtigt werden. Je nachdem, wie eine Lehrkraft dies kommuniziert, hat diese Kommunikation sicherlich Einfluss auf die Motivation der Schüler*innen.

Um zu Erkenntnissen hinsichtlich der Forschungsfrage zu gelangen, wird im folgenden Kapitel das für diese Arbeit relevante Inklusionsverständnis konkretisiert. Da die Heterogenität als zentrales Merkmal eines inklusiven Sportunterrichts betrachtet werden kann, besteht Klärungsbedarf hinsichtlich der Frage, welche Heterogenitätsdimensionen in dieser Forschungsarbeit relevant werden und wie innerhalb des Forschungsprozesses mit dem hier beschriebenen Diskurs bzgl. der Kategorisierung umgegangen wird.

4.1.2 Das zugrundeliegende Inklusionsverständnis

Das Forschungsinteresse dieser Arbeit verlangt es, zu klären, wann die Heterogenität des inklusiven Sportunterrichts als Kommunikationsbedingung relevant wird. Erst dann können Kommunikationsprozesse identifiziert werden, die mit Blick auf das Forschungsinteresse von Bedeutung sind. Daher gilt es nun, zu definieren, was unter der Heterogenität des inklusiven Sportunterrichts verstanden wird. Diesbezüglich sollen zwei Fragen beantwortet werden:

(1) Welches ist die in dieser Arbeit betrachtete Heterogenitätsdimension des inklusiven Sportunterrichts?

(2) Wann kann bzgl. dieser Dimension von Heterogenität gesprochen werden?

Zu (1): Der aktuelle Inklusionsdiskurs beinhaltet zwei verschiedene Auffassungen von Inklusion. So wird einmal von einem *weiten* und einmal von einem *engen* Inklusionsverständnis gesprochen (vgl. Tiemann, 2018, S. 15). Das folgende Zitat von Heubach (2013) verweist beispielhaft auf das weite Verständnis:

> „Ein Pädagoge sollte sich der Tatsache bewusst sein, dass Schulklassen von Heterogenität geprägt sind – längst nicht nur im Sinne der…[Schüler*innen] mit und ohne Behinderung, sondern unter anderem auch dem sozialen Milieu und der ethnischen Herkunft. Jeder Schüler lernt anders, denkt anders – ist schlicht und ergreifend anders als alle anderen" (S. 44).

Die Heterogenität einer Schulklasse kann entlang unterschiedlichster Merkmale bestimmt werden. Zu nennen sind beispielsweise der Bildungshintergrund, die religiöse Orientierung, das Alter, das Geschlecht, die soziale und kulturelle Herkunft oder die kognitiven Fähigkeiten (vgl. u. a. Tiemann, 2019, S. 149; Bartz, 2013, S. 101; Reich, 2016, S. 19; Óhidy, 2012, S. 5; Kleindienst-Cachay, Frohn & Kastrup, 2016).

In Bezug auf den Sportunterricht spielen im Vergleich zu anderen Fächern weitere Heterogenitätsmerkmale eine Rolle, die sich durch das körperlich-motorische Aufgabengebiet des Faches begründen. Zu nennen sind zum Beispiel das Körpergewicht, die Körpergröße, konditionelle und koordinative Voraussetzungen, vorhandene Erfahrungen (zum Beispiel aus Sportvereinen) oder die Motivation zum Sporttreiben (vgl. Lütgeharm, 2013, S. 10ff.; Frohn & Pfitzner, 2011, S. 2)

Durch die Ratifizierung der UN-Behindertenrechtskonvention steht nun vermehrt die gemeinsame Beschulung von Schüler*innen mit und ohne zugewiesenen sonderpädagogischen Förderschwerpunkt im Fokus und wird als große Herausforderung für die Praxis beschrieben (vgl. z. B. Wenning, 2014). Das enge Inklusionsverständnis fokussiert daher lediglich die Heterogenitätsdimension Behinderung (vgl. Tiemann, 2018, S. 15). Damit wird die Komplexität, die mit der Vielzahl der verschiedenen Heterogenitätsdimensionen einhergeht, reduziert. Um die Dimension Behinderung zu konkretisieren, werden verschiedene Förderschwerpunkte unterschieden, die ein*e Schüler*in nach einer entsprechenden Diagnose zugeschrieben bekommt. Die sieben sonderpädagogischen Förderschwerpunkte werden wie folgt differenziert: Lernen, emotionale und soziale Entwicklung, Sprache, geistige Entwicklung, körperliche und motorische Entwicklung, Sehen sowie Hören und Kommunikation (vgl. Ministerium des Inneren des Landes Nordrhein-Westfalen, 2021).[8]

---

[8] Die Charakteristika spezifischer Förderschwerpunkte werden wie die empfohlenen Umgangsweisen mit diesen in Kapitel 5.2 thematisiert.

Dieses enge Inklusionsverständnis liegt auch der vorliegenden Forschungsarbeit zugrunde. Dementsprechend nimmt sie im weiteren Verlauf die Heterogenitätsdimension ‚Behinderung' fokussierend in den Blick. Diesem Verständnis entsprechend werden zwar alle Lernenden im Blick behalten, dabei aber die vulnerable Gruppe der Lernenden mit Behinderung besonders berücksichtigt – ‚Education for all, and especially for some' (vgl. Lindmeier & Lütje-Klose, 2015, S. 8). Ist in dieser Arbeit also von Inklusion die Rede, meint dies die gemeinsame Beschulung von Schüler*innen mit und ohne zugewiesenem Förderschwerpunkt. Weitere Heterogenitätsdimensionen wie beispielsweise Geschlecht, Ethnie usw. stehen nicht im Vordergrund.

Die in Kapitel 4.1.1 geschilderten Diskussionen über Prozesse der Kategorisierung zeigen, dass Differenzierungen zwischen ‚Behinderung' und ‚keine Behinderung' bzw. zwischen ‚zugewiesener Förderschwerpunkt' und ‚kein zugewiesener Förderschwerpunkt' einer Kategorisierung entsprechen, welche im Inklusionsdiskurs kontrovers diskutiert wird. Gleichwohl wird in der aktuellen Praxis eine Zuweisung von Förderschwerpunkten durch die Schulaufsichtsbehörde umgesetzt. Da sich diese Arbeit an der aktuellen Praxis orientiert, ist diese Form der Kategorisierung ein nicht zu vernachlässigender Bestandteil den aktuellen Umgang mit der Heterogenität betreffend. Der Blick auf diese Kategorisierung erscheint aus Perspektive der Forschung daher gewinnbringend, um Erkenntnisse in Bezug auf die Forschungsfrage zu generieren. Gleichzeitig sei angemerkt, dass durch diese Orientierung im Hinblick auf die beschriebene Diskussion keine Position erhoben wird.

Zu (2): Nun gilt es zu klären, wann bzgl. dieser Dimension von Heterogenität gesprochen werden kann. Denn wenn solche Kommunikationsprozesse für die Forschungsarbeit relevant werden, die durch die Heterogenitätsdimension Behinderung beeinflusst werden, so muss aus Sicht der Forschung klar sein, wann diese Dimension bedeutsam wird und wann nicht.

Stöger & Ziegler (2013) identifizieren in diesem Zusammenhang zwei zentrale Probleme, die die Definitionen der Heterogenität betreffen: Das Relevanz- und das Signifikanzproblem. Das Relevanzproblem beschreibt die Tatsache, dass sich Schüler*innen in vielen Merkmalen unterscheiden – das gilt auch für Schüler*innen mit dem gleichen zugewiesenen Förderschwerpunkt (vgl. Seitz, 2012, S. 164). Nicht jede körperlich-motorische Einschränkung ist gleich. Zudem kann diese beispielsweise wiederum Einfluss auf das Interesse zum Sportgegenstand oder die Motivation zum Sporttreiben nehmen. Interessens- und Motivationsausprägungen können genauso relevant werden wie unterschiedliche Leistungsniveaus innerhalb einer Lerngruppe. Das Relevanzproblem stellt daher die Frage, welche der verschiedenen Merkmale im Kontext dieser Arbeit bedeutsam sind?

Das Signifikanzproblem beschreibt die Schwierigkeit, darzustellen, ab wann von Heterogenität und ab wann von Homogenität gesprochen werden kann. So kann beispielsweise eine Klasse mit Schüler*innen, die den Förderschwerpunkt Lernen zugewiesen bekommen haben, als heterogen bezeichnet werden. Die Ausprägung dieses Förderschwerpunktes spielt unter Umständen in der Praxis des Sportunterrichts aber kaum eine Rolle. Es geht daher um die Frage, wann die Heterogenität signifikant ist. Wenning (2007) gebraucht beispielsweise die folgende Definition für Heterogenität:

> „Heterogenität ist ein „relativer" Begriff, sie hängt vom Maßstab ab und ist nur zusammen mit Homogenität zu betrachten, wird erst durch Vergleichsoperationen „hergestellt" und ist wandelbar" (S. 24).

Diese Definition ist zwar sinnhaft, durch ihre allgemeine Darstellung kann sie die beschriebenen Relevanz- und Signifikanzprobleme jedoch nicht lösen.

Stöger & Ziegler (2013) geben eine für diese Arbeit gebräuchlichere Definition, die sowohl das Relevanz- als auch das Signifikanzproblem berücksichtigt. Sie definieren Heterogenität wie folgt:

> „In der Schulpädagogik liegt Heterogenität dann vor, wenn zur Erreichung identischer curricularer Ziele unterschiedliche schulpädagogische Maßnahmen erforderlich sind" (S. 7).

Welche Heterogenitätsmerkmale relevant sind und wann die Heterogenität signifikant wird, lässt sich somit nur unter Betrachtung der Situation beurteilen.

Die Definition soll nun noch durch die subjektiven Sichtweisen der Beteiligten ergänzt werden. Denn bezugnehmend zum Forschungsanliegen erscheint es elementar, den Blick der Lehrkraft und der Schüler*innen zu berücksichtigen, wenn es um die Frage geht, ob die Heterogenität in einer Situation relevant und signifikant[9] ist. Auf dieser Grundlage wird bezüglich der hier betrachteten Heterogenitätsdimension ‚Behinderung' dann von Heterogenität gesprochen, wenn *aus Sicht der Beteiligten* die oben beschriebenen schulpädagogischen Maßnahmen erforderlich sind.

Beispielsweise werden Kommunikationsprozesse, die rein organisatorisch intendiert sind (z. B.: „Jede Gruppe räumt ihre Station auf.") als für die Forschungsfrage belanglos eingestuft, sofern aus Sicht der Beteiligten die Heterogenität innerhalb dieses Arbeitsauftrags irrelevant bleibt. Eine Ausnahme wäre beispielsweise die Situation, in der ein*e Schüler*in aufgrund einer körperlich-motorischen Einschränkung Probleme damit hat, diesen Auftrag auszuführen. Für den*die Schüler*in würde die Heterogenität nun relevant werden, auch, wenn dies nicht durch die Lehrkraftäußerung beabsichtigt war.

---

[9] Im Folgenden wird der Einfachheit halber in diesem Zusammenhang nur noch von Relevanz gesprochen. Die Signifikanz der Heterogenität ist hierbei mitgemeint.

Durch diese Konkretisierung sind bereits wichtige Erkenntnisse gewonnen, die dabei helfen, die Forschungsfrage zu präzisieren und die zu untersuchenden Kommunikationsprozesse einzugrenzen. Nun gilt es, den Kontext des inklusiven Sportunterrichts genauer in den Blick zu nehmen, in dem die Forschungsfrage beantwortet werden soll. Dieser nimmt auch mit Blick auf die Inklusion im Fächerkanon eine besondere Rolle ein. Im folgenden Kapitel wird auf einige dieser Besonderheiten Bezug genommen.

4.2 Kerngedanken eines inklusiven Sportunterrichts

Wurden im vorangegangenen Kapitel Fragen des Inklusions- und Heterogenitätsverständnisses vor allem auf allgemeinpädagogischer Ebene behandelt, gilt es nun, die Charakteristika des Fachs Sport herauszustellen. Welche Aufgaben und Ziele verfolgt der inklusive Sportunterricht? Welche Besonderheiten zeigen sich im inklusiven Sportunterricht im Vergleich zu anderen Schulfächern? Und welche Auswirkungen haben diese Besonderheiten auf die für diese Arbeit relevante Kommunikation zwischen der Lehrkraft und ihren Schüler*innen? Um Fragen wie diese beantworten zu können, gilt es nun, den Kontext zu beleuchten, in dem die Kommunikation stattfindet.

4.2.1 Aufgaben und Ziele

Die Aufgaben und Ziele des inklusiven Sportunterrichts sind zentrale kontextuelle Merkmale, die die Kommunikation zwischen Lehrkraft und Schüler*innen beeinflussen. Dabei wird dem Sportunterricht Potenzial zugeschrieben, wenn es darum geht, Inklusion erfolgreich umzusetzen (vgl. Rouse, 2012, S. 12; Fediuk, 2008, S. 33; Leineweber, Meier & Ruin, 2015a, S 12; Süßenbach & Sträter, 2015, S. 130). Was aber ist das Besondere am inklusiven Sportunterricht?

Potenziale und Herausforderungen des inklusiven Sportunterrichts
Ein unverkennbarer Unterschied zu anderen Schulfächern ist die Körperlichkeit und die Bewegung, die innerhalb des Sportunterrichts gefordert und gefördert wird. Schüler*innen werden vor Herausforderungen gestellt, die sie in der Regel mittels körperlicher Bewegungen bewältigen sollen.

> „Im Gegensatz zum Klassenraum steht der Körper im Sportunterricht im Mittelpunkt des Geschehens und vor allem der Betrachtung. Die Situationen sind vielfältig: Demonstrationen von Bewegungsabläufen, Wettkämpfe, Bewertungen und Benotungen, aber auch das noch unbeholfene Erproben neuer oder unbekannter Bewegungen" (Klinge, 2009, S. 296).

Dies bedeutet auch, dass im Sportunterricht im Vergleich zu anderen Fächern neue Kompetenzen im Fokus stehen. So bietet das Fach das Potenzial, insbesondere körperlich-motorische Kompetenzen unter Beweis stellen zu können, wozu Schüler*innen in anderen Fächern kaum die Möglichkeit bekommen.

> „So fallen Schüler mit den Förderschwerpunkten Lernen oder Sprache im Sportunterricht u. U. kaum auf, während Schüler mit dem Förderbedarf *körperliche, emotional-soziale oder geistige Entwicklung* ggf. sehr spezifische Unterrichtssettings benötigen" (Giese & Weigelt, 2017, S. 23).

Dies kann beispielsweise dazu führen, dass ein*e Schüler*in mit dem zugewiesenen Förderschwerpunkt Lernen in einigen ‚kognitiven' Fächern aufgrund seiner*ihrer Lernschwierigkeiten selten zu Erfolgserlebnissen kommt, wohingegen der*die gleiche Schüler*in im Sportunterricht, bei dem*der der Förderschwerpunkt Lernen in einigen Phasen möglicherweise eine geringere Relevanz hat, wesentlich mehr Erfolgserlebnisse sammeln kann. Gleichzeitig kann beispielsweise davon ausgegangen werden, dass das Bewegungsverhalten innerhalb des Sportunterrichts und die dort fokussierte Körperlichkeit dazu beitragen, dass der Förderschwerpunkt körperliche und motorische Entwicklung (je nach Ausprägung) das unterrichtliche Geschehen im Fach Sport tendenziell stärker beeinflusst als beispielsweise im Fach Deutsch (vgl. Schoo, 2017, S. 215).

Mit Blick auf die Potenziale des inklusiven Sportunterrichts wird daher insbesondere dem sozialen Lernen eine zentrale Bedeutung beigemessen. Die Akzeptanz der Einzigartigkeit und Vielfalt, der Stärken und Schwächen, zum Beispiel im motorischen Bereich, soll im Sportunterricht genauso gefördert werden wie die Entdeckung von Gemeinsamkeiten der Schüler*innen (vgl. u. a. Klein, Kurth, Leineweber, Meier & Ruin, 2016, S. 45; Tiemann, 2015b, S. 54f.). Der angemessene soziale Umgang mit diesen Aspekten soll durch die aktive Auseinandersetzung mit der Vielfalt im Kontext von Bewegung, Spiel und Sport gefördert werden (vgl. Racaniello, 2017, S. 102ff.; Becker, 2016, S. 95; Heubach, 2013, S. 36).
Darüber hinaus haben Schüler*innen mit und ohne Behinderung auch im Bereich der sportlichen Auseinandersetzung das Bedürfnis nach Gemeinschaft und Gruppenzugehörigkeit (vgl. Wacker, 2014, S. 51). Der Sportunterricht ermöglicht Begegnungen im Kontext von Bewegung, Spiel und Sport, sodass Schüler*innen auch unter den dort vorherrschenden Bedingungen miteinander in Kontakt kommen und Beziehungen aufbauen können. Neben dem Potenzial einer solchen aktiven Auseinandersetzung mit der Vielfalt zeigt sich darin allerdings auch die Herausforderung, diese zu gestalten. So bleibt unklar, wie offen und transparent mit der Klasse über ihre Vielfalt kommuniziert werden kann – ohne, dass sich zum Beispiel ein*e Schüler*in, der*die sich in dieser Situation aufgrund seiner*ihrer körperlich-motorischen Einschränkung im Fokus sieht, schämt oder bloßgestellt fühlt.

Aspekte wie diese prägen die Kommunikationsbedingung und beeinflussen dementsprechend die Kommunikation innerhalb des inklusiven Sportunterrichts.

Weiteres Potenzial des inklusiven Sportunterrichts zeigt sich auch in den sport- und bewegungsbezogenen Bedürfnissen der Schüler*innen. So beschreibt Racaniello (2017) in Bezug auf das Bedürfnis der Schüler*innen, die eigenen körperlichen Grenzen kennenzulernen, sie auszutesten, auszubauen und Körper- und Bewegungserfahrungen zu machen (S. 102; in Anlehnung an Heubach, 2013; Wacker, 2014). Mit Blick auf die soziale Anerkennung geht es in diesem Kontext auch um das Präsentieren der eigenen Leistung.

Der Sportunterricht ist das Fach, welches den Schüler*innen die Möglichkeit bietet, diese Erfahrungen zu machen.

Da die Schüler*innen unterschiedliche Bedarfe an Förderungen und Forderungen haben, ergibt sich für Sportlehrkräfte die Herausforderung, Bewegungsangebote zu schaffen, die den individuellen sozialen, kognitiven und motorischen Leistungsfähigkeiten gerecht werden. Dies soll beispielsweise durch das Anpassen und Verändern von Anforderungen gelingen.[10] All diese Aspekte beeinflussen die Lehrkraft-Schüler*innen-Kommunikation, wenn die Lehrkraft den Schüler*innen ihre Entscheidungen explizit oder implizit vermittelt.

Über diese Aspekte hinaus unterliegt der Kontext des inklusiven Sportunterrichts auch schulpolitischen Vorgaben, die sich – wie im Folgenden geschildert wird – auf den Erziehungs- und Bildungsauftrag des Sportunterrichts beziehen.

Der Erziehungs- und Bildungsauftrag des Sportunterrichts:

Aus fachdidaktischer Perspektive zeigt sich der Erziehungs- und Bildungsauftrag des (inklusiven) Sportunterrichts[11] darin, „die Sport- und Bewegungskultur so zu erschließen…, dass dabei die Entwicklung von Kindern und Jugendlichen umfassend gefördert wird" (Balz & Neumann, 2015, S. 3). Die inhaltliche Ausgestaltung dieses Auftrags wird auf schulpolitischer Ebene insbesondere über den Kernlehrplan sowie die

---

[10] Aspekte, die den Umgang mit Heterogenität betreffen, werden vertiefend in Kapitel 5 thematisiert. Auch individualisierte Rückmeldungen spielen hier eine relevante Rolle. Im weiteren Verlauf dieser Arbeit werden Fälle analysiert, in denen solche Kommunikationsprozesse zentral sind (vgl. Kapitel 9).
[11] Wie im vorangegangenen Kapitel geschildert, wird sich bei dem hier zugrunde gelegten Inklusionsverständnis auf die gemeinsame Beschulung von Schüler*innen mit und ohne zugewiesenem Förderschwerpunkt fokussiert. Dieser Sachverhalt wird z. B. in Lehrplänen nicht explizit beschrieben, sodass dort anstelle vom ‚inklusiven Sportunterricht' lediglich von ‚Sportunterricht' die Rede ist. Auf den sprachlichen Zusatz ‚inklusiv' wird verzichtet. Geht man von der Heterogenität als Normalfall aus, kann jede Klasse als inklusiv bezeichnet werden, was einen solchen Zusatz in der Tat redundant machen würde (vgl. Kapitel 4.1).
Um die Fokussierung des engen Inklusionsverständnisses im Hinblick auf die Forschungsfrage im Blick zu behalten, wird weiterhin der Zusatz ‚inklusiv' hinzugefügt, sodass in der Regel vom ‚inklusiven Sportunterricht' die Rede ist.

Rahmenvorgaben festgeschrieben, die als Grundlage für die sportunterrichtliche Praxis dienen.[12]

Die fachdidaktische Position lässt sich insbesondere in dem formulierten Doppelauftrag erkennen. Dieser beschreibt zwei gleichgewichtete Orientierungen: Die Erziehung *zum* und die Erziehung *durch* Sport. Damit gemeint ist einerseits die „Erschließung der Bewegungs-, Spiel- und Sportkultur" und andererseits die „Entwicklungsförderung durch Bewegung, Spiel und Sport" (MSW NRW, 2014, S. 6; vgl. auch Balz & Neumann, 2015, S. 3).

> „Der Erziehungs- und Bildungsauftrag der Schule mündet in der systematischen Entwicklung und Förderung einer umfassenden Handlungskompetenz, die im Feld von Bewegung, Spiel und Sport spezifisch ausgelegt wird" (MSW NRW, 2014, S. 6).

Damit wird eine fachdidaktische Philosophie realisierst, die unter anderem bereits von Ehni (1977) und Kurz (1977) diskutiert wurde: Die Förderung der Handlungsfähigkeit, die dazu führen soll, dass Heranwachsende sinnhaft an der Sport- und Bewegungskultur teilhaben können (vgl. Balz & Neumann, 2015, S. 3).

Die Heterogenität des inklusiven Sportunterrichts spielt in diesem Zusammenhang im Rahmen einer individuellen Förderung eine bedeutende Rolle:

> „Dabei ist zu berücksichtigen, dass die individuellen Voraussetzungen unterschiedlich und die individuellen Potenziale variabel sind, was folgerichtig auch für die Resultate der jeweiligen schulsportlichen Lern- und Bildungsangebote gilt. Dies gilt insbesondere beim gemeinsamen inklusiven Lernen von Behinderten und Nichtbehinderten. Anzustreben ist die Ausgestaltung einer an den individuellen Möglichkeiten und Fähigkeiten bemessenen Handlungskompetenz der Schülerinnen und Schüler. Diese versetzt sie in die Lage, im Sinne einer gesellschaftlichen Teilhabe aus den lebensweltlich relevanten Angeboten der Sport- und Bewegungskultur auszuwählen, sie zu reflektieren, sie entsprechend ihren individuellen Bedürfnissen zu gestalten bzw. zu verändern und sich an ihnen aktiv zu beteiligen" (MSW NRW, 2014, S.7f.).[13]

Gleichzeitig werden im Kernlehrplan aber auch Kompetenzerwartungen festgesetzt (vgl. MSW NRW, 2019, S. 20ff.). Mit Blick auf die gemeinsame Beschulung von Schüler*innen mit und ohne zugewiesenem Förderschwerpunkt sind diese Kompetenzerwartungen diskussionswürdig. Jahrgangsspezifisch sind dort zu erwerbende Kompetenzen formuliert, welche

---

[12] Da die empirische Untersuchung dieser Arbeit im Bundesland Nordrhein-Westfalen durchgeführt wird, wird sich im Folgenden auf die dortigen Vorgaben bezogen.
[13] Die Individualität des Einzelnen soll dabei – auch durch das Prinzip der Mehrperspektivität – in unterschiedlichen Lernumgebungen und Lernsituationen wertgeschätzt und gefördert werden. Durch die Mehrperspektivität soll erfahren werden, wie sportliche Aktivitäten mit unterschiedlichem Sinn belegt werden und sich dadurch verändern können. Mehrperspektivität im Sportunterricht soll weiterhin dazu anleiten, die in bestimmten Aktivitäten enthaltenen Ambivalenzen zu erkennen und zu reflektieren, beispielsweise im Hinblick auf positive und negative Auswirkungen im Zusammenhang mit Gesundheit. Unter dem Prinzip der Mehrperspektivität erfolgen also spezifische Akzentuierungen von Bewegung, Spiel und Sport, die vor allem den Schüler*innen zur Sinnfindung für ihr sportliches Handeln dienen (vgl. MSW NRW, 2014, S. 14; Kurz, 2008).

als Grenze einer inklusiven Sportpädagogik gedeutet werden können. Denn im Rahmen der individuellen und heterogenen Lern- und Leistungsvoraussetzungen sind diese nicht für alle Schüler*innen erreichbar (vgl. Seitz, 2012, 166ff.; Eversheim, 2015, S. 207ff.).[14] Reich (2016) erkennt in diesem Zusammenhang:

> „Die Curricula und die Leistungsbeurteilungen in deutschen Schulen sehen den Sportunterricht nicht als ein Erlebnis- und Erfahrungsfeld für Bewegung und Körperlichkeit im weitesten Sinne, sondern immer auch im Zwang, etwas leistungsbezogen beurteilen zu müssen" (S. 19).

Eine andere Position nehmen Giese und Weigelt (2015) ein, indem sie kritisch anmerken, dass eine

> „konzeptionelle Fokussierung [auf allgemein psychomotorische Inhalte] mit einem weitgehenden Wegfall des Fertigkeits- und Leistungsanspruchs einhergeht und beispielsweise mit einem gymnasialen Oberstufenunterricht im Fach Sport weitgehend inkompatibel ist" (Giese & Weigelt, 2015, S. 15)

Die Ausführungen machen zwei Zielperspektiven deutlich: Einerseits die klare Fokussierung auf die individuellen Voraussetzungen aller Schüler* innen, andererseits aber auch festgeschriebene Kompetenzerwartungen, die allerdings nur einen Teil der Schüler*innen anspricht (vgl. auch Pfitzner & Neuber, 2012a, S. 89).

In der Umsetzung des Sportunterrichts stehen Lehrkräfte somit vor der Herausforderung, eine chancengleiche und gleichberechtigte Teilhabe für *alle* Schüler*innen zu gewährleisten (vgl. z. B. Leineweber, Meier & Ruin, 2015b, S. 6). Dabei gilt es, einerseits unterschiedliche Voraussetzungen und Bedürfnisse anzuerkennen und die vielfältigen individuellen Potenziale zu entwickeln und andererseits Kompetenzerwartungen, im Sinne von standardisierten Lernzielen, gerecht zu werden. So wird die Ambivalenz deutlich zwischen Individualität einerseits und standardisiertem Leistungsanspruch andererseits.

Wie Sportlehrkräfte mit dieser Ambivalenz in der Praxis umgehen, liegt in ihrem Verantwortungsbereich. Diesbezüglich müssen sie methodischdidaktische Entscheidungen treffen. Diese Entscheidungen beeinflussen die unterrichtliche Praxis und müssen schließlich explizit oder implizit mit den Schüler*innen kommuniziert werden. Dementsprechend sind sie im Hinblick auf die Forschungsfrage von besonderem Interesse.

Neben den geschilderten Aufgaben und Zielen des inklusiven Sportunterrichts sorgen auch weitere Rahmenbedingungen des Fachs für einige Besonderheiten in Bezug auf die Kommunikation. Einige dieser Besonderheiten werden im folgenden Kapitel diskutiert.

---

[14] Zum Beispiel heißt es bei der Bewegungs- und Wahrnehmungskompetenz zum Bewegungsfeld „Bewegen im Wasser – Schwimmen": „Die Schülerinnen und Schüler können technisch-koordinative Elemente des Schwimmens in der Bauch- und Rückenlage sicher anwenden" (MSW NRW, 2019, S. 31). Dies ist eine Kompetenzerwartung, der zum Beispiel einige Schüler*innen mit körperlich-motorischen Einschränkungen nicht gerecht werden können.

4.2.2 Besonderheiten der Kommunikation

Wie bereits geschildert weist der Sportunterricht im Fächerkanon einige Besonderheiten auf, die die Kommunikationsbedingung prägen. Insbesondere die Körperlichkeit und das Bewegungsverhalten scheinen hier den Kontext zu beeinflussen (vgl. Kapitel 4.2.1). Welche Auswirkungen haben Fachspezifika wie diese in Bezug auf die Lehrkraft-Schüler*innen-Kommunikation? Im Folgenden werden exemplarisch Aspekte aufgezeigt, die zeigen, warum die Kommunikation im Sportunterricht im Vergleich zu anderen Fächern eine besondere Betrachtung verdient.[15]

Sichtbarkeit von erbrachten Leistungen
Durch die im Sportunterricht im Mittelpunkt stehende Körperlichkeit kann die Heterogenität im sportlichen Kontext in besonderer Weise sichtbar werden. Sportliche Leistungen, die von den Schüler*innen erbracht werden, sind in der Regel unmittelbar für die beobachtenden Beteiligten sichtbar – egal, ob dies gewollt wird oder nicht (vgl. Ruin, Meier & Leineweber, 2016, S 191; Meier & Ruin, 2015, S. 83).

Auf der einen Seite ermöglicht der Sportunterricht damit (leistungsstärkeren) Schüler*innen die Inszenierung ihrer körperlich erbrachten Leistung, auf der anderen Seite könnten sich (leistungsschwächere) Schüler*innen insbesondere in Leistungssituationen unwohl fühlen, wenn beispielsweise misslungene Bewegungsausführungen für die Mitschüler*innen sichtbar sind (vgl. z. B. Haas, 2013, S. 48f.).

Die Sichtbarkeit der erbrachten Leistung kann dementsprechend dafür sorgen, dass die Leistungsunterschiede der zunehmenden Heterogenität des inklusiven Sportunterrichts für die Beteiligten präsenter werden.

> „Lasse ich im Sportunterricht die Lernenden mit ihren sehr unterschiedlichen Körpern, mit ihrem Bewusstsein, ihrem kulturellen Habitus, ihren Erwartungen, Wünschen, Bedürfnissen gegen- und miteinander um die Wette rennen, dann erzeugt dies bereits Spannungen zwischen ihnen, die umso stärker werden, wenn wir in diese Gruppe z. B. eine Rollstuhlfahrerin aufnehmen, die uns deutlich die Unterschiede in den Chancen und Möglichkeiten aufzeigt, die wir zuvor homogenisierend – alle können rennen – vielleicht gar nicht hinreichend wahrgenommen haben. Die Inklusion von Menschen mit sehr unterschiedlichen Voraussetzungen im Sportunterricht wird in der praktischen Hinwendung zur Inklusion dann offensichtlich, wenn wir sie mit den Augen und Sinnen nicht mehr abwehren können" (Reich, 2016, S. 17).

In diesem Punkt wird eine Besonderheit des Sportunterrichts deutlich, denn in der Regel wird sowohl das erfolgreiche Bewältigen einer Bewegungsaufgabe als auch das Scheitern an dieser von den Beteiligten unmittelbar wahrgenommen (vgl. Wolters & Gebken, 2005, S. 6).[16]

---

[15] Um den Fokus auf das Erkenntnisinteresse zu wahren, werden an dieser Stelle vor allem Faktoren diskutiert, die die Heterogenität betreffen.
[16] Auch in anderen Fächern kann es zu einer solchen Sichtbarkeit der eigenen Leistung kommen, so beispielsweise beim ‚Vorrechnen an der Tafel' im Mathematikunterricht. Jedoch treten solche Phasen,

Aufgrund dessen unterliegt das Unterrichten und damit auch die Lehrkraft-Schüler*innen-Kommunikation im Sportunterricht einer erhöhten Sensibilität.

Besonderheiten eines körperbezogenen Feedbacks
Der im Mittelpunkt stehende Körper macht einen weiteren Aspekt deutlich, der die Kommunikation im Sportunterricht beeinflusst. Gibt die Lehrkraft einem*einer Schüler*in ein Feedback zu dem Versuch, eine Bewegungsaufgabe zu lösen, so betrifft dieses Feedback auch den Körper des*der Schülers*Schülerin.
Beim kritischen Feedback – zum Beispiel bei einer misslungenen Rolle rückwärts – steht die körperliche Bewegung des*der Schülers*Schülerin im Fokus. Das Scheitern bei einer Bewegungsaufgabe bedeutet demnach auch die Auseinandersetzung mit der Unvollkommenheit des eigenen Körpers. Dies kann Reaktionen wie Körperscham[17] auslösen. Diese resultiert zum Beispiel aus wahrgenommenen Abweichungen von einer sozialen Norm (z. B. Schönheits- und Leistungsideale), schlechten Leistungen im Sport oder Übergewicht (vgl. Wiesche, 2017, S. 178). Daher ist der Sportunterricht dafür prädestiniert, bei den Schüler*innen Gefühle wie Scham hervorzurufen, da diese insbesondere durch den Blick von einer anderen Person hervorgerufen werden können (vgl. Hafeneger, 2013, S. 49). Für Schüler*innen können somit unsichere und bedrohliche Situationen entstehen, die bei großer Abweichung von einer (körperlichen) Norm zunehmen (vgl. Krause, 2017, S. 126; in Anlehnung an Miethling & Krieger, 2004, S. 227). Die Auswirkungen körperbezogener Feedbacks sollten daher aufseiten der Sportlehrkräfte nicht unterschätzt werden.

Reflexion der eigenen (Bewegungs-) Erfahrungen
Im Sportunterricht steht die Bewegung der Schüler*innen im Vordergrund. Die Erfahrungen, die bei diesem Sich-Bewegen gemacht werden, gilt es in der Praxis zu reflektieren. So heißt es in den Rahmenvorgaben des Schulsports:

> „In diesem Sinne geht es beim Lehren und Lernen um eine reflektierte Praxis in der Verbindung von Handeln und Reflexion. Dieses Prinzip trägt dazu bei, dass Schülerinnen und Schüler ihre erworbenen Fertigkeiten, Fähigkeiten und Kenntnisse in mündiger Teilhabe am Sport in unterschiedlichen lebensweltlichen Zusammenhängen verwenden und ihr eigenes sportliches Handeln reflektieren" (vgl. MSW NRW, 2014, S. 14f.).

---

in denen ein*e Schüler*in beobachtet wird, in der Regel seltener auf als es im Sportunterricht der Fall ist.

[17] „Körperscham bezieht sich auf den Aspekt der Körperlichkeit des Menschen, welcher nicht mit den Idealvorstellungen des Selbst von seinem Körper übereinstimmt" (Wiesche, 2017, S. 178).

In der Praxis des Sportunterrichts finden mit dieser Zielvorstellung häufig Reflexionsgespräche statt. Dort steht nicht mehr das Sporttreiben als solches im Vordergrund – stattdessen geht es um eine „Thematisierung des Sporttreibens" (Wegener, Herder & Weber, 2019, S. 133; vgl. ebd. 2018, S. 394).

> „Schüler*innen sollen [im Sportunterricht] etwas lernen, was sie nicht unmittelbar durch das Spielen in der Freizeit und das Sporttreiben im Sportverein erwerben können oder ohnehin bereits wissen" (ebd., 2018; in Anlehnung an Serwe-Pandrick und Gruschka (2016).

Reflexionsgespräche über die eigenen Bewegungserfahrungen können in Abhängigkeit von den gemachten Erfahrungen, einen sensiblen Charakter einnehmen. Schließlich sollen Schüler*innen in diesem Zusammenhang über Erfahrungen in Bezug auf ihren eigenen Körper berichten. Für eine Schülerin, die beispielsweise aufgrund ihrer körperlich-motorischen Voraussetzungen Schwierigkeiten beim Besteigen einer Kletterwand hat (vgl. Weber, Rethorst & Kastrup, 2017, S. 296ff.), könnte die Reflexion über ihre Erfahrungen mit dieser Aufgabe unangenehm und herausfordernd sein.

Ebenso denkbar ist eine Reflexionsphase, bei der die Regeln eines Sportspiels dahingehend verändert werden, dass alle Schüler*innen mit ihren unterschiedlichen Voraussetzungen sinnhaft am Sportspiel teilhaben können (vgl. z. B. Tiemann, 2013, S. 48ff.). In einer solchen Situation wird oftmals explizit oder implizit über die individuellen (körperlichen) Voraussetzungen ausgewählter Schüler*innen gesprochen, um auf dieser Grundlage im Klassenverband Regeln auszuhandeln. Ein*e Schüler*in, der*die wahrnimmt, dass im Klassenverband über die Anpassung der Regeln diskutiert wird, da seine*ihre Leistungsvoraussetzungen den Anforderungen des aktuellen Regelwerks nicht genügen, könnte sich in einer solchen Situation überaus unwohl fühlen.

Die Beispiele zeigen, dass die Kommunikation in Reflexionsgesprächen im Sportunterricht eine Herausforderung darstellen kann.

Soziale Prozesse während des Sporttreibens
Eine weitere Besonderheit des Sportunterrichts ist der soziale Umgang unter den Beteiligten. Über die Bewegung lernen sich Schüler*innen in einem im Vergleich zum Klassenunterricht anderen situativen Rahmen kennen. In diesem findet die Auseinandersetzung mit dem eigenen Körper, aber auch die Auseinandersetzung mit den Körpern anderer statt, wodurch vielfältige Wege der Kommunikation möglich werden. Dies ermöglicht eine neue Auseinandersetzung mit sich und anderen, auch in Bezug auf die verschiedenen Lern- und Leistungsvoraussetzungen. Im Sportunterricht wird eine Lerngruppe anders mit der Heterogenität der Beteiligten konfrontiert als im Klassenzimmer – neue Heterogenitätsmerkmale kommen zum Vorschein, andere treten in den Hintergrund. Als Maßstab sozialer Anerkennung gewinnt im Sportunterricht die körperliche Leistungsfähigkeit an Bedeutung für die Beteiligten und beeinflusst das Gruppengefüge. Auch

Beziehungen unter den Schüler*innen sowie Reaktionen der Mitschüler*innen in Bezug auf andere werden sichtbar für Schüler*innen (vgl. Wiesche, 2017, S. 185).

Die Schüler*innen werden innerhalb eines Gruppengefüges konfrontiert mit Frustrationen, Erfolgen, Enttäuschungen, Zurückweisungen und Konkurrenzsituationen (vgl. Blum & Diegelmann, 2014, S. 65; Racaniello, 2017, S. 103). Eine solche Konfrontation kann beispielsweise dazu führen, dass eine Schülerin für den Erfolg ihrer Mannschaft verantwortlich gemacht wird, da sie beim Fußballspielen viele Tore geschossen hat. Sie erfährt somit in besonderem Maße Wertschätzung und Anerkennung von ihren Mitschüler*innen. Genauso denkbar ist allerdings auch, dass ein Schüler des gegnerischen Teams für den Misserfolg seiner Mannschaft verantwortlich gemacht wird, da er aus Sicht seiner Mitschüler*innen einige entscheidende Fehler begangen hat. Innerhalb einer Mannschaftssportart kann der individuelle Fehler einer Person dafür sorgen, dass die gesamte Mannschaft verliert. Dies kann den sozialen Druck auf einzelne erhöhen.

Grimminger und Gieß-Stüber (2009) resümieren beispielsweise, dass leistungsschwächeren Schüler*innen die Teilhabe in Gruppenprozessen durch Wettkampf- und Leistungssituationen erschwert wird (vgl. ebd.). Dementsprechend offenbaren sich in einem solchen Kontext auch Missachtungsprozesse unter den Beteiligten. Diesbezüglich zu nennen ist beispielsweise die Nicht-Beachtung von Schüler*innen (zum Beispiel das absichtliche ‚Übersehen‘ eines*einer Mitschülers*Mitschülerin während eines Spiels, bei dem Mitspielende befreit werden können) (vgl. Grimminger, 2013; ebd., 2015).

Exklusionsprozesse wie diese, werden scheinbar durch Normalitätsvorstellungen der Beteiligten legitimiert, indem die betroffenen Mitschüler*innen als ‚anders‘ eingestuft werden (vgl. Grimminger & Gieß-Stüber, 2009, S. 40ff.). Gleichzeitig werden sie zur Stärkung der eigenen Position genutzt: Die soziale Ordnung der Klasse wird in Form von Anerkennugs-
und Missachtungsverhältnissen sichtbar interaktiv konstruiert" (Grimminger, 2012, S. 114).

Soziale Prozesse wie diese kennzeichnen die Kommunikationsbedingung und fordern die Lehrkraft-Schüler*innen-Kommunikation heraus: Wie kommuniziert die Lehrkraft in einer solchen Situation mit ihren Schüler*innen? Welche Auswirkungen hätte diese Kommunikation auf die sozialen Beziehungen innerhalb der Klasse?

Die beschriebenen Aspekte machen deutlich, dass der Sportunterricht – wie einleitend beschrieben – durchaus Potenziale aufweist, Inklusion erfolgreich umzusetzen. Gleichzeitig wird ebenso deutlich, dass charakteristische Merkmale des Sportunterrichts, wie zum Beispiel die Körperlichkeit und deren Sichtbarkeit, Herausforderungen bzgl. des Umgangs mit Heterogenität

– und damit der Kommunikation zwischen der Lehrkraft und den Schüler*innen – mit sich bringen.

4.3 Zwischenfazit

Die Kommunikationsbedingung ist in dieser Forschungsarbeit durch die Heterogenität des inklusiven Sportunterrichts charakterisiert. Dabei verfolgt eine inklusive Pädagogik das Ziel, Diskriminierungen abzubauen und alle Schüler*innen im Sinne ihres Entwicklungspotenzials chancengerecht zu fördern. In diesem Zusammenhang wird das Verständnis einer grund-sätzlichen Heterogenität der Menschen betont, wobei jeder Mensch die Mög-lichkeit bekommen soll, innerhalb der Gesellschaft ein möglichst selbst-bestimmtes Leben führen zu können.
Im wissenschaftlichen Diskurs wird zwischen einem weiten und einem engen Inklusionsverständnis unterschieden. Dieser Arbeit liegt das enge Inklusionsverständnis zugrunde, welches im Gegensatz zu dem weiten Inklusionsverständnis durch die alleinige Fokussierung auf die Dimension „Behinderung" charakterisiert ist. Mit Blick auf das Schulwesen wird in dieser Forschungsarbeit daher die gemeinsame Beschulung von Schü-ler*innen mit und Schüler*innen ohne zugewiesenen Förderschwerpunkt in den Blick genommen. Wenn in diesem Zusammenhang aus Sicht der Be-teiligten zur Erreichung identischer curricularer Ziele unterschiedliche schulpädagogische Maßnahmen erforderlich werden, wird in dieser Arbeit von Heterogenität gesprochen.

Insbesondere in Unterrichtssettings, die durch eine hohe Heterogenität der Schüler*innen charakterisiert sind, nimmt der inklusive Sportunterricht als Kommunikationsbedingung eine besondere Rolle ein. Denn durch die fokussierte Körperlichkeit im Sportunterricht rücken neue Heteroge-nitätsmerkmale in den Vordergrund, während andere in den Hintergrund treten. Beispielsweise gewinnen im Fach Sport im Vergleich zu anderen Fächern Leistungsunterschiede im Bereich der sportmotorischen Kompe-tenzen an Bedeutung. Im Sinne der individuellen Förderung bieten die hier relevanten Heterogenitätsmerkmale einerseits Potenziale, die es zu nutzen gilt und andererseits Herausforderungen, die den Umgang mit der Hetero-genität betreffen.

Die Kommunikationsbedingung des inklusiven Sportunterrichts zeigt aufgrund seiner Rahmenbedingungen weitere Besonderheiten auf. Diese lassen sich beispielsweise daran erkennen, dass Leistungen im Sport-unterricht in der Regel für alle Beteiligten sichtbar werden. Diese Sicht-barkeit kann dafür sorgen, dass die Leistungsunterschiede der zunehmenden Heterogenität des inklusiven Sportunterrichts für die Beteiligten präsenter werden. Methodisch-didaktische Entscheidungen sollten somit auf dieser Grundlage gut überlegt sein.

Auch das Geben von Feedback scheint im Sportunterricht eine besondere Rolle einzunehmen. So richtet sich ein Feedback im Sportunterricht häufig in direkter oder indirekter Weise auf die Körperlichkeit der Schüler*innen. Das Scheitern bei einer Bewegungsaufgabe bedeutet demnach auch die Auseinandersetzung mit der Unvollkommenheit des eigenen Körpers.

Auch Reflexionsphasen bringen eine Besonderheit des Sportunterrichts hervor. Wird beispielsweise das ‚Sich-Bewegen' reflektiert, haben Schüler*innen oftmals die Aufgabe, von ihren eigenen Bewegungserfahrungen zu berichten. Dies kann, vor dem Hintergrund der Inklusion, zu einer herausfordernden Situation für eine*n Schüler*in werden, wenn diese*r zum Beispiel über Probleme berichten soll, welche womöglich in Beziehung zu seinem*ihrem zugewiesenen Förderschwerpunkt stehen.

Insgesamt weist die Heterogenität des inklusiven Sportunterrichts sowohl Potenziale als auch Herausforderungen auf. Somit stellt sich die Frage, wie eine Sportlehrkraft mit der Aufgabe der gemeinsamen Beschulung von Schüler*innen mit und Schüler*innen ohne zugewiesenem Förderschwerpunkt umgehen kann.

Das folgende Kapitel widmet sich daher dem zweiten Themenkomplex der Kommunikationspsychologie, dem Kommunikationsprozess und damit dem Umgang mit der Heterogenität im Kontext des inklusiven Sportunterrichts.

5 Der Kommunikationsprozess – Zum Umgang mit der Heterogenität des inklusiven Sportunterrichts

Für die Forschungsfrage dieser Arbeit sind Kommunikationsprozesse relevant, die den Umgang der Sportlehrkraft mit der Heterogenität des inklusiven Sportunterrichts betreffen. Es geht dabei um die Frage, welches Handeln den Kommunikationsprozess in der unmittelbaren Kommunikationsumgebung kennzeichnet (vgl. Kapitel 3.2; Six et al., 2007, S. 27). Dies betrifft insbesondere die Umsetzung der methodisch-didaktischen Entscheidungen der Sportlehrkraft, die die Heterogenität betreffen. In dieser Hinsicht geht es weniger um die Planung des Unterrichts, sondern vielmehr um die Umsetzung dieser Planungen im situativen Kontext des Unterrichtens.

Denn jede methodisch-didaktische Entscheidung muss letztlich durch die Lehrkraft in irgendeiner Form mit den Schüler*innen kommuniziert werden und nimmt somit Einfluss auf das unterrichtliche Geschehen. Dabei sei erwähnt, dass der Kommunikationsprozess nicht auf geplante und bewusste Entscheidungen beschränkt ist. Auch spontanes und unbewusstes Handeln zwischen der Lehrkraft und ihren Schüler*innen sind im Sinne der Forschungsarbeit relevant (vgl. ebd.).

Die Lehrkraft greift diesbezüglich sowohl auf verbale und nonverbale als auch auf explizite und implizite Kommunikation zurück. Dementsprechend geht es nicht nur darum, was die Lehrkraft zu den Schüler*innen sagt, vielmehr wird jegliches Handeln der Lehrkraft als Kommunikation verstanden, sofern es von den Schüler*innen als solche entschlüsselt wird (vgl. Kapitel 3).

Zunächst wird der Frage nachgegangen, welche Handlungsoptionen die Lehrkraft in Bezug auf ihr methodisch-didaktisches Vorgehen hat (vgl. Kapitel 5.1). Dabei wird diskutiert, welche dieser Optionen für die hier relevante Kommunikationsbedingung des inklusiven Sportunterrichts angestrebt werden sollte (vgl. Kapitel 5.1.1). Im Anschluss daran wird ein Spannungsfeld thematisiert, welches als zentrale Herausforderung für die Lehrkraft-Schüler*innen-Kommunikation im inklusiven Sportunterricht ausgemacht wird. So sollen einerseits Gemeinsamkeiten der Schüler*innen hervorgehoben und andererseits auch ihre Einzigartigkeit wertgeschätzt werden. Es wird sich zeigen, dass dieses Spannungsverhältnis einer ständigen Anpassung an die unterrichtliche Umsetzung bedarf (vgl. Kapitel 5.1.2). Diesbezüglich erscheinen Differenzierungsmaßnahmen innerhalb der sportunterrichtlichen Praxis unumgänglich. Daher werden anschließend verschiedene Möglichkeiten der Differenzierung unterschieden, um der Kommunikationsbedingung des inklusiven Sportunterrichts gerecht werden zu können (vgl. Kapitel 5.1.3).

Im Anschluss daran wird schließlich die allgemeine Betrachtung hinsichtlich des Umgangs mit Heterogenität verlassen, sodass konkrete Charakteristika und Handlungsempfehlungen in Bezug auf spezifische Förderschwerpunkte in den Blick genommen werden (vgl. Kapitel 5.2).

5.1 Umgang mit Heterogenität

Bei den nachstehenden Handlungsoptionen soll nicht der Anschein erweckt werden, dass die Lehrkräfte vor dem Diskurs, der durch die Umsetzung der Behindertenrechtskonvention aufgeblüht ist, überwiegend homogene Klassen unterrichtet hätten. Jedoch standen in der Vergangenheit eher Heterogenitätsdimensionen wie Geschlecht oder ethnische Zugehörigkeit im Zentrum der Aufmerksamkeit. Durch die aktuelle Relevanz gewinnt insbesondere die Dimension Behinderung an Bedeutung (vgl. u. a. Giese & Weigelt, 2017, S. 13).

5.1.1 Grundlegende Möglichkeiten des Umgangs mit Heterogenität

Für Lehrkräfte stellt sich die grundlegende Frage, welche Möglichkeiten es gibt, mit der beschriebenen Heterogenität umzugehen. Wenning (2007) identifiziert im Wesentlichen drei verschiedene Arten des Umgangs, die auch für den inklusiven Sportunterricht wesentlich erscheinen: Ignorieren, Reduzieren und Akzeptieren (vgl. S. 27f.).

Die erste Art des Umgangs mit Heterogenität ist das *Ignorieren*. Bei dieser Form werden Unterschiede zwischen den Beteiligten nicht thematisiert. Diese Vorgehensweise kann dazu führen, dass z. B. Diskriminierungen und soziale Ungleichheiten verfestigt und hingenommen werden, ohne diese zu hinterfragen. Bereits durch die Unterrichtsplanung führt das Ignorieren von Diversität zu einer Unterrichtspraxis, die den unterschiedlichen Leistungsvoraussetzungen der Schüler*innen nicht gerecht werden kann. So führt diese Vorgehensweise zwangsläufig zur Über- und Unterforderung einzelner Schüler*innen (vgl. Leineweber, 2015, S. 164f.; Frohn & Pfitzner, 2011, S. 3). Wenning (2007) beschreibt, dass diese Form in der Praxis häufig beobachtbar ist und fügt dabei hinzu:

> „Die wachsende Aufmerksamkeit für bestimmte Formen von Heterogenität und das Bewusstsein für Diskriminierung, etwa in der Geschlechterfrage, hinterfragen diese Umgangsweise allerdings zunehmend" (ebd., S. 27).

Eine weitere Möglichkeit des Umgangs mit Heterogenität beschreibt das *Reduzieren*. Bei dieser Art des Umgangs werden die Schüler*innen in ihrer Unterschiedlichkeit nicht akzeptiert, stattdessen wird sie durch methodisch-didaktische Handlungen zu reduzieren versucht.

„Diese Bemühungen, Heterogenität zu unterdrücken bzw. abzubauen, werten die für Erziehungs- und Bildungsprozesse als relevant wahrgenommene Differenz negativ und wollen sie beseitigen" (ebd., S. 28).

Voraussetzung für diese Vorgehensweise ist, dass es eine ‚Normalität' gibt, an der man festmachen kann, ob ein*e Schüler*in im Vergleich zu dieser Norm größere Defizite aufweist oder nicht. In diesem Fall wird versucht, diese Differenzen möglichst abzubauen (vgl. Leineweber, 2015, S. 165; Frohn & Pfitzner, 2011, S. 3). Dies führt automatisch zur Diskriminierung dieser Schüler*innen, da sie in ihren Persönlichkeitsmerkmalen nicht akzeptiert werden. Stattdessen wird versucht, „mit Maßnahmen zur Unterdrückung oder zum Abbau von Unterschieden eine Angleichung an die Norm" herzustellen (ebd.; vgl. Prengel, 2006).[18] Potenzielle Folgen in Bezug auf das unterrichtliche Geschehen des Sportunterrichts beschreiben Frohn & Pfitzner (2011):

> „Da in der Regel die Norm nicht in Frage gestellt wird, werden Abweichungen ‚nach unten' zum individuellen oder gruppenbezogenen Problem von Schülerinnen und Schülern und können zu Belastungen des Selbstwerts führen. Aber auch besonders leistungsstarke oder ehrgeizige Schülerinnen oder Schüler können zum Störfaktor werden: Durch Appelle (‚Schmetter den Ball nicht so stark!') oder Handicaps (‚Vereinsspieler werfen nur mit ihrem ungeübten Arm!') versuchen Lehrkräfte, Leistungspotenziale zu unterdrücken und damit die Differenzen nicht zu groß werden zu lassen" (S. 3f.).

Die dritte Art des Umgangs mit Heterogenität beschreibt das *Akzeptieren*. Diversität wird dabei nicht zu reduzieren versucht, sondern angenommen. Dabei kann die Unterschiedlichkeit zwischen den Schüler*innen reflektiert werden, sodass unterschiedliche Interessen, Bedürfnisse und Voraussetzungen wahrgenommen werden und den weiteren Unterrichtsverlauf mitbestimmen können (vgl. Leineweber, 2015, S. S. 165).

> „*Reflexiver Umgang* mit Heterogenität geht von Differenz aus, nimmt vorhandene Differenz wahr, analysiert sie in Bezug auf Erziehungs- und Bildungsprozesse und bearbeitet aktiv negative Folgen" (Wenning, 2007, S. 28).

Diese Vorgehensweise soll die Empathie der Einzelnen fördern, genau wie das Verständnis, dass Verschiedenheit normal ist. Bei dieser Art des Umgangs soll Heterogenität produktiv genutzt werden, um Erziehung und Bildung zu bereichern (vgl. Wenning, 2007, S. 28).

---

[18] Auf den Sportunterricht übertragen bedeutet diese Normorientierung i. d. R. eine Fokussierung auf das materiale Bildungsverständnis. Der Inhalt des Sportunterrichts orientiert sich dabei an den Anforderungen des normierten außerschulischen Sports. Die Leistung der Schüler*innen soll sich dabei an ein Idealbild anpassen. In bildungstheoretischen Auseinandersetzungen ist diese Orientierung vielfach diskutiert worden (vgl. z. B. Benner, 2012, S. 150ff.; Klafki, 1976, S. 65f.).

„Besonders hohen Stellenwert haben solche Unterrichtsvorhaben, in denen Unterschiede Voraussetzungen für das Gelingen sind (etwa in der Akrobatik) und ein Miteinander nicht nur trotz, sondern gerade wegen der Verschiedenheit attraktiv ist" (Frohn & Pfitzner, 2011, S. 4; in Anlehnung an Weichert, 2003a, 2003b).

Diese Herangehensweise scheint durchaus kompatibel mit dem oben beschriebenen Verständnis des Inklusionsbegriffs zu sein. So spielt es eine wesentliche Rolle,

„dass es in der Inklusion selbstverständlich nicht darum gehen kann, Behinderungen abzuschaffen, sondern darum, einen positiven, wertschätzenden und Teilhabe fördernden Umgang mit der Heterogenität herzustellen" (Giese & Weigelt, 2015, S. 17).

Im Gegensatz zu den Formen des Ignorierens und Reduzierens bedeutet das Akzeptieren auch, dass verstärkt über Differenzen und den Umgang mit ihnen gesprochen wird, um kreative Wege des methodischen Handelns zu finden.

„Grundlegend für jegliches methodische Handeln von Pädagogen in inklusiven Settings ist deren Offenheit für >>kreative individuelle Lösungen<<, die möglichst gemeinsam mit den betreffenden Schülern entwickelt werden und die gleichberechtigte Teilhabe und Förderung aller ermöglichen sollen. Die Vielfalt von Menschen, um deren vielfältige Bedürfnisse und Besonderheiten impliziert, dass es kein Lehrbuch geben kann, das für alle Menschen sinnvolle Varianten einer Bewegungssituation bereithält" (Tiemann & Hofmann, 2010, S. 111f.)

Einerseits bietet dieser Fokus Möglichkeiten eines wertschätzenden Umgangs mit Heterogenität, andererseits erhöht er auch den Anspruch an die Kommunikation zwischen den Beteiligten. Es lässt sich erkennen, dass ein methodisches Repertoire zwar wichtig, aber nicht ausreichend ist, um diesem Anspruch gerecht zu werden. Die unterschiedlichen Voraussetzungen und Bedürfnisse der Schüler*innen sorgen in Bezug auf das unterrichtliche Geschehen für eine Komplexität, die auch Flexibilität verlangt. So muss die Lehrkraft während des Unterrichts auf verschiedene Situationen reagieren und diesbezüglich mit den Schüler*innen kommunizieren. Zu nennen sind beispielsweise Planungsänderungen, die aufgrund von nicht antizipierter Überforderung eines*einer Schülers*Schülerin notwendig werden. Insbesondere im Kontext der Inklusion bedarf es diesbezüglich einer sensiblen Kommunikation zwischen der Lehrkraft und ihren Schüler*innen (vgl. Kapitel 4.2.2).

Eine Herausforderung, die das *Akzeptieren* der Heterogenität in Bezug auf die Lehrkraft-Schüler*innen-Kommunikation mit sich bringt, wird im folgenden Kapitel beschrieben.

5.1.2 Gleichheit und Verschiedenheit

Im Zuge der Inklusion steht die Lehrkraft vor der Anforderung,

> „Kinder und Jugendliche mit z. T. extrem unterschiedlichen Voraussetzungen gemeinsam zu unterrichten und im Rahmen ihrer Möglichkeiten Strukturen und Unterrichtsformen anzupassen bzw. zu entwickeln" (Leineweber, 2015, S. 164).

Dieser Herausforderung widmete sich bereits Reiser (1992) in der Theorie der integrativen Prozesse. Die Theorie beschreibt einerseits das Recht des Individuums auf Unterschiedlichkeit, andererseits sein Bedürfnis nach Gemeinsamkeit und Teilhabe.[19] Demzufolge besteht aufseiten des Individuums zum einen der Wunsch nach Gleichheit, Gleichbehandlung und Teilhabe, zum anderen existiert auch die Forderung, so genommen zu werden, wie man ist. Es geht somit um ein Recht auf Verschiedenheit und Anders-Sein, wobei eigene Bedürfnisse gewahrt werden wollen (vgl. auch Scheid & Friedrich, 2015, S. 36; Tiemann & Hofmann, 2010, S. 109).

Beim Umgang mit Heterogenität besteht die Herausforderung der Lehrkraft darin, in der Kommunikation mit den Schüler*innen beide Aspekte gleichsam zu berücksichtigen. Dabei stehen Gleichheit und Verschiedenheit in einem *dialektischen Spannungsverhältnis* zueinander, bei dem es darum geht,

> „eine dynamische Balance herzustellen zwischen zwei Tendenzen: einerseits die Tendenz zur Gleichheit mit anderen Menschen, zur Verbundenheit, zur Annäherung an andere, andererseits die Tendenz zur Abgrenzung, zur Differenz, zur Autonomie meiner Person" (Reiser, 1992, S. 14).

Dabei sieht Reiser diese Tendenzen nicht als Pole, die sich gegenüberstehen und sich gegenseitig ausschließen, vielmehr bedingen sich beide Tendenzen gegenseitig, da das eine nicht ohne das andere auskommt (vgl. ebd.).

> „Ohne Entwicklung einer persönlichen Identität wird die soziale Identität zur Anpassung, zur Reduktion des selbstbestimmten Lebens, ohne Entwicklung einer sozialen Identität wird die persönliche Durchsetzung zum inhumanen Egoismus" (ebd.).[20]

Vor dem Hintergrund dieses Spannungsverhältnisses sieht Reiser (1992) Prozesse notwendig,

> „bei denen zwischen Personen, zwischen Personengruppen, zwischen inneren Persönlichkeitsanteilen Annäherung und Abgrenzung stattfinden, die eine jeweils für diese Situation passende und jeweils spezifische dynamische Balance von Gleichheit und Differenz herstellen" (S. 14; vgl. auch Prengel, 2006, S.184).

---

[19] Wie sich in Kapitel 6 noch zeigen wird, lassen sich beide Aspekte auch in der hier zugrundeliegenden Motivationstheorie wiederfinden. Diese definiert die Bedürfnisse nach Autonomie (vergleichbar mit dem Aspekt der Unabhängigkeit) und sozialer Eingebundenheit (vergleichbar mit dem Aspekt der Gemeinsamkeit und Teilhabe).

[20] Das dialektische Spannungsverhältnis ließe sich im Werte- und Entwicklungsquadrat nach Schulz von Thun (2016) veranschaulichen: Fehlt einem Wert (z. B. Verschiedenheit, Autonomie) im Sinne eines Spannungsverhältnisses der positive Gegenwert (z. B. Gleichheit, Verbundenheit), wird aus dem Wert eine entwertende Übertreibung (inhumaner Egoismus). In einem solchen Fall ist eine Entwicklungsrichtung notwendig, indem dem positiven Gegenwert verstärkt Beachtung geschenkt wird.

Die Herausforderung für Sportlehrkräfte ist es daher, allen Schüler*innen mit ihren unterschiedlichen Interessen und Bedürfnissen eine wertschätzende und gleichberechtigte Teilhabe zu ermöglichen – unabhängig von ihren körperlich-motorischen, kognitiven und sozial-emotionalen Voraussetzungen. Die Orientierung auf das Individuum einerseits und die Orientierung auf die gesamte Gruppe andererseits erfordert hohe didaktisch-methodische Anforderungen, wenn es darum geht, diesem Spannungsfeld gerecht zu werden (vgl. Tiemann, 2015b, S. 53).

Tiemann und Hofmann (2010) folgern daraus:

> „Gemeinsame Sequenzen sportlichen Tuns, die die Gleichheit und Verbundenheit aller Individuen herausstellen, haben ebenso eine Bedeutung wie individualisierte, auf differenzierten Niveaustufen angebotene sportliche Aktivitäten" (S. 109).

Auch Reiser (1992) betont, dass sich Lernphasen, die gemeinsam in Gruppen durchgeführt werden, mit solchen abwechseln müssen, die individuell angelegt und somit speziell auf die jeweiligen Bedürfnisse des Individuums ausgerichtet sind (S. 24; vgl. auch ebd., 1995, S. 11ff.).[21]

Die Balance dieses Spannungsfelds kann als eine zentrale Herausforderung für Sportlehrkräfte bezeichnet werden, wenn es um den Umgang mit Heterogenität geht. Aus Lehrkraftperspektive gilt es daher, permanent (methodische) Anpassungen vorzunehmen und diese mit den Schüler*innen zu kommunizieren.

Dabei sind Formen der Differenzierung unumgänglich, um Über- und Unterforderungen entgegenzuwirken und der Verschiedenheit und Autonomie der Schüler*innen gerecht zu werden. Im Folgenden werden verschiedene Möglichkeiten der Differenzierung näher betrachtet, sodass die in der empirischen Studie untersuchten Fälle methodisch eingeordnet werden können.

5.1.3 Differenzierung als Steuerungselement

Die Umsetzung einer erfolgreichen Inklusion erfordert es, beim Umgang mit Heterogenität die unterschiedlichen Bedürfnisse und Interessen der Schüler*innen zu berücksichtigen. Diese Grundhaltung beansprucht als eine Art Grundprinzip des Unterrichts eine gelungene Differenzierung (vgl. Frohn & Pfitzner, 2011, S. 4).

> „Unter Differenzierung wird einmal das variierende Vorgehen in der Darbietung und Bearbeitung von Lerninhalten verstanden, zum anderen die Einteilung bzw. Zugehörigkeit von Lernenden zu Lerngruppen nach bestimmten Kriterien" (Bönsch, 1995, S. 21).[22]

---

[21] Die Theorie der gemeinsamen Lernsituation (vgl. Wocken, 1998) sowie der Bewegungsbeziehungen (vgl. Weichert, 2008) geben diesbezüglich Ideen für die (fach-)didaktische Umsetzung (vgl. Kapitel 7).
[22] In Anlehnung an Shaddock, Giorcelli & Smith (2007) wird wie folgt unterschieden: „Differenzieren kann nach dem Prozess (wie), dem Produkt des Lernens (wozu; wie Lernerfolg gezeigt wird), dem

Welche Möglichkeiten der Differenzierung lassen sich daraus ableiten? Es wird häufig zwischen *äußerer* und *innerer* Differenzierung unterschieden (vgl. Bönsch, 1995, S. 25; Becker, 2014, S. 176), wobei in den letzten Jahren zusätzlich die *natürliche* Differenzierung an Relevanz gewonnen hat (vgl. Abbildung 3; Laging, 2004; Seitz, 2012; Pfitzner & Neuber, 2012b; Frohn & Pfitzner, 2011).

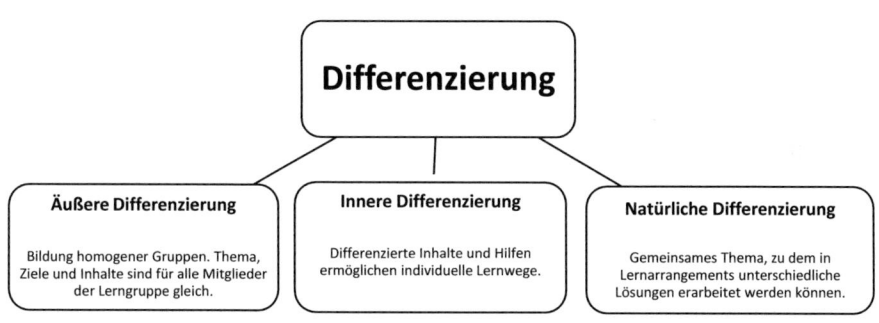

Abbildung 3: Möglichkeiten der Differenzierung (vgl. Becker, 2014, S. 177)

Eine *äußere Differenzierung* versucht möglichst homogene Gruppen zu bilden. Auf Ebene der Schulorganisation wird beispielsweise in Form von verschiedenen Jahrgangsstufen differenziert, um einer zu hohen Altersheterogenität zu entgehen. Auch gibt es an vielen Schulen Wahlmöglichkeiten für die Schüler*innen, indem sie sich zum Beispiel für Grund- oder Aufbaukurse entscheiden können (vgl. Frohn & Pfitzner, 2011, S. 4; Becker, 2014, S. 177). Neben einer solchen Leistungsdifferenzierung ist unter anderem auch eine Differenzierung nach Interessen möglich. Zu dieser Interessensdifferenzierung werden zum Beispiel AG's (Arbeitsgemeinschaften) angeboten, sodass sich die Schüler*innen für eine AG entscheiden können, die ihren Interessen am ehesten entspricht (vgl. ebd.). Innerhalb des Sportunterrichts kann die Lerngruppe auch bzgl. der Lerninhalte getrennt werden, zum Beispiel, wenn ein Teil der Lerngruppe Fußball, ein anderer Basketball spielt. Becker (2014) bemerkt, dass sich die äußere Differenzierungsform am Durchschnitt einer Gruppe orientiert, die nur scheinbar homogen ist. „[…] tatsächliche Unterschiede der Schülerinnen und Schüler spielen keine Rolle" (ebd.). Auch nach Reisers Theorie des dialektischen Spannungsverhältnisses scheint eine äußere Differenzierung innerhalb einer

---

Inhalt (was), dem Lernprofil (wie der Schüler bzw. die Schülerin am besten lernt) und den Interessen (interessierende Inhalte, Motivation) sowie den Schülerfähigkeiten (Vorwissen, Fähigkeiten, Verständnis, Fertigkeiten) erfolgen" (Heimlich, Hillenbrand und Wember, 2016, S. 16).

Lerngruppe nicht auszureichen, da die Individualität eines Einzelnen nicht wertgeschätzt wird. Zum Gefühl der Zugehörigkeit kann es lediglich innerhalb einer (Klein-)Gruppe kommen, die zusammen eine (vermeintliche) Homogenität bildet. Zum Rest der Klasse ist eine Gruppe stets separiert, sodass diesbezüglich kaum das Gefühl der Verbundenheit hergestellt werden kann (vgl. Kapitel 5.1.2).

Erfolgt die Differenzierung innerhalb einer Gruppe, sodass Inhalte und Hilfen individuelle Lernwege für die Schüler*innen ermöglichen, entspricht dies der *inneren Differenzierung*. Unterschieden wird in Anlehnung an Paradies und Linser (2010, S. 34ff.) zwischen

> „Maßnahmen auf der inhaltlichen (z. B. verschiedene Schwierigkeitsstufen), didaktischen (z. B. Lerninteresse, Lernmotivation, Lerntempo), methodischen (z. B. Stationsarbeit, Übungsreihe, Projektarbeit), sozialen (z. B. Einzel-, Partner-, Gruppenarbeit) und organisatorischen (z.B. Softbälle, Lederbälle) Ebene" (Becker, 2014, S. 177).

Diese Differenzierungsform ermöglicht es allen Lernenden mithilfe von individueller Unterstützung in der Regel das gleiche Lernziel zu verfolgen. Somit wird versucht, die Verschiedenheit der Schüler*innen zu kompensieren (vgl. Laging, 2004, S. 6). Becker (2014) bemerkt, dass Lehrkräfte mit dieser Form der Differenzierung in großen Lerngruppen an ihre Grenzen stoßen, wenn sie allen Schüler*innen die für sie relevante Unterstützung geben wollen. Da unterschiedliche Lernende auch verschiedene Lernwege präferieren, kann die Lehrkraft diesen im Hinblick auf eine innere Differenzierung kaum gerecht werden (vgl. S. 177). Im Extremfall führt eine innere Differenzierung zu einer Individualisierung, wenn die Aufgaben speziell an die Voraussetzungen aller Schüler*innen angepasst werden. Ein solcher Fall würde das soziale Lernen innerhalb einer Lerngruppe erschweren (vgl. ebd.; Laging, 2004, S. 6). Greisbach (2017) macht diesbezüglich auf einen Konflikt aufmerksam: „Der Anspruch auf individuelle Förderung muss erfüllt werden, kann aber nicht in einer Vereinzelung oder permanenten Separierung innerhalb der Lerngruppe enden" (S. 39f.). Dies würde dem Anspruch an einen inklusiven Unterricht nicht gerecht werden (vgl. Kapitel 4).

In Bezug auf das beschriebene Spannungsverhältnis nach Reiser wird der Schwerpunkt bei der inneren Differenzierung daher weniger auf die Gleichheit, sondern durch die Orientierung an den individuellen Lernwegen vielmehr auf die Verschiedenheit gelegt. Obwohl sich alle Schüler*innen in der Regel am gleichen Lernziel orientieren, kann eine gemeinsame Auseinandersetzung an diesem Lernziel unberücksichtigt bleiben (vgl. Kapitel 5.1.2).

Um diesen Problemen zu entgehen, wird von einigen Autor*innen die *natürliche Differenzierung* präferiert (vgl. Seitz, 2012; Pfitzner & Neuber, 2012b; Becker, 2014). Bei dieser werden Differenzierungen von den Schüler*innen selbstständig hervorgebracht. Im Gegensatz zu Aufgaben, die keine allgemeingültige Lösung verlangen (geschlossene Lernarrangements), sind stattdessen Freiheiten bei der Lösungsfindung zuzulassen (offene Lernarrangements). Am Beispiel des Pyramidenbaus aus der Akrobatik kann den Schüler*innen schöpferische Freiheit zugestanden werden, sodass sie sich mit ihren jeweiligen Fähigkeiten, Ideen und Bedürfnissen selbstständig einbringen, in Gruppen Absprachen treffen und somit kreativ Pyramiden erstellen können. Lerntempo, Übungsphasen etc. können somit eigenverantwortlich gesteuert werden (vgl. Pfitzner & Neuber, 2012b, S. 7). Solche offenen Lernarrangements

„bieten die Chance, dass die Lernenden ihre individuellen Probleme und verschiedenen Herangehensweisen gewinnbringend einbringen und verknüpfen können. Es wird somit die Chance eröffnet, miteinander und nicht nebeneinander zu lernen" (Becker, 2014, S. 178).

Dementsprechend scheint eine natürliche Differenzierung dem *Akzeptieren* der Heterogenität (vgl. Kapitel 5.1.1) sowie dem Anspruch des Spannungsverhältnisses zwischen Gleichheit und Verschiedenheit (vgl. Kapitel 5.1.2) am ehesten gerecht zu werden.[23]

Die bisherigen Ausführungen geben einen Überblick über Möglichkeiten hinsichtlich des Umgangs mit Heterogenität. Bisher offen geblieben ist die Frage, wie die sportunterrichtliche Praxis mit spezifischen *Förderschwerpunkten* umgesetzt werden kann.

5.2 Umgang mit spezifischen Förderschwerpunkten

In diesem Kapitel geht es um die Charakteristika spezifischer Förderschwerpunkte sowie die daraus abgeleiteten Empfehlungen zum Umgang mit diesen. Die sonderpädagogischen Förderungen werden unterteilt in die folgenden Schwerpunkte (vgl. Ministerium des Inneren des Landes NRW, 2021):

- Lernen
- Geistige Entwicklung
- Emotionale und soziale Entwicklung
- Sprache
- Körperliche und motorische Entwicklung
- Hören und Kommunikation
- Sehen

Giese und Weigelt (2017) stellen fest, dass die Folgen für den Sportunterricht bzgl. der verschiedenen Förderschwerpunkte variieren. Sie erklären, dass Förderschwerpunkte wie Lernen oder Sprache, möglicherweise weniger ins Gewicht fallen als körperliche und motorische oder emotionale und soziale Entwicklung. Gleichzeitig betonen sie, dass dies individuell von

---

[23] Auf dieser Grundlage werden konkrete methodisch-didaktische Konzepte im Forschungsstand thematisiert (vgl. Kapitel 7)

dem*der Schüler*in abhängig ist und nicht verallgemeinert werden kann (vgl. S. 23). Auch Tiemann und Hofmann (2010) beschreiben, dass es keine allgemeingültigen Rezepte geben kann, da die individuellen Voraussetzungen auch innerhalb eines zugewiesenen Förderschwerpunkts sehr unterschiedlich sein können.

> „Die Aufgabe, die darin besteht, den individuellen Bedürfnislagen sehr unterschiedlich leistungsfähiger Kinder einer Klasse gerecht zu werden, und ein gemeinsames für alle Beteiligten befriedigendes Sporttreiben zu initiieren, erfordert besondere methodische Strategien, die sich durch besondere Offenheit und Flexibilität auszeichnen. Methodische >>Rezepte<< allerdings erzielen aufgrund der individuellen Voraussetzung der am Sport Teilnehmenden, selbst innerhalb einer scheinbar homogenen Gruppe, oft nicht die erwünschte Wirkung. Unterschiedliche Kinder, die sich zum Beispiel wegen einer körperlichen Beeinträchtigung mithilfe eines Rollstuhls fortbewegen, können wiederum über ganz unterschiedliche Bewegungsmöglichkeiten verfügen. Während manche einen Basketball zielsicher in den Korb werfen, ist es für andere bereits schwierig, einen Ball über Kopfhöhe zu halten" (S. 108f.).

Auch wenn aufgrund dieser Abhängigkeit vom Individuum keine allgemeingültigen methodischen Rezepte dargeboten werden können, lassen sich bestimmte Charakteristika bzgl. der einzelnen Förderschwerpunkte und Empfehlungen zum Umgang mit diesen konkretisieren.

Diesbezüglich zeigt sich ein weiteres Spannungsverhältnis. Einerseits wird die Notwendigkeit deutlich, bestimmte Gruppen besonders in den Blick zu nehmen, um deren besonderen Bedürfnissen gerecht zu werden. Andererseits birgt diese besondere Betrachtung das Problem, diese Gruppe als ‚anders' zu etikettieren (vgl. Lindmeier & Lütje-Klose, 2015, S. 10; in Anlehnung an Norwich, 2013). Dieses Spannungsverhältnis zeigt Unsicherheiten bzgl. des Umgangs mit den spezifischen Förderschwerpunkten auf und macht eine zentrale Herausforderung der Lehrkraft-Schüler*innen-Kommunikation im inklusiven Sportunterricht deutlich.

Im Folgenden werden jene fünf Förderschwerpunkte genauer dargestellt, deren Anteil im deutschen Schulsystem am größten ist.[24] Dies betrifft die Förderschwerpunkte Lernen (Anteil: 36,5%), geistige Entwicklung (Anteil: 16,7%), emotionale und soziale Entwicklung (Anteil: 16,6%), Sprache (Anteil: 10,7%) sowie körperliche und motorische Entwicklung (Anteil: 7%) (vgl. Kultusministerkonferenz[25], 2018, S. 3).

An dieser Stelle sei ebenso erwähnt, dass die Zuweisung eines einzelnen Förderschwerpunkts in der Praxis oftmals eine Herausforderung darstellt, da sich die Beeinträchtigung in einem Bereich auf andere Bereiche auswirken kann. So erkennt Greisbach (2017), dass sich zum Beispiel die Beeinträchtigung im Bereich Lernen auch „auf die Sprachentwicklung und das emotio-

---

[24] Die nachfolgenden Zahlen beruhen auf einer Erhebung aus dem Jahr 2016.
[25] Die Kultusministerkonferenz wird im Folgenden als KMK bezeichnet.

nale und soziale Verhalten, auswirken [kann]" (S. 33). Dementsprechend ist bei den nachfolgenden Ausführungen zu beachten, dass neben den spezifischen Hinweisen für einzelne Förderschwerpunkte grundsätzlich eine ganzheitliche Förderung im Blick behalten werden sollte (vgl. ebd.). In diesem Zuge ist es auch möglich, dass es in der inhaltlichen Aufbereitung der folgenden Kapitel zu Dopplungen kommt, falls für zwei oder mehrere Förderschwerpunkte ähnliche Handlungsempfehlungen gegeben werden.

Die nun folgenden Unterkapitel beschreiben Charakteristika der jeweiligen Förderschwerpunkte sowie daraus folgende Empfehlungen für Sportlehrkräfte. Die Handlungsempfehlungen fokussieren dabei Aspekte, die durch die Lehrkraft-Schüler*innen-Kommunikation beeinflusst werden können und erheben keinen Anspruch auf Vollständigkeit. Dementsprechend finden beispielsweise Ursachen der Beeinträchtigung, Diagnostik, Elterngespräche, räumliche Ressourcen, begleitende Therapie etc. keine Berücksichtigung.

5.2.1 Lernen

Der Förderschwerpunkt Lernen betrifft Schüler*innen, deren „Lern- und Leistungsausfälle schwerwiegender, umfänglicher und langdauernder Art sind" (Schulgesetz NRW, § 4). Heimlich, Hillenbrand und Wember (2016) übersetzen dies mit erheblichen Leistungsausfällen, die in mehreren Fächern auftreten und länger als ein Schuljahr andauern (S. 10).[26]

Die Auswirkungen auf die Entwicklung der Schüler*innen des Förderschwerpunkts Lernen können vielfältig sein. Deutlich wird dies unter anderem am folgenden Zitat:

> „Schülerinnen und Schüler mit erheblichen Schwierigkeiten im schulischen Lernen weisen in wesentlichen Grunderfahrungen und Grundvoraussetzungen zum Lernen (Vorerfahrungen, Interesse, Antrieb, Neugier, Durchhaltevermögen, Merkfähigkeit, Aufmerksamkeit, Motorik, sozial-emotionale Dispositionen etc.) sowie bei der Entwicklung von Kompetenzen und Lernstrategien Denk- und Lernmuster auf, die bei der Begegnung und Auseinandersetzung mit schulischen Lerngegenständen zu einer Irritation bzw. Desorientierung führen können, so dass durch Unterstützungs- und Fördermaßnahmen der allgemeinen Schule allein noch keine Basis für den Anschluss an schulisches Lernen gefunden werden kann" (KMK, 2019, S. 5).

Unverkennbar sind die beschriebenen Grundvoraussetzungen zum Lernen auch für den Sportunterricht relevant – und dies bezieht sich nicht ausschließlich auf die kognitiven Phasen des Bewegungsfachs. So wird beispielsweise auch die motorische Entwicklung erwähnt, welche sowohl

---

[26] Dies unterscheidet den Förderschwerpunkt Lernen, der nur bei Lernbehinderungen zugeschrieben wird, von Lernstörungen (diese treten stellenweise in einem Fach und nicht länger als ein Schuljahr auf) und Teilleistungsschwächen (zum Beispiel Lese-Rechtschreib-Schwäche) (vgl. Heimlich, Hillenbrand und Wember, 2016, S. 10f.).

auf die Grob- als auch auf die Feinmotorik bezogen werden kann (vgl. Greisbach, 2017, S. 36).[27]

Im vorwiegend kognitiven Bereich fasst Greisbach (2017) auffallende Merkmale von Schüler*innen mit Beeinträchtigungen im Bereich Lernen zusammen. Unterschieden werden Merkmale der metakognitiven Handlungssteuerung (zum Beispiel Schwierigkeiten bei der Beobachtung des eigenen Wissenserwerbs, der Kontrolle des Lernfortschritts, der Suche nach Lösungswegen sowie oberflächliches Lösen von Aufgaben), Beherrschung von Lernstrategien (zum Beispiel Probleme bei zielstrebiger Umsetzung von Vorhaben sowie bei der Anwendung von Lernstrategien), Motivation und Konzentration (zum Beispiel geringe Anstrengungsbereitschaft, schnelles Aufgeben und Ablenkenlassen) sowie bereichsspezifisches Wissen (fehlende Vorkenntnisse, sodass neue Erkenntnisse nicht optimal mit vorhandenen Erkenntnissen verknüpft werden können) (vgl. S. 37; in Anlehnung an Grünke & Grosche, 2014, S. 77; Lauth & Grünke, 2005; Souvignier, 2008). Was können Lehrkräfte nun tun, um Schüler*innen mit einem solchen Förderschwerpunkt zu fördern?

Heimlich, Hillenbrand und Wember (2016) weisen in diesem Zusammenhang auf die Möglichkeiten einer Öffnung des Unterrichts hin, da diese es ermöglichen kann, eine individuelle Förderung im gesamten Klassenverband zu gewährleisten. Gleichzeitig betonen sie aber auch, dass insbesondere Schüler*innen mit dem zugewiesenen Förderschwerpunkt Lernen eine klare Struktur mit Ritualen benötigen, um erfolgreich lernen zu können (vgl. S. 15). In Bezug auf die Kommunikation der Lehrkraft schreiben sie:

> „Ein von der Lehrkraft gesteuerter und mit klaren *Instruktionen* aufgebauter Lehrgang hat gerade bei diesen Schülerinnen und Schülern weiterhin seine Berechtigung und erbringt deutliche Erfolge bei der Erarbeitung neuer Lehrinhalte" (ebd.).

Greisbach (2017) konkretisiert die Anforderungen an die Kommunikation der Lehrkraft und empfiehlt, einfache und leichte Sprache zu nutzen, um die aktive Teilnahme am Unterricht bestmöglich zu gewährleisten. „Diese zeichnet sich aus durch kurze Sätze, das Vermeiden von Nebensätzen, des Konjunktivs, sowie von Genitiv- und Passivformen" (S. 43).

Im Sinne einer Gelingensbedingung wird zudem die Berücksichtigung des Bedürfnisses nach Zugehörigkeit betont. Auch hier wird deutlich, dass neben Differenzierungsformen auf individueller Ebene Unterrichtsphasen einzubinden sind, die in Gruppen stattfinden (vgl. auch Kapitel 5.1.2). Insbesondere der Sportunterricht kann im Hinblick auf diese Forderung einen gewinnbringenden Beitrag leisten. „Soziales Lernen, das Umgehen können mit Emotionen sowie die Frustrationstoleranz können durch körper-

---

[27] Lehrkräfte, die bzgl. des sonderpädagogischen Schwerpunkts Lernen qualifiziert sind, sollen „fachliche Überschneidungen, besonders mit den Sonderpädagogischen Förderschwerpunkten Sprache, emotionale und soziale Entwicklung sowie geistige Entwicklung" erkennen (KMK, 2019, S. 16). Überschneidungen zu diesen Förderschwerpunkten scheinen besonders verbreitet zu sein (vgl. auch Kapitel 5.2).

bezogenen Kontakt mit Gleichaltrigen gefördert werden" (Greisbach, 2017, S. 49; in Anlehnung an Erhorn, 2015, S. 416).

Die KMK empfiehlt zudem Lernprozesse, die über das kognitive Lernen hinausgehen. Vielmehr wird ein ganzheitliches Lernen betont, welches sich

> „auf der Basis eines gelingenden Zusammenwirkens der Entwicklungs-
> bereiche Motorik und Wahrnehmung, Denken und Aufbau von Lernstrate-
> gien, Kommunikation und Sprache sowie Emotionen und soziales Handeln
> [vollzieht]" (KMK, 2019, S. 6).

Durch dieses praktische Lernen sollen „zunehmend selbstständige Lernpro-
zesse" angebahnt werden (ebd., S. 7). Mit dem Ziel des lebenslangen Lernens und der dafür notwendigen metakognitiven Handlungssteuerung sollen Schüler*innen „beim Erwerb von Wissen ihren Bildungsprozess aktiv mitgestalten können" (ebd., S. 6). Zentrale Aufgabe der Lehrkräfte ist es dabei, ihre Schüler*innen mittels Ermutigungen und motivierenden Lernumgebungen zu unterstützen und die Beziehungsqualität zu den Schüler*innen aktiv zu gestalten, um eine Basis für die Autonomieentwicklung zu schaffen (vgl. ebd., S. 6ff.).

Diesbezüglich wird insbesondere für den Förderschwerpunkt Lernen der Sinn- und Lebensweltbezug während des Lernens betont. So soll das „schulische Lernen für die einzelne Schülerin bzw. den einzelnen Schüler aktuell und zukünftig bedeutsam [sein]" (ebd., S. 7).

5.2.2 Geistige Entwicklung

Auch die Personengruppe mit dem zugewiesenen Förderschwerpunkt geistige Entwicklung ist eine äußerst heterogene (vgl. Fornefeld, 2016, S. 47). Stöppler (2014) nimmt diesbezüglich die folgende Definition vor:

> „Geistige Behinderung ist ein Sammelbegriff für ein Phänomen mit oft
> lebenslangen, aber verschiedenen Äußerungsformen einer unterdurchschnitt-
> lichen Verarbeitung kognitiver Prozesse und Problemen mit der sozialen
> Adaption" (S. 18).[28]

Die Definition macht deutlich, dass die Auswirkungen neben kognitiven Aspekten – Schuppener (2017) spricht in diesem Zusammenhang von einem verminderten Differenzierungsvermögen, welches „sich in Form einer veränderten Wahrnehmung und Verarbeitung von Reizen und Informationen äußert" (S. 69; in Anlehnung an Sarimski, 2003) – auch soziale Anpas-
sungsprozesse betreffen (vgl. ebd., S. 70; Lingg & Theunissen).

---

[28] Schuppener (2017) nennt im Kontext von pädagogisch-therapeutischen Interventionen bei besonderem Bedarf drei Arten: „[Hilfebedarf] kann *körperlicher Art* (aufgrund von Spasmen, Lähmungen, Epilepsien, motorischen Entwicklungsverzögerungen, Wahrnehmungsbeeinträchtigungen, Sinnesbeeinträchtigungen etc.), *sozialer Art* (aufgrund von Verhaltensauffälligkeiten, wie z. B. selbstverletzendem Verhalten, Hyperaktivität, Konzentrationsschwierigkeiten, Fremdaggression, sozialen Isolationstendenzen, Kommunikations- und Kontaktschwierigkeiten etc.) oder *psychischer Art* (aufgrund von psychischen Instabilitäten und Störungen, wie Depressionen, Angst, Schizophrenie etc.) sein" (S. 80).

Die KMK (1998a) beschreibt eine Förderung für die betroffenen Schüler*innen, die „eine alle Entwicklungsbereiche umfassende Erziehung und Unterrichtung unter besonderer Berücksichtigung der praktischen Bewältigung ihres Lebens [beinhaltet]" (S. 3). Fischer (2016) spezifiziert diese Förderung wie folgt:

> „Konkret geht es zum einen um die Vermittlung funktionsbezogener Kompetenzen (in der Wahrnehmung, Motorik, Kognition oder Kommunikation) und um eine aktive Lebensbewältigung (in Bereichen wie Essen, Trinken, Körperhygiene u.a.), vor allem aber um eine umfassende Persönlichkeitsbildung (Selbstständigkeit, wirklichkeitsnahe Selbsteinschätzung, emotionale Stabilität, Leistungsbereitschaft u.a." (S. 52).

Lernangebote sind unter Berücksichtigung der jeweiligen Voraussetzungen, Bedürfnisse und der spezifischen Lebensgeschichte aufzubereiten (vgl. ebd.), sodass neben basalen Kompetenzen zur Lebensbewältigung auch fachbezogene Inhalte, die – gemäß des Individuums – elementarisiert werden sollten (vgl. ebd., S. 53; Schuppener, 2017, S. 78; in Anlehnung an Feuser, 1989; Terfloth & Bauersfeld, 2012; Lamers & Heinen, 2006). Empfohlen werden diesbezüglich Unterrichtsarrangements, die in Sozialformen variieren, sodass neben der Arbeit in Gruppen auch Phasen der alleinigen Auseinandersetzung mit dem Lerngegenstand erfolgen (vgl. Kapitel 5.1.2; Schuppener, 2017, S. 79; in Anlehnung an Mühl, 2006). Um Differenzierungen zu ermöglichen, werden insbesondere bei der Arbeit in Gruppen offene Lernarrangements empfohlen (vgl. Schuppener, 2017; in Anlehnung an Mühl, 1997), sodass eine Voraussetzung dafür geschaffen wird, dass die Schüler*innen miteinander in Kooperation treten (vgl. Fischer, 2016, S. 53). Im Hinblick auf die Kommunikation erläutert Schuppener (2017), dass besonders im Sportunterricht im Sinne der Verständigung eine unterstütze Kommunikation bedeutsam wird. Diese kann sich seitens der Lehrkraft beispielsweise durch bewusste Hinzunahme paralinguistischer Elemente und durch die Nutzung weiterer Hilfsmittel, wie Bildsymbole, zeigen (vgl. Wilken, 2014; Wachsmuth, 2006). Neben solchen Formen der Visualisierung, zum Beispiel bei Übungsausführungen, dem Auf- und Abbau von Geräten etc., wird auch Ritualen im Sportunterricht eine große Bedeutung beigemessen (vgl. Schuppener, 2017, S. 82).

Um darüber hinaus eine aktive und autonome Teilhabe bestmöglich zu gewährleisten, sollten betroffene Schüler*innen (im Rahmen der Möglichkeiten) bei der Unterrichtsplanung, -durchführung und -evaluation eingebunden werden (vgl. ebd., S. 84; in Anlehnung an Fröhlich & Laubenstein, 2000).

5.2.3 Emotionale und soziale Entwicklung

Der Förderschwerpunkt emotionale und soziale Entwicklung bezieht sich auf das emotionale Erleben und das soziale Handeln von Schüler*innen. Dies bezieht auch Prozesse der Selbstregulation mit ein (vgl. KMK, 2000, S. 3).

Mit Bezug auf Hildenbrand (2008) erkennt Ricking (2017), dass es aufgrund der vielfältigen Ausprägungen auch bei diesem Förderschwerpunkt äußerst schwierig ist, Konkretisierungen des Förderschwerpunkts vorzunehmen (vgl. S. 132). Diese Vielfalt wird auch in den Empfehlungen der KMK (2000) deutlich. Dort heißt es, dass betroffene Schüler*innen

> „häufig für schulisches Lernen und Handeln wenig motiviert und nicht in der Lage [seien], eine durchschnittliche altersgemäße Aufmerksamkeit zu zeigen. Hohe Ablenkbarkeit und kurze Konzentrationsspannen hindern sie an der Entfaltung ihrer geistigen Leistungsfähigkeit. Die Schülerinnen und Schüler zeigen zeitweise Übereifer und spontane Arbeitsbereitschaft, resignieren dann jedoch oft ebenso schnell, sind mutlos und enttäuscht, erscheinen antriebsarm und gleichgültig und wehren pädagogische Interventionen ab; Motivation, Ausdauer, Lerntempo und Belastbarkeit unterliegen extremen Schwankungen. Sie unternehmen bisweilen hohe Anstrengungen, um im Mittelpunkt zu stehen, und fordern von ihren Bezugspersonen ein kaum erfüllbares Maß an ständiger Zuwendung" (S. 7).[29]

Aus den Empfehlungen geht hervor, dass die betroffenen Schüler*innen stark affektiv in Bezug auf

> „unklare Regeln, persönliche Entwertungen, Über- und Unterforderungen im Leistungsbereich, Strafen ohne Beziehung zur Tat oder auf unbegründete Beschuldigungen [reagieren]" (ebd.).

Die Verhaltensauffälligkeiten beziehen sich aber nicht nur auf aggressives, dissoziales Verhalten oder Aufmerksamkeitsdefizite. Auch Angststörungen oder depressives Verhalten fallen in das Spektrum dieses Förderschwerpunkts (vgl. Ricking, 2017, S. 133; in Anlehnung an Forness, Freeman, Paparella, Kauffman & Walker, 2012).

Dementsprechend gibt es neben nach außen gerichtetem externalisierenden Verhalten (z. B. aggressiv-dissoziales Verhalten, Impulsivität) auch Verhalten, welches sich nach innen gerichtet, also internalisierend, zeigt (vgl. Casale & Hennemann, 2016, S. 34; in Anlehnung an Myschker & Stein, 2014). Letzteres kann Schüler*innen betreffen, die sich

> „ängstlich zurückziehen, sich abkapseln, in Passivität verharren oder allgemein gehemmt [sind]. Sie fühlen sich hilflos, haben kein Zutrauen zu sich und scheitern fast immer an Angeboten des selbstständigen Lernens" (KMK, 2000, S. 8).

---

[29] Schüler*innen mit dem Förderschwerpunkt emotionale und soziale Entwicklung bekommen oftmals auch weitere Förderschwerpunkte zugeschrieben. Vor allem betrifft dies den Bereich des Lernens und der Sprache (vgl. KMK, 2000, S. 7; Ricking, 2016, S. 42; ebd., 2005).

Die Vielfalt der Auswirkungen ist eine Herausforderung für Lehrkräfte im Umgang mit den Schüler*innen. Was können Lehrkräfte tun, um dieser Herausforderung zu begegnen? Casale und Hennemann (2016) beschreiben, dass grundlegend zwei Perspektiven einer individuellen Förderung unterschieden werden müssen. Auf der einen Seite steht „eine ressourcenorientierte Förderung, die dem Aufbau sozial-emotionaler Kompetenzen dient", auf der anderen Seite „eine störungsspezifische Förderung, die den Abbau störungsrelevanter Faktoren antizipiert" (S. 36; in Anlehnung an Petermann, 2013).

Auf dieser Grundlage lassen sich mehr oder minder konkrete Gelingensbedingungen für die unterrichtliche Praxis beschreiben. So betont die KMK, dass eine Lehrkraft im Umgang mit den betroffenen Schüler*innen die Aufgabe hat, die Wahrnehmung der Schüler*innen in Bezug auf ihr eigenes sowie auf fremdes Empfinden zu fördern, Fähigkeiten der Selbstregulation zu stärken „und dadurch die Motivation für dauerhafte Veränderungen [zu] unterstützen und die Steuerungsfähigkeit ihres Verhaltens langfristig [zu] stabilisieren" (KMK, 2000, S. 3). Dabei gilt es, beispielsweise in Bezug auf externalisierende Muster „ungesteuertes, impulsives Verhalten in schwierigen Situationen durch bewusstes und durchdachtes Handeln zu ersetzen" (Ricking, 2017, S. 142). Um dies zu erreichen, soll regelmäßiges Feedback eingesetzt werden, wodurch positives Unterrichtsverhalten systematisch verstärkt werden kann (vgl. ebd, 2016, S. 43f.).

Voraussetzung für eine Förderung

> „ist eine tragfähige Schüler-Lehrer-Beziehung. Sie zeichnet sich durch ein hohes Maß an Verständnis, durch besondere persönliche Zuwendung und pädagogisch-psychologische Unterstützung aus" (KMK, 2000, S. 14; vgl. Ricking, 2017, S. 145; in Anlehnung an Nolting, 2008; Lohmann, 2013).

In diesem Zusammenhang wird oft auf das bewährte „Classroom Management" hingewiesen (vgl. Casale & Hennemann, 2016, S. 35; Ricking, 2016, S. 42f.). Unter anderem geht es darum, klare Grenzen zu setzen sowie Regeln und Rituale zu vereinbaren, an denen sich Schüler*innen orientieren können. Eine klare Unterrichtsstruktur soll dazu führen, dass Schüler*innen durch eine gewohnte Ordnung Sicherheit finden (vgl. ebd.; Ricking, 2017, S. 139; in Anlehnung an Hartke & Vrban, 2009). Der Transparenz der Lehrkraft-Erwartungen wird daher ein wichtiger Bestandteil in der Lehrkraft-Schüler*innen-Kommunikation zugesprochen, in deren Rahmen Schüler*innen lernen sollen, eigenverantwortlich zu handeln (vgl. Ricking, 2017, S. 143; Casale & Hennemann, 2016, S. 36).

Ziel ist es, die Schüler*innen sukzessive „in die Verantwortung für ihre Entscheidungen und für die Lösung ihrer eigenen Probleme zu nehmen" (KMK, 2000, S. 4).

„Selbsttätigkeit steht im Mittelpunkt: Aktives und handelndes Lernen schafft einen wirksamen Rahmen, in dem emotional positiv gefärbte Lernaktivitäten, Motivation aus der Sache selbst und aus der Erwartung auf das Produkt entsteht (Gudjons, 2008)" (Ricking, 2017, S. 146; vgl. ebd., 2016, S. 42f.).

Gefördert soll dies durch eine aktive Einbindung der Schüler*innen in das Unterrichtsgeschehen, in das sie ihre eigenen Interessen miteinbringen können. Ricking (2016) beschreibt in diesem Zusammenhang, dass Schule keine abgeschlossene Institution sein darf, vielmehr soll sie sich „der Wirklichkeit und vor allem der Lebenswelt und der Lebensprobleme der Schülerinnen und Schüler öffnen" (S. 41; in Anlehnung an Wittrock, 1998; Ricking & Schulze, 2010). Neben der Autonomie soll dadurch auch das Ziel der sozialen Einbindung verfolgt werden:

„Durch die Beteiligung der Schülerinnen und Schüler an der Gestaltung des Schullebens und durch die Berücksichtigung ihrer individuellen Wünsche und Vorschläge entsteht ein Gefühl der Zugehörigkeit und die Möglichkeit, die Klassen- und Schulgemeinschaft als anregungsreiches soziales Lernfeld zu erfahren" (KMK, 2000, S. 16).

Das soziale Lernen unterstützend gilt es, die Reflexionsfähigkeit zu fördern, was insbesondere in Bezug auf externalisierendes Verhalten die Rücksicht und Toleranz anderen gegenüber steigern soll (vgl. ebd., S. 3).
Der Sportunterricht soll als Bewegungsfach das Potenzial haben, positiv auf diese Entwicklung einzuwirken. Betont wird in diesem Zusammenhang die Verknüpfung von Wahrnehmung und Bewegung, durch welche Schüler*innen ihr Verhalten besser wahrnehmen und im Zuge dessen reflektieren können. Weiterhin ermöglicht der Sport neue Möglichkeiten, Kontakt mit Peers anzubahnen und durch den Bewegungscharakter innere Spannungen abzubauen sowie positiv auf die kognitive Entwicklung einzuwirken (vgl. KMK, 2000, S. 17).[30]

5.2.4 Sprache

Der Förderschwerpunkt Sprache scheint auf den ersten Blick für den Sportunterricht eine geringfügigere Rolle zu spielen, wenn man bedenkt, dass im Sport insbesondere die Bewegung im Fokus steht.
Deshalb stellt sich über fachübergreifende Auswirkungen hinaus, die Frage, welche Folgen sich bzgl. des Förderschwerpunkts speziell für die sportunterrichtliche Praxis ergeben. Zunächst gilt es allerdings zu präzisieren, was unter diesem Förderschwerpunkt zu verstehen ist. In den Empfehlungen

---

[30] In Bezug auf die Förderung der exekutiven Funktionen haben sich sportliche Aktivitäten als sehr gewinnbringend erwiesen (vgl. z. B. Kubesch, 2013; 2014; 2015; Boriss, 2012; 2015; mit spezifischer Betrachtung des Krankheitsbilds Aufmerksamkeitsdefizit-/Hyperaktivitätsstörung (ADHS) Smith, Hoza, Linnea, McQuade, Tomb, Vaughn, Shoulberg & Hook, 2013; Chang, Hung, Huang, Hatfield & Hung, 2014; Ziereis, 2014).

der KMK wird die Vielfalt der Beeinträchtigungen angedeutet.[31] Dort geht hervor, dass betroffene Schüler*innen

„in den kommunikativen und in den repräsentationalen Funktionen der Sprache wie auch in der Vergegenständlichung von Sprache eingeschränkt und deshalb in ihrer Persönlichkeits- und Sozialentwicklung und in ihrem Schulerfolg gefährdet sein [können]" (KMK, 1998b, S. 2).

Bzgl. des gefährdeten Schulerfolgs zeigen Lüdtke und Stitzinger (2016) den Zusammenhang zwischen sprachlich-kommunikativen Beeinträchtigungen und Lernbarrieren im Unterricht:

„Sprachlich-kommunikative Störungsbilder von Kindern und Jugendlichen verstehen sich nicht per se als Beeinträchtigungen, sondern erst im Kontext schulischer und unterrichtlicher Lernbarrieren, z. B. räumliche Bedingungen, Sprache der Lehrkraft, sprachliche Gestaltung und Inhalte der Unterrichts-medien, Verarbeitungskanäle, Interaktionsgeschehen im Unterricht und Schulleben" (S. 23; in Anlehnung an Grohnfeldt, 2015; Glück, Reber & Spreer, 2013; Mußmann, 2012).

Es gilt daher, im Kontext Schule eine entsprechende Förderung zu ermög-lichen. Mayer und Motsch (2016) weisen auf die Dringlichkeit einer För-derung hin, da aus spezifisch beeinträchtigten Sprachkompetenzen allge-meine Lernschwächen werden können (vgl. S. 29).

In Bezug auf den Sportunterricht als Bewegungsfach erkennen Bindel und Bindel (2017) in Anlehnung an Webster und Shevell (2004), dass häufig auch eine Verzögerung in der motorischen Entwicklung zu beobachten ist (vgl. S. 169). Bezüglich des Vorschulalters begründen die Autor*innen den Zusam-menhang wie folgt:

„Die Kommentierung der körperlichen Aktivität durch Erwachsene und das Selbsterleben bereichert die innere Sprachaktivität. Es entsteht eine Verbindung von rezeptiver und expressiver Sprache mit Bewegungserleben. So ist die körperliche Aktivität ein besonderes Kommunikationsmedium zur Erfahrung und zum Ausdruck des Kindes und nicht selten hängen sprachliche mit motorische Beeinträchtigungen zusammen (vgl. Goldstein, 2012; Zim-mer, 2013, S. 92ff.; White, 2012)" (Bindel & Bindel, 2017, S. 170).

In diesem Zusammenhang hat der Sportunterricht das Potenzial, sprachliche Handlungen direkt an körperlich erlebte Erfahrungen zu knüpfen. Hier ergeben sich womöglich auch unbewusst Sprechanlässe, wodurch der Unter-richt einen hohen Aufforderungscharakter haben kann, sprechend tätig zu werden (vgl. ebd., S. 10f.; Lüdtke & Stitzinger, 2016, S. 25). Gleichzeitig ist die Kommunikation im Sportunterricht nicht auf verbale Sprachhandlungen beschränkt, denn der Sport bietet auch Möglichkeiten, sich ‚mit seiner eigenen Sprache' nonverbal auszudrücken und sich somit durch weitere Aspekte der Kommunikation Respekt zu verschaffen. Diesbezüglich können

---

[31] Eine Liste über die verschiedenen Formen sprachlich-kommunikativer Beeinträchtigungen liefern beispielsweise Lüdtke und Stitzinger (2016).

beispielsweise Hemmungen beim Sprechen weniger relevant werden (vgl. Bindel & Bindel, 2017, S. 177).

Inhaltlich werden neben einem ausgewogenen Anforderungsniveau Unterrichtsinhalte empfohlen, die an die Lebenswelt der Schüler*innen anknüpfen:

> „Ein ausgewogenes Verhältnis zwischen den individuellen sprachlichen Fähigkeiten und Fertigkeiten der Schülerin oder des Schülers und den immanenten sprachlichen Anforderungen des Unterrichtsgegenstandes ist Voraussetzung dafür, daß die jeweiligen Lernsituationen und Lerninhalte durch die Schülerinnen und Schüler auch sprachlich bewältigt werden können. Die Auswahl und Aufbereitung der Unterrichtsthemen sollten deshalb an den Erfahrungen der Kinder anknüpfen, so daß der inhaltliche Zugang gesichert und die Lerninhalte für sie trotz der erschwerten sprachlichen Bedingungen erschließbar, nachvollziehbar und verständlich sind" (KMK, 1998b, S. 10; vgl. auch Lüdtke & Stitzinger, 2016, S. 26).

Zudem machen Bindel und Bindel (2017) auf die Auswirkungen auf die sozialen Beziehungen aufmerksam:

> „Sie [Schüler*innen mit dem zugewiesenen Förderschwerpunkt Sprache] sind unterlegen in der Antwortgeschwindigkeit, der Konversationsinitiative, der Selbstmitteilung, der Ausführlichkeit und der verbalen Konfliktbewältigung. Damit sind sie aus der Interaktion mit anderen oft weitestgehend ausgeschlossen [...]" (S. 175; in Anlehnung an Hartmann, 2004; Ketelaars, Cuperus, Jansonius & Verhoeven, 2010; Osman, Shodi & Aziz 2011).

Solche Erscheinungen erschweren – so die Autor*innen – nicht selten einen erfolgreichen Beziehungsaufbau zu Mitschüler*innen (vgl. ebd.). Der Förderung sozialer Prozesse kommt daher ein wichtiger Bestandteil zu. Auch die KMK bezeichnet in ihren Empfehlungen bzgl. des Förderschwerpunkts Sprache kooperatives Handeln als „unverzichtbar" und empfiehlt, die Schüler*innen „bei der Ausweitung ihrer sozialen und kommunikativen Handlungsfähigkeiten" zu unterstützen (KMK, 1998b, S. 9). Erziehung soll dabei helfen, „sich in der Gemeinschaft zu orientieren, sich einzuordnen und sich zu behaupten, Kontakte anzunehmen, anzubahnen und auszugestalten" (ebd.).

Zu den Aufgaben von Lehrkräften gehört daher auch die Initiierung von gemeinsamen Lernsituationen, wie kooperative Lernformen, um Beziehungen untereinander zu fördern (vgl. ebd., S. 15; Bindel & Bindel, 2017, S. 175). Neben der sozialen Komponente können dadurch auch Möglichkeiten des peergestützten Sprachlernens genutzt werden (vgl. Lüdtke & Stitzinger, 2016, S.25; Bindel & Bindel, 2017, S. 187).

Insbesondere im Hinblick auf den hier beschriebenen Förderschwerpunkt gilt es, im Hinblick auf Missachtungs- und Ausgrenzungsprozesse wachsam zu sein und gegebenenfalls zu intervenieren (vgl. Bindel & Bindel, 2017, S. 182ff.; vgl. auch Grimminger, 2013).

Insgesamt sehen Bindel und Bindel (2017) daher in Bezug auf den Sportunterricht sowohl Chancen als auch Risiken im Hinblick auf die Förderung des Förderschwerpunkts Sprache:

„Eine große Chance kann darin gesehen werden, dass sportliche Kompetenzen nicht sprachlich gezeigt werden dürfen, was für Kinder mit Sprach- und Schreibschwäche als Vorteil zu werten ist. Auf der anderen Seite können sich im sozialen Gefüge, das der Sportunterricht in besonderer Weise körperlich einrichtet, Problemlagen des Aufwachsens multiplizieren, in dem Ausgrenzung nicht nur erlebt, sondern auch körperlich sichtbar und sprachliche Defizite publik gemacht werden. Auf dem Weg zu einem inklusiven Sportunterricht geht es also zunächst einmal darum, Sportunterricht so zu gestalten, dass implizite Exklusionen vermieden werden" (S. 181).

5.2.5   Körperliche und motorische Entwicklung

Wie in Kapitel 4.2 dargestellt wird dem Sportunterricht im Sinne einer erfolgreichen Inklusion ein großes Potenzial zugesprochen. Die sportspezifischen Anforderungen ermöglichen es Schüler*innen, bestimmte Stärken zu präsentieren, die in anderen Fächern weniger angesprochen werden. Gleichzeitig bedeutet dies aber auch, dass insbesondere Schüler*innen mit dem zugewiesenen Förderschwerpunkt körperliche und motorische Entwicklung zur Bewältigung der fachspezifischen Anforderungen (z. B. sportmotorische Kompetenzen) tendenziell schlechtere Voraussetzungen mitbringen als einige ihrer Mitschüler*innen (vgl. Schoo, 2017, S. 215; Kapitel 4.2.2). Das hat zur Folge, dass dieser Förderschwerpunkt im wissenschaftlichen Diskurs bzgl. des inklusiven Sportunterrichts eine dominante Rolle einnimmt.

Generell bringt das gemeinsame Lernen im Zusammenhang mit dem hier beschriebenen Förderschwerpunkt zwei Herausforderungen mit sich. Zum einen sind organisatorische Rahmenbedingungen (darunter z. B. die Architektur oder das Mobiliar der Schule) zu schaffen, die ein gemeinsames Lernen möglich machen, zum anderen ist der für diese Arbeit relevante Umgang mit der Heterogenität innerhalb einer Lerngruppe zu nennen (vgl. Boenisch, 2016, S. 55).

Diesbezüglich ist auch der Förderschwerpunkt körperliche und motorische Entwicklung selbst bereits kennzeichnend für eine große Heterogenität.[32] Sowohl die Ursachen als auch die Folgen der jeweiligen Ursache können in hohem Maße variieren.[33]

Die Folgen für den Sportunterricht beschreibt Schoo (2017) wie folgt:

„Die Spannbreite reicht von Schülern, die zu keiner zielgerichteten Bewegung in der Lage sind, bis hin zu denjenigen, die nur geringe motorische Einschränkungen haben. Einige erscheinen aufgrund ihrer körperlichen oder sensorischen Beeinträchtigung gleichgewichtsverunsichert und besitzen wenig Zutrauen in die eigenen Bewegungsmöglichkeiten, andere hingegen sind sehr mobil […]" (S. 205).[34]

---

[32] Schoo (2017) erkennt, dass Schüler*innen mit dem zugewiesenen Förderschwerpunkt körperliche und motorische Entwicklung häufig auch weitere Förderschwerpunkte zugewiesen bekommen, darunter insbesondere Sprache und emotionale und soziale Entwicklung (vgl. S. 208).
[33] Boenisch (2016) zeigt in einer unvollständigen Beschreibung verschiedene Ursachen für den Förderschwerpunkt auf. Darunter fallen cerebrale Bewegungsstörung, Epilepsie, chronische Erkrankungen, progrediente Erkrankungen, Spina bifida, Entwicklungs- und Wahrnehmungsstörungen sowie schwerste Behinderungen (S. 55ff.; in Anlehnung an Bergeest, Boenisch & Daut, 2015).
[34] Die KMK hat in ihren Empfehlungen für den Förderschwerpunkt eine Vielzahl an möglichen Folgen ausdifferenziert (vgl. KMK, 1998c, S. 3f.)

Auch Erscheinungsformen wie eine besonders langsame oder ungenaue Bewegungsausführung oder Probleme in Bereichen der Koordination lassen sich beobachten (vgl. ebd., S. 218). Verzerrte Wahrnehmungserscheinungen können ebenfalls im Sportunterricht auftreten und sich in erhöhter Ablenkbarkeit oder geschwächten Orientierungen äußern.

Die beispielsweise häufig auftretende Cerebralparese kann sich in Bezug auf Ballsportarten unter anderem durch verzögerte Reaktionen beim Fangen eines Balls zeigen. Dies kann – genauso wie auch Zeitdruck – Stress bei den jeweiligen Schüler*innen auslösen. Die Verantwortung, die Sportlehrkräfte in diesem Zusammenhang tragen, wird insbesondere dadurch deutlich, dass solche Stressfaktoren zur Verstärkung pathologischer Muster führen können (vgl. ebd., S. 224; in Anlehnung an Haupt & Wieczorek, 2013).

Im Sinne der Förderung von betroffenen Schüler*innen wird von Seiten der KMK gefordert, dass Schüler*innen mit dem Förderschwerpunkt körperliche und motorische Entwicklung

> „im Rahmen ihrer Möglichkeiten fähig werden, ein Leben mit einer körperlichen und motorischen Beeinträchtigung sinnerfüllt und weitestgehend selbstverantwortlich zu führen und zu gestalten" (KMK, 1998c, S. 4).

Eine Förderung soll dazu beitragen, dass die Schüler*innen „zu einem positiven Selbstwertgefühl gelangen und selbstbewußte Persönlichkeiten werden" (ebd., S. 4). Der Unterricht ist daher so zu gestalten, dass eine an den Lebenswirklichkeiten der Schüler*innen orientierte Anbahnung stattfindet, sodass sie sich „mit ihren Fähigkeiten und Neigungen, mit ihren Motiven, Fragen und Zielvorstellungen als handelnde Personen erleben" (ebd., S. 9f.).

Dieses Ziel soll mit offenen und anregenden Lernangeboten erreicht werden, die Formen der Mitwirkung und ein weitestgehend selbstverantwortliches Leben ermöglichen (vgl. ebd.). Dabei sind methodisch-didaktische Entscheidungen im Hinblick auf die Bewegungsmöglichkeiten der Schüler*innen zu treffen (vgl. ebd., S. 11). Mit der Zielstellung einer individuellen Förderung betont Schoo (2017) mit Verweis auf die Empfehlungen der KMK (1998c), dass eine alleinige Fokussierung der Teilhabe nicht ausreicht. Darüber hinaus betont er die Förderung von motorischen und sensorischen Kompetenzen, sodass in den Empfehlungen der KMK auch von sportiven Techniken die Rede ist, die vermittelt werden sollen (vgl. S. 216). Bzgl. der individuellen Förderung gilt es daher, individuelle Erfolgserlebnisse zu ermöglichen, sodass Schüler*innen sich Herausforderungen stellen können, die sie im Hinblick auf ihre sportmotorischen Kompetenzen fordern, aber nicht überfordern. Schoo (2017) macht darauf aufmerksam, dass methodisch-didaktische Überlegungen auf dieser Grundlage abgeleitet werden sollten, was gegebenenfalls einer Abweichung von den Kompetenzerwartungen der Bezugslehrpläne entspricht, da diese für manche Schüler*innen schwierig zu erreichen sind (S. 218; vgl. Kapitel 4.2.1).

Gerade im Hinblick darauf, dass Schüler*innen mit körperlichen Beeinträchtigungen unter Umständen „aufgrund negativer Vorerfahrungen deutlich weniger Selbstvertrauen hinsichtlich ihres sportlichen Könnens [haben]", gilt es, dies zu berücksichtigen (KMK, 1998c, S. 221). Ein wesentliches Ziel ist somit das Ermöglichen von Kompetenzerfahrungen.

> „Wenn sich die Beteiligten als könnend erfahren, können sie trotz motorischer Einschränkungen eine positive Einstellung zum Sport gewinnen bzw. erhalten. Das schließt nicht aus, dass Dinge erprobt werden, die sich dann als nicht sinnvoll bzw. nicht durchführbar erweisen. Es ist allerdings wichtig, dass die körperliche Behinderung nicht als Ursache für das Scheitern angesehen wird" (ebd.).

Die Auswahl der Inhalte, Differenzierungsformen sowie zum Beispiel das Adaptieren von Spielen durch Regeländerungen spielen in Bezug auf diesen Förderschwerpunkt eine übergeordnete Rolle (vgl. Lelgemann, 2016, S. 63; Kapitel 5.1; 7.1).

Insbesondere wenn eine intensive Betreuung notwendig ist, gilt es zu beachten, dass „die Unterstützung nicht auf Kosten der Selbstständigkeitsförderung gehen darf, sondern diese unterstützen sollte" (Schoo, 2017, S. 225). In diesem Zusammenhang beschreibt beispielsweise Boenisch (2016) das Phänomen der „Überbehütung" (S. 58), aus der wiederum eine erlernte Hilflosigkeit entstehen kann (vgl. Seligman, 1975). Im Umgang innerhalb der unterrichtlichen Praxis gilt es somit, dass Schüler*innen lernen Verantwortung zu übernehmen und sich (soweit es möglich ist) nicht abhängig von ihrem Umfeld machen (vgl. Lelgemann, 2016, S. 63). In Bezug auf eine wenig entwicklungsförderliche Umgebung beschreibt Hansen (2015) bezugnehmend auf cerebrale Bewegungsstörungen:

> „Kinder und Jugendliche mit cerebralen Bewegungsstörungen sind nicht per se verhaltens- und gefühlsbeeinträchtigt, sondern sie *treffen häufig auf Umgebungsbedingungen*, die die Entstehung von Gefühls- und Verhaltensbeeinträchtigungen begünstigen" (S. 52; zit. nach Boenisch, 2016, S. 58).

Pädagogisches Potenzial wird nicht zuletzt aus diesem Grund in der Einbeziehung der Schüler*innen in das unterrichtliche Geschehen gesehen:

> „Das Einbeziehen der Mitschüler in den Gestaltungsprozess eröffnet die Chance, eigene Aufgabenlösungen zu entwickeln und zu reflektieren und kann darüber hinaus zu einer größeren Akzeptanz von Spielmodifikationen, veränderten Aufgabenstellungen etc. führen" (Schoo, 2017, S. 222).

Dies wiederum setzt einen transparenten Umgang mit körperlich-motorischen Beeinträchtigungen im Klassenverband voraus, da es erst über die Thematisierung der Heterogenität zur Akzeptanz innerhalb der Klasse kommen kann.

„In diesem Zusammenhang können etwaige Schwierigkeiten Einzelner und die erforderlichen Maßnahmen (Differenzierung, Nachteilsausgleich, individuelle Leistungsbeurteilung) angesprochen werden." (ebd., S. 220).[35]

Als zentrales erzieherisches Unterrichtsanliegen wird im Zusammenhang mit der Akzeptanz die Förderung der Sozialkompetenz hervorgehoben.

„Unterricht ist so zu gestalten, daß soziale Beziehungen innerhalb und außerhalb der Schule entstehen können. Im Unterricht muß Gelegenheit gegeben sein, daß soziale Bindungen angebahnt und differenziert werden können" (vgl. KMK, 1998c, S.12).

Zudem gilt es – nicht zuletzt aufgrund von Sicherheitsaspekten – die soziale Verantwortung innerhalb einer Klasse sicherzustellen. So berichten beispielsweise Schüler*innen, die in ihrer Mobilität auf einen Rollstuhl angewiesen sind, von der Angst in Spielphasen versehentlich umgestoßen zu werden (vgl. Schoo, 2017, S. 223; in Anlehnung an Walter-Klose, 2012).

5.3 Zwischenfazit

Die für diese Arbeit relevanten Kommunikationsprozesse entsprechen dem Umgang der Sportlehrkraft mit der Heterogenität des inklusiven Sportunterrichts. Dieser Umgang ist nicht auf geplante und bewusste Entscheidungen beschränkt. Die Kommunikation kann auch spontan und unbewusst ablaufen.

Voraussetzung für eine solche Kommunikation, die den geschilderten Zielen der Inklusion entspricht, ist das Akzeptieren der Heterogenität. Dieses grenzt sich von den Verständnissen des Ignorierens und des Reduzierens insofern ab, als dass es die Heterogenität annimmt und wertschätzt. Deutlich wird dabei, dass diesbezüglich ein methodisches Repertoire allein nicht ausreicht, da es durch die Anerkennung der Verschiedenheit aller, auch zu Situationen kommen kann, für die es kein methodisches ‚Rezept' gibt. Dementsprechend werden auch kreative Lösungen erforderlich, welche mit den Schüler*innen gemeinsam gefunden werden können.

In diesem Zusammenhang wird beim Umgang mit Heterogenität ein weiteres Spannungsfeld deutlich. Lehrkräfte sollen einerseits die Gemeinsamkeiten der Schüler*innen hervorheben und dadurch die gegenseitige Verbundenheit stärken, andererseits sollen sie die Schüler*innen in ihren individuellen Bedürfnissen und ihrer Abgrenzung zu anderen bestärken. In der praktischen Umsetzung ergibt sich somit ein Spannungsfeld zwischen den Elementen Gleichheit und Verschiedenheit, welcher eine Lehrkraft gerecht werden muss.

---

[35] Wie in Kapitel 4.2.2 beschrieben können sich solche Kommunikationsprozesse als überaus sensibel erweisen und in der Praxis eine Herausforderung darstellen.

In der Praxis kann die Lehrkraft verschiedene Möglichkeiten der Differenzierung nutzen, die im Umgang mit einer heterogenen Gruppe notwendig werden. Während die äußere Differenzierung versucht, vermeintlich homogene Gruppen zu bilden, wird bei der inneren Differenzierung zum Beispiel durch verschiedene Schwierigkeitsgrade versucht, den unterschiedlichen Leistungsniveaus gerecht zu werden. Die natürliche Differenzierung scheint sowohl der Gleichheit als auch der Verschiedenheit gerecht werden zu können, da in diesem Zusammenhang ein offenes Lernarrangement so gestaltet ist, dass alle Schüler*innen sich im Miteinander mit ihren individuellen Bedürfnissen und Fähigkeiten einbringen können.

In Bezug auf einzelne Förderschwerpunkte werden in der Literatur spezifische Empfehlungen diskutiert, die beim Umgang mit diesen beachtet werden sollten. Dieses Vorhaben erschwerend zeigt sich, dass mehrere Schüler*innen, die den gleichen Förderschwerpunkt zugewiesen bekommen haben, eine äußerst heterogene Gruppe darstellen können, da die jeweiligen Ausprägungen des Förderschwerpunkts sehr unterschiedlich sind. Auch wenn letztlich differenzierte Entscheidungen in Bezug auf den Einzelfall zu treffen sind, lassen sich im Hinblick auf die jeweiligen Förderschwerpunkte bedingt differenzierte Empfehlungen geben, welche die spezifischen Charakteristika des jeweiligen Förderschwerpunkts berücksichtigen.

Hinsichtlich des Umgangs mit den spezifischen Förderschwerpunkten wird eine weitere Herausforderung deutlich. Einerseits haben Lehrkräfte die Aufgabe der vulnerablen Gruppe besondere Aufmerksamkeit zu schenken, um diese angemessen fördern zu können, andererseits soll dabei aber möglichst keine Etikettierung stattfinden. Daraus ergibt sich ein Spannungsfeld, welches in Bezug auf die Lehrkraft-Schüler*innen-Kommunikation als Herausforderung angesehen wird.

Der Kommunikationsprozess, der hier durch den Umgang der Lehrkraft mit der Heterogenität des inklusiven Sportunterrichts geprägt ist, mündet letztlich in eine Kommunikationsfolge. Diese ist mit Blick auf das Forschungsanliegen durch die Motivation der Schüler*innen definiert. Es stellt sich die Frage, welche motivationalen Auswirkungen der Umgang der Lehrkraft mit der Heterogenität aufseiten der Schüler*innen hinterlässt.

Im Sinne dieser Kommunikationsfolge erläutert das nachstehende Kapitel die dieser Arbeit zugrundeliegende Motivationstheorie.

6 Die Kommunikationsfolge – Zur Motivation der Schüler*innen

Die Folge eines Kommunikationsprozesses ist in dieser Forschungsarbeit durch die Motivation der Schüler*innen gekennzeichnet. Diesbezüglich stellt sich die Frage, welche motivationale Auswirkung ein Kommunikationsprozess hat, der sich auf den Umgang mit der Heterogenität des inklusiven Sportunterrichts bezieht?

Um diese Frage zu klären, wird im Hinblick auf diese Kommunikationsfolge die Selbstbestimmungstheorie der Motivation nach Deci und Ryan (2000) das theoretische Fundament einnehmen (vgl. Kapitel 2).

Bezugnehmend auf das Forschungsanliegen verfolgt dieses Kapitel das Ziel, die Motivationstheorie ausführlich darzustellen, um auf dieser Grundlage Kommunikationsprozesse im Hinblick auf ihre motivationale Wirkung analysieren zu können.

Zunächst wird dargestellt, auf welchen Grundannahmen die Theorie fußt (vgl. Kapitel 6.1). Darauf aufbauend werden verschiedene Motivationsformen beschrieben (vgl. Kapitel 6.2). Anschließend wird erläutert, welchen Einfluss die für diese Arbeit elementaren psychologischen Grundbedürfnisse nach Autonomie, Kompetenz und sozialer Eingebundenheit auf die Motivation haben (vgl. Kapitel 6.3).

6.1 Die Selbstbestimmungstheorie der Motivation

Deci und Ryan (1991) stellen das *Selbst* („active self") in das Zentrum ihrer Selbstbestimmungstheorie der Motivation[36] (S. 238). Sie verstehen unter dem Selbst der Menschen „their inner representation of themselves and their world" (2000, S. 248). Dieses wird sowohl als Prozess als auch als Ergebnis der Entwicklung verstanden. Da die vielseitigen Veränderungen während des Lebenslaufs zu einer stetigen Persönlichkeitsentwicklung eines Menschen beitragen, kann dabei von einem immerwährenden Prozess gesprochen werden. Trotz dieser permanenten Veränderung wird das Selbst als kontinuierliche Einheit erlebt, welche als Ergebnis der bisherigen Entwicklung betrachtet werden kann (vgl. Deci & Ryan, 1993, S. 223; Krapp, 2005a, S. 633).

Auf dieser Grundlage bezeichnen Deci und Ryan ihre Theorie auf der einen Seite als *organismisch* und auf der anderen Seite als *dialektisch*. *Organismisch* beschreibt in diesem Zusammenhang „eine fundamentale Tendenz zur stetigen Integration der menschlichen Entwicklung" (Deci & Ryan, 1993, S. 223). Gemeint ist damit das erste wesentliche Entwicklungsziel: Das persönliche Wachstum (vgl. Krapp, 2005a, S. 633). Das Individuum strebt nach Ausbildung und Weiterentwicklung seiner individuellen Fähigkeiten

---

[36] Im Englischen wird die Theorie als Self-Determination Theory betitelt und mit SDT abgekürzt.

und Fertigkeiten. Darunter fallen beispielsweise die Entstehung neuer Interessen sowie die menschliche Tendenz, sich immer neue Ziele und Herausforderungen zu suchen, die bewältigt werden wollen. Dies führt dazu, dass neu erworbene Kompetenzen in die bestehenden Strukturen des Selbst integriert werden, was wiederum Einfluss auf die individuelle Persönlichkeitsentwicklung hat (vgl. ebd.). „Dies entspricht dem generellen Streben lebender Strukturen, die in ihnen angelegten Entwicklungspotenziale auch auszuschöpfen, d.h. sich selbst zu realisieren" (ebd.; vgl. Maturana & Varela, 1987). Schon von Geburt an ist das Individuum darauf ausgelegt, sich zu entwickeln. Dies zeigt sich bereits bei der Beobachtung der Entwicklungsverläufe bei Säuglingen.

Das zweite wesentliche Entwicklungsziel betrifft den Menschen als soziales Wesen. Er ist an seine soziale Umgebung gebunden. Ohne diese könnte er nicht überleben. Daher stellt er sicher, dass das soziale Umfeld auch weiterhin Bestand hat (vgl. Krapp, 2005a, S. 633f.). Ziele, Werte und Normen eines sozialen Umfeldes hängen dementsprechend nicht nur von den eigenen Zielen, Werten und Normen, sondern auch von denen der anderen Individuen ab. Der Mensch ist daher auch darauf angewiesen sich an fremdgesetzten Normen und Werten zu orientieren.

Demnach strebt er nach zwei wesentlichen Entwicklungszielen, die sich antagonistisch aufeinander beziehen. Einerseits das persönliche Wachstum, andererseits die Sicherung und Weiterentwicklung seiner sozialen Umwelt. Beide gilt es in Balance zu bringen.

> „Our theory of self-determination is concerned with this dialectical struggle between the active self and the various forces, both within and without, that the person encounters in the process of development" (Deci & Ryan, 1991, S. 239).

Die Theorie ist demnach *dialektisch*, da zwei Größen miteinander in Interaktion stehen. So wird der beschriebene Prozess der organismischen Integration in ständiger Beziehung zu der sozialen Umwelt vollzogen.

Um beiden Zielen gerecht zu werden, sprechen Deci & Ryan (1993) von der *„organismischen Dialektik"*, welche beschreibt, dass die organismische Integration sich in der Auseinandersetzung mit der sozialen Umwelt erweitert und verfeinert (S. 223; vgl. Rohlfs, 2011, S. 94).

> „Thus the Self is not simply an outcome of social evaluations and pressures but instead is the very process through which a person contacts the social environment and works toward integration with respect to it" (Deci & Ryan, 1991. S. 238).

Krapp (2005a) spricht in diesem Zusammenhang von einer Art Steuerungsmechanismus,

> „der die individuellen Entwicklungsverläufe an die Erfordernisse des sozialen Systems anpasst und z.B. dafür sorgt, dass bei den Mitgliedern des Systems ein gemeinsam geteilter Fundus an Einstellungen, motivationalen Orientierungen, Wissensstrukturen etc. aufgebaut wird" (S. 633).

Die notwendige Konsequenz für den Einzelnen ist somit eine „Begrenzung bzw. Kanalisierung der individuellen Wachstumsprozesse" (ebd.).
Auf Grundlage dieser Kanalisierung setzt sich das Individuum Ziele, die es verfolgen möchte. Im Folgenden wird gezeigt, wie diese Zielsetzungen mit der Motivation in Verbindung stehen.

6.2   Motivation als Kontinuum

Für die Selbstbestimmungstheorie der Motivation ist das intendierte Verhalten einer Person ausschlaggebend dafür, dass von motiviertem Verhalten gesprochen werden kann (vgl. u. a. Deci, 1992; Deci & Ryan, 1985a; 1991; 1993). So gelten Menschen dann als motiviert, wenn sie mit ihrem Verhalten einen bestimmten Zweck erreichen wollen. Der gewünschte Zustand liegt in der Zukunft und kann sowohl unmittelbar erreicht werden oder in weiter Ferne liegen (vgl. Deci & Ryan, 1993, S. 224).

> „Intentionale und insofern motivierte Handlungen gehen von einer Person aus und richten sich entweder auf eine unmittelbar befriedigende Erfahrung (wenn man z.B. einen Sachverhalt als interessant, spannend oder aufregend empfindet) oder auf ein längerfristiges Handlungsergebnis, z. B. das Bestehen einer Prüfung" (ebd.).

Gehen Verhaltensweisen nicht auf Intentionen zurück, werden sie demnach nicht als motiviert bezeichnet. Deci und Ryan bezeichnen diesen Zustand als *amotiviert.* Dies betrifft beispielsweise Verhaltensweisen wie dösen, herumlungern oder auch unkontrollierte Impulse wie Wutanfälle (vgl. ebd.).[37]
Die Theorie unterscheidet dabei nicht ausschließlich zwischen motiviertem und amotiviertem Verhalten. Stattdessen postuliert sie unterschiedliche Ausprägungen der Motivationsstärke, die sich nach dem Grad ihrer erlebten *Selbstbestimmung* klassifizieren lassen. Eine Handlung, die freiwillig ausgeführt wird, gilt als selbstbestimmt (oder autonom). Eine Handlung, die man als aufgezwungen erlebt, gilt als fremdbestimmt (oder kontrolliert).[38] Die Qualität der Motivation kann somit auf einem Kontinuum verortet werden, welches einerseits durch selbstbestimmtes und andererseits durch kontrolliertes Verhalten gekennzeichnet ist (vgl. ebd., S. 225).
Eine erste Differenzierung zur Bestimmung dieses Kontinuums äußert sich in der Unterscheidung zwischen intrinsischer und extrinsischer Motivation, welche im folgenden Kapitel erläutert werden.

---

[37] Die Theorie der erlernten Hilflosigkeit von Seligman ist ein Beispiel für eine Theorie, die sich mit nichtintentionalen Verhalten auseinandersetzt (vgl. Seligman, 1975).
[38] „Der Kontrollbegriff hat hier eine spezielle Bedeutung, die nicht mit den zumeist positiven Bedeutungen in neueren Handlungs- und Copingtheorien verwechselt werden darf" (Deci & Ryan, 1993, S. 225).

6.2.1 Intrinsische und extrinsische Motivation

Intrinsisch motivierte Verhaltensweisen definieren Deci und Ryan (1993) als „interessensbestimmte Handlungen", für deren Aufrechterhaltung „keine vom Handlungsgeschehen ‚separierbaren' Konsequenzen" erforderlich sind (S. 225). Der Mensch geht dabei voll und ganz in seinem Tun auf. Das heißt, es werden keine externen oder intrapsychischen Anstöße, wie beispielsweise Belohnungen, benötigt. Stattdessen wird die Handlung meist spontan und aus persönlichem Interesse ausgeführt (vgl. ebd.; Deci, 1975; 1992).[39] „Intrinsische Motivation beinhaltet Neugier, Exploration, Spontaneität und Interesse an den unmittelbaren Gegebenheiten der Umwelt" (Deci & Ryan, 1993, S. 225).

Die intrinsische Motivation wird als Prototyp selbstbestimmten Verhaltens gesehen. In diesem Zustand fühlt sich der Mensch in seiner Aktivität frei und nicht abhängig von äußeren oder inneren Zwängen. Sein Handeln erfolgt aus eigenem Willen in Übereinstimmung mit sich selbst, frei aus sich heraus (vgl. ebd., S. 226).

Extrinsisch motivierte Verhaltensweisen lassen sich daran erkennen, dass sie eine Konsequenz verfolgen, die außerhalb der durchgeführten Handlung liegt. Der Mensch führt eine bestimmte Handlung mit einer instrumentellen Absicht aus. Die Handlung wird zum Beispiel ausgeführt, um eine Belohnung zu erhalten oder einer Strafe zu entgehen (vgl. ebd.).

Vielfach konnte gezeigt werden, dass die intrinsische Motivation abnimmt, wenn die Aktivität durch äußere Belohnungen, wie zum Beispiel Geld, ergänzt wird (vgl. Deci, 1971; 1972; Lepper, Greene & Nisbett, 1973; Ross, 1975). Deci (1975) interpretiert diesen sogenannten *Unterminierungseffekt*[40] so, dass sich das ursprünglich intrinsisch motivierte Verhalten durch die externe Belohnung auf eine extrinsische Verhaltensmotivation verschiebt. Der Grund ist die Unterminierung der Selbstbestimmung. Der Mensch hat somit nicht mehr das Gefühl, die Handlung um ihrer selbst willen, sondern wegen der anstehenden Belohnung auszuführen. Die Ursachenzuschreibung wird somit von dem inneren Bedürfnis (z. B. „Ich führe die Handlung aus, weil sie mir Spaß macht") auf äußere Faktoren (z. B. „Ich führe die Handlung aus, weil ich dafür etwas bekomme") verschoben (vgl. DeCharms, 1968; Deci & Ryan, 1985a).

Deci (1971, 1972, 1975) hatte auf dieser Grundlage argumentierend angenommen, dass der Zustand der intrinsischen Motivation nur in Abwesenheit von externen Einflüssen erreicht werden kann (vgl. Bles, 2002, S. 235). Wie sich jedoch herausstellte, gibt es durchaus Umstände, in denen externe Verstärker die intrinsische Motivation aufrechterhalten, wenn es sich beispielsweise um leistungskontingente Belohnungen handelt. Deci und Ryan (1993, S. 226) verweisen dabei auf die Studien von Harackiewicz (1979),

---

[39] Csíkszentmihályi (1975) verwendet in der Flow-Theorie für diesen Zustand den Begriff ‚autotelisch'.
[40] Dieser wird oftmals auch als Korrumpierungseffekt bezeichnet.

Ryan (1982) und Ryan, Mims & Koestner (1983), denen zufolge die Unterminierung vor allem dann stattfindet, wenn die Belohnung materiellen Charakter hat, wie etwa Preise, Geld oder Geschenke (vgl. Schiefele & Streblow, 2005, S. 46).

Deci und Ryan (1985a) konnten durch mündliches Lob als nichtmateriellen, externen Verstärker sogar eine Erhöhung der intrinsischen Motivation feststellen (vgl. Bles, 2002, S. 236).

Diese Forschungsergebnisse haben dazu geführt, dass die Unterminierungshypothese ausdifferenziert werden musste. Schiefele und Streblow (2005) fassen diesbezüglich zusammen, dass die Unterminierung der intrinsischen Motivation nur auftritt, wenn

-   „die Tätigkeit für die handelnde Person interessant ist,
-   die Belohnung kontingent (unmittelbar) auf die Tätigkeit erfolgt,
-   die Belohnung schon während der Tätigkeit erwartet wird,
-   die Belohnung der Person bewusst gegenwärtig ist (weil sie ihr z. B. bewusst vor Augen gehalten wird),
-   nicht gleichzeitig ein positives Kompetenzfeedback [...] erfolgt" (S. 46).

Die Erkenntnis, dass externe Verstärkung unter bestimmten Bedingungen, wie beispielsweise Lob und positives Kompetenzfeedback, sofern diese nicht kontrollierend wirken, zur intrinsischen Motivation beitragen, zeigt, dass extrinsische und intrinsische Motivation keine Gegensatzpaare bilden, sodass extrinsische Motivation durchaus selbstbestimmt sein kann (vgl. ebd., S. 46f.; Deci & Ryan, 1993, S. 226). Auf dieser Grundlage differenziert die Selbstbestimmungstheorie extrinsisch motivierte Verhaltensweisen (vgl. Deci und Ryan 1985a; 1991; Ryan, Connell & Deci, 1985).

Viele Verhaltensweisen der Menschen sind nicht selbstbestimmt. Ein großer Anteil der sozialen Entwicklung betrifft kulturelle Verhaltensvorschriften, die außerhalb der natürlichen Handlungstendenz des Menschen liegen. So würde das Schulkind, wenn es frei von allen Handlungszwängen wäre, am liebsten etwas spielen und käme kaum auf die Idee, die ‚Schulbank zu drücken‘. Trotzdem ist der Erwerb dieser Verhaltensweisen elementar im Prozess der Sozialisation, den eine Kultur vorgibt (vgl. Ryan, 1995, S. 405). Da sich der Mensch mit seiner sozialen Umwelt verbunden fühlen will, muss er einen Weg finden, diese fremdbestimmten Verhaltensvorschriften anzunehmen. Im nachstehenden Kapitel werden die Prozesse der Internalisation und der Integration aufgezeigt, die genau dieses Ziel verfolgen.

6.2.2 Internalisation und Integration

Deci und Ryan (1993) beschreiben, dass fremdbestimmte Motivation in selbstbestimmte Motivation überführt werden kann. Verantwortlich dafür sind die Prozesse der Internalisation und der Integration.

> „*Internalisation* ist der Prozeß, durch den externale Werte in die internalen Regulationsprozesse einer Person übernommen werden (Meissner 1981; Schafer, 1968). *Integration* ist der weitergehende Prozeß, der die internalisierten Werte und Regulationsprinzipien dem individuellen Selbst eingliedert (Deci & Ryan, 1991)" (S. 227).

Somit internalisiert der Mensch die Werte und Normen der Gesellschaft, um dadurch ihr Mitglied zu werden. Werden diese Werte und Normen nun in das individuelle Selbst integriert, erlebt er sein Handeln als selbstbestimmt, obwohl es ursprünglich von der sozialen Umwelt ausgegangen ist (vgl. ebd.; Krapp, 2005a, S. 636). Daran lässt sich erkennen, dass der soziale Kontext einen erheblichen Einfluss auf die Entwicklung eines Menschen hat.

Durch die Prozesse der Internalisation und Integration lässt sich auch der Sachverhalt erklären, dass sich extrinsische und intrinsische Motivation nicht so einfach trennen lassen. Von außen initiierte Verhaltensweisen, zum Beispiel durch Belohnung und Bestrafung, können im Laufe der Entwicklung vom Individuum übernommen, also internalisiert werden. Dafür ist es notwendig, dass das Individuum diese nicht nur akzeptiert, sondern sich auch mit diesen identifiziert und sie schließlich in das eigene Bedürfnissystem integriert (vgl. Bles, 2002, S. 238; in Anlehnung an Deci und Ryan, 1991; vgl. auch Gerber, 2016; in Anlehnung an Kilpatrick, Hebert & Jacobsen, 2002; Ryan & Deci, 2000).[41]

> „When the internalization process functions optimally, people will identify with the importance of social regulations, assimilate them into their integrated sense of self, and thus fully accept them as their own" (Deci & Ryan, 2000, S. 236).

Extrinsisch motiviertes Verhalten wirkt sich also nicht zwingend negativ auf die Qualität der Motivation aus und kann durch die Prozesse der Internalisation und Integration durchaus selbstbestimmt erlebt werden.[42]

Je nachdem, wie effektiv die Prozesse der Internalisation und Integration ablaufen, wird das Verhalten des Individuums eher kontrolliert oder eher selbstbestimmt erlebt. Deci und Ryan (1993) differenzieren diesbezüglich die extrinsische Motivation bzgl. ihrer Verhaltensregulation (S. 227f.). Im anschließenden Kapitel werden die verschiedenen Regulationstypen näher betrachtet.

6.2.3 Regulationstypen der Motivation

Abbildung 4 zeigt, dass die extrinsische Motivation im Rahmen der Selbstbestimmungstheorie in vier Regulationstypen unterteilt wird: *externale Regulation, introjizierte Regulation, identifizierte Regulation* und *integrierte Regulation*. Verantwortlich für diese Unterteilung sind die ver-

---

[41] Für die Schule ist dies von großer Bedeutung, da Schüler*innen durch die Beeinflussung des Lehrplans und der Lehrkräfte in gewisser Weise immer fremdbestimmt handeln.
[42] Im Kontext der Attribution heißt das, dass sich die Ursache der Handlung von einer externalen Zuschreibung zu einer internalen Zuschreibung verschiebt (vgl. Deci & Ryan, 1985b).

schiedenen Grade des Selbstbestimmungserlebens. So zeigt die Abbildung gleichzeitig auch, wie erfolgreich die Prozesse der Internalisation und Integration waren (vgl. u. a. Deci & Ryan, 1993; 1985a; 2000; Ryan & Connell, 1989).

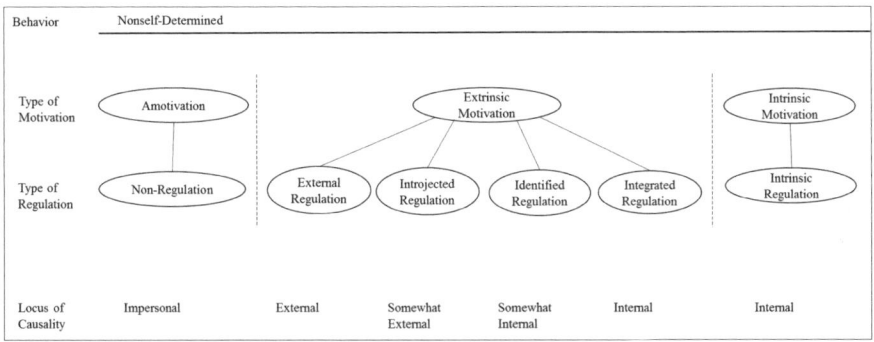

**Abbildung 4: Regulationstypen der Motivation
(in Anlehnung an Deci & Ryan, 2000, S. 237)[43]**

Die *externale Regulation* ist durch externe Verstärker gekennzeichnet, „auf die das Individuum keinen direkten Einfluß hat" (Deci & Ryan, 1993, S. 27). Dazu zählen beispielsweise Handlungen, die durch Belohnung, angedrohte Sanktionen, Zwang oder Ähnliches ausgeführt werden. Dies sind vor allem Maßnahmen, die als Grundlage der behavioristischen Lerntheorie angesehen werden (vgl. Bles, 2002, S. 139).

Die *introjizierte Regulation* ist durch inneren Druck charakterisiert, der die Selbstachtung des Individuums erhalten will. Das Individuum führt eine Handlung aus, um einem schlechten Gewissen zu entgehen. So wird die Handlung aus eigenem Anreiz ausgeführt, trotzdem wird sie als erzwungen wahrgenommen. Sie

> „ist insofern internal, als keine äußeren Handlungsanstöße mehr nötig sind, sie bleibt aber weiterhin vom individuellen Selbst separiert. Metaphorisch ausgedrückt: Regulator und Regulierter sind verschieden, obwohl sie beide ein und derselben Person innewohnen" (Deci & Ryan, 1993, S. 227; vgl. DeCharms, 1968; Ryan & Connell, 1989).

Werden die bis hier genannten Regulationstypen in der Regel der kontrollierten Motivation zugeordnet, entsprechen die folgenden Typen der autonomen bzw. selbstbestimmten Motivation.

---

[43] Die grafische Abgrenzung der Motivationsformen Amotivation und intrinsische Motivation symbolisiert ihre Ausgliederung aus dem Prozess der Internalisation. „Being a prototype of autonomous regulation, intrinsic motivation is placed on the far right side of the continuum to represent a marker against which internalized regulations can be compared in terms of their degree of autonomy. [...] Because amotivation represents a noninternalization of regulation, it, like intrinsic motivation, is presented as a separate category" (Ryan, 1995, S. 407).

Die *identifizierte Regulation* kommt dann zum Tragen, wenn ein Verhalten als persönlich bedeutend und wichtig angesehen wird. Das Individuum identifiziert sich an dieser Stelle mit den Werten und Zielen einer Verhaltensweise und hat sie in sein Selbstkonzept integriert. Als Beispiel ist eine Schülerin zu nennen, die für das Abitur lernt, da sie im Anschluss daran an der Universität studieren möchte. Trotzdem kann es dabei zu Bedürfniskonflikten kommen, zum Beispiel, wenn sich die Schülerin gleichzeitig auch gerne auf die Couch legen und ausruhen möchte (vgl. Deci & Ryan, 1993, S. 228; Bles, 2002, S. 240).

Den höchsten Grad der Selbstbestimmung erreicht die extrinsische Motivation bei der *integrierten Regulation*. „Sie ist das Ergebnis der Integration von Zielen, Normen und Handlungsstrategien, mit denen sich das Individuum identifiziert" (ebd.). Die Person sieht sich dabei als „Urheber seiner Handlung" (Bles, 2002, S. 240).

> „The ultimate form of 'assimilation to self' is that of integration, in which various identifications are organized, or reciprocally assimilated (Piaget, 1952), and brought into congruence with organismic experience as a whole. This crucial transformation completes a process of movement from heteronomy to autonomy or self-regulation" (Ryan, 1995, S. 407).

Trotz hoher Selbstbestimmung besitzt die integrierte Regulation eine instrumentelle Funktion, auch wenn sie freiwillig ausgeführt wird, weil das Handlungsergebnis vom Individuum hoch bewertet wird (vgl. Deci & Ryan, 1993, S. 228). Der Unterschied zur *intrinsischen Regulation* ist vor allem im autotelischen Charakter der intrinsischen Motivation zu sehen, da die Handlung ohne Interesse an von der Handlung separierbaren Konsequenzen ausgeführt wird.[44]

In der folgenden Tabelle sind die Regulationstypen nochmal mit Beispielen zusammengefasst.

---

[44] Das Erleben der intrinsischen Motivation wird zudem als Energielieferant gesehen, der für den Prozess der organismischen Integration verantwortlich ist. „Intrinsic motivation ist the energizing basis for natural organismic activiy" (Deci & Ryan, 1991, S. 244; vgl. auch Krapp, 2005a, S. 635).

Tabelle 2: Regulationstypen der Selbstbestimmungstheorie der Motivation

Amotivation ("Ich will nicht.")	Es handelt sich um nicht-intendiertes Verhalten. Zum Beispiel ein Schüler, der im Sportunterricht keinerlei Sinn sieht.
Externe Regulation ("Ich muss.")	Die Motivation wird durch äußere Zwänge oder Belohnung verursacht. Zum Beispiel eine Schülerin, die nur am Sportunterricht teilnimmt, um dem Nachsitzen zu entgehen.
Introjizierte Regulation ("Ich soll.")	Es gibt zwar keine externen Anreize wie Sanktionen, trotzdem ist die Handlung wenig selbstbestimmt, da sie sich auf die Bewertung von anderen Personen bezieht. Zum Beispiel ein Schüler, der am Sportunterricht teilnimmt, um nicht von seinen Freund*innen ausgeschlossen zu werden.
Identifizierte Regulation ("Ich will.")	Es findet eine Identifizierung mit einem Ziel statt, welches von außen kommt. Zum Beispiel eine Schülerin, die sich für eine gute Note im Sportunterricht anstrengt, weil sie sich dadurch die Chance verspricht beim Schulturnier mitspielen zu dürfen.
Integrierte Regulation ("Ich will.")	Die Handlung wird als kongruent mit dem eigenen Wertesystem gesehen, indem die Person als Urheber*in ihres Verhaltens agiert. Zum Beispiel ein Schüler, der für die anstehende Leichtathletik-Prüfung übt, da er selbst Sportlehrer und dabei ein gutes Vorbild werden will.
Intrinsische Motivation ("Ich will.")	Die Person geht in einer Handlung auf, die um ihrer selbst willen ausgeführt wird. Zum Beispiel eine selbstbestimmt handelnde Schülerin, der die aktive Teilnahme am Sportunterricht Spaß macht, da sie sowohl herausfordernd als auch attraktiv ist.

Ryan (1995) beschreibt, dass die verschiedenen Regulationstypen die Orientierungen der Motivation beschreiben. Diese sind nicht zwangsläufig mit der Motivationsstärke gleichzusetzen (S. 408; vgl. Deci & Ryan, 1985a; Ryan & Connell, 1989). So ist es beispielsweise möglich, dass eine Person während der introjizierten Regulation ein ebenso hohes Erregungsniveau aufweist, wie eine andere Person bei der identifizierten Regulation. Trotzdem hat der unterschiedliche Grad der Selbstbestimmung erheblichen Einfluss auf die Ausführung und das Erleben einer Handlung. So schreibt Ryan (1995):

> "Thus, even when motivation and efficacy are high, less autonomous regulation typically results in behavior that is less stable, persistent, well-performed, and subjectively enjoyable (Deci & Ryan, 1987, 1991)" (S. 408).[45]

Da nun die verschiedenen Regulationstypen beschrieben wurden, stellt sich die Frage, wie eine hohe Motivation bei Schüler*innen erreicht werden kann. Dieses Vorhaben erweist sich als paradox: Einerseits kommt Motivation von

---

[45] Auch mit Blick auf ein Anliegen der sportpädagogischen Praxis, die Schüler*innen zu lebenslangem Sporttreiben zu motivieren, ist es somit überaus bedeutend, die selbstbestimmte Motivation der Schüler*innen zu fördern (vgl. MSW NRW, 2014, S. 15).

innen (vgl. Kapitel 6.1), also aus dem*der Schüler*in selbst und Schüler*innen sind dann besonders motiviert, wenn sie selbstbestimmt handeln. Andererseits soll die Lehrkraft dafür Sorge tragen, dass die Schüler*innen motiviert sind; Motivation soll somit von außen ‚erzeugt‘ werden. Die bisherigen Ausführungen zeigen jedoch, dass dieses Paradoxon lösbar ist, denn: Eine externale Regulation kann durch Prozesse der Internalisation und Integration in eine internale Regulation überführt werden. Hier stellt sich allerdings die Frage: Unter welchen Bedingungen kann eine möglichst hohe Motivation angebahnt werden? Wann kann ein Kommunikationsprozess zwischen der Lehrkraft und ihren Schüler*innen besonders motivierend wirken? Die Antwort auf diese Frage liefern psychologische Grundbedürfnisse, die auch als basic needs bezeichnet werden. Diese werden im nachstehenden Kapitel erläutert.

6.3   Die psychologischen Grundbedürfnisse – Basic Needs

Motivation kann als eine Form der Energielieferung bezeichnet werden. Wenn eine Person Energie spürt, die die eigenen Handlungen anzutreiben scheint, dann ist sie motiviert. Wo aber kommt diese motivationale Handlungsenergie her? Die Motivationsforschung konzentriert sich zur Beantwortung auf diese Frage vor allem auf drei Konzepttypen: physiologische Bedürfnisse (Triebe), Emotionen und psychologische Bedürfnisse. Die Selbstbestimmungstheorie der Motivation geht davon aus, dass alle drei Typen für die Energielieferung des menschlichen Verhaltens verantwortlich sind (vgl. Deci & Ryan, 1993, S. 229). Dabei stellen die Autoren besonders die psychologischen Grundbedürfnisse heraus.[46]

> „Von besonderer Bedeutung sind jedoch die psychologischen Bedürfnisse. Sie liefern nicht nur die energetische Grundlage vieler Alltagshandlungen, sondern beeinflussen v.a. diejenigen *Prozesse*, mit deren Hilfe der Mensch seine Triebe und Emotionen autonom steuert" (ebd.).

Diesbezüglich postulieren Deci und Ryan drei angeborene psychologische Bedürfnisse, die sowohl für die extrinsische als auch für die intrinsische Motivation relevant sind (vgl. ebd., 1985a; Abbildung 5):
- *Das Bedürfnis nach Kompetenz oder Wirksamkeit*
  (vgl. auch effectance; White, 1959)
- *Das Bedürfnis nach Autonomie oder Selbstbestimmung*
  (vgl. auch DeCharms, 1968)
- *Das Bedürfnis nach sozialer Eingebundenheit oder sozialer Zugehörigkeit*
  (vgl auch affiliation, Harlow, 1958)

---

[46] Deci & Ryan (2000) definieren diese Bedürfnisse wie folgt: „Thus, in SDT, needs specify *innate psychological nutriments that are essential for ongoing psychological growth, integrity, and well-being*" (S. 229).

Abbildung. 5: Psychologische Grundbedürfnisse der Selbstbestimmungstheorie (in Anlehnung an Deci & Ryan, 2000)

Die hohe Relevanz dieser psychologischen Grundbedürfnisse begründen Deci und Ryan (1993) damit, dass sie Antworten auf die Frage geben, *„warum* bestimmte Handlungsziele motivierend sind" (ebd., S. 229). So gehen die Autoren davon aus, dass der Mensch Ziele verfolgt, um angeborene Grundbedürfnisse zu befriedigen. „Specifically, in SDT, three psychological needs – are considered essential for understanding the *what* (i.e. content) and *why* (i.e., process) of goal pursuits" (ebd., 2000, S. 228).

Die Bedürfnisse geben somit Hinweise darauf, welche Faktoren der sozialen Umwelt relevant sind, um motiviert zu handeln. Deci und Ryan (1993) nehmen an, dass

> „soziale Umweltfaktoren, die den Heranwachsenden Gelegenheit geben, ihre Bedürfnisse nach Kompetenz, Autonomie und sozialer Eingebundenheit zu befriedigen, das Auftreten intrinsischer Motivation und die Integration extrinsischer Motivation erleichtern. Soziale Umweltfaktoren, die die Befriedigung dieser Bedürfnisse behindern, hemmen diese Prozesse" (S. 229f.).

Die wesentlichen Bedürfnisse für das menschliche Entwicklungsziel des persönlichen Wachstums sind dabei die Bedürfnisse nach Autonomie und Kompetenz. Sie lassen sich voneinander unterscheiden, obwohl sie stark miteinander verbunden sind.

Das Erleben von *Kompetenz* äußert sich in dem menschlichen Streben nach Handlungsfähigkeit. Der Mensch möchte sich wirksam erleben, indem er Probleme aus eigener Kraft bewältigen kann. Er möchte Vertrauen in seine Fähigkeiten haben, um zukünftigen Herausforderungen gewachsen zu sein. Das Kompetenzerleben ist somit eng verbunden mit der Selbstwirksamkeitserwartung (vgl. Bandura, 1977).

Das Erleben von *Autonomie* bezeichnet das Gefühl, frei über das eigene Verhalten entscheiden zu können. Der Mensch möchte im Rahmen seiner Möglichkeiten eigenständig handeln, sich selbstständig Ziele setzen und diese durch eigenen Antrieb verfolgen. Kontrolle von außen wirkt in Bezug auf das Autonomieerleben kontraproduktiv. Das Streben nach Autonomie ist allerdings nicht gleichzusetzen mit dem Bedürfnis nach völliger Unabhängigkeit von äußeren Einflussfaktoren (vgl. Ryan, 1995, S. 419). Von hoher Relevanz ist der Aspekt der Freiwilligkeit, welcher im Verhalten angesprochen wird. So kann zum Beispiel die Aufforderung eines*einer Polizisten*Polizistin, den Führerschein zu zeigen – trotz Kontrolle von außen – einen durchaus freiwilligen Charakter haben, wenn die Person solche Kontrollen als wichtig für die Sicherheit im Straßenverkehr ansieht. Außerdem wünscht sich eine Person „nur dann Handlungsfreiheit, wo sie glaubt, anstehende Aufgaben mit hinreichender Wahrscheinlichkeit erfolgreich bewältigen zu können" (Krapp, 2005a, S. 635).

Der enge Zusammenhang zwischen diesen beiden Bedürfnissen lässt sich daran erkennen, dass das Autonomieerleben eine wichtige Voraussetzung für das Kompetenzerleben ist. Der Mensch kann sich bei einer Aufgabenbewältigung nur dann kompetent fühlen, wenn er auch das Gefühl hat, die Aufgabe im Rahmen seines eigenen Handlungsspielraums, also möglichst ohne Hilfe von außen, gemeistert zu haben.

Mit Betrachtung der Grundannahme der organismischen Integration (vgl. Kapitel 6.1) lässt sich erkennen, dass diese beiden Grundbedürfnisse nicht ausreichen, um ihre dialektische Beziehung mit der sozialen Umwelt zu erklären. Es fehlt eine Klärung dafür, warum sich Menschen der sozialen Umwelt anpassen und deren Handlungsziele übernehmen. Schließlich wurden solche Ziele von außen initiiert und sind nicht aus freiem Willen entstanden. Die Motivation des Menschen könnte in diesem Fall somit lediglich fremdbestimmte Ursachen haben. Es stellt sich die Frage,

> „durch welche psychischen Kräfte das Individuum veranlasst werden kann, sich mit neuen, am Anfang als fremd und ,ich-fern' wahrgenommenen Aufgabengebieten oder Tätigkeitsfeldern zu identifizieren. Wie kommt dieser Aspekt der organismischen Integration zustande, dessen übergeordnetes Ziel nicht die Optimierung des individuellen Wachstums ist, sondern der Fortbestand und die Weiterentwicklung der sozialen Gruppe bzw. des sozialen Systems, dem das Individuum angehört" (Krapp, 2005a, S. 636)?

Verantwortlich für diesen Prozess ist das Bedürfnis nach *sozialer Eingebundenheit*. Der Mensch will sich anderen Personen gegenüber zugehörig fühlen. Er will von ihnen anerkannt und akzeptiert werden. Das hat zur Folge, dass er darauf angewiesen ist, seine individuellen Werte und Ziele jenen Werten und Zielen anderer Personengruppen anzupassen und sich mit diesen zu identifizieren (vgl. ebd.).

Insgesamt sind es also drei psychologische Grundbedürfnisse, die dafür verantwortlich sind, persönlich zu wachsen und dies in Auseinandersetzung mit der sozialen Umwelt zu tun. Zusammenfassend gehen Deci und Ryan (1993) davon aus, dass

> „der Mensch die angeborene motivationale Tendenz hat, sich mit anderen Personen in einem sozialen Milieu verbunden zu fühlen, in diesem Milieu effektiv zu wirken (zu funktionieren) und sich dabei persönlich autonom und initiativ zu erfahren" (S. 229).

Die psychologischen Grundbedürfnisse nehmen somit im Prozess der Integration wichtige Funktionen ein. Mit der Befriedigung aller drei Bedürfnisse wird „das übergeordnete Ziel der organismischen Integration erreicht, nämlich die sozial verträgliche Optimierung des individuellen Wachstums" (Krapp, 2005b, S.30f.; vgl. Kapitel 6.1). Dem Individuum muss es somit gelingen, „eine subjektiv befriedigende Gesamtbilanz der Bedürfnisbefriedigung zu erzielen" (Krapp, 2005a, S. 636). Innerhalb dieser Gesamtbilanz wird dem Bedürfnis nach Autonomie im Vergleich zu den Bedürfnissen nach Kompetenz und sozialer Eingebundenheit eine besondere Rolle zugesprochen:

> „Being able to satisfy the needs for competence and relatedness may be enough for controlled behavior, but being able to satisfy the need for autonomy is essential for the goal-directed behavior to be self-determined and for many of the optimal outcomes associated with self-determination to accrue" (Deci & Ryan, 2000, S. 242).[47]

Welche Rolle die einzelnen Bedürfnisse in Bezug auf eine Förderung der intrinsischen Motivation spielen, wird in folgendem Kapitel dargestellt.

6.3.1 Basic Needs und ihre Bedeutung für intrinsische Motivation

Während alle drei Bedürfnisse für die extrinsische Motivation als relevant angesehen werden, sind laut Deci und Ryan (1993) für die intrinsische Motivation vor allem die Bedürfnisse nach Autonomie und Kompetenz verantwortlich, während die soziale Eingebundenheit einen geringeren Stellenwert einnimmt (vgl. auch Deci, 1975; Deci & Ryan, 1991; 2000; Ryan, 1991).

Dabei muss beachtet werden, dass die Bedürfnisse nach Kompetenz und Autonomie als notwendige, aber nicht als hinreichende Bedingungen für das Auftreten intrinsischer Motivation betrachtet werden können.

> „Thus, experiences of competence and autonomy are essential for intrinsic motivation and interest, but the needs for competence and autonomy do not provide a sufficient definition of intrinsic motivation. Intrinsically motivated activities are not necessarily directed at satisfaction of these needs per se, and behaviors that are directed at satisfaction of these needs are not necessarily intrinsically motivated. Intrinsically motivated behaviors are those that are freely engaged out of interest without the necessity of seperable consequences, and, to be maintained, they require satisfaction of the needs for autonomy and competence." (Deci & Ryan, 2000, S. 233).

---

[47] Diese These konnte in einigen Studien belegt werden: „Fisher (1978) found that being competent but not autonomous was not enough to sustain intrinsic motivation, and Nix, Ryan, Manly, and Deci (1999) showed that successful performance enhanced intrinsic motivation and subjective vitality only when people experienced autonomy as well as competence. Similarly, Blais, Sabourin, Boucher, and Vallerand (1990) discovered that being in a close relationship without a sense of autonomy was associated with lower enjoyment, satisfaction, and well-being" (Deci & Ryan, 2000, S. 242).

Wie beschrieben wird die intrinsische Motivation als Prototyp gesehen, wenn es um selbstbestimmtes Verhalten geht (vgl. Kapitel 6.2.1). Das Bedürfnis nach Autonomie nimmt daher die erste zentrale Funktion ein. „They are activities that people do naturally and spontaneously when they feel free to follow their inner interests" (ebd., S. 234; vgl. auch Deci, 1975).[48]

Die andere zentrale Funktion übernimmt das Bedürfnis nach Kompetenz. Die Relevanz dieses Grundbedürfnisses beim Erleben der intrinsischen Motivation zeigte sich bereits bei Csíkszentmihályi Flow-Theorie (1975).[49] Er beschreibt das optimale Verhältnis von Anforderungen und Fähigkeiten als notwendige Voraussetzung für das Erleben des Flows (vgl. Abbildung 6). Ist das Anforderungsniveau einer Aufgabe zu hoch für die Fähigkeiten einer Person, kann sich die Person durch die Überforderung nicht als kompetent erleben. Auch wenn das Anforderungsniveau für die Fähigkeiten einer Person zu niedrig ist, erachtet sie sich in der Regel ebenfalls nicht als kompetent. Das hängt damit zusammen, dass die Person die Aufgabenbewältigung in diesem Fall nicht mit ihrer Kompetenz begründet, sondern mit der zu geringen Aufgabenschwierigkeit. Um das Kompetenzgefühl zu gewährleisten, ist somit ein optimales Anforderungsniveau notwendig.[50] Bei steigenden Fähigkeiten eines Individuums muss das Anforderungsniveau erneut an die Leistungsvoraussetzungen angepasst werden, sodass es nicht langfristig wieder zu einer Unterforderung kommt.

---

[48] Beispielsweise zeigten bereits Deci, Schwartz, Sheinman und Ryan (1981) sowie Ryan und Grolnick (1986) im Kontext von Schulunterricht eine stärkere Ausprägung der intrinsischen Motivation, wenn das Autonomiegefühl der Schüler*innen gefördert wurde.
[49] Flow bezeichnet das beglückende Gefühl der Vertiefung und des Aufgehens in einer Tätigkeit, die aufgrund ihrer selbst willen durchgeführt wird. Der Flow entwickelt sich aus intrinsisch motiviertem Verhalten.
[50] In diesem Zusammenhang sei auch auf das Risikowahlmodell nach Atkinson (1957) sowie die Attributionstheorie nach Weiner (1994) verwiesen.

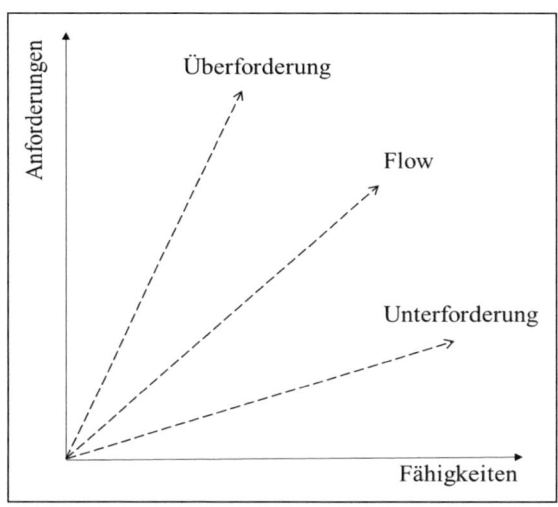

Abbildung 6: Aas Flow-Erleben als Folge eines optimalen Anforderungsniveaus (in Anlehnung an Csíkszentmihályi, 1975)

Die Selbstbestimmungstheorie stimmt mit der Flow-Theorie im Sinne des autotelischen Charakters und des hier beschriebenen optimalen Anforderungsniveaus überein. Jedoch beschreiben Deci und Ryan darüber hinaus noch weitere Aspekte, die für die Erfahrung des Flows relevant sind.
So zeigte sich beispielsweise, dass auch positives Kompetenzfeedback die intrinsische Motivation erhöht (vgl. u. a. Boggiano & Ruble, 1979; Deci, 1971), während negatives Feedback die intrinsische Motivation verringert (vgl. Deci & Cascio, 1972). Zudem ist ein Kompetenzfeedback besonders wirksam, wenn es informierend ist und dabei neben dem Bedürfnis nach Kompetenz auch das Bedürfnis nach Autonomie befriedigt wird.

> „Additional studies concerned with performance and positive feedback revealed that positive feedback has its enhancement effect on intrinsic motivation only when individuals feel responsible for the competent performance (Fisher, 1978) or when it is provided in a way that does not eclipse their feelings of autonomy (Ryan, 1982). Thus, it appears that the optimal circumstances for intrinsic motivation are those that allow satisfaction of the needs for autonomy and competence, circumstances that we label informational (Deci & Ryan, 1980, 1985[a]). More specifically, we suggest that whereas perceived competence is necessary for any type of motivation, perceived autonomy is required for the motivation to be intrinsic" (Deci & Ryan, 2000, S. 235).

In Anlehnung an Ryan und La Guardia (2000) erklären Deci und Ryan (2000), dass die soziale Eingebundenheit bezüglich der intrinsischen Motivation eine distale Rolle einnimmt. Sie beschreiben, dass die Erfüllung dieses Bedürfnisses durchaus eine förderliche Rolle beim Erleben der intrinsischen Motivation spielen kann, wenn man das Gefühl hat, sich in einer sicheren und angenehmen Umgebung zu befinden.[51] Gleichzeitig betonen sie allerdings, dass dieses Bedürfnis in diesem Zusammenhang eine geringere Bedeutung hat, da es viele Situationen gibt, in denen Menschen intrinsisch motiviertes Verhalten zeigen, während sie sich in keinem sozialen Kontext befinden (beispielsweise beim Wandern oder Lesen) (vgl. S. 235). Der Grund dafür liegt vermutlich im autotelischen Charakter der intrinsischen Motivation, also der Unabhängigkeit von Konsequenzen, welche von der Handlung separierbar sind (vgl. Kapitel 6.2.1).

Auch für die Prozesse der Internalisation und Integration nehmen die Bedürfnisse einen wichtigen Stellenwert ein.

6.3.2 Basic Needs und ihre Bedeutung für die Internalisation und Integration

Die Prozesse der Internalisation und Integration (vgl. Kapitel 6.2.2) werden in der Selbstbestimmungstheorie als natürliche Entwicklungstendenz angesehen. Doch auch diese Prozesse brauchen Energie, um effektiv funktionieren zu können. Sie geschehen nicht automatisch. Das Ausmaß, in dem Menschen in der Lage sind, den Prozess der Internalisation aktiv zu durchlaufen, um Werte und Normen ihrer sozialen Umwelt zu übernehmen, hängt maßgeblich von der Befriedigung der drei psychologischen Bedürfnisse ab.

So internalisieren Menschen eher Werte und Normen eines sozialen Kontextes, wenn sie sich diesem zugehörig fühlen und sich zudem als kompetent erachten. Letzteres beinhaltet auch die Fähigkeit, die Gründe für die jeweiligen Werte und Normen des Kontextes zu verstehen und diese schließlich umzusetzen (‚Warum soll ich mich auf eine bestimme Art und Weise verhalten?‘). Die Bedürfnisse nach sozialer Eingebundenheit und Kompetenz können somit den Prozess der Internalisation anregen, führen aber in ausschließlicher Betrachtung lediglich bis zur introjizierten Regulation (vgl. Kapitel 6.2.3). Soll die Regulierung weiter in das internale Bedürfnissystem integriert werden, ist ebenso die Befriedigung des Autonomiebedürfnisses notwendig. Dieses sorgt dafür, dass Menschen die internalisierten Werte tatsächlich in ihr Selbst integrieren und somit das Verhalten selbstbestimmt und authentisch umsetzen (vgl. Deci & Ryan, 2000, S. 238f.).[52]

---

[51] Beispielsweise zeigten Ryan und Grollnick (1986) und Ryan, Stiller und Lynch (1994) eine stärkere Ausprägung der intrinsischen Motivation, wenn Schüler*innen ihre Lehrkräfte als warmherzig und liebevoll beschrieben haben.
Anderson, Manoogian und Reznick (1976) konnten zeigen, dass Kinder beim Spielen in Anwesenheit eines Elternteils weniger intrinsisch motiviert waren, wenn sie von diesem ignoriert wurden.
[52] Ryan (1995) erläutert, dass das Selbst besonders intrinsisch motivierte Handlungen, die integrierte Verhaltensweise paradigmatisch repräsentieren, als autonom und konfliktfrei ansieht (vgl. S. 404f.; Ryan, 1993). Dies stellt einen wesentlichen Zusammenhang der Autonomieerfahrung mit dem Integrationsprozess dar (vgl. Ryan, 1995, S. 404f.).

„For integration to occur there must be an opportunity for the individual to freely process and endorse transmitted values and regulations (and to modify or transform them when necessary). Excessive external pressures, controls, and evaluations appear to forestall rather than facilitate this active, constructive process of giving personal meaning and valence to acquired regulations" (ebd., S 238).[53]

Zusammenfassend lässt sich sagen, dass Menschen die natürliche Bereitschaft besitzen, externe Normen und Werte zu internalisieren. Doch um diese wirklich in das eigene Bedürfnissystem zu integrieren, müssen sie die Bedeutung für sich selbst erkennen. Sie müssen selbstständig entscheiden, inwiefern sie diese Normen und Werte mit ihren eigenen synthetisieren. Die Befriedigung der drei Grundbedürfnisse während der Ausführung einer bestimmten Aktivitäten nimmt innerhalb dieses Prozesses eine bedeutende Rolle ein.[54]

Die bisherigen Schilderungen über die Selbstbestimmungstheorie beziehen sich auf die Bedürfnisbefriedigung in einer bestimmten Situation bzw. in einem bestimmten Kontext. Dabei wurde bislang vernachlässigt, dass bereits Personen auf individueller Ebene oftmals Verhaltensdispositionen zeigen, welche wiederum Einfluss auf das Motivationserleben haben. In Bezug auf die Forschungsfrage wird im Folgenden herausgearbeitet, welche Bedeutung die Bedürfnisbefriedigung in bestimmten Situationen und Kontexten zukommt, wenn es darum geht, generelle Persönlichkeitsstrukturen aufzubrechen.

6.3.3 Basic Needs und ihre Bedeutung für Persönlichkeitsorientierungen

Deci & Ryan (1985b; 2000) schreiben einer Person generelle Persönlichkeitsorientierungen zu (causality orientations). Diese beschreiben stabile Verhaltensdispositionen und drücken aus, ob sich eine Person in ihrem Verhalten eher an ihren eigenen Bedürfnissen orientiert oder eher fremdbestimmt agiert. Ähnlich wie bereits bei der Thematisierung der Verhaltensregulation (vgl. Kapitel 6.2.3) sprechen die Autoren auch hier von den Merkmalen Autonomie und Kontrolle. Orientiert sich eine Person eher an ihren eigenen Bedürfnissen und Interessen, sprechen sie von *Autonomieorientierung* (1) (autonomy oriented). Eine starke Ausprägung dieser Orientierung führen Deci und Ryan (2008) auf eine kontinuierliche Befriedigung aller drei psychologischen Grundbedürfnisse zurück (S. 183). Im Gegensatz dazu sprechen sie von *Kontrollorientierung* (2) (control oriented), wenn sich die Person in ihrem Verhalten an Kontrollinstanzen orientiert, also eher fremdbestimmt agiert. Dies können sowohl externe

---

[53] Diese auf theoretischer Argumentation beruhende Annahme konnte experimentell bestätigt werden (vgl. Grollnick & Ryan, 1989; Grollnick, Ryan & Deci, 1991).
[54] Sheldon & Elliot (1998) bezeichnen den Zustand bei dem die Bedürfnisse der Menschen in Harmonie mit der ausgeführten Tätigkeit sind als „self-concordance" (Deci & Ryan, 2000, S. 239).

Kontrollinstanzen, wie zum Beispiel die Schule oder die Eltern, als auch innere Kontrollinstanzen sein. Letztere berücksichtigt die selbstständige Kontrolle über das eigene Verhalten (vgl. Bles, 2002, S. 242f.). Eine starke Ausprägung der kontrollierten Orientierung tritt nach Deci & Ryan (2008) dann auf, wenn die Bedürfnisse nach Kompetenz und sozialer Einge-bundenheit zwar teilweise befriedigt werden, das Bedürfnis nach Autonomie jedoch nicht gewährleistet wird (S. 183)

Die Autoren beschreiben ein weiteres Merkmal, welches die Persönlichkeit beeinflusst: die *nicht-persönliche Orientierung* (3) (impersonally oriented). Analog zur Amotivation beschreibt diese Orientierung Verhaltensweisen, in der die Person das Gefühl hat, mit ihrem Verhalten keinen Einfluss auf das eigene Leben nehmen zu können. Sie kennzeichnet sich oftmals durch nichtintendiertes Verhalten. Deci und Ryan (2000) schreiben die negativen Auswirkungen dieser Orientierung[55] ebenfalls den psychologischen Grund-bedürfnissen zu:

> „Amotivation and the impersonal causality orientation result from and foster lack of basic need satisfaction. Not only do they imply lack of autonomy (as does controlled motivation) but they also imply lack of competence and/or relatedness" (S. 242; vgl. Deci & Ryan, 2008, S. 183).[56]

Deci und Ryan (2000) beschreiben in diesen Orientierungen einen engen Zusammenhang mit den Motivationstendenzen:

> „These three orientations are representative, respectively, of general tendencies toward (1) intrinsic motivation and well-integrated extrinsic motivation; (2) external and introjected regulation; and (3) amotivation and lack of intentional action" (S. 241).[57]

---

[55] Für die Erhebung der jeweiligen Orientierungen haben Deci & Ryan (1985a) den Fragebogen „Causality Orientation Scale" entwickelt.

[56] Dies kann im extremen Fall zu der von Seligman (1975) beschriebenen erforschten Hilflosigkeit führen.

[57] Hodgins, Koestner und Duncan (1996) untersuchten den Zusammenhang zwischen der Autonomie- und Kontrollorientierung mit den sozialen Beziehungen der jeweiligen Personen und kommen zu folgendem Ergebnis: „Results indicated that the autonomy orientation was positively related to individuals' experiencing satisfying, honest, naturally occurring interactions with parents and friends, whereas the controlled orientation was positively related to defensive functioning. In other words, being more autonomous as a general orientation was associated with more positive and satisfying personal relationships" (Deci & Ryan, 2000, S. 242).

Diese Erkenntnis zeigt, dass Autonomie und soziale Eingebundenheit durchaus miteinander vereinbar sein können und sich gegenseitig nicht ausschließen müssen. Deci und Ryan (2000) betonen, dass die Unvereinbarkeit dieser Bedürfnisse erst entsteht, wenn beide Bedürfnisse in Konkurrenz zueinander stehen. Dies ist beispielsweise der Fall, wenn der soziale Kontext so strukturiert ist, dass sich das Individuum fremdbestimmt fühlt (S. 242; vgl. Assor, Roth & Deci, 2000).

Dies zeigt beispielsweise die folgende Studie von Assor, Roth und Deci (2000): „[The study] shows that greater parental use of conditional love as a disciplinary technique (which requires children to subjugate autonomy to gain love) was associated not only with the children's feeling compelled (rather than wanting) to carry out the target behaviors but also with the children's feeling less loved and experiencing more generalized anger and resentment toward their parents" (Deci & Ryan, 2000, S. 242).

Bles (2002, S. 243) fasst einige Forschungsergebnisse über die Auswirkungen dieser Persönlichkeitsorientierungen zusammen:

Personen mit hoher Autonomieorientierung...
- haben eine höhere Selbstbestimmung, Selbstaktualisierung und Selbstwertschätzung (Deci & Ryan, 2000, S. 241),
- betrachten schwierige Situationen eher als Herausforderung,
- attribuieren Erfolg eher auf ihre Fähigkeiten und Anstrengung,

Für die dieser Arbeit zugrundeliegende Forschungsfrage ist die Erweiterung der Theorie durch Vallerand (1997) interessant (vgl. Abbildung. 7). In dieser werden drei Ebenen unterschieden: die globale Ebene, die kontextuelle Ebene und die situative Ebene (vgl. auch Vallerand & Ratelle, 2002).

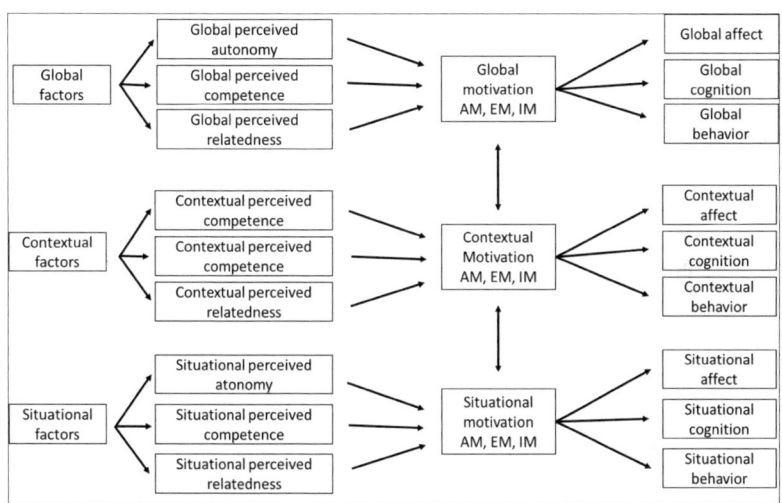

Abbildung 7: Verhaltensdispositionen nach Vallerand (1997)

In diesem Modell sind die beschriebenen Persönlichkeitsorientierungen auf der globalen Ebene anzusiedeln, da diese Verhaltensdispositionen relativ stabil sind. Im Gegensatz zu diesen Persönlichkeitsmerkmalen wird auf der kontextuellen Ebene zwischen verschiedenen Lebensbereichen unterschieden. Darunter fallen beispielsweise Schule, Freizeit, Familie oder Sportverein, bei denen es durch die unterschiedliche Befriedigung der persönlichen Bedürfnisse wiederum zu unterschiedlichen motivationalen Tendenzen kommen kann.

- berichten weniger über Langeweile (Farmer & Sundberg, 1986; Koestner, 1986) und
- setzen sich eher Lernziele (Dweck & Leggett, 1988)
Personen mit hoher Kontrollorientierung...
- haben eine niedrigere Selbstbestimmung und Selbstaktualisierung,
- zeigen eher Typ A Verhalten (Deci & Ryan, 1987),
- führen Aufgaben oft ohne Interesse aus und regulieren diese introjeziert (Koestner, Bernieri & Zuckerman, 1992),
- haben schlechtere Collegenoten und
- setzen sich eher Leistungsziele (Dweck & Leggett, 1988).
Personen mit nicht-persönlicher Orientierung...
- haben wesentlich niedrigere Selbstbestimmung, Selbstaktualisierung und Selbstwertschätzung (Deci & Ryan, 1987; Vallerand, Blais, Briere & Pelletier, 1989),
- neigen häufiger zu Depressionen (Deci & Ryan, 1987),
- neigen häufiger zu Essstörungen (Scherhorn & Grunert, 1988; Strauss & Ryan, 1987),
- zeigen eher Hilflosigkeit bei Leistungszielen (Dweck & Leggett, 1988) und
- schätzen ihre akademischen Fähigkeiten geringer ein (Koestner & Zuckerman, 1994).

Situationsbezogene Faktoren beschreiben einzelne Situationen in den jeweiligen Kontexten. Dabei kann es sich beispielsweise um eine Gruppenarbeitsphase im schulischen Kontext handeln. Diesem Modell zufolge, kann eine Person auf der globalen Ebene durchaus intrinsisch motiviert sein, ein hohes Interesse an neuen Erkenntnissen haben und die meisten Tätigkeiten mit viel Freude ausführen, braucht auf der kontextuellen Ebene – zum Beispiel im Kontext des Sportunterrichts – aber eher externe Anreize, um sich für diese Tätigkeit zu motivieren, sodass sie in manchen Situationen sogar amotiviert ist.

Die Stabilität der Motivationstendenzen nimmt von der eher stabilen globalen Ebene über die kontextuelle Ebene zur situativen Ebene ab (vgl. Schiefele & Streblow, 2005, S. 48f.). Aus Lehrperspektive ist daher die situative Ebene am leichtesten zu beeinflussen. In spezifischen Situationen, wie beispielsweise der situativen Lehrkraft-Schüler*innen-Kommunikation, können Lehrende direkt Einfluss auf die Motivation der Lernenden nehmen. Die Bedeutung dieser Erkenntnis in Bezug auf die Forschungsfrage wird daran deutlich, dass die Ebenen rekursiv voneinander abhängig sind (Vallerand & Ratelle, 2002). Das heißt, dass sich die Ebenen gegenseitig beeinflussen – dies gilt sowohl im positiven als auch im negativen Sinne.[58] Dabei findet diese Beeinflussung sowohl von oben nach unten (von der globalen über die kontextuelle zur situativen Ebene) als auch umgekehrt (von der situativen über die kontextuelle zur globalen Ebene) statt (S. 47ff.; vgl. auch Vallerand, 1997).[59]

Insbesondere im Kontext des inklusiven Sportunterrichts erscheint diese Erkenntnis von besonderer Bedeutung zu sein. Wenn beispielsweise ein*e Schüler*in mit dem Förderschwerpunkt körperliche und motorische Entwicklung in der Vergangenheit negative Erfahrungen gemacht (zum Beispiel wenn er*sie wegen seiner*ihrer körperlichen Voraussetzungen nicht mitspielen kann) und dadurch eine kontrollierende oder sogar nicht-persönliche Persönlichkeitsorientierung aufgebaut hat, kann die Befriedigung der psychologischen Grundbedürfnisse im Kontext des Sportunterrichts dazu beitragen, diese relativ stabilen Orientierungen aufzubrechen, um diese durch eine wünschenswerte Autonomieorientierung zu ersetzen. Gelingt es somit Erkenntnisse im Hinblick auf die Forschungsfrage zu gewinnen, beeinflussen diese womöglich nicht nur die Motivation der Schüler*innen innerhalb des Sportunterrichts, sondern können sich zudem auch auf eine positive Persönlichkeitsorientierung der Schüler*innen auswirken. Dies wirkt womöglich im Sportunterricht umso stärker, wenn sich der*die Schüler*in insbesondere in diesem Kontext bisher wenig zugetraut hat (vgl. dazu auch Kapitel 4.2).

---

[58] Ähnliche hierarchische Modelle lassen sich auch in weiteren psychologischen Ansätzen finden. Beispielsweise bei Modellen des Selbstkonzepts (vgl. Shavelson, Hubner & Stanton, 1976) oder der sozialen Kompetenz (vgl. Hinsch & Pfingsten, 2015)
[59] Eine genaue Beschreibung der Studien, die dies belegen, findet sich bei Vallerand und Ratelle (2002) sowie bei Vallerand (1997).

Daher stellt sich die Frage, wie die psychologischen Grundbedürfnisse der Schüler*innen durch die Kommunikation der Lehrkraft beeinflusst werden können.

6.3.4 Basic Needs und die Kommunikation im Unterricht

Im Hinblick auf die Förderung der psychologischen Grundbedürfnisse im schulischen Kontext lassen sich sowohl theoretische als auch empirische Erkenntnisse finden. Diese bieten konkretisierende Hinweise für die Unterrichtspraxis im Hinblick auf eine motivierende Lehrkraft-Schüler*innen-Kommunikation.[60]

Im Hinblick auf die Förderung des *Autonomiebedürfnisses* klassifizieren Stefanou, Perencevich, DiCintio und Turner (2004) die organisatorische, die prozessuale und die kognitive Autonomieförderung und konkretisieren diese mit Beispielen (vgl. Tabelle 3).

Tabelle 3: Klassifizierung der Autonomieunterstützung (an Stefanou et al., 2004, S. 101)

Organizational Autonomy Support	Procedural Autonomy Support	Cognitive Autonomy Support
Students are given opportunities to:	*Students are given opportunities to:*	*Students are given opportunities to:*
Choose group members Choose evaluation procedure	Choose materials to use in class projects Choose the way competence will be demonstrated Display work in an individual manner	Discuss multiple approches and strategies Find multiple solutions to problems
Take responsibility of due dates for assignments		Justify solutions for the purpose of sharing expertise
	Discuss their wants	Have ample time for decision making
Participate in creating and implementing classroom rules Choose seating arrangement	Handle materials	Be independent problem solvers with scaffolding Re-evaluate errors Receive informational feedback Formulate personal goals or realign task to correspond with interest Devate ideas freely Have less teacher talk time; more teacher listening time Ask questions

Hinsichtlich der Umsetzung dieser Bereiche beschreibt Lederberger (2015) die kognitive Autonomieförderung als besonders herausfordernd für Lehrkräfte (vgl. S. 58f.). Sie resümiert wie folgt:

---

[60] Erkenntnisse im Hinblick auf die Schüler*innenmotivation im Sportunterricht werden im Forschungsstand dargestellt (vgl. Kapitel 7.3).

„Kognitive Autonomieunterstützung bedeutet [...], informatives Feedback zu geben, die Schülerinnen und Schüler ihre persönlichen Ziele formulieren zu lassen und unterschiedliche Aufgaben für unterschiedliche Interessen auszusuchen, die Perspektive der Lernenden zu übernehmen, deren Bedürfnisse, Interessen und Präferenzen zu identifizieren und zu unterstützen, ihnen die Initiative für Lernaktivitäten zu überlassen, bedeutsame Lernziele hervorzuheben, Herausforderungen und relevante, interessante Lernangebote bereitzustellen" (ebd., S. 59; in Anlehnung an Logan, Di Cinito, Cox & Turner, 1995; Ryan & Deci, 2000; 2002; Stefanou et al., 2004; Jang, Reeve & Deci, 2010).

Was können Lehrkräfte in ihrer Kommunikation noch beachten, wenn das Autonomiebedürfnis ihrer Schüler*innen befriedigen wollen? Ledergerber (2015) stellte diesbezüglich fest, dass Lehrkräfte ihren Schüler*innen innerhalb eines festgesetzten Rahmens häufig Wahlmöglichkeiten bieten, sodass die Autonomie der Schüler*innen durch das Treffen eigener Entscheidungen gefördert wird.[61] Weiterhin hören autonomiefördernde Lehrkräfte ihren Schüler*innen länger und geduldiger zu (vgl. auch Reeve, Bolt & Cai, 1999), loben diese öfter und geben ihnen mehr Zeit bei der Bewältigung von Arbeitsaufträgen als ihre Kolleg*innen, die weniger autonomieförderlich kommunizieren. In Bezug auf den Unterrichtsinhalt wird als weiteres Merkmal angeführt, dass sie bemüht sind, das Interesse ihrer Schüler*innen für das Lernen und den Lerngegenstand zu wecken (vgl. Reeve, 2002; Assor & Kaplan, 2001; Black & Deci, 2000).

Zudem ermuntern sie ihre Schüler*innen öfter zur selbstständigen Bewältigung von Aufgaben, ohne dabei kontrollierenden Druck ‚von außen' auf die Schüler*innen auszuüben, und wecken damit eher das Interesse der Schüler*innen am Lerninhalt und vermeiden somit externale Kausalattributionen (z. B.: ‚Ich mache diese Aufgabe nur, weil die Lehrerin das von mir verlangt'). Bzgl. der Notengebung achten sie darauf, dass der informative Charakter der Note im Fokus steht, der als Kompetenzfeedback zu verstehen ist und nicht als Druck- bzw. Kontrollinstrument eingesetzt wird (vgl. Ryan & Grolnick, 1985; McGraws, 1978; Ryan et al., 1985). An der individuellen Arbeitsweise der Schüler*innen zeigen sie Interesse. So zum Beispiel, wenn die Lehrkraft interessiert nachfragt, wie ein*e Schüler*in eine Aufgabe zu bewältigen versucht (vgl. Stefanou et al., 2004).

Eine Kommunikation, die das *Kompetenzerleben* der Schüler*innen fördert, äußert sich nach Ledergerber (2015) zum Beispiel neben dem bereits thematisierten Kompetenzfeedback und dem Stellen von Aufgaben, die einem optimalen Anforderungsniveaus entsprechen (vgl. Kapitel 6.3.1), in einer klaren Strukturierung des Unterrichts (vgl. Reeve et al., 1999; Reeve, 2002; Pintrich & Schunk, 1996) sowie in einem für die Lernenden angemessenem Unterrichtstempo (vgl. Rosenshine & Meister, 1994). För-

---

[61] Neuber (2014) unterscheidet verschiedene Freiheitsgrade, die die Lehrkraft den Schüler*innen überlässt. Unterschieden werden dort Anweisung, Aufgabe und Anregung. Dem Wissen um verschiedene Freiheitsgrade, die durch die Kommunikation gesteuert werden können, kann eine entscheidende Bedeutung beigemessen werden, wenn es um die Förderung des Autonomiebedürfnisses geht.

derlich ist weiterhin, das Verständnis von inhaltlichen Zusammenhängen zu fördern, die Themenrelevanz bewusst zu machen sowie einen konstruktiven Umgang mit Fehlern einzuüben (vgl. Turner, Meyer, Cox, Logan, DiCinito & Thomas, 1998; Gruehn, 2000). Turner, Thorpe und Meyer (1998) beschreiben das positive Lehrkraftverhalten in Bezug auf die Toleranz von Fehlern wie folgt:

> „A major finding was that these teachers emphasized the informational value of error (Clifford, 1991). For example, they scaffolded understanding rather than evaluated answers, they made nonevaluative remarks focused on the underlying meaning of the mathematics and encouraged student discourse, they encouraged multiple approaches to problem solving and required justification for thinking processes, and they modeled "confusion" in the service of learning" (S. 769; in Anlehnung an Turner et al., 1998).

In Bezug auf die Förderung des Bedürfnisses nach *sozialer Eingebundenheit* stellt Ledergerber (2015) fest, dass besonders Lehrkräfte, die empathisch und authentisch auftreten und echtes Interesse an den Schüler*innen zeigen, eine positive Wirkung hinterlassen (vgl. Deci & Ryan, 1985a; Ryan & Deci, 2002; Patrick, Ryan & Kaplan, 2007; Rakoczy, 2008; Tausch & Tausch, 1998). Sie unterstützen Schüler*innen, wenn diese auf Probleme treffen[62], legen Wert auf gegenseitigen Respekt im Unterricht und sorgen zudem für eine angstfreie Atmosphäre (vgl. Patrick, Turner, Meyer & Midgley, 2003; Patrick, Anderman, Ryan, Edelin & Midgley, 2001; White, Bennie, Vasconcellos, Cinelli, Hilland, Owen & Lonsdale, 2021).
Sie pflegen den Kontakt zu ihren Schüler*innen und bieten Gelegenheiten, dass die Schüler*innen untereinander ebenso in Kontakt treten (vgl. Patrick et al., 2001; Eccles, Wigfield, Midgley, Reuman, Mac Iver & Feldlaufer, 1993). Auch Letzteres ist ein wichtiges Kriterium, um das Bedürfnis nach sozialer Eingebundenheit zu befriedigen, da dieses neben der Beziehung zur Lehrkraft auch die Peer-Beziehungen beeinflusst (vgl. z. B. Vasconcellos, Parker, Hilland, Cinelli, Owen, Kapsal, Antczak, Lee, Ntoumanis, Ryan & Lonsdale, 2019).[63]

6.4 Zwischenfazit

Die Selbstbestimmungstheorie der Motivation beruht auf zwei grundlegenden Entwicklungsbestrebungen des Menschen. Demnach hat der Mensch einerseits das Ziel des persönlichen Wachstums und möchte Fähigkeiten ausbilden und weiterentwickeln. Andererseits möchte sich der Mensch – bedingt durch sein soziales Wesen – einem sozialen Gefüge zugehörig

---

[62] vgl. u.a. Stefanou et al., 2004; Patrick, Turner, Meyer & Midgley, 2003; Turner, Meyer, Anderman, Midgley, Gheen & Kang, 2002; Schweinle, Turner & Meyer, 2006; Fraser, Aldridge & Adolphe, 2010.
[63] Für empirische Untersuchungen sind im Hinblick auf die Bedürfnisbefriedigung und -frustration auf Grundlage der Theorie Fragebögen entwickelt worden, welche für quantitative Forschungen eingesetzt werden. Für den deutschsprachigen Sportunterricht wurde der Fragebogen von Heissel, Vesterling, Flunger, Fydrich, Rapp, Heinzel und Vansteenkiste (2018) validiert.

fühlen. Beide Ziele stehen in einem Spannungsverhältnis zueinander, wobei dem Menschen die Aufgabe zukommt, seine persönlichen Ziele innerhalb eines sozialen Umfelds zu verfolgen.

Spannungsfeld Persönliches Wachstum ↔ Verbundenheit mit anderen

Auf dieser Grundlage beschreibt die Selbstbestimmungstheorie Motivation nicht als dichotomes Konstrukt, sondern als ein Kontinuum. Dieses reicht von der Amotivation über die extrinsische Motivation bis hin zur intrinsischen Motivation. Um eine hohe, möglichst intrinsische Motivation zu erreichen, wird der Selbstbestimmung eine große Bedeutung zugeschrieben. Dies wirft die Frage auf, ob und inwiefern die Motivation der Schüler*innen in einem System wie der Schule überhaupt gefördert werden kann – ist dieses doch durch die Schulpflicht von Grund auf fremdbestimmt organisiert.

Das Kontinuum der Selbstbestimmungstheorie liefert eine Antwort auf diese Frage, indem es zwischen verschiedenen Regulationstypen der extrinsischen Motivation differenziert. Extrinsische Motivation kann demnach durchaus selbstbestimmt sein, wenn die von außen initiierte Handlung mit den eigenen Zielen, Werten und Normen übereinstimmt. Ausschlaggebend dafür sind Prozesse der Internalisation und der Integration. Durch diese können Menschen externale Werte, Normen und Ziele in ihr eigenes Regulationssystem aufnehmen und in ihr Selbst integrieren.

In diesem Fall würden beide geschilderten Entwicklungsziele in synergetischer Weise miteinander in Beziehung stehen. Auch die intrinsische Motivation wird somit innerhalb eines strukturell fremdbestimmten Kontextes, wie der Schule, möglich.

Die Theorie definiert drei psychologische Grundbedürfnisse, die auch als Basic Needs bezeichnet werden: das Bedürfnis nach Autonomie, das Bedürfnis nach Kompetenz sowie das Bedürfnis nach sozialer Eingebundenheit. Die Bedürfnisse nach Autonomie und Kompetenz stehen mit dem Entwicklungsziel des persönlichen Wachstums in Verbindung, das Bedürfnis nach sozialer Eingebundenheit repräsentiert das Entwicklungsziel des sozialen Wesens. Durch die Befriedigung dieser Bedürfnisse werden die selbstbestimmten Formen der extrinsischen Motivation sowie die intrinsische Motivation gefördert. Zugleich begünstigen sie die Prozesse der Internalisation und Integration, durch die zum Beispiel die von der Sportlehrkraft definierten Ziele in das eigene Selbst integriert werden können. Die Bedürfnisbefriedigung hat dabei nicht nur Einfluss auf die situative Motivation (zum Beispiel während der Ausführung eines Arbeitsauftrags innerhalb des Sportunterrichts) und die kontextuelle Motivation (zum Beispiel im Kontext des Sportunterrichts). Auch globale Persönlichkeitsorientierungen können durch die Befriedigung der Bedürfnisse im positiven Sinne und durch die Frustration dieser im negativen Sinne beeinflusst werden. In Bezug auf die Entwicklungsförderung der Schüler*innen, welche vor allem durch den Doppelauftrag des Sportunterrichts auch curricular gefordert wird (vgl. Kapitel 4.2.1), kann der Befriedigung dieser Bedürfnisse daher ein hoher Stellenwert beigemessen werden.

Geht es im Sinne der Forschungsfrage um motivierende Kommunikation, so lässt sich diese in eine Kommunikation übersetzen, die zur Befriedigung der psychologischen Grundbedürfnisse beiträgt. Die Sportlehrkraft steht somit vor der Herausforderung, den Umgang mit der Heterogenität des inklusiven Sportunterrichts so zu gestalten, dass dabei die Bedürfnisse der Schüler*innen nach Autonomie, Kompetenz und sozialer Eingebundenheit befriedigt werden.

Aber in welchem Zusammenhang stehen die psychologischen Grundbedürfnisse zu der zugrundeliegenden Kommunikationsbedingung – der Heterogenität des inklusiven Sportunterrichts – und dem Kommunikationsprozess – dem Umgang der Lehrkraft mit dieser Heterogenität?

Mit Blick auf die Aufgaben und Ziele eines inklusiven (Sport-)Unterrichts, dem Umgang mit der Heterogenität im Allgemeinen und mit den spezifischen Förderschwerpunkten im Speziellen, lassen sich durchaus Parallelen zu den motivationspsychologischen Erkenntnissen ziehen.

Dies zeigt sich bereits bei einem übergeordneten Ziel der inklusiven Pädagogik, nämlich möglichst allen Menschen die Chance auf ein selbstbestimmtes Leben zu ermöglichen. Die *Selbstbestimmung* steht somit nicht nur in der Motivationstheorie, sondern auch in der inklusiven Pädagogik im Fokus. Auf dem Weg zu dieser Selbstbestimmung sollen die Schüler*innen gemäß ihrer Möglichkeit individuell gefördert werden. In diesem Zusammenhang gilt es, durch optimale Anforderungsniveaus von Aufgaben *Kompetenzerlebnisse* zu schaffen, welche unter anderem durch Differenzierungsmaßnahmen ermöglicht werden sollen. Grundlegend verfolgt Inklusion zudem das Ziel der gleichberechtigten Teilhabe, wobei es Prozesse der Exklusion konsequent zu vermeiden gilt. Dementsprechend gilt insbesondere im schulischen Kontext soziales Lernen zu ermöglichen und die *soziale Eingebundenheit* innerhalb einer Gruppe zu fördern.

Die Parallelen zwischen der Motivationstheorie und den Aufgaben und Ziele des inklusiven Sportunterrichts machen eine Harmonisierung der verschiedenen Themenkomplexe des Forschungsgegenstandes deutlich. Dies ist insofern gewinnbringend, als dass zwischen den Themenkomplexen nicht die Notwendigkeit besteht, Kompromisse einzugehen.

Gleichzeitig offenbaren die bisher beschriebenen Erkenntnisse die Komplexität der kommunikativen Anforderungen. So zeigt sich mit Blick auf die hergeleiteten Spannungsverhältnisse, welche die Kommunikation zwischen Lehrkraft und Schüler*innen prägen, dass der motivierende Umgang mit der Heterogenität des inklusiven Sportunterrichts kein eindeutiger Prozess ist. Beispielsweise haben Lehrkräfte einerseits die Aufgabe, den vulnerablen

Gruppen besondere Aufmerksamkeit zu schenken, um diese angemessen fördern zu können, andererseits sollen sie aber möglichst auf Zuschreibungen und damit auf Etikettierungen verzichten. Je nachdem, wie Lehrkräfte in Bezug auf dieses Spannungsfeld kommunizieren, hat dies sicherlich Einfluss auf die (Nicht-)Befriedigung der psychologischen Grundbedürfnisse ihrer Schüler*innen. So ist beispielweise durchaus denkbar, dass eine besondere Aufmerksamkeit in Bezug auf eine vulnerable Gruppe durch eine individualisierte Förderung das Kompetenzbedürfnis der Gruppenmitglieder befriedigt. Gleichzeitig kann durch diese besondere Aufmerksamkeit aber auch implizit die Botschaft aufgenommen werden, vom restlichen Teil der Klasse ausgegliedert zu werden.

Auch sollen Lehrkräfte einerseits die Gemeinsamkeiten der Schüler*innen hervorheben, wodurch sie die soziale Eingebundenheit fördern können, andererseits sollen sie die Schüler*innen in der Abgrenzung zu anderen, also in ihrer Autonomie, bestärken. Beim Umgang mit Heterogenität zeigt sich somit die Herausforderung, mehrere Bedürfnisse zugleich anzusprechen. So wird deutlich, dass es in Bezug auf die Komplexität der Kommunikation im inklusiven Sportunterricht nicht möglich ist, normative Anweisungen formulieren zu können, nach denen die Lehrkräfte allgemeingültig handeln können.

Diesen Theorieteil abschließend kann festgehalten werden, dass der Befriedigung der psychologischen Grundbedürfnisse nach Autonomie, Kompetenz sowie sozialer Eingebundenheit eine äußerst motivierende Funktion zugeschrieben wird. Da die Heterogenität des inklusiven Sportunterrichts allerdings einer komplexen Kommunikationsbedingung entspricht und der Umgang mit dieser Heterogenität eine für Lehrkräfte herausfordernde Aufgabe darstellt, kann die Befriedigung dieser Schüler*innenbedürfnisse als ebenso herausfordernde Aufgabe bezeichnet werden. Wie kann Lehrkräfte dies gelingen?

Diese Frage soll zunächst mithilfe des vorliegenden Forschungsstands zu beantworten versucht werden.

7 Forschungsstand

Mit Blick auf Forschungserkenntnisse in Bezug auf die Forschungsfrage, fällt auf, dass ein generelles Forschungsdesiderat besteht, wenn es um eine motivierende Kommunikation im inklusiven Sportunterricht geht. Dies kann unter anderem daran liegen, dass das Thema der Inklusion durch Artikel 24 der UN-Behindertenrechtskonvention noch relativ aktuell ist und die Wissenschaft zu dieser Zeit noch damit beschäftigt ist, nach Antworten auf Fragen bzgl. des inklusiven Sportunterrichts zu suchen.

Der hier dargestellte Forschungsstand soll sich der Beantwortung der Forschungsfrage daher aus verschiedenen Blickwinkeln annähern. Gemäß der Themenkomplexe der Kommunikationspsychologie gliedert sich der Forschungsstand in drei Teile. Der erste Teil stellt sich die Frage, welche Erkenntnisse in Bezug auf die Heterogenität des inklusiven Sportunterrichts bereits vorliegen. Im Sinne der Kommunikationsbedingung werden hier Aspekte, wie die Relevanz verschiedener Heterogenitätsmerkmale sowie die Einstellung der Lehrkräfte zur Inklusion thematisiert (vgl. Kapitel 7.1). Anschließend wird aufgezeigt, welche Erkenntnisse hinsichtlich des Umgangs mit der Heterogenität des inklusiven Sportunterrichts diskutiert werden. Dabei werden sowohl methodisch-didaktische Konzepte skizziert als auch empirische Studien vorgestellt (vgl. Kapitel 7.2). Im darauffolgenden Kapitel wird der Frage nachgegangen, inwiefern die Motivation der Schüler*innen durch das Handeln der Sportlehrkraft beeinflusst werden kann. An dieser Stelle werden vor allem solche Forschungsarbeiten herangezogen, die in Bezug zur Selbstbestimmungstheorie der Motivation umgesetzt wurden (vgl. Kapitel 7.3).

Abschließend werden auf dieser Grundlage Forschungsdesiderate ausfindig gemacht, die in dieser Forschungsarbeit in Betracht gezogen werden sollen (vgl. Kapitel 7.4).

7.1 Zur Heterogenität des inklusiven Sportunterrichts

Im Folgenden werden Forschungsarbeiten zum inklusiven Sportunterricht skizziert. Der Forschungsstand fokussiert dabei hauptsächlich nationale wissenschaftliche Auseinandersetzungen, da schulische Strukturen in einzelnen Ländern stark variieren können (vgl. Heitzer & Tillmann, 2017, S. 9). Zudem werden Arbeiten berücksichtigt, die seit dem Jahr 2009 entstanden sind. Diese Entscheidung orientiert sich an der Ratifikation der UN-Behindertenrechtskonvention.

Im Hinblick auf eine erfolgreiche Inklusion wird die Rolle der Lehrkraft als sehr bedeutend erachtet, da diese beispielsweise durch ihre Einstellung und ihre Sichtweise das Geschehen beeinflusst (vgl. Rischke & Reuker, 2019, S. 164). Darauf bezugnehmend fassen Giese und Weigelt (2017) wie folgt zusammen:

„Ist Inklusion inzwischen konstitutives Element bundesdeutscher Schul-
gesetzgebung, bildungspolitisch verordnet und gesamtgesellschaftlicher
Auftrag, konnte in unterschiedlichen Studien gleichwohl gezeigt werden,
dass das Gelingen inklusiven Unterrichts u. a. von der Einstellung der
Lehrkraft zur Inklusion abhängt (vgl. Heyl & Seifried, 2014)" (S. 13).

Aufgrund dieser Relevanz werden im Folgenden Forschungsarbeiten dargestellt, die die Lehrkraft und ihre Sichtweise auf den inklusiven Sportunterricht in den Fokus rücken.

Wagner, Bartsch und Rulofs (2018) haben erhoben, welche Heterogenitätsmerkmale aus Sicht von Sportlehrkräften in Bezug auf den Umgang
mit der Heterogenität des inklusiven Sportunterrichts bedeutsam sind. Die
31 leitfadengestützten Interviews, die durch Daten einer Fragebogenerhebung ergänzt wurden, zeigen unter anderem, dass Lehrkräfte sich
Unterstützung im personellen (in Form von einer zweiten Lehrperson),
zeitlichen, finanziellen und materiellen Rahmen wünschen. Zudem geben sie
an, dass ihnen Kenntnisse im Hinblick auf den Umgang mit einzelnen
Förderschwerpunkten fehlen. Für die Lehrkräfte scheinen dabei, insbesondere die Förderschwerpunkte emotionale und soziale sowie körperliche
und motorische Entwicklung eine Herausforderung darzustellen.

Im Hinblick auf die Professionalisierung von Lehrkräften im inklusiven
Sportunterricht interviewten Friedrich, Gräfe, Pögl und Scheid (2017)
insgesamt 30 Sportlehrkräfte. Mithilfe von qualitativen Leitfadeninterviews
wurden Erwartungen und Erfahrungen der Lehrkräfte in Bezug auf den
inklusiven Sportunterricht erhoben. Die Autor*innen kommen unter anderem zu dem Ergebnis, dass der Förderschwerpunkt körperliche und motorische Entwicklung aus Lehrkraftperspektive eine Sonderrolle einnimmt.
Die Sorge der Einbindung der Schüler*innen mit diesem Förderschwerpunkt
hängt dabei tendenziell vom Grad der Beeinträchtigung ab. Zudem zeigen
die Aussagen der Lehrkräfte eine hohe Variabilität auf, die auch mit der
Erfahrung in Zusammenhang gebracht wird, welche die Lehrkraft mit der
Unterrichtung von Schüler*innen hat, die den Förderschwerpunkt körperliche und motorische Entwicklung zugeschrieben bekommen haben. Lehrkräfte, die diesbezüglich eine höhere Erfahrung aufweisen, zeigten sich bei
der Einbeziehung der Schüler*innen optimistischer als ihre unerfahrenen
Kolleg*innen. Zudem zeigt sich, dass Lernangebote, die differenziert
werden, tendenziell unproblematischer gesehen werden, als solche, die alle
Schüler*innen gleichsam verfolgen.

Mittels spezifischem Online-Fragebogen befragte Heubach (2013) insgesamt 132 Personen (darunter 42 Lehrkräfte und 90 Übungsleiter*innen)
hinsichtlich ihrer Einstellung zur Inklusion. Auch er resümiert, dass die
Einstellung zur Inklusion positiver ist, wenn die Verantwortlichen bereits
mit Kindern und Jugendlichen mit Behinderungen gearbeitet haben. Zudem
deutet die Studie bei vielen Befragten auf eine mangelhafte Ausbildung
hinsichtlich der Inklusion im Fach Sport hin.

Was die subjektiven Theorien[64] von Sportlehrkräften in Bezug auf einen inklusiven Sportunterricht angeht, zeigte Leineweber (2015) auf der Grundlage von 48 leitfadengestützten Interviews, eine grundsätzliche Offenheit gegenüber der Heterogenität inklusiver Klassen bei einem Großteil der Lehrkräfte.

Bzgl. der Folgen für die Unterrichtspraxis heißt es:

> „Inwiefern die mit den heterogenitätsbejahenden Einstellungen einhergehenden Ansprüche und Ideen jedoch tatsächlich in der komplexen Unterrichtspraxis umgesetzt werden, ist aus den Interviews nur bedingt ersichtlich" (Leineweber, 2015, S. 180f.).

Mithilfe dieser Datensätze untersuchten Meier und Ruin (2015) zudem die subjektiven Theorien von Sportlehrkräften hinsichtlich der Kategorien Körper und Leistung.[65] Dabei stellen sie die Problematik einer funktionellen Sicht auf Körper und Leistung heraus:

> „Wird ein funktionierender Körper in instrumenteller Weise als Voraussetzung für gelingendes Sporttreiben gesehen, machen davon abweichende Körper inklusiven Sportunterricht schwer durchführbar. Analog dazu führt ein funktionales, rein auf Selektion abzielendes Leistungsverständnis zur Unmöglichkeit, anderen (Leistungs-) Voraussetzungen gerecht zu werden" (Meier & Ruin, 2015, S. 95).

Eine solche Sichtweise führe eher dazu, dass Defizite fokussiert werden. Dagegen kann eine Fokussierung auf „grundständige Erfahrungen mit dem eigenen Körper" Reflexionsprozesse in Gang setzen, die einen „individuellen Zugang zum Körper und damit zur Welt" ermöglichen (ebd.). Zudem stellen die Autoren fest, dass die subjektiven Theorien der Lehrkräfte durch ihre Erfahrung beeinflusst zu seien scheinen. Demnach scheinen Lehrkräfte ohne Erfahrung im inklusiven Sportunterricht, eher funktionale und normierte Sichtweisen zu vertreten als ihre erfahreneren Kolleg*innen (vgl. ebd.).

Rischke, Heim & Gröben (2017) führen Ergebnisse einer schriftlichen Befragung zu den Einstellungen von Sportlehrkräften (N=790; Sekundarstufe 1) zum inklusiven Sportunterricht auf. Insbesondere ging es darin um die wahrgenommene Unterscheidung zwischen nicht inklusivem und inklusivem Sportunterricht. Auch diese Ergebnisse deuten darauf hin, dass die Erfahrung im inklusiven Sportunterricht ein Indikator dafür ist, wie stark eine Lehrkraft diese Veränderung wahrnimmt. Unerfahrene Lehrkräfte nehmen diese scheinbar stärker wahr. Häufig gaben die Lehrkräfte an, dass sich der inklusive Sportunterricht hinsichtlich der geforderten Kenntnisse von nicht inklusivem Sportunterricht unterscheidet, was auf ein Ausbildungsdefizit hindeuten kann (vgl. auch Rischke & Reuker, 2019, S. 166).

---

[64] Subjektive Theorien werden „als relativ überdauernde mentale Strukturen (Groeben et al., 1988, S. 18)" bezeichnet, „die das Verhalten von Lehrpersonen bewusst oder unbewusst steuern und Unterricht dadurch maßgeblich prägen" (Leineweber, 2015, S. 166; in Anlehnung an Helmke, 2009).
[65] Zu den Körperbildern von Sportlehrkräften sei auch auf Ruin (2017) verwiesen.

7.2 Zum Umgang mit der Heterogenität des inklusiven Sportunterrichts

In Bezug auf Forschungsarbeiten zum Umgang mit der Heterogenität des inklusiven Sportunterrichts existieren sowohl Arbeiten zu methodisch-didaktische Konzepten als auch zu empirischen Forschungen.[66]

Methodisch-didaktische Konzepte
Bei der Analyse des Forschungsstands im Hinblick auf den Umgang mit der Heterogenität des inklusiven Sportunterrichts fällt auf, dass einige methodisch-didaktische Konzepte existieren, die – oftmals orientiert an australischen Arbeiten – in die nationale sportdidaktische Diskussion Einfluss genommen haben. Da solche Konzepte maßgeblich Einfluss auf die Kommunikation zwischen Lehrkraft und Schüler*innen und in der Folge auf die Motivation der Schüler*innen nehmen (vgl. Kapitel 5), werden sie im Folgenden genauer skizziert.
Da bisherige fachdidaktische Konzepte die Heterogenität bereits mitdenken, ist Tiemann (2015b) der Auffassung, dass „eine ‚inklusive Sportdidaktik‘ nicht neu formuliert werden muss" (S. 55). Gleichwohl sollen einige Aspekte beim Unterrichten berücksichtigt werden. Unterschieden werden insbesondere (1) Aktivitätstypen, (2) Lernsituationen und (3) Modifikationsmöglichkeiten, die es bei methodisch-didaktischen Überlegungen zu berücksichtigen gilt (vgl. ebd., S. 55ff.):
(1) Aktivitätstypen: Aktivitäten im Sportunterricht lassen sich demnach inhaltlich vier Typen zuordnen, die für den Umgang mit Heterogenität relevant sind: *Offene Aktivitäten, angepasste gemeinsame Aktivitäten, angepasste parallele Aktivitäten* und *umschließende Aktivitäten.*
Offene Aktivitäten beschreiben offene Bewegungsformen, die durch eine hohe Autonomie der Schüler*innen gekennzeichnet sind. Diese Form der Aktivitäten orientieren sich nicht an normierten Bewegungsleitbildern, sondern bieten vielmehr Freiheiten für Bewegungsgestaltung, Materialnutzung, Sozialform etc. (darunter fallen beispielsweise Inhalte aus der Psychomotorik) (vgl. ebd.).
Angepasste gemeinsame Aktivitäten kennzeichnen sich beispielsweise durch eine gemeinsame Teilhabe aller Schüler*innen an einem Bewegungsspiel. Dies erfordert in der Regel eine Anpassung des Spiels an die Bedürfnisse der Lerngruppe. Dabei wird zum Beispiel das Sportspiel Basketball soweit an die Bedürfnisse der Schüler*innen angepasst, bis es allen möglich ist, sich

---

[66] Da die einzelnen Förderschwerpunkte in sich bereits eine große Heterogenität aufweisen (vgl. Kapitel 5.2), werden hier vor allem solche Arbeiten skizziert, die sich auf die Heterogenität des inklusiven Sportunterrichts im Allgemeinen beziehen. Das bedeutet, dass der Forschungsstand, der sich auf einzelne Förderschwerpunkte, wie beispielsweise den Förderschwerpunkt Lernen, nicht explizit dargestellt wird. Gleiches gilt für Forschungsarbeiten, die sich auf inhaltsspezifische Aspekte, wie z. B. die exemplarische Durchführung einer Unterrichtsreihe zum Sportspiel Basketball, beziehen.

sinnvoll an diesem Spiel zu beteiligen.[67] Durch die Orientierung an den Bedürfnissen der Schüler*innen können diese Regelvariationen je nach Lerngruppe und Heterogenität stark variieren.[68]

Angepasste parallele Aktivitäten versuchen die Lerngruppe zu homogenisieren. Dabei wird die gesamte Gruppe in unabhängig voneinander agierende kleinere Gruppen aufgeteilt. So beschäftigt sich die gesamte Lerngruppe zwar beispielsweise mit dem Sportspiel Fußball, die kleineren Gruppen führen im Sinne einer Differenzierung allerdings unterschiedliche Übungseinheiten, Spiel- und Modifizierungsformen durch.

Umschließende Aktivitäten beschreiben Angebote, die ohne oder mit geringfügigen Modifikationen der gesamten Lerngruppe eine sinnvolle gemeinsame Teilhabe eröffnen. Läuft zum Beispiel ein*e Schüler*in wesentlich langsamer als der Rest der Gruppe, kann eine Staffelform, bei der sich die Schüler*innen bauchliegend auf Rollbrettern bewegen und sich mit den Händen Antrieb geben, eine umschließende Aktivität darstellen (vgl. ebd.).

(2) Lernsituationen: In Bezug auf Wocken (1998) charakterisiert Tiemann (2015b) Lernsituationen, die sich in der Art und Weise unterscheiden, wie die Lernenden in Beziehung zueinander treten. Unterschieden werden *koexistente, subsidiäre* und *kooperative Lernsituationen* (S. 58f.).

Koexistente Lernsituationen werden dadurch bestimmt, dass die Interaktion zwischen den Partner*innen nur eine untergeordnete Rolle spielt, da jede*r seine*ihre eigene Aufgabe verfolgt. Dies ist in Phasen des individuellen Übens der Fall, wenn beispielsweise Schüler*innen den Speerwurf in Einzelarbeit ausführen.

Zu den *subsidiären Lernsituationen* zählen zum einen unterstützende Lernsituationen, bei denen sich Partner*innen bei Bedarf unterstützen. Die eigenen Ziele werden dabei trotzdem weiterverfolgt. Zum Beispiel kann eine Schülerin einem Mitschüler mit dem zugewiesenen Förderschwerpunkt körperliche und motorische Entwicklung über ein Hindernis helfen und sich im Anschluss daran selbst dem nächsten Hindernis widmen. Auch zählen prosoziale Lernsituationen zu dieser Kategorie, bei denen ein*eine Partner*in einem*einer anderen soweit zur Seite tritt, dass die eigenen Ziele nicht mehr verfolgt werden können. Hier würde sich der*die Schüler*in voll und ganz seiner*ihrer Funktion als Hilfesteller*in widmen.

Zu den *kooperativen Lernsituationen* zählen einerseits die komplementären Lernsituationen, bei denen die Partner*innen unterschiedliche Ziele verfolgen, aber trotzdem aufeinander angewiesen sind. Zum Beispiel braucht ein*e Tischtennisspieler*in einen*eine Gegenspieler*in, da das Spiel ansonsten nicht gelingen kann. Andererseits beschreiben die solidarischen Lernsituationen jene Aufgabenformate, die nur gemeinsam erreicht werden

---

[67] Beispiele zu Spielanpassungen finden sich in entsprechender Literatur (siehe u. a. Tiemann, 2008; Bietz & Böcker, 2009).

[68] Eine Orientierung für Möglichkeiten der Regelvariationen bietet das Regelschema nach Digel (vgl. Digel, 1983).

können. Dies ist beispielsweise beim Pyramidenbau bei der Akrobatik der Fall.

Auf Grundlage dieser Lernsituationen hat Weichert (2008) verschiedene Niveauebenen von Bewegungsbeziehungen beschrieben und dadurch auf unterschiedliche Möglichkeiten aufmerksam gemacht, mit den Mitschüler*innen in Beziehung zu treten.[69]

(3) Modifikationsmöglichkeiten: Um allen Schüler*innen eine gleichberechtigte Teilhabe zu ermöglichen, wird zudem empfohlen, beispielsweise bei der Vermittlung eines Sportspiels, neue Regeln zu vereinbaren (vgl. Tiemann, 2012, S. 169; Kapitel 4.2.2).[70]

Welche Möglichkeiten der Modifikationen gibt es? Die in Australien entwickelten Modelle *TREE* (T=Teaching Style, R=Rules, E=Environment, E=Equipment) (vgl. Australien Sports Commission, 2006, S. 1) und *CHANGE-IT* (C=Coaching Style, H=How to score, A=Playing Area, N=Number of Players, G=Game Rules, E=Equipment, I=Inclusion, T=Time) (ebd., o. J.) geben einen Überblick über diese Möglichkeiten. Sie beschreiben Akronyme, die verschiedene Ebenen möglicher Modifikationen darstellen. Letzteres ist eine Weiterentwicklung des TREE-Modells und bietet sich in seiner Vollständigkeit insbesondere für die Sportspielvermittlung an. An dieser Stelle dienen beide Modelle lediglich als Überblick über die Ressourcen der Modifikationsebenen. Ähnliche Modifizierungsbereiche beschreiben das *Adapted Physical Activity* Kategoriensystem (vgl. Sherrill & Hutzler, 2008) sowie das Konzept des *Universal Designs* (vgl. Liebermann & Houston-Wilson, 2009).

Auf Grundlage dieser Modelle entwickelte Tiemann (2013) das *6+1-Modell eines adaptiven Sportunterrichts* (vgl. Abbildung 8). Dabei wird die Haltung der Spotlehrkraft in den Mittelpunkt gerückt, da diese maßgeblich für das Gelingen eines inklusiven Sportunterrichts zu sein scheint (vgl. De Boer, Pijb & Minnaert, 2011, S. 331; Kapitel 7.1).[71]

---

[69] Die Niveauebenen werden unterteilt in koexistente, koaktive, kommunikative, kompetetive, subsidiäre, kooperativ-komplementäre sowie kooperativ-solidarische Bewegungsbeziehungen. Sie werden hier wegen einigen Überschneidungen zu den Lernsituationen von Wocken (1998) nicht präzisiert dargelegt.

[70] Solche Regelveränderungen werden in methodisch-didaktischen Konzepten – beispielsweise bei der interaktiven Sportspielentwicklung (vgl. Bietz & Böcker, 2009) – bereits berücksichtigt. Ihnen kann im inklusiven Sportunterricht aufgrund der größeren Heterogenität eine verstärkte Bedeutung beigemessen werden (vgl. Kapitel 3.1.2).

[71] Dies aufgreifend werden im weiteren Verlauf dieses Kapitels auch nationale empirische Studien dargestellt.

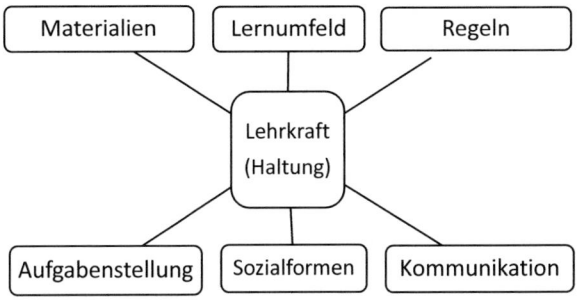

Abbildung 8: 6+1-Modell eines adaptiven Sportunterrichts (in Anlehnung an Tiemann, 2013)

Auch dieses Modell beschreibt Ebenen, an denen Anpassungen des Sportunterrichts durchgeführt werden können. Sie sollen der Sportlehrkraft Handlungsorientierung geben, den Sportunterricht auf die Bedürfnisse der Schüler*innen auszurichten. Im Modifikationsbereich *Material* können beispielsweise Bälle in unterschiedlicher Größe mit verschiedenen Flug- oder Sprungeigenschaften angeboten werden, um das Material an die Bedürfnisse der Lerngruppe anzupassen (vgl. Tiemann, 2013, S. 50). Bezüglich des *Lernumfeldes* geht es darum, dass beispielsweise Akustik und Lichtverhältnisse in der Halle berücksichtigt werden. Es „müssen bauliche Barrieren ebenso mitgedacht werden, wie die Reizintensität, die zum Beispiel durch in der Halle befindliche Materialien sehr hoch sein kann" (ebd., 2015b, S. 60). Die Anpassung von *Regeln* ist besonders zu berücksichtigen, um eine sinnvolle Teilhabe aller Schüler*innen zu gewährleisten. So sind beispielsweise beim Spiel Parteiball Regeländerungen nötig, wenn nicht alle Schüler*innen eine realistische Möglichkeit haben, Punkte zu erzielen. Bzgl. der *Aufgabenstellung* gilt es, geschlossene Aufgaben dahingehend zu differenzieren, dass sie unterschiedliche Lösungswege für die unterschiedlichen Schüler*innen gewährleisten. Alternativ können offene Aufgaben von vornherein verschiedene Lösungsmöglichkeiten sicherstellen (vgl. ebd., 2013, S. 50). Bei der Frage, welche *Sozialform*, die für die durchzuführende Praxis die geeignete ist, gilt es beispielsweise zu bedenken, dass es bei einigen Schüler*innen im inklusiven Sportunterricht zur Überforderung kommen kann, wenn es um Interaktionen in größeren Gruppen geht. Auch der *Kommunikation* schenkt Tiemann Beachtung. So gibt es zum Beispiel Situationen, die von einer klaren und konsequent geführten Kommunikation profitieren, da einige Schüler*innen eine „präzise Rahmung ihres Verhaltens benötigen" (ebd.; vgl. Kapitel 5.2.3). In anderen Situationen können aber auch andere Kommunikationsstile (z.B. Empathie zeigen,

101

Demonstrationen von Bewegung, leicht verständliche Sprache) von Vorteil sein. Tiemann betont, dass eine Anpassung an die jeweiligen Lerngruppen sehr individuell sein kann und diese einer ständigen Justierung bedarf (vgl. ebd.).

Klein et al. (2016) machen einen weiteren Vorschlag, wie mit unterschiedlichen Voraussetzungen, Leistungsniveaus, Bedürfnissen, Lernwegen etc. umgegangen werden kann. Die Autor*innen empfehlen, diese Unterschiede anzuerkennen und sie innerhalb eines ständigen Wechsels zu dramatisieren und zu entdramatisieren. Die Dramatisierung meint in diesem Zusammenhang die bewusste Betonung der Unterschiedlichkeit, in der deutlich wird, dass jede*r auf seine eigene Weise anders ist als seine*ihre Mitschüler*innen. Dem entgegengesetzt steht die Entdramatisierung, in der verdeutlicht werden soll, dass die Beteiligten auf der anderen Seite auch viele Gemeinsamkeiten haben (vgl. ebd., S. 45; Kapitel 5.1.2).

Empirische Forschungsarbeiten

Die Anzahl der empirischen Studien, die Erkenntnisse hinsichtlich des Umgangs mit der Heterogenität des inklusiven Sportunterrichts liefern, ist relativ überschaubar. Dennoch wurden bereits Aspekte erforscht, die für diese Forschungsarbeit relevant sein können (vgl. Scheid & Friedrich, 2016). Eine von Rischke (2013) vorgenommene explorative Interviewstudie (N=7) mit Lehrkräften zu Herausforderungen des inklusiven Sportunterrichts, hebt die Notwendigkeit einer Flexibilität in Bezug auf das Unterrichten hervor, wobei insbesondere die Modifizierung der Unterrichtsinhalte angesprochen wird.

Obwohl empirische Studien, die den Fokus auf die Schüler*innen richten und deren wahrgenommenen Umgang mit der Heterogenität thematisieren, rar gesät sind, lassen sich auch in diesem Zusammenhang erste Ergebnisse finden. So untersuchten beispielsweise Welsche und Ritter (2013) mittels qualitativer Interviews mit sechs Schüler*innen mit zugewiesenem Förderschwerpunkt, wie diese den inklusiven Sportunterricht erleben. In den Interviews berichteten Schüler*innen mit schwerwiegenderen körperlichen Beeinträchtigungen über weitaus negativere Erfahrungen als solche mit weniger starken Beeinträchtigungen. Nahezu alle interviewten Schüler*innen sehnen sich nach Anerkennung und wünschen sich, „dass sich ihre Mitschüler mal in ihre Situation" (ebd., S. 44) hineinversetzen. Für Lehrkräfte kann dies bedeuten, den Fokus stärker auf den gegenseitigen Respekt und die gegenseitige Rücksichtnahme im Unterricht zu legen.

Auch Ruin (2019) geht in einer Interviewstudie, die er mit insgesamt 41 Schüler*innen der Jahrgangsstufe sieben und acht durchgeführt hat, auf den wahrgenommenen Umgang im inklusiven Sportunterricht ein. Die Studie, die einen weiten Inklusionsbegriff zugrunde legt, kommt unter anderem zu dem Ergebnis, dass die interviewten Schüler*innen weniger die Adaption der Unterrichtsinhalte, sondern vielmehr die Beziehungen innerhalb der Gruppe betonen. Positiv werden in diesem Zusammenhang zum Beispiel die gegenseitige Unterstützung und die Perspektivübernahme hervorgehoben. Demgegenüber stehen unfaire Verhaltensweisen oder herabwürdigende Kommentare seitens der Mitschüler*innen. Das Verhalten der Lehrkraft wurde dann als positiv bewertet, wenn dieses fair und empathisch ist. Einige der interviewten Schüler*innen sprechen unter anderem die Herausforderung der Lehrkräfte an, angemessene Aufgabenschwierigkeiten bereitzustellen:

> „[Die Ergebnisse zeigen,] dass Sportunterricht für manche Interviewten auch mit großen Herausforderungen einhergeht, z. B. mit Ängsten, Scham oder körperlichen Nöten, die u. a. aus als ungerechtfertigt oder als unerfüllbar empfundenen Anforderungen hervorgehen" (ebd., S. 162).

Eine weitere Studie fragte nach den Gelingensbedingungen in Bezug auf die Teilhabe von Schüler*innen mit Beeinträchtigungen im inklusiven Sportunterricht (vgl. Schoo, 2015). Diesbezüglich wurden zehn ehemalige Schüler*innen befragt (Neun Schüler*innen hatten körperlich-motorische Beeinträchtigungen, ein*e Schüler*in hatte eine Schwerhörigkeit). Die Befragten betonten als Gelingensbedingungen vor allem die Grundhaltung der Lehrkräfte, die Beziehung zu den Mitschüler*innen, das Selbstbewusstsein der Schüler*innen, die Schwere der Beeinträchtigung sowie die Fachkompetenz der Lehrkraft in Bezug auf die Heterogenität der Schüler*innenschaft (vgl. auch ebd., 2017, S. 217).

Weigelt (2015) beleuchtet ausgehend von zwei Fallbeispielen die Umsetzung von Leistungssituationen im inklusiven Sportunterricht. Im Fazit betont die Autorin die Herausforderung für Lehrkräfte, die Lerninhalte für die Lernenden fruchtbar zu machen. Letztlich fordert sie auf, empirisch zu überprüfen, inwiefern Beeinträchtigungen durch methodisch-didaktische Entscheidungen womöglich erst konstruiert werden.

7.3 Zur Motivation der Schüler*innen

Ein Blick auf den Forschungsstand zur Motivation der Schüler*innen im Sportunterricht macht deutlich, dass sich diesem Thema in der Vergangenheit mit unterschiedlichen theoretischen und methodischen Zugängen gewidmet wurde. Im Hinblick auf die Fragestellung werden insbesondere solche Forschungsarbeiten näher betrachtet, die positive bzw. negative Einflussfaktoren auf die Motivation der Schüler*innen betrachten und durch die Lehrkraft beeinflusst werden können. Insbesondere werden Forschungsergebnisse dargestellt, die im Zusammenhang mit der Selbstbestimmungstheorie der Motivation stehen. Da Motivation im Wesentlichen als kulturübergreifendes Konstrukt verstanden werden kann und auf internationaler Ebene ein umfangreicher und erkenntnisbringender Forschungsstand zugrunde liegt, werden im Folgenden auch internationale Forschungsergebnisse skizziert.

Grundlegend zeigt sich, dass eine durch Selbstbestimmung geprägte Schüler*innenmotivation im positiven Zusammenhang mit den Leistungen der Schüler*innen steht. Dies zeigten unter anderem Behzadnia, Mohammadzadeh, Ahmadi und Boiché (2019), Sarrazin, Grouzet und Pelletier (2008), Mouratidis, Vansteenkiste, Lens und Sideridis (2008) sowie Kalaja, Jaakkola, Watt, Liukkonen und Ommundsen (2009). Die Studie von Standage, Duda & Ntoumanis (2006) deutet zudem daraufhin, dass eine autonome Motivation der Schüler*innen (N=394) den Einsatz und die Beharrlichkeit der Schüler*innen positiv beeinflusst. Barkoukis, Taylor, Chanal und Ntoumanis (2014) untersuchten den Zusammenhang zwischen der Motivation der Schüler*innen und deren Noten. Die Autor*innen fassen zusammen, dass Schüler*innen mit autonomer Motivation in der Tendenz bessere Schulnoten bekommen als solche, die eine kontrollierte Motivation aufweisen. Es scheint somit auch aus der Perspektive der Leistungsbewertung sinnvoll zu sein, sich mit der Motivierung der Schüler*innen im Kontext des Sportunterrichts auseinanderzusetzen.

Autonomieunterstützende und kontrollierende Lehrstile
Diesbezüglich stellt sich die Frage, wie die autonome Motivation durch die Sportlehrkraft gefördert werden kann. Als wesentlicher Faktor dafür kann die von den Schüler*innen wahrgenommene Autonomieunterstützung durch die Lehrkraft bezeichnet werden. Ein autonomiefördernder Unterrichtsstil ist beispielsweise durch Wahlfreiheit, der Berücksichtigung des Interesses der Schüler*innen sowie durch eine geringe Ausübung von Druck gekennzeichnet (vgl. z. B. Hegger, Chatzisarantis, Barkoukis, Wang & Baranowski, 2005; Hagger, Chatzisarantis & Biddle, 2003; vgl. auch Kapitel 6.3.4).
Eine Studie von Lim und Wang (2009) untersuchte den Einfluss der wahrgenommenen Autonomieunterstützung der Schüler*innen durch die Lehrkraft. Die Fragebogenstudie (N=701) weist darauf hin, dass Schüler*innen, die das Gefühl haben, von ihrer Lehrkraft Autonomieunterstützung zu erfahren, in der Regel ein höheres Maß an selbstbestimmter Verhaltensregulation aufweisen. Die Studie zeigt weiterhin, dass eine wahrgenommene Autonomieunterstützung die Absicht begünstigt, auch außerhalb des Sportunterrichts körperlich aktiv zu werden:

> „…it is important that an internal perceived locus of causality is forstered and promoted in PE [physical education] because it can lead to positive outcomes and may facilitate the general aim of physical activity in adult life" (ebd., S. 58).

Behzadina, Adachi, Deci und Mohammadzadeh (2018) untersuchten Folgen von autonomieunterstützendem und kontrollierendem Lehrkraftverhalten. Unter anderem wirkte sich ein wahrgenommener autonomieunterstützender Lehrstil positiv auf das psychische Wohlbefinden und die Leistung der Schüler*innen aus. Ein wahrgenommener kontrollierender Stil stand dagegen in Beziehung zum Unwohlsein seitens der Schüler*innen (vgl. auch

Standage & Gillson, 2007; Hein & Caune, 2014; Ntoumanis, 2001; Standage, Duda & Ntoumanis, 2003; Ntoumanis, 2005). Auch Haerens, Aelterman, Vansteenkiste, Soenens und Van Petegem (2015) zeigten den Einfluss von wahrgenommener Autonomieunterstützung auf die autonome Motivation, welche mit der Befriedigung der Bedürfnisse Autonomie, Kompetenz und sozialer Eingebundenheit in Zusammenhang steht. Ein wahrgenommener kontrollierender Lehrstil fördert dagegen die kontrollierte Motivation und die Amotivation auf Seiten der Schüler*innen. Zudem zeigt die Studie dabei eine direkte Beziehung zum Trotzverhalten.

Meyer, Tallir, Soenens, Vansteenkiste, Aelterman, Van den Berghe, Speleers und Haerens (2014) untersuchten einerseits, ob ein kontrollierendes Lehrkraftverhalten Auswirkungen auf die Motivation der Schüler*innen hat und andererseits, ob das beobachtete Lehrkraftverhalten mit dem wahrgenommenen Lehrkraftverhalten der Schüler*innen korreliert. In der Studie wurde das Verhalten von 56 Sportlehrkräften aufgezeichnet, um dieses zu analysieren. Zusätzlich wurde die Motivation der Schüler*innen (N=702) mittels Fragebogen erhoben. Hierbei zeigt sich eine positive Korrelation zwischen dem Kontrollverhalten der Lehrkraft und der kontrollierten Motivation und Amotivation der Schüler*innen. Wie erwartet gab es keine Zusammenhänge zwischen einem kontrollierten Lehrer*innenverhalten und der autonomen Motivation der Schüler*innen. Weiterhin zeigte sich, dass die Schüler*innen das Kontrollverhalten der Lehrkraft durchaus wahrgenommenen hatten. Schüler*innen scheinen somit sensibel für ein solches Lehrkraftverhalten zu sein.

Barkoukis, Chatzisarantis und Hagger (2020) untersuchten Auswirkungen einer autonomieunterstützenden Intervention durch Sportlehrkräfte auf die autonome Motivation der Schüler*innen sowie die Absicht, auch in ihrer Freizeit sportlichen Aktivitäten nachzugehen (N=256). Die Intervention hatte indirekte Auswirkungen auf Veränderungen der autonomen Motivation im Sportunterricht und in Bezug auf das Sporttreiben in der Freizeit (vgl. auch Tessier, Sarrazin & Ntoumanis, 2010). Auch Ommundsen und Kvalø (2007) suchten nach Indikatoren für ein Bestreben nach außerschulischen Sportaktivitäten. Dabei zeigte sich, dass besonders eine intrinsisch regulierte Motivation sowie die wahrgenommene Kompetenz Indikatoren für eine außerschulische sportliche Aktivität sind.

Vansteenkiste, Sierens, Goossens, Soenens, Dochy, Mouratidis, Aelterman, Haerens und Beyers (2012) untersuchten das Lehrkraftverhalten aus Sicht der Schüler*innen (N=1036). Die untersuchten Merkmale waren neben der Autonomieunterstützung auch die Erwartungshaltung, die die Lehrkräfte an die Schüler*innen haben. Letztere beschreibt einen zentralen Aspekt der Unterrichtsstruktur. Mithilfe einer Fragebogenanalyse wurden die Lehrkräfte in vier Kategorien klassifiziert:

1. Hohe Autonomieunterstützung und klare Erwartungen
2. Geringe Autonomieunterstützung und vage Erwartungen
3. Hohe Autonomieunterstützung
4. Klare Erwartungen

Die Studie zeigt, dass die Lehrkräfte der Kategorie hohe Autonomieunterstützung und klare Erwartungen die positivsten Auswirkungen auf das selbstregulierte Lernen und die Motivation hatten. Zudem korreliert diese Gruppe am geringsten mit Problemverhalten der Schüler*innen. Die negativsten Auswirkungen hatten die Lehrkräfte der Kategorie geringe Autonomieunterstützung und vage Erwartungen. Die beiden anderen Kategorien fielen dazwischen. Die Autor*innen folgern daraus

> „that teachers do well by providing clear instructions when introducing tasks and rules, such that students feel confident to engage in the learning activity and feel effective to meet the expectations. When introducing these expectations, teachers might best adopt an autonomy supportive rather than a controlling style" (ebd., S. 438).

Auch Heemsoth (2014) konnte mittels Fragebogenerhebung (N=331) von Schüler*innen einen direkten Zusammenhang zwischen einer guten Klassenführung (zum Beispiel Regelklarheit, Zeitnutzung, vorausschauendes Planen etc.) und der Motivation der Schüler*innen nachweisen. Interessante Erkenntnisse im Hinblick auf eine motivierende Lehrkraft-Schüler*innen-Kommunikation liefern zudem Vansteenkiste, Simons, Lens, Soenens und Matos (2005). Diese zeigen, dass auch subtile, implizite und verdeckte Formen der Druckausübung zu einer Autonomiefrustration führen können. Eine explizite und aufrichtige Lehrkraft-Schüler*innen-Kommunikation erscheint daher erstrebenswert.

Die psychologischen Grundbedürfnisse
Im Hinblick auf den theoretischen Hintergrund ist auch der Einfluss der psychologischen Grundbedürfnisse Autonomie, Kompetenz und soziale Eingebundenheit bzgl. der Motivation der Schüler*innen interessant. Die Studie von Standage und Gillison (2006) zeigt (N=300), dass die wahrgenommene Autonomieunterstützung durch die Lehrkräfte, die Bedürfnisbefriedigung der Schüler*innen (Autonomie, Kompetenz und sozialer Eingebundenheit) begünstigt. Die Bedürfnisse nach Kompetenz und Autonomie prognostizierten dabei die autonome Motivation. Ähnliche Ergebnisse lieferten Standage, Gillison, Ntoumanis und Treasure (2012) sowie in einer Metaanalyse von 265 Studien die Arbeit von Vasconcellos, Parker, Hilland, Cinelli, Owen, Kapsal, Antczak, Lee, Ntoumanis, Ryan und Lonsdale (2019). Auch Dupont, Carlier, Gérard und Delens (2009) zeigen, dass die Befriedigung von Autonomie und Kompetenz die autonome Motivation der Schüler*innen begünstigt (N=549). Ihre Studie ergab zudem, dass die wahrgenommene Mitbestimmung (*integrative negotiation*) positiven Einfluss auf die Befriedigung der Bedürfnisse Autonomie und soziale Eingebundenheit zur Folge hat.
Den positiven Einfluss der Bedürfnisbefriedigung bestätigen auch Standage, Duda und Ntoumanis (2005). Die Fragebogenstudie (N=950) zeigt, dass Schüler*innen, die eine bedürfnisunterstützende Atmosphäre wahrnehmen,

folgerichtig ein höheres Level an Bedürfnisbefriedigung erfahren, welches wiederum die intrinsische Motivation fördert und auch die Leistung der Schüler*innen positiv beeinflusst. Dementsprechend wirkt sich eine Bedürfnisbefriedigung negativ auf die Amotivation aus.

Im Hinblick auf geschlechtsspezifische Unterschiede fanden Wolf und Kleinert (2018) heraus, dass tendenziell Mädchen, jüngere sowie wenig aktive Schüler*innen eher fremdbestimmt motiviert waren, was hinsichtlich der Motivation auf eine Benachteiligung dieser Gruppen hindeuten kann.

Haerens, Aelterman, Berghe, De Meyer, Soenens und Vansteenkiste (2013) analysierten im Hinblick auf bedürfnisunterstützendes Verhalten von Sportlehrkräften 74 Sportstunden. Mithilfe von vier Faktoren (Autonomie, soziale Eingebundenheit, Struktur vor und Struktur während der Aktivität) untersuchten sie, in welchen Intervallen die Lehrkraft bestimmte Verhaltensweisen gezeigt hat. Die quantitative Auswertung ergab, dass nur zwei beobachtete Faktoren (Autonomie und soziale Eingebundenheit) auch von den Schüler*innen wahrgenommen wurden. Bei den beiden Faktoren der Struktur gab es eine solche Beziehung nicht. Die methodische Herangehensweise bedarf noch der Optimierung, da auch das Lehrkraftverhalten unberücksichtigt blieb, welches zur Bedürfnisfrustration der Schüler*innen beitragen kann. Zudem finden die spezifischen Besonderheiten des Fachs Sport keine Beachtung, da der Analysebogen auf allgemeinere fachübergreifenden Hinweisen beruht.

Goudas, Biddle und Fox (1994) untersuchten mittels Fragebogen den Einfluss von Autonomie, Kompetenz und Zielorientierung (Aufgaben- vs. Ego-Orientierung) auf das intrinsische Interesse der Schüler*innen (N=85) und zogen dabei den Vergleich zweier Sportarten hinzu (Football/Netball & Gymnastics). Das Bedürfnis nach Kompetenz wurde in beiden Sportarten gleichsam befriedigt, allerdings gaben die Schüler*innen bei *Gymnastics* eine geringere Autonomiewahrnehmung an. Erkenntnisreich dabei ist, dass die wahrgenommene Kompetenz das intrinsische Interesse in der Sportart *Football/Netball* voraussagte, bei *Gymnastics* allerdings nicht. Auch dies unterstützt die Aussage der Selbstbestimmungstheorie von Deci und Ryan (u. a. 2000), dass die Befriedigung nach Kompetenz nur im Kontext einer wahrgenommenen Selbstbestimmung Einfluss auf die intrinsische Motivation hat (vgl. Goudas et al., 1994, S. 461; vgl. auch Ryan, 1982).

Eine von Albert (2017) durchgeführte qualitative Längsschnittstudie kam zu dem Ergebnis, dass sich die Angst vor Leistungsversagen als große Teilnahmebarriere am Sportunterricht darstellt. Dies verdeutlicht, dass ein Ungleichgewicht zwischen den Kompetenzen der Schüler*innen und den an sie gestellten Anforderungen negative Effekte hinsichtlich der wahrgenommenen Kompetenzen hervorrufen kann (vgl. S. 524).

Im Hinblick auf das Forschungsanliegen stellt sich zudem die Frage nach weiteren Einflussfaktoren auf die intrinsische Motivation von Schüler*innen. Hassandra, Goudas und Chroni (2003) führten diesbezüglich eine qualitative Studie durch, um herauszufinden, welche Faktoren die intrinsische Motivation im Sportunterricht positiv beeinflussen. Anhand 16 Interviews werden zwei übergeordnete Faktoren mit zahlreichen Einflussvariablen ermittelt:

(1) *individual differences* (perceived competence, perceived autonomy, physical appearence, goal orientation)

(2) *social environmental* (lesson content, physical education teacher, classmates, school athletic facilities, physical activity behaviors of the family, familiy encouragement, participation in out-of-school athletic activities, media, cultural values, social preconceptions)

Eine weitere qualitative Studie führten Ntoumanis, Pensgaard, Martin und Pie (2004) durch. Im Gegensatz zur Studie von Hassandra et al. (2003) suchten sie keine die intrinsische Motivation begünstigenden Faktoren, sondern solche, die Einfluss auf die Amotivation haben. Auf Grundlage von 21 Interviews konnten drei wahrgenommene Ursachen für die Amotivation kategorisiert werden:

(1) Erlernte Hilflosigkeit (low strategy beliefs, low effort beliefs, low capacity beliefs)

(2) Geringe Bedürfnisbefriedigung (low need satisfaction, social evaluation concerns)

(3) Kontextuelle Faktoren (poor teaching style, poor physical envrionment)

Auch Kleinert und Wolf (2018) haben subjektive Gründe der Schüler*innen für positives und negatives Gefühlserleben im Sportunterricht erfasst (N=1605). Die Ergebnisse zeigen, dass vor allem Unterrichtsinhalte sowie das Gruppengefühl als Gründe für positives bzw. negatives Erleben genannt werden. Da Lehrkräfte eher selten genannt werden, vermuten die Autor*innen, dass das Gefühlserleben weniger von der Lehrkraft als Person, sondern vielmehr von ihrer Gestaltung des Unterrichts abhängt.

Feedback

Einen wesentlichen Teil der Lehrkraft-Schüler*innen-Kommunikation im Sportunterricht nimmt auch das Feedback ein. Diesbezüglich gingen Mouratidis, Vansteenkiste, Lens und Sideridis (2008) der Frage nach, inwiefern sich positives Kompetenzfeedback auf die Motivation der Schüler*innen im Sportunterricht auswirkt (N=228). Dieses begünstigte bei den Schüler*innen eine höhere Kompetenzbefriedigung und sorgte für eine größere Vitalität, ein höheres Engagement sowie eine höhere autonome Motivation seitens der Schüler*innen.

Ähnliche Ergebnisse liefern Henderlong und Lepper (2002) sowie Hollembeak und Amorose (2005). Auch hier zeigt sich, dass Feedback, welches als unaufrichtig bzw. unangemessen empfunden wird, sowohl das Autonomie- als auch das Kompetenzbedürfnis unterminiert. Scheinbar begünstigt ein positives Kompetenzfeedback vor allem dann die intrinsische Motivation, wenn es an das Bedürfnis nach Autonomie gekoppelt ist (vgl. u.

a. Ryan, 1982; Kast & Connor, 1988; Pittmann, Davey, Alafat, Wetherill & Kramer, 1980). Den Zusammenhang zwischen Leistungsrückmeldungen und Affekten im Sportunterricht untersuchten Leisterer und Jekauc (2019). Sie fanden heraus, dass Leistungsrückmeldungen einen erheblichen Effekt auf das Affekterleben der Schüler*innen haben.

Die Wirkung von Feedbacks zeigt sich auch in Bezug auf die Ursachenzuschreibung bzw. das Attributionsverhalten der Schüler*innen. Diese nimmt unter anderem Einfluss auf die Leistungsmotivation der Schüler*innen und kann durch Feedbacks durch die Lehrkraft im Sinne einer Reattribution beeinflusst werden. Die Attributionstheorie (vgl. Heider, 1958; Weiner, 1994) liefert diesbezüglich unter Berücksichtigung der jeweiligen subjektiven Aufgabenschwierigkeit (vgl. Atkinson, 1957) Erkenntnisse für eine motivierende Kommunikation zwischen der Lehrkraft und ihren Schüler*innen (praktische Handlungsempfehlungen liefern beispielsweise Weber et al., 2017; vgl. auch Dweck, 1999; Elliot & Dweck, 2005 sowie Dresel & Ziegler, 2006).

Die dargestellten Forschungsarbeiten geben einen umfangreichen Überblick über aktuelle Erkenntnisse hinsichtlich einer motivierenden Lehrkraft-Schüler*innen-Kommunikation im Sportunterricht. Im folgenden Kapitel werden auf dieser Grundlage Forschungsdesiderate abgeleitet, sodass die Forschungsfrage konkretisiert werden kann.

7.4 Forschungsdesiderate und Differenzierung der Forschungsfrage

Forschungsdesiderate

Vor dem Hintergrund des Forschungsstands sollen nun im Hinblick auf die in der Einleitung formulierten Forschungsfrage Desiderate ausfindig gemacht werden.

Der Großteil der empirischen Studien bzgl. des *inklusiven Sportunterrichts* fokussiert die Rolle der Lehrkraft und dabei insbesondere ihre Einstellung zur Inklusion. Tatsächlich kann die Einstellung der Lehrkraft im Sinne der Fragestellung eine wichtige Voraussetzung darstellen, um eine motivierende Kommunikation zwischen Lehrkraft und Schüler*innen realisieren zu können. Aber ist eine positive Einstellung zur Inklusion auch ausreichend für die Zielperspektive des inklusiven Sportunterrichts? Giese und Weigelt (2017) äußern sich wie folgt dazu:

> „Auch wenn damit die Bedeutung der inneren Haltung gegenüber der Inklusion angesprochen ist, wird hier explizit die Position vertreten, dass alleine eine positive Haltung gegenüber Inklusion keineswegs ausreicht, um erfolgreich inklusiven (Sport-)Unterricht zu gestalten" (S. 14).

Dementsprechend wird hier argumentiert, dass – ergänzend zur Haltung der Lehrkraft – ein Blick auf den konkreten Umgang mit der Heterogenität innerhalb des inklusiven Sportunterrichts eine Bereicherung darstellen kann.

Ziel sollte dabei sein, den Umgang mit Heterogenität und damit die Qualität des inklusiven Sportunterrichts zu optimieren.

Der dargelegte Forschungsstand zum *Umgang mit der Heterogenität des inklusiven Sportunterrichts* macht deutlich, dass methodisch-didaktische Unterrichtskonzepte umfangreich diskutiert werden. Bei diesen stellt sich vor allem die Frage, wie der Unterricht aus methodischer Sicht angepasst werden kann, um möglichst allen Schüler*innen einen chancengleichen Zugang zu ermöglichen. Was die bisher vorliegenden Konzepte allerdings nicht beantworten bzw. nicht beantworten können, ist die Frage nach der Umsetzung dieser Konzepte im situativen Kontext der unterrichtlichen Praxis. Wie gelingt es Sportlehrkräften diese Ideen umzusetzen? Welche methodisch-didaktischen Entscheidungen treffen sie und wie kommunizieren sie diese Entscheidungen mit ihren Schüler*innen? Die Relevanz solcher Fragen macht beispielsweise Weigelt (2015) deutlich, indem die Autorin die Gefahr sieht, dass Beeinträchtigungen durch methodisch-didaktische Entscheidungen der Lehrkraft womöglich erst konstruiert werden könnten. Hier scheint ein Blick in das praktische Tun des inklusiven Sportunterrichts und den Umgang mit der Heterogenität gewinnbringend. Der Kommunikation zwischen der Lehrkraft und den Schüler*innen sollte dabei eine zentralere Rolle zugewiesen werden als bisher geschehen.

Auch wenn der Begriff der Kommunikation in Tiemanns (2013) 6+1-Modell nur angerissen wird, schreibt sie diesem eine wesentliche Funktion zu. Auch hier lohnt ein Blick in die unterrichtliche Praxis, um den Bereich der Kommunikation genauer analysieren und ausdifferenzieren zu können: In welchen Kommunikationsprozessen lassen sich beim Umgang mit Heterogenität Potenziale hinsichtlich der Motivation der Schüler*innen finden (zum Beispiel durch wertschätzende Feedbacks, faire Verständigungsprozesse, Gruppeneinteilungen etc.)? In welchen Situationen besteht die Gefahr, die Schüler*innen zu demotivieren (z. B. durch Bloßstellungen, unbewusste Zuschreibungen/Stigmatisierungen, Über- und Unterforderungen bei der Vergabe von Aufgaben etc.). Eine Fokussierung dieser Aspekte kann den Forschungsstand zum inklusiven Sportunterricht sicherlich bereichern.

Interviewstudien, in denen die Schüler*innen im Fokus stehen, deuten unter anderem auf die Herausforderung hinsichtlich des Umgangs mit Heterogenität hin. Die Komplexität dieser Thematik wird unter anderem aufgrund der unterschiedlichen Wahrnehmungen deutlich. Während auf der einen Seite positive Aspekte, wie Empathie und gegenseitige Unterstützung genannt werden, wird auf der anderen Seite unter anderem von herabwürdigenden Kommentaren, unfairem Verhalten sowie – auf individueller Ebene – von Ängsten und Scham gesprochen. Aus dieser Perspektive erscheint es durchaus sinnvoll, konkret zu schauen, wie inklusiver Sportunterricht aktuell vonstattengeht und welche konkreten Aspekte zu diesen erwünschten bzw. unerwünschten Auswirkungen auf Seiten der Schüler*innen führen. Diesbezüglich sollte der Fokus empirischer Arbeiten vermehrt auf die Frage gerichtet werden, wie Schüler*innen konkrete Unterrichtssituationen wahrnehmen, um auf Grundlage dieser Erkenntnisse Schlussfolgerungen für die Praxis zu ziehen.

Auch Haegele, Giese, Wilson und Oldörp (2020) machen darauf aufmerksam, dass die bisherigen Forschungsarbeiten die Sichtweisen der Schüler*innen vernachlässigen und sehen in dieser Hinsicht Nachholbedarf:

> „Forschungsprogrammatisch plädieren wir dafür, den temporal-fluiden und subjektiv rekonstruierenden Charakter subjektiver Teilhabeerfahrungen in den Blick zu nehmen (Buchner, 2018, S. 38). Es gilt zu erschließen, wie und wodurch sich diese subjektiven Rekonstruktionen in Zeit und Raum unterscheiden. Inklusion wird in diesem Zugriff nicht auf eine Reihe von äußerlich beobachtbaren Organisations- und Verlaufsmerkmalen reduziert, [...] sondern bezieht sich auf subjektive Erfahrungen, die mit qualitativen Forschungsmethoden von innen heraus freigelegt werden müssen (Atkins, 2016; Ruin & Meier, 2018)" (S. 418).

Ihre Kritik am aktuellen Forschungsstand beruht unter anderem darauf, dass sich bisherige Befragungen eher an Fachleute gerichtet haben, selten aber an die betroffenen Schüler*innen selbst (vgl. S. 419; Giese, 2019; Ruin & Meier, 2018). Haegele et al. (2020) fordern daher, die praktische Umsetzung der Inklusion im Sportunterricht zu analysieren

> „und deren subjektive Wirksamkeit mit qualitativen Forschungszugängen aus der Perspektive der SmB [Schüler*innen mit Behinderungen] empirisch zu überprüfen, um relevante Kernelemente zu identifizieren und die Ergebnisse anschließend wieder zurück in die Praxis zu spiegeln" (S. 421).

Um die Erkenntnisse zu verstärken, plädieren die Autor*innen zudem für eine mehrperspektivische Rekonstruktion, bei der das gleiche Unterrichtssetting durch weitere Beteiligte, wie die Lehrkräfte, individuell rekonstruiert wird (vgl. S. 422).

Mit Fokussierung auf die Lehrkraft-Schüler*innen-Kommunikation wird sich diese Arbeit genau diesem Forschungsdesiderat widmen.

Hinsichtlich des Forschungsstands, der sich auf die *Motivation der Schüler*innen* bezieht, wurden aufgrund der Theorieentscheidung schwerpunktmäßig Forschungsergebnisse vorgestellt, die sich auf die Selbstbestimmungstheorie der Motivation beziehen. Auffallend dabei ist die Dominanz quantitativer Forschungen.

Der Forschungsstand zeigt, dass bisher zumeist das wahrgenommene Lehrkraftverhalten und die Motivation seitens der Schüler*innen ohne spezifischen Situationsbezug mit Fragebögen analysiert wurden. Dementsprechend wurden aus Schüler*innenperspektive vor allem Daten erhoben, die sich auf ein bestimmtes Unterrichtsvorhaben beziehen oder das generelle Erleben des Sportunterrichts betreffen.

Meist unberücksichtigt bleibt dabei die Betrachtung spezifischer Unterrichtssequenzen im Sinne von situationsbezogenen Faktoren (vgl. Vallerand, 1997; Kapitel 6.3.3). Eine qualitative Forschungsmethodik kann durch die Analyse spezifischer Situationen sowie die motivationale Wirkung dieser Situation auf die Beteiligten weitere Einsichten bzgl. einer motivierenden Lehrkraft-Schüler*innen-Kommunikation liefern. Zudem kann damit der Frage nachgegangen werden, wie es zu dieser für die Schüler*innen motivierenden bzw. demotivierenden Situation gekommen ist. Sowohl für die Planung, die Durchführung als auch die Reflexion von inklusivem Sportunterricht erscheint es sinnvoll, Merkmale zu identifizieren, die einerseits zur Bedürfnisbefriedigung und anderseits zur Bedürfnisfrustration beitragen.

In Bezug auf den Forschungsstand bleibt zudem die Wirkung eines Kommunikationsprozesses auf verschiedene Schüler*innen unberücksichtigt. So ist denkbar, dass ein bestimmtes Lehrkraftverhalten bei einer Schülerin zur Bedürfnisbefriedigung führt, während sich eine Mitschülerin durch das gleiche Verhalten vernachlässigt oder sogar übergangen fühlt. Im Hinblick auf die Forschungsfrage, die Erkenntnisse in Bezug auf die Motivationsförderung von heterogenen Schulklassen gewinnen will, erscheinen solche Situationen als überaus erkenntnisreich.

Eine qualitative Betrachtung von spezifischen Kommunikationsprozessen bietet zudem die Möglichkeit, die Wirkung auf die psychologischen Bedürfnisse auszudifferenzieren. Empirisch noch wenig Berücksichtigung haben diesbezüglich spezifische Situationen gefunden, die beispielsweise zu konträrer Bedürfnisbefriedigung führen können. Denkbar ist, dass ein Kommunikationsprozess für eine*n Schüler*in zwar förderlich für das Autonomieerleben ist, gleichzeitig aber zur Frustration seiner sozialen Eingebundenheit führt.

Insgesamt macht der Forschungsstand deutlich, dass sowohl hinsichtlich des Umgangs mit der Heterogenität des inklusiven Sportunterrichts (vgl. Kapitel 7.2) als auch der Motivation der Schüler*innen (vgl. Kapitel 7.3) die Untersuchung von spezifischen Unterrichtssituationen ein Forschungsinteresse ist, welches bislang kaum betrachtet wurde. Dabei kann insbesondere die motivationale Wirkung spezifischer Kommunikationsprozesse Erkenntnisse darüber liefern, wie der Umgang mit der Heterogenität des inklusiven Sportunterrichts in dieser Hinsicht optimiert werden kann. Aus diesen Gründen konzentriert sich diese Arbeit auf genau diese Forschungslücke. In authentischen Unterrichtssituationen soll auf der einen Seite erforscht werden, wie Sportlehrkräfte innerhalb des Unterrichts mit Heterogenität umgehen. Auf der anderen Seite sollen die motivationalen Folgen dieses Umgangs aufseiten der Schüler*innen erhoben werden. Die Fokussierung auf spezifische Unterrichtssequenzen ermöglicht es nun, die Forschungsfrage im Sinne dieses Forschungsinteresses zu konkretisieren.[72]

Differenzierung der Forschungsfrage
Mit Blick auf die Forschungsdesiderate werden nun prozessbezogene Fragestellungen vorgestellt und den drei Themenkomplexen der Kommunikationspsychologie zugeordnet.
Die Kommunikationsbedingung – Die Heterogenität des inklusiven Sportunterrichts: Inwiefern beeinflusst die Heterogenität des inklusiven Sportunterrichts den Kommunikationsprozess? Welche Heterogenitätsmerkmale beeinflussen den Kommunikationsprozess?
Der Kommunikationsprozess – Der Umgang mit Heterogenität: Wie kommuniziert die Lehrkraft mit ihren Schüler*innen? Welche Intentionen verfolgt sie mit ihrem Kommunikationsprozess?
*Das Kommunikationsfolge – Die Motivation der Schüler*innen:* Welche Auswirkungen hat der Kommunikationsprozess auf die Motivation der Schüler*innen? Welche Auswirkungen hat der Kommunikationsprozess auf die psychologischen Grundbedürfnisse nach Autonomie, Kompetenz und sozialer Eingebundenheit?

7.5   Zwischenfazit

Der Forschungsstand weist ein generelles Defizit auf, wenn es um die motivierende Lehrkraft-Schüler*innen-Kommunikation im inklusiven Sportunterricht geht. Teilt man allerdings den Forschungsgegenstand in die theoretischen Themenkomplexe dieser Arbeit auf – nämlich (1) die Heterogenität des inklusiven Sportunterrichts, (2) den Umgang mit dieser Heterogenität und (3) die Motivation der Schüler*innen – so lässt sich in Bezug auf die jeweiligen Komplexe eine Vielzahl an Forschungsergebnissen finden.
Die Forschungen über die Heterogenität des inklusiven Sportunterrichts sowie den Umgang mit dieser Heterogenität werden dominiert von empirischen Untersuchungen zur Einstellung der Lehrkräfte zur Inklusion,

---

[72] Die Formulierung geeigneter Fragestellungen hat einen entscheidenden Einfluss auf das empirische Design der Forschungsarbeit. Zum einen ist dabei zu beachten, dass diese so konkret wie möglich formuliert werden, um einen fokussierten und zielgerichteten Ablauf zu gewährleisten (vgl. Flick, 2011, S. 133ff.).
„Mit der Entscheidung für eine konkrete Fragestellung ist jeweils auch eine Reduktion der Vielfalt und damit Strukturierung des untersuchten Feldes verbunden: Bestimmte Aspekte werden in den Vordergrund gestellt, andere werden als weniger wesentlich (zumindest vorerst) in den Hintergrund gerückt bzw. ausgeschlossen" (ebd., S. 134).
Zum anderen sollte die Forschungsfrage auch breit genug sein, um Spielräume zu bieten, die neue Entdeckungen zulassen. Forschungsfragen, die darauf abzielen Neues zu entdecken, bezeichnet Strauss (1991) als generative Fragen. Dabei handelt es sich um
„Fragen, die bei der Forschungsarbeit sinnvolle Richtungen aufweisen; sie führen zu Hypothesen, nützlichen Vergleichen, zur Erhebung bestimmter Datentypen und sogar dazu, dass der Forscher auf möglicherweise wichtige Probleme aufmerksam wird" (S. 50).
Es gilt somit, Fragestellungen dahingehend zu konkretisieren, dass sie weder zu geschlossen noch zu offen formuliert sind.

methodisch-didaktischen Konzeptionen sowie einigen Forschungsarbeiten in Bezug auf das Erleben des Umgangs der Heterogenität im inklusiven Sportunterricht. Der Analyse spezifischer Unterrichtssituationen und dem Erleben dieser Situationen aufseiten der Schüler*innen und Lehrkräfte wurden bislang keine Beachtung geschenkt.

Im Hinblick auf die Motivation der Schüler*innen dominieren mit Bezug auf die Selbstbestimmungstheorie vor allem quantitative Studien. Dabei scheint ein Konsens darüber zu herrschen, dass die Befriedigung der psychologischen Grundbedürfnisse nach Autonomie, Kompetenz und sozialer Eingebundenheit die autonome Motivation fördert. Genau wie der Forschungsstand über den Umgang mit der Heterogenität des inklusiven Sportunterrichts zeigt sich auch hier, dass sich bislang wenig auf authentische Unterrichtssequenzen konzentriert wurde.

Dieses Forschungsdesiderat soll in dieser Arbeit in den Blick genommen werden. Die Betrachtung der Lehrkraft-Schüler*innen-Kommunikation in spezifischen Unterrichtssituationen soll Erkenntnisse auf zweierlei Ebenen liefern. Einerseits soll erforscht werden, wie innerhalb des inklusiven Sportunterrichts aktuell mit der Heterogenität umgegangen wird. Andererseits sollen die Folgen dieses Umgangs im Hinblick auf die Motivation der Schüler*innen ermittelt werden. Auf dieser Grundlage gilt es schließlich Erkenntnisse zu gewinnen, die dabei helfen, den Umgang mit der Heterogenität des inklusiven Sportunterrichts zu optimieren.

Um zu solcherart Erkenntnisse zu gelangen, bedarf es eines spezifischen methodischen Forschungsdesigns, das im Folgenden dargelegt und begründet wird.

8 Forschungsmethodische Vorgehensweise

Auf Basis der dargestellten theoretischen Grundlage und des Forschungs-stands wird in diesem Kapitel das empirische Design vorgestellt, welches dazu dienen soll, Erkenntnisse hinsichtlich der Forschungsfrage zu generieren. Aufgabe dieses Kapitels ist daher, die Planung und Durch-führung der methodischen Vorgehensweise zu begründen und transparent zu machen. Flick (2019) fordert diesbezüglich, „dass

- die Wahl der Methoden begründet dargestellt wird,

- die konkreten Vorgehensweisen expliziert werden,

- die dem Projekt zu Grunde liegenden Ziel- und Qualitätsansprüche benannt werden und

- die Vorgehensweisen so transparent dargestellt werden, dass Leser*innen sich ein eigenes Bild über Anspruch und Wirklichkeit des Projekts machen können" (S. 485; vgl. auch Mayring, 2002, S. 29).

Um diesem Anspruch bestmöglich gerecht zu werden, werden zunächst Vorbemerkungen zugrunde gelegt, bei denen es vor allem um eine Sensibilisierung hinsichtlich der vermeintlichen Wahrheit der angestrebten Forschungsergebnisse und der Rolle der Theorie innerhalb des Erhebungs-prozesses geht (vgl. Kapitel 8.1). Daran anschließend wird die für diese Arbeit relevante Erhebungsmethode des Stimulated Recall sowie der problemzentrierten Interviews inhaltlich erläutert und ihre Auswahl begründet (vgl. Kapitel 8.2). Im weiteren Verlauf geht es um die Transparenz der konkreten Vorgehensweise innerhalb des Forschungsprozesses. Dieser Prozess reicht von der Methode der Auswahlentscheidungen bis hin zur Methode der Ergebnisaufbereitung (vgl. Kapitel 8.3 bis Kapitel 8.5).[73]

8.1 Vorbemerkungen

Wenn es um das Generieren von Erkenntnissen geht, stellt sich die Frage, welcher Wahrheitsgehalt diesen Erkenntnissen zugesprochen werden kann. Diesbezüglich wurde in dieser Arbeit ein Kommunikationsverständnis dargelegt, bei dem sich Menschen innerhalb eines Kommunikationspro-zesses wechselseitig anregen, Konstruktionen über die Wirklichkeit hervor-zubringen (vgl. Kapitel 3; Frindte, 2001, S. 17; Hargie, 2013, S. 35).
Das, was für das Kommunikationsverständnis gilt, kann gleichermaßen auf den Forschungsprozess übertragen werden. Flick (2000) beschreibt, dass diese Konstruktionen in einem Forschungsprozess auf mehreren Ebenen stattfinden. Demnach sind es nicht nur die Konstruktionen der Teilneh-

---

[73] Die Reflexion einzelner Schritte der forschungsmethodischen Vorgehensweise erfolgt im Fazit (vgl. Kapitel 10.3)

mer*innen (in dieser Arbeit repräsentiert durch die Schüler*innen und ihre Sportlehrkräfte), sondern auch die der Forschenden (S. 190f.).[74] Mayring (2002) erkennt in diesem Zusammenhang, dass ein Untersuchungsgegenstand erst durch Interpretationen erschlossen werden kann:

> „Dieselbe – <<objektiv>> beobachtbare – Handlung kann sowohl für unterschiedliche Akteure als auch für unterschiedliche Beobachter völlig andere Bedeutung haben. Diese Bedeutungen müssen erst durch Interpretationen erschlossen werden" (S. 22).

Da ein strukturierter Prozess der Interpretationen nicht ohne ein gewisses Vorverständnis möglich ist, gilt es, die sich aus der Komplexität des Forschungsgegenstandes ergebende Datenmenge in eine Ordnung zu bringen. Hierzu dient die dargelegte Theorie als sensibilisierende Grundlage (vgl. ebd., S. 29; Glaser & Strauss, 1998).

> „Weder empirische Verallgemeinerungen noch theoretische Aussagen „emergieren" einfach aus dem Datenmaterial. ForscherInnen sehen die Realität ihres empirischen Feldes stets durch die ,Linsen' bereits vorhandener Konzepte und theoretischer Kategorien, sie benötigen eine bestimmte theoretische Perspektive, um ,relevante Daten' zu ,sehen'" (Mayring, 2002, S. 28).

Die Theorie bietet dementsprechend den Rahmen, der das Beobachtete kanalisiert und ordnet, um es auf dieser Grundlage analysieren zu können und dadurch neue Erkenntnisse zu gewinnen (vgl. Reichertz, 2007, S. 284ff.; Flick, 2000, S. 190f.; Kelle & Kluge, 2010, S. 26ff.). Aufbauend auf diesen Grundannahmen wird im folgenden Kapitel die Erhebungsmethode vorgestellt.

8.2 Erhebungsmethode

Die Wahl einer geeigneten Erhebungsmethode ist eine notwendige Voraussetzung, um zu Erkenntnissen hinsichtlich der Forschungsfrage zu gelangen. Die Erhebungsmethode sollte dabei durch die Intention der Arbeit legitimiert werden. Wird diese betrachtet, ist beispielsweise der Anspruch, die beschriebenen theoretischen Erkenntnisse lediglich auf Richtigkeit zu überprüfen, zu kurz gedacht. Zum Beispiel ist die motivationsförderliche Wirkung der Befriedigung der psychologischen Grundbedürfnisse im Sportunterricht – wie im bisherigen Verlauf der Arbeit gezeigt – bereits umfangreich untersucht worden (vgl. Kapitel 7.3). Um der Komplexität der

---

[74] Mit Blick auf Erhebungsmethode dieser Arbeit zeigt sich, dass das komplexe kommunikative Geschehen im Sportunterricht bereits vorzuselektieren ist. Neben den theoretischen Überlegungen handelt es sich beispielsweise auch um die Auswahl der Videoimpulse, die Wahl der Interviewpartner*innen sowie die Gestaltung der Interviewleitfäden, die sich durch die theoretischen Überlegungen begründen lassen. Neben diesen Aspekten, die die Erhebung der Daten betreffen, müssen diese anschließend auf Seiten der Forschenden interpretiert und schriftlich aufbereitet werden. Trotz theoretischer Brille handelt es sich hierbei um Subjektkonstruktionen, die neben dem Prozess auch das Produkt dieser Arbeit beeinflussen (vgl. auch Krieger, 2011, S. 105ff.).

Forschungsfrage gerecht zu werden, würde es nicht ausreichen, diese Erkenntnisse erneut zu bestätigen. Stattdessen gilt es im Sinne der Forschungsfrage, auf Grundlage der vorhandenen Erkenntnisse explorativ Neues zu entdecken.

> „Theorien als Versionen [der Welt] haben […] den Charakter der Relativität und Vorläufigkeit, die durch die Weiterentwicklung der Version – etwa durch die zusätzliche Interpretation neuen Materials – zu einer zunehmenden Gegenstandsbegründetheit führen" (Flick, 2011, S. 127).

Im Gegensatz zu einer quantitativen forschungsmethodischen Herangehensweise, die die Priorität eher bei den zu überprüfenden Theorien sieht, wird in dieser Arbeit dem Forschungsfeld Priorität eingeräumt (vgl. ebd., S. 123f.). Dies liegt darin begründet, dass das zu untersuchende Phänomen durch die Komplexität des Forschungsgegenstandes und die vielfältigen Erscheinungen des inklusiven Sportunterrichts sehr situationsabhängig ist und nur schwer verallgemeinert werden kann (vgl. resümierend in Kapitel 6.4). Das *qualitative Vorgehen*, welches vom Verzicht auf Standardisierungen geprägt ist und von einer Diversifizierung lebt, wird daher für diese Forschungsarbeit als besonders geeignet eingestuft (vgl. Flick, 2019, S. 485).

Ein solches Vorgehen ermöglicht einen Zugang zum Forschungsfeld, bei dem Verzerrungen weitestgehend vermieden werden können. Dies gewährleistet einen Forschungsprozess, welcher in einem möglichst natürlichen Kontext stattfindet. Der Mensch reagiert in seinem Alltag authentischer als beispielsweise in einer Laborsituation (vgl. Mayring, 2002, S. 22ff.).

> „Es darf natürlich nicht verkannt werden, dass fast jeder forschende Zugang zur Realität eine Verzerrung mit sich bringt. Qualitativer Forschung geht es aber darum, diese Unschärfen zu verringern, indem gefordert wird, möglichst nahe an der natürlichen, alltäglichen Lebenssituation anzuknüpfen" (ebd., S. 23).

Durch das qualitative Vorgehen wird der Forschungsgegenstand somit in der Komplexität seiner alltäglichen Umgebung untersucht. Dabei bietet sich ein induktives Vorgehen an, bei dem von bestehenden Merkmalen, die in der Theorie geschildert wurden, auf die Existenz weiterer Merkmal geschlossen werden kann (vgl. Reichertz, 2007, S. 280). Mayring (2002) ergänzt, dass der Forschungsprozess dem Gegenstand gegenüber dabei so offengehalten werden sollte,

> „dass Neufassungen, Ergänzungen und Revisionen sowohl der theoretischen Strukturierung und Hypothesen als auch der Methoden möglich sind, wenn der Gegenstand dies erfordert" (S. 28).

So wird auch ein Erkenntnisgewinn ermöglicht, der der *Abduktion* zuzuordnen ist. Bei diesem wird ein bislang unbekannter Sachverhalt gefunden, der nicht in Bekanntes einzuordnen ist (vgl. Reichertz, 2007, S. 281). Aus diesem Grund muss dem Forschenden einerseits sein theoretisches Vorwissen bewusst sein, andererseits sollte er sich zudem den Blick für Neues bewahren, um einer forschenden Haltung gerecht zu werden (vgl. Wolters, 2008, S. 146).[75]

Auf dieser Grundlage wird im folgenden Kapitel die Forschungsmethode, die für diese Arbeit als gewinnbringend eingestuft wird, konkretisiert und ihre Auswahl begründet.

8.2.1 Kasuistik und Stimulated Recall

Eine gegenstandsangemessene Methode sollte gewährleisten, die Kommunikation zwischen Lehrkraft und Schüler*innen sowie deren Folgen theoriegeleitet analysieren zu können. Hierzu bietet sich eine kasuistische Forschung im Sinne eines *Fallstudien-Designs* an. „Fallanalysen können sehr genau und detailliert das untersuchte Geschehen erfassen" (Flick, 2011, S. 178). Die Fallanalyse

> „startet mit einem motivierten Interesse an einer zunächst heuristisch abgegrenzten Untersuchungseinheit und will diese im Verlauf des Forschungsprozesses umfassend verstehen und ihre konkrete Ausprägung erklären" (Hering & Schmidt, 2014, S. 529).

Pieper (2014) erkennt in diesem Zusammenhang, „dass Fallarbeit an der Schnittstelle zwischen theoretischer Beobachtung und praktischem Tun angesiedelt werden kann" (S. 9).

Auch hier ist die wissenschaftliche Auseinandersetzung mit möglichst alltagsnahen Situationen von Vorteil. Denn während beispielsweise bei Experimenten oder Quasi-Experimenten ‚störende' Rahmenbedingungen verhindert werden sollen, stehen diese bei Fallstudien vielmehr im Zentrum des Interesses (vgl. ebd., S. 529). Die reale Lebenswelt des Sportunterrichts dient dabei als „wissenschaftlich aufgezeichnete natürliche soziale Situation" (Flick, 2011, S. 315; in Anlehnung an Knoblauch, 2004, S. 126).[76]

Zudem ermöglicht die Alltagsnähe einer kasuistischen Forschung die Analyse von erkenntnisreichen Situationen, die ansonsten aufgrund vermeintlich geringer Relevanz oftmals verborgen bleiben könnten. Denn ein solcher Zugang kann „einen Fall dort rekonstruieren, wo die Praxis zunächst durchaus nicht brenzlig erscheint, ihre Struktur aber Gegenstand des Erkenntnisinteresses ist" (Pieper, 2014, S. 10; vgl. Krieger, 2011, S. 78; Krieger & Miethling, 2005).

---

[75] Bude (2004) fasst die Logik der Schlussfolgerungen wie folgt zusammen: „Die Deduktion beweist, dass aus logischen Gründen etwas der Fall sein muss; die Induktion zeigt, dass eine empirische Evidenz besteht, dass etwas tatsächlich wirksam ist; die Abduktion dagegen vermutet bloß, dass etwas der Fall sein könnte" (S. 571).
[76] Um dies zu gewährleisten, ist es wichtig, dass die technische Ausrüstung und die Forscher*innen möglichst im Hintergrund des Geschehens bleiben. Ansonsten besteht die Gefahr, dass z. B. die Kameras das soziale Geschehen beeinflussen. Zum Beispiel könnten sich Lehrkräfte und Schüler*innen im Sinne eines Reaktanz-Verhaltens anders als gewöhnlich verhalten, da sie sich beobachtet fühlen (vgl. Kapitel 8.4).

Der Fall unterliegt dabei der Logik der Forschungsfrage und des Forschungsgegenstandes, sodass er aus einer untersuchten Wirklichkeit heraus bestimmt werden kann. Die Ermittlung erfolgt dann, wenn eine erwartete Ordnung irritiert wird; etwas Überraschendes wird beobachtet und wirkt mit Blick auf das Forschungsinteresse gewinnbringend (vgl. Bergmann, 2014, S. 10; Hummrich, 2016, S. 14). Ein Fall beginnt somit dort, wo er zum Fall *gemacht* wird, wobei „methodisch kontrolliert fixiert wird, was den Fall ausmacht" (Hummrich, 2016, S. 18; vgl. Kapitel 8.3).

> „Im Kontext von Lehrerhandeln sind Fallanalysen in der Regel methodisch angeleitete Deutungen von aufgezeichnetem und transkribiertem Unterricht, der so tatsächlich stattgefunden hat. Bei Fallanalysen geht es in der Regel entweder um die Ermittlung der jeweiligen Besonderheit der Schüler-Lehrer-Kommunikation bzw. der Schüler-Lehrer-Interaktion oder aber um die jeweilige Strategie, ein bestimmtes Lernziel zu erreichen" (Reichertz, 2014, S. 25).

Ein wesentliches Potenzial der kasuistischen Forschung steckt daher in der wissenschaftlichen Auseinandersetzung mit Kontexten der Praxis.

> „[Da] Wissenschaft und Praxis hier einander so nahestehen, liegt es auch nahe, den Erkenntniswert des Falles aus der Praxis wissenschaftlich im Sinne einer Fallrekonstruktion und deren analytischer Abstraktion oder Theoretisierung zu nutzen. Denn der Fall repräsentiert nicht nur die Besonderheit der individuellen Fallstruktur, sondern ist auch repräsentativ für das Allgemeine" (Hummrich, 2016, S. 18).

Die Dialektik zwischen dem Besonderen und dem Allgemeinen zeigt sich darin, aus der Besonderheit eines Falls „auf allgemeine Generungsprinzipien desselben schließen zu können" (ebd., S. 19; vgl. Oevermann, 1983).

> „Der Fall lässt sich somit als Ausdrucksgestalt eines allgemeinen Strukturproblems verstehen, der es ermöglicht, allgemeine Grundlagen des Handelns zu verstehen und zugleich das individuelle Gewordensein nachzuvollziehen. So kann der Fall [...] als Repräsentation eines Typus gesehen werden [...]" (Hummrich, 2016, S. 29).

Im Hinblick auf die drei idealtypischen Erkenntnisinteressen von Fallanalysen nach Hering und Schmidt (2014) handelt es sich in dieser Arbeit um „Erkenntnisinteressen in Bezug auf bestehende Theorien verschiedener Reichweite" (S. 530f.).[77] Das Gegenstandsinteresse äußert sich hierbei in Bezug auf eine Theorie zum Beispiel dann, wenn ein Fall diesbezüglich einen neuen Aspekt beleuchtet (vgl. ebd., S. 530ff.; Reichertz, 2007, S. 280). Dieser Idee folgt auch die vorliegende Forschungsarbeit, da sich das Forschungsinteresse auf bekanntes theoretisches Vorwissen bezieht, auf dieser Grundlage allerdings ein noch unerforschtes Phänomen betrachtet (vgl. auch Kapitel 7).

---

[77] Bei den beiden anderen Idealtypen handelt es sich zum einen um den ‚per se interessanten Fall' sowie zum anderen um ‚Erkenntnisinteressen in Bezug auf Forschungsdesign oder bestehende Einzelfallstudien' (vgl. Hering & Schmidt, 2014, S. 530f.).

Der Erkenntniswert erfolgt in diesem Sinne durch eine forschungsmethodisch kontrollierte Analyse und theoriegeleitete Reflexion. Im Sinne eines theoriegenerierenden Verfahrens ist somit eine Zielsetzung, aus empirischen Beobachtungen theoretisch anschlussfähige Abstraktionen zu ermitteln (vgl. Hummrich, 2016, S. 18ff.; Braun, Graßhoff & Schweppe, 2011).

Ziel dieser Erhebung ist es daher, auf der Grundlage von Einzelfällen theoretische Verallgemeinerungen anzustreben und somit hinsichtlich der Forschungsfrage Erkenntnisse zu generieren (vgl. Schreier, 2010, S. 248). Eine solche Verallgemeinerung geschieht bei Fallanalysen argumentierend.

> „Die Erkenntnisse zeigen sich mit Ergebnissen vorhergehender Forschungen oder Theorien einer bestimmten Reichweite kompatibel, so dass plausibel für eine Übertragung auf einen eingegrenzten Gegenstandsbereich argumentiert werden kann oder bestehende Verallgemeinerungen als unzulässig angesehen werden können" (Hering & Schmidt, 2014, S. 536).

Ein besonderer Anspruch an die Forschungsmethode ist es, Gedanken und Empfindungen der Interaktionspartner*innen aufzudecken, die während eines bestimmten Kommunikationsanlasses relevant waren. Das Problem dabei ist, dass der*die Forschende das Verhalten der Beteiligten zwar beobachten kann, innere Prozesse der Beteiligten jedoch verborgen bleiben können, sodass er*sie höchstens spekulieren kann, was in dem Beobachteten in der jeweiligen Situation vorgegangen ist. Auch eine im Nachhinein geführte Interviewform kann dieses Problem meist nicht lösen, wenn nicht verstärkt an die jeweilige Situation erinnert wird. Denn dann würde unklar bleiben, inwiefern sich die Beteiligten an die jeweilige Situation erinnern können bzw. inwiefern sich ihre Einschätzung der Situation im Sinne einer Neubewertung nachträglich verändert hat. Um dieser Herausforderung zu begegnen, bedarf es einer methodischen Vorgehensweise, die es ermöglicht, Denkprozesse und Emotionen, die bei der reinen Beobachtung im Verborgenen bleiben, nachträglich aufzudecken.

> „Die bloße Beobachtung einer Sportstunde in ihrer Gesamtheit erlaubt so z. B. weniger Schlüsse zu ziehen, als wenn konkrete Situationen herausgegriffen und analysiert werden. Erst hierdurch ergibt sich eine ausreichende Interpretationsbasis, die zur Rekonstruktion der Situation beiträgt. Unterschiedliche Wahrnehmungen und Deutungen hinsichtlich bestimmter sportunterrichtlicher Situationen auf Lehrer- und Schülerseite werden demzufolge erst in der konkreten und detaillierten Aufschließung von Fällen sichtbar und verständlich" (Krieger, 2011, S. 88f.).

Um eine solche Rekonstruktion zu gewährleisten, bietet sich ein „Methoden-Mix" an (Hering & Schmidt, 2014, S. 534; vgl. Yin, 2009, S. 101; Kelle, 2014; S. 153ff.).

Der *Stimulated-Recall* erscheint diesbezüglich als geeignete Vorgehensweise für dieses Forschungsprojekt. Hierbei werden die Interaktionspartner*innen mit Stimuli konfrontiert, welche schließlich als Interviewgrundlage genutzt werden.

Der Stimulus wird durch das Vorspielen einer *audiovisuellen Aufzeichnung* einer realen Unterrichtssituation erzeugt, in die der*die Interaktionspartner*in selbst beteiligt war.[78] Dadurch hat er*sie eine fördernde Wirkung auf die Rekonstruktion der Situation, sodass sich die Beteiligten besser an die in der Vergangenheit liegenden Situationen erinnern können. So können Gedanken und Empfindungen der jeweiligen Sequenz von den Interaktionspartner*innen rekonstruiert und für den Erkenntnisprozess durch das Führen von Interviews ‚greifbar‘ werden (vgl. Messmer, 2015; Flick, 2011, S. 27ff.; Mayring, 2002, S. 20). Diesbezüglich wird hier, auch hinsichtlich des Plädoyers von Haegele et al. (2020), die Chance gesehen, zu gewinnbringenden Erkenntnissen zu gelangen, die die Qualität des inklusiven Sportunterrichts betreffen. Denn genau diese subjektiven Teilhabeerfahrungen sind es, die die Autor*innen mit Blick auf den inklusiven Sportunterricht als elementares Forschungsdesiderat ausmachen (vgl. Kapitel 7.4).

Wie diese subjektiven Perspektiven der Beteiligten schließlich erhoben werden, wird im folgenden Kapitel dargestellt.

8.2.2 Problemzentrierte Interviews

Als Ausgangspunkt für die Interviews werden im Sinne des Forschungsinteresses Sequenzen ausgewählt, in denen die Lehrkraft mit den Schüler*innen kommuniziert. Entsprechende Sequenzen, die für den Erkenntnisgewinn geeignet erscheinen, dienen den Kommunikator*innen (Lehrkraft und beteiligte Schüler*innen) als Stimuli und werden diesen vorgespielt. Auf dieser Grundlage werden *problemzentrierte Interviews* geführt. Diese lassen sich den theoriegenerierenden Verfahren zuordnen und eignen sich insbesondere, um sich mit den subjektiven Sichtweisen der Beteiligten auseinanderzusetzen (vgl. Flick, 2011, S. 213; Witzel, 2000, [3]). Gleichzeitig ist diese Vorgehensweise keine rein Explorative, da sie auf ein spezifisches Problem zentriert ist, welches vom Forschenden vorgegeben wird. Mayring (2002) folgert daraus, dass sich problemzentrierte Interviews besonders für eine theoriegeleitete Forschung eignen:

> „Überall dort also, wo schon einiges über den Gegenstand bekannt ist, überall dort, wo dezidierte, spezifischere Fragestellungen im Vordergrund stehen, bietet ich diese Methode an" (S. 70; vgl. Kapitel 8.1).

---

[78] Zu erwähnen ist diesbezüglich, dass bereits die audiovisuelle Aufzeichnung als ein konstruktives Vorgehen betrachtet werden kann. Die Flüchtigkeit des Moments gehört zur sozialen Wirklichkeit und läuft bei der Fixierung des Geschehens Gefahr, unberücksichtigt zu bleiben (vgl. Bergmann, 1985, S. 317).

Da das zu untersuchende Phänomen bereits im Vorfeld von dem*der Interviewer*in auf theoretischer Ebene analysiert worden ist, dient es als Grundlage für die Gestaltung von halbstrukturierten Interviewleitfäden. Diese Leitfäden sind dadurch charakterisiert, dass sie einerseits auf das Problem fokussiert sind, andererseits eine große Offenheit bieten, die zu relativ freien Narrationen anregen und auch einen abduktiven Erkenntnisgewinn möglich machen. Das Verfahren ist weiterhin dadurch gekennzeichnet, dass es eine hohe Gegenstandsorientierung aufweist, sodass es nicht angebracht ist, sich an bereits bestehenden Interviewleitfäden zu bedienen. Im Falle dieser Arbeit werden die einzelnen Leitfäden somit erst nach der Auswahl und Analyse der jeweiligen Videosequenzen erstellt (vgl. ebd., S. 67ff.).

Die Gestaltung des Interviews beruht insbesondere auf erzählungs- und verständnisgenerierenden Kommunikationsstrategien. Zu den erzählungs-generierenden Kommunikationsstrategien zählen Gesprächseinstieg, allgemeine Sondierungen und Ad-hoc-Fragen. Der Gesprächseinstieg soll dabei offen formuliert und auf das zu untersuchende Problem zentriert sein, um die Interviewten zum freien Reden zu motivieren. Ein ‚Kommunikations-Ping-Pong‘ gilt es zu vermeiden.[79] Allgemeine Sondierungen sollen dabei zu „einer sukzessiven Offenlegung der subjektiven Problemsicht" führen (z. B.: ‚Was genau ist in dieser Situation vorgefallen?‘). „Der Interviewer greift die thematischen Aspekte der auf die Einleitungsfrage folgenden Erzähl-sequenzen auf, um mit entsprechenden Nachfragen den roten Faden zu spinnen" (Witzel, 2000, [14]). Ad-hoc-Fragen lenken das Interview auf thematisch relevante Aspekte, die bisher unbeachtet geblieben sind (vgl. ebd., [15]) (z. B.: ‚Wie war eigentlich Lisa in dieser Situation mit eingebunden?‘). Zu den verständnisgenerierenden Kommunikationsstrategien zählen spezi-fische Sondierungen. Diese sind gekennzeichnet durch Spiegeln (z. B.: ‚Du sagst, dass…‘), Zusammenfassen (z. B.: ‚Insgesamt bist du der Meinung, dass…‘), Verständnisfragen (z. B.: ‚Hab ich dich richtig verstanden, dass…‘), Aufdecken von Widersprüchen (z. B.: ‚Darüber bin ich gestolpert; hast du nicht eben gesagt, dass…‘), Konfrontationen (z. B.: ‚Du hast in dieser Situation…‘) und Ähnlichem. Ziel ist es, die Selbstreflexion der Interviewten zu stärken, sodass diese ihre Sichtweise klarer darstellen (vgl. ebd., [16]).

> „Konkret fördert der Interviewer Narrationen durch erzählungsgenerierende Fragen und wartet dabei ab, bis einzelne Äußerungen sich zu einem Muster fügen. Umgekehrt können mit den unterschiedlichen verständnisgenerierenden Fragetechniken neue Muster des Sinnverstehens entstehen oder alte Muster durch spätere Detailäußerungen oder Kontrollmuster des Interviewten korri-giert werden" (ebd., [17]).

---

[79] Dieses zeichnet sich durch kurze Antworten auf einen oftmals geschlossenen Fragestil aus. Um dies zu vermeiden, wird beim problemzentrierten Interview beispielsweise ein Kurzfragebogen genutzt, um die allgemeinen Daten (Alter, etc.) des*der Interviewten zu ermitteln. Durch diese Herangehensweise wird vermieden, diese Daten mündlich mittels ‚Kommunikations-Ping-Pong‘ zu ermitteln, was die Gefahr birgt, dass dieses Kommunikationsmuster auch im weiteren Interviewverlauf beibehalten wird (vgl. Witzel, 2000, [6]).

Das anschließende Kapitel macht die Auswahlentscheidungen transparent, die im Verlauf des Forschungsprozesses getroffen werden müssen.

8.3 Auswahlentscheidungen

Bei Auswahlentscheidungen in Bezug auf eine wissenschaftliche Erhebung stellt sich die Frage nach der Repräsentativität der Stichprobe. Diese nimmt in der vorliegenden Arbeit eine untergeordnete Position ein. Strebt man bei einem quantitativen Forschungsdesign meist nach einer Ziehung von Zufallsstichproben, besteht bei der qualitativen Forschung bei gleichem Vorgehen die Gefahr, dass „hier die *zufälligen Stichprobenfehler*, die bei großen Samples kaum ins Gewicht fallen, zu folgenschweren Verzerrungen führen" (Kelle & Kluge, 2010, S. 42). Für einen möglichst hohen Erkenntnisgewinn erfolgt die Auswahl der Fälle hier nicht zufällig, sondern *absichtlich* (vgl. Schreier, 2010, S. 241; Hering & Schmidt, 2014, S. 531; Akremi, 2014).

> „Absichtsvolle bzw. bewusste Fallauswahl eignet sich also, anders als die Zufallsstichprobe, nicht zur empirischen oder statistischen Verallgemeinerung. Die Stärken der bewussten Fallauswahl liegen vielmehr in der detaillierten Beschreibung eines Phänomens" (Schreier, 2010, S. 247; vgl. ebd., S. 241).

Es muss sichergestellt werden, dass ein Fall für die vorliegende Arbeit relevant ist. „Um Fälle zu identifizieren, sie aus dem Fluss des Geschehens herausheben zu können, braucht man eine Fragestellung" (Wolters, 2008, S. 139). Die absichtsvolle Fallauswahl sollte dementsprechend durch die Forschungsfrage begründet werden. Aus der Theorie leiten sich schließlich die für die Fragestellung relevanten Merkmale ab (vgl. Scherler, 2004; S. 21ff.). Werden diese Merkmale in einem Fall wiedergefunden, wird dieser für die Empirie als gewinnbringend eingestuft. Die Auswahl eines Falles ist dementsprechend in der Fragestellung begründet und verläuft kriteriengeleitet (vgl. Merriam, 1998, S. 61).

Dazu bietet sich die Methode der *qualitativen Stichprobenpläne* an. Bei diesen stehen die Kriterien für die Auswahl eines Falles bereits vor Untersuchungsbeginn fest (vgl. Kelle & Kluge, 2010, S. 41ff.; Schreier, 2010, S. 243ff.).[80]

> „Durch die Konstruktion eines qualitativen Stichprobenplans soll dann sichergestellt werden, dass die wesentlichen sozialstrukturellen Kontextbedingungen, die für das untersuchte Handlungsfeld relevant sind, bei der Auswahl von Untersuchungseinheiten Berücksichtigung finden" (Kelle & Kluge, 2010, S. 51).

---

[80] Im Gegensatz dazu werden beim ‚theoretical sampling' Kriterien für die Stichprobenziehung simultan zur Durchführung der Untersuchung erarbeitet (vgl. z. B. Kelle & Kluge, 2010, S. 41ff.; Hering & Schmidt, 2014, S. 533).

Das Ziel besteht darin, die Fallauswahl so zu steuern, dass hinsichtlich der Forschungsfrage neue Erkenntnisse gewonnen werden. Hering und Schmidt (2014) sprechen von einem relativ feststehenden Forschungsdesign mit konkretem Sampling-Plan (vgl. S. 533; Thomas, 2011; Stein, 2014).

Eine solche kriteriengeleitete Vorgehensweise weist somit eine relative Homogenität der Fallauswahl auf. Schreier (2010) betont, dass homogene Stichproben besonders dafür geeignet sind, „ein Phänomen im Detail zu explorieren und zu beschreiben" (S. 243).

Um Transparenz hinsichtlich der Fallauswahl auf allen Ebenen des Forschungsprozesses zu gewährleisten, werden im Folgenden in Anlehnung an Flick (2011) die einzelnen Phasen der Auswahlentscheidungen in den Blick genommen (S. 155).

8.3.1 Forschungsfeld

Die Auswahl des Forschungsfeldes unterliegt verschiedenen Entscheidungsprozessen. Priorität wird dabei dem Erkenntnisgewinn eingeräumt (vgl. Schreier, 2010, S. 241).

> „Der Forscher muss eine grobe Vorstellung über den Fall haben, welche je nach Erkenntnisinteresse einen mehr oder weniger vorläufigen Charakter im Hinblick auf seine Eingrenzung hat" (Hering & Schmidt, 2014, S. 537).

Diesbezüglich soll das ausgewählte Feld bezugnehmend zur Forschungsfrage eine Kommunikationsbedingung darstellen, die durch die Heterogenität des inklusiven Sportunterrichts charakterisiert ist. Zudem unterliegt die Feldauswahl forschungspragmatischen Aspekten, wobei verfügbare Ressourcen effizient genutzt werden sollen. Für die Feldauswahl ergeben sich somit folgende Kriterien:

Region: Der in dieser Arbeit zu untersuchende Sportunterricht findet ausschließlich im Bundesland Nordrhein-Westfalen statt. Diesbezüglich sind insbesondere zwei Gründe entscheidend. Zum einen sind dadurch einheitliche Rahmenbedingungen gegeben, da der Sportunterricht beispielsweise demselben Lehrplan unterliegt. Zum anderen ist das Forschungsfeld für die forschenden Personen gut erreichbar. Dies ermöglicht beispielsweise eine wöchentlich wiederholende Erhebung, sodass Daten aufeinanderfolgender Stunden einer Unterrichtsreihe Beachtung finden können.

Sporthalle: Die Unterrichtsstunden finden in der Sporthalle statt. Dies bedeutet, dass zum Beispiel von Unterricht abgesehen wird, der in der Schwimmhalle oder auf einer Außenanlage praktiziert wird. Dies gewährleistet ein einheitliches und routiniertes Vorgehen hinsichtlich der technischen Vorgehensweise der Datenerhebung. Weiterhin wird im Sinne der relativen Homogenität somit eine große Schnittmenge zu vergleichbaren Situationen gewährleistet, da der Sportunterricht schulübergreifend größtenteils in der Sporthalle stattfindet.

Schulform: Untersucht werden Gesamt- und Realschulen der Sekundarstufe 1. Innerhalb dieser Schulformen sowie der Altersspanne der Schüler*innen wird grundsätzlich eine große Heterogenität der Schüler*innenschaft vermutet, welche wiederum Einfluss auf die Kommunikationsprozesse innerhalb des Sportunterrichts haben kann. Zudem kann in dieser Altersstufe bei den Schüler*innen bereits ein gewisses Reflexionsvermögen erwartet werden, welches im Sinne der Interviews für diese Arbeit als gewinnbringend eingestuft wird.

Unterrichtssetting: Der Sportunterricht soll unter möglichst natürlichen und alltäglichen Bedingungen stattfinden, sodass außergewöhnliche Formate, wie Schulwettkämpfe, Projektwochen oder Theoriestunden bei dieser Forschungsarbeit keine Berücksichtigung finden. Darunter fallen auch Stunden mit unüblichen Bewegungsangeboten (zum Beispiel Kajakfahren) sowie solche, die durch eine außergewöhnliche Vorbereitung charakterisiert sind (zum Beispiel Prüfungsformate zur Erreichung des zweiten Staatsexamens).

Lerngruppe: Die Lerngruppe soll durch eine Heterogenität charakterisiert sein, welche durch die gemeinsame Beschulung von Schüler*innen mit und Schüler*innen ohne zugewiesenen Förderschwerpunkt definiert wird. Um im Sinne der Forschungsfrage zu einem möglichst umfangreichen Datensatz zu gelangen, sollen innerhalb einer Schulklasse mindestens drei Schüler*innen aktiv am Sportunterricht teilnehmen, die einen Förderschwerpunkt zugewiesen bekommen haben. Dadurch soll gewährleistet werden, dass möglichst viele Daten erhoben werden können, an denen sowohl Schüler*innen mit als auch Schüler*innen ohne zugewiesenen Förderschwerpunkt beteiligt sind.

Unterrichtszeit: Die Forschungsfrage fokussiert die Lehrkraft-Schüler*innen-Kommunikation während des Unterrichts. Daher werden nur solche Daten erhoben, die innerhalb der Unterrichtszeit stattfinden. Kommunikationsprozesse vor oder nach dem Unterricht (beispielsweise Flurgespräche) finden keine Berücksichtigung in dieser Arbeit.

Unvoreingenommenheit gegenüber der Lehrperson: Die forschende Person und die Lehrkraft kennen sich vor Beginn des Forschungsprozesses nicht. Es erfolgt lediglich ein telefonisches Erstgespräch, in dem es um die organisatorischen Rahmenbedingungen geht. Der Feldzugang erfolgt somit in Bezug auf die Lehrperson möglichst unvoreingenommen.

Genehmigung der wissenschaftlichen Datenerhebung, -verarbeitung und -veröffentlichung: Gemäß der Vorgaben des Ministeriums für Schule und Bildung des Landes Nordrhein-Westfalen werden von Schulleitungen, Lehrkräften, Schüler*innen und deren Erziehungsberechtigten Einverständnisse für die Erhebung der Bild- und Tonaufnahmen für dieses Projekt eingeholt (vgl. auch Vogl, 2012, S. 302ff.). Die Beteiligten wissen dementsprechend über die grobe Thematik des Forschungsprojekts Bescheid. In Bezug auf das Thema der Forschungsarbeit kann eine völlige Unvoreingenommenheit der beteiligten Personen daher nicht gewährleistet werden.

Diese Kriterien befolgend wurden im Jahr 2018 in zwei Schulklassen in einem jeweils drei- bis vierwöchigen Zeitraum audiovisuelle Aufnahmen des Sportunterrichts erhoben.

In der *neunten Klasse einer Gesamtschule* wurden fünf Unterrichtsstunden zu jeweils 60 Minuten gefilmt. Inhaltlich ging es dort um das Bewegungsfeld *„Ringen und Kämpfen"*. In dieser Klasse haben von insgesamt 30 Schüler*innen sechs einen Förderschwerpunkt zugewiesen bekommen (darunter die Förderschwerpunkte Lernen, emotionale und soziale Entwicklung und Sprache).

In der *zehnten Klasse einer Realschule* wurden drei Unterrichtsstunden zu jeweils 60 Minuten gefilmt. In der Unterrichtsreihe wurde das Sportspiel *Volleyball* im Bewegungsfeld *„Spiele in und mit Regelstrukturen"* unterrichtet. In dieser Klasse haben von insgesamt 24 Schüler*innen sieben einen Förderschwerpunkt zugewiesen bekommen (darunter die Förderschwerpunkte Lernen, emotionale und soziale Entwicklung, geistige Entwicklung, körperliche und motorische Entwicklung sowie Sprache).

8.3.2 Videosequenzen

Auch die Auswahl der Videosequenzen, die zu Beginn der Interviews als Stimuli dienen, unterliegen bestimmten Auswahlkriterien. Die Sequenzen, die die Interviewpersonen dabei unterstützen sollen, ein vergangenes Erlebnis zu rekonstruieren, werden aus dem audiovisuellen Datenmaterial des Sportunterrichts ermittelt. Dies erfolgt auf Grundlage der Forschungsfrage sowie der Theorie. Es ergeben sich folgende Kriterien, die die Auswahl der Fälle bestimmen:

(1) Die Lehrkraft kommuniziert während der Sequenz mit mindestens einem*einer Schüler*in. Da die Lehrkraft-Schüler*innen-Kommunikation im Zentrum der Arbeit steht, werden bzgl. der Fallauswahl keine Kommunikationsprozesse berücksichtigt, die ausschließlich zwischen den Schüler*innen stattfinden.

(2) Der Kommunikationsprozess der Szene wird voraussichtlich[81] durch die Heterogenität der Schüler*innen beeinflusst. Im Sinne des für diese Arbeit relevanten engen Inklusionsverständnisses geht es daher um die Heterogenität, die durch die gemeinsame Beschulung von Schüler*innen mit und Schüler*innen ohne Förderschwerpunkt gekennzeichnet ist (vgl. Kapitel 4.1.2).

(3) Der Kommunikationsprozess der Szene nimmt voraussichtlich[82] Einfluss auf mindestens eines der psychologischen Grundbedürfnisse und damit auf die Motivation seitens der Schüler*innen.

---

[81] Der Zusatz „voraussichtlich" verdeutlicht, dass es sich in dieser Phase der Dateninterpretation noch um eine aus der Theorie hergeleitete Vermutung handelt. Ob die Heterogenität tatsächlich den Kommunikationsprozess beeinflusst bzw. dies von den Beteiligten so wahrgenommen wird, kann erst während der Interviews mit hinreichender Wahrscheinlichkeit Bestätigung finden (vgl. Kapitel 4.1.2).
[82] Siehe oben

Diese Kriterien befolgend wurden in der *neunten Klasse der Gesamtschule* insgesamt *acht Fälle* ermittelt. In der *zehnten Klasse der Realschule* waren es insgesamt *zwölf Fälle*, die im Sinne dieser Arbeit als gewinnbringend eingestuft wurden. Zu jedem Fall wurden Interviewleitfäden konzipiert.

8.3.3 Interviewpartner*innen

Für die Forschungsfrage ebenso relevant sind die Interviewpersonen, die an der jeweiligen Sequenz beteiligt waren. Neben ausgewählten Schüler*innen ist dies, – gemäß der Forschungsfrage – immer die Lehrkraft. In Ausnahmefällen können auch Sichtweisen von Schüler*innen als gewinnbringend eingestuft werden, die nicht an der Unterrichtsszene beteiligt waren – zum Beispiel, wenn eine Außenperspektive auf die Situation erkenntnisreich erscheint.

Falls eine sehr große Anzahl an Schüler*innen (gegebenenfalls sogar die gesamte Klasse) an einer Szene beteiligt ist, werden vor allem solche Schüler*innen für ein Interview angefragt, auf die die Kriterien der Fall-auswahl am ehesten zutreffen, sodass ein gewinnbringender Beitrag bzgl. der Forschungsfrage erwartet werden kann.

Aus forschungsethischen Gründen bleibt den Beteiligten die Option, sich kurzfristig gegen die Teilnahme an einem Interview zu entscheiden (vgl. Vogl, 2012, S. 302ff.). Diese Option wurde in der Durchführung des Forschungsprozesses in einzelnen Fällen wahrgenommen. Dennoch konnten, wie die folgende Tabelle zeigt, einige Interviews geführt werden:

Tabelle 4: Übersicht der geführten Interviews

	Klasse 9	Klasse 10	Gesamt
Anzahl der Schüler*innen-interviews	13	19	32
Anzahl der Interviewminuten	203	170	373
Anzahl der Lehrkraftinterviews	5	8	13
Anzahl der Interviewminuten	168	147	315
Summe der Interviews	**18**	**27**	**45**
Summe der Interviewminuten	**371**	**317**	**688**

In den untersuchten Klassen unterrichteten die jeweiligen Lehrkräfte allein, sodass außer ihnen keine weiteren Fachkräfte interviewt wurden.

8.3.4 Interviewsequenzen

Nach Ermittlung des umfangreichen Datenmaterials, welches aus den Interviews hervorgeht, stellt sich die Frage, welche Interviews und welche Interviewpassagen für den weiteren Prozess der Forschung genutzt werden. Diesbezüglich bedarf es einer Interpretation des Datenmaterials, die auf Grundlage der theoretischen Erkenntnisse mit dem Ziel eines möglichst hohen Erkenntnisgewinns erfolgt (vgl. Schreier, 2010, S. 241). Die Interviews werden dementsprechend durch die ‚theoretische Brille‘ betrachtet und im Hinblick auf die Forschungsfragen, die an den jeweiligen Fall gestellt werden, analysiert (vgl. Kapitel 8.5).

Diese Dateninterpretation ermöglicht zudem, die zuvor erbrachte Fallauswahl der Videosequenzen kritisch zu überprüfen. Denn nicht alles, was ein*e Beobachter*in in einem Fall als relevant vermutet, wird auch von Seiten der Lehrkraft und der Schüler*innen als relevant wahrgenommen. Im Gegensatz dazu können Sequenzen, in denen ein*e Beobachter*in hinsichtlich der Forschungsfrage weniger Potenzial sieht, nach der Interpretation der Interviewdaten äußerst erkenntnisreich erscheinen (vgl. Scherler, 2004, S. 26).

8.3.5 Falldarstellung

Letztlich stellt sich die Frage, bei welchen Fällen ein besonders hoher Erkenntnisgewinn erwartet werden kann (vgl. Schreier, 2010, S. 241). Auch bei dieser Entscheidung obliegt es der Interpretation des*der Forschenden, der*die mit Blick auf die Forschungsfrage kritisch hinterfragen muss, inwiefern ein Fall zu Forschungserkenntnissen beiträgt. Scherler (2004) beschreibt diesbezüglich, dass sich insbesondere misslungene Fälle für den Erkenntnisgewinn eignen (S. 22). Erkenntnisse scheinen in diesen Fällen besonders gut sichtbar zu werden. Diese These stützend soll bei der Auswahl der dargestellten Fälle gleichzeitig die Analyse gelungener Fälle möglich bleiben, sofern es in diesen zu Irritationen einer erwarteten Ordnung kommt (vgl. Bergmann, 2014, S. 17; Kapitel 8.2.1). Auch diese Fälle können für die Forschungsfrage, die nach motivierender Kommunikation sucht, als erkenntnisbringend eingestuft werden.

Zudem kann während eines Forschungsprozesses nicht immer zwischen gelungenen und misslungenen Fällen unterschieden werden. Die differenzierte Analyse eines einzigen Falls bringt aufgrund der Komplexität des Forschungsgegenstands sowohl Aspekte des Gelingens als auch des Misslingens hervor (vgl. Kapitel 9).

Im Hinblick auf die Komplexität der Fälle bestehen zwei zentrale Probleme bei der Fallanalyse. Zu nennen ist einerseits das Problem der Überinterpretation, welches sich durch „unzulässige Abstraktionsniveaus" äußert und andererseits der Unterinterpretation, die im Extremfall in einer „Präsentation des rohen Datenmaterials" endet (Hering & Schmidt, 2014, S.

539). Diesen Forschungsproblematiken soll mit vielfachen kritischen und konstruktiven Diskussionen begegnet werden, die innerhalb von Forschungskolloquien und Einzelgesprächen stattfinden. Diese Vorgehensweise soll die genannten Problematiken minimieren und somit zur Qualität und Aussagekraft der Forschungsarbeit beitragen.

Auf dieser Grundlage werden in dieser Arbeit insgesamt *sechs Fallanalysen* vorgestellt. Vier Fälle haben in der zehnten Klasse der Realschule (Volleyball) stattgefunden, die anderen zwei entstammen aus dem Sportunterricht der neunten Klasse der Gesamtschule (Ringen und Kämpfen).

Dieser Darstellung der Auswahlentscheidungen anschließend sollen nun die Arbeitsschritte der Datenerhebung und Ergebnisaufbereitung transparent gemacht werden.

8.4   Datenerhebung

Indem die Vorgehensweise der Datenerhebung transparent gemacht wird, kann sich der*die Leser*in „ein eigenes Bild über Anspruch und Wirklichkeit des Projekts [machen]" (Flick, 2019, S. 485; vgl. auch Mayring, 2002, S. 29). Um diesem Anspruch gerecht zu werden, soll in diesem Kapitel der Prozess der Datenerhebung expliziert werden. Die Erhebung der Daten umfasst während des Prozesses der Methode des Stimulated Recall zum einen die audiovisuellen Aufzeichnungen des Sportunterrichts, zum anderen die Tonbandaufzeichnungen der problemzentrierten Interviews.

Erhebung der audiovisuellen Daten
Die Aufzeichnungen des Sportunterrichts verfolgen das Ziel, die Kommunikation zwischen der Lehrkraft und den Schüler*innen zu erfassen, sodass auf dieser Grundlage Auswahlentscheidungen hinsichtlich der Videosequenzen sowie der Interviewpersonen getroffen werden können (vgl. Kapitel 8.3.2; Kapitel 8.3.3). Dafür bedarf es zum einen einer guten Perspektive auf den direkten Kommunikationsprozess zwischen der Lehrkraft und den jeweiligen Schüler*innen. Zum anderen bedarf es auch einer guten Perspektive auf die gesamte Lerngruppe. Diese soll sicherstellen, dass das Verständnis des Gesamtkontextes erhalten bleibt. Gleichzeitig können dadurch die Reaktionen der Schüler*innen erfasst werden, die nicht direkt am fokussierten Kommunikationsprozess beteiligt sind. So ist es zum Beispiel denkbar, dass eine Schülerin eine Geste macht, die ihr Unverständnis widerspiegelt, da sich die Lehrkraft einer anderen Schülerin bei der Unterstützung einer Bewegungsaufgabe besonders intensiv zuwendet – obwohl auch sie bereits um Unterstützung gebeten hat. Die Aufzeichnung der gesamten Klasse kann die Erfassung einer solchen Reaktion ermöglichen.

Neben der Motivation des*der Forschenden, möglichst viele Daten zu erfassen, gilt es, die psychologische Reaktanz von Seiten der Beteiligten zu minimieren. Denn je stärker die Lehrkraft und ihre Schüler*innen das Gefühl haben, beobachtet zu werden, desto eher könnte dies ihr Verhalten beeinflussen. Aus Perspektive des*der Forschenden gilt es daher, einerseits die Erhebung der für die Forschungsfrage wichtigen Daten sicherzustellen, andererseits dabei möglichst wenig technisches Equipment zu verwenden (vgl. Tuma, Schnettler & Knoblauch, 2013, S. 73; Wegener, 2018).

Auf dieser Grundlage finden bei der Erhebung der audiovisuellen Daten insgesamt drei Kameras und ein Ansteckmikrofon Verwendung. Die Lehrkraft bekommt zur Aufzeichnung des Tons, das Mikrofon angeheftet. Dieses wird möglichst unauffällig an der Kleidung (z. B. am Kragen) befestigt. Es wird sich bewusst gegen die Verwendung weiterer Mikrofone für die Schüler*innen entschieden, um das Geschehen so authentisch wie möglich zu belassen. Zudem gewährleistet das Mikrofon der Lehrkraft, dass auch Schüler*innen, die sich in der Nähe der Lehrkraft befinden, noch relativ gut hörbar sind, um die Kommunikation der Beteiligten zu erfassen. Eine andere Ausgangslage, die die Verwendung mehrerer Kameras legitimiert hätte, wäre beispielsweise ein Forschungsinteresse, das die Kommunikation zwischen den Schüler*innen fokussiert. Da das primäre Interesse der Forschungsfrage dieser Arbeit aber die Kommunikation zwischen der Lehrkraft und den Schüler*innen ist, wird sich hierbei lediglich für ein Ansteckmikrofon entschieden.

Für die primär visuelle Erfassung des Sportunterrichts werden zwei Kameras in der Sporthalle diagonal in gegenüberliegenden Ecken platziert. Eine Kamera wird als Handkamera mobil geführt. Jede Kamera wird in der Regel von einer Person aus dem Forschungsteam bedient.

Die mobil geführte Kamera filmt das Geschehen aus der Halbtotalen. Sie fokussiert den Kommunikationsprozess zwischen der Lehrkraft mit den jeweiligen Schüler*innen, sodass auch Mimik und Gestik der Beteiligten erfasst werden. Dabei wird beachtet, dass die kameraführende Person nicht die Perspektive der ortsfesten Kameras behindert.

Die beiden diagonal an den Ecken platzierten und auf Stativen befestigten Kameras haben eine alternierende Funktion. Diese richtet sich an dem Standort der Lehrkraft in der Halle. Die Kamera, die in jener Hallenseite steht, in der sich die Lehrkraft bewegt, filmt das kommunikative Geschehen zwischen Lehrkraft und Schüler*innen – genau wie die mobil geführt Kamera – aus der Halbtotalen. Die Schüler*innen werden dabei möglichst mit ganzem Körper gefilmt. Die gegenüber positionierte Kamera zeichnet die Totale auf und bietet dementsprechend einen Überblick über das Verhalten der gesamten Klasse.

Um die Authentizität des Geschehens möglichst wenig zu beeinflussen, nimmt die Person, die die mobile Kamera führt, eine dem Unterricht angepasste, eher passive Rolle ein. Das bedeutet, dass sie die Kamera dicht am eigenen Körper hält und das Geschehen möglichst nicht mit direktem Blickkontakt beobachtet. Diese passive Grundhaltung wird durch einen sportlichen Kleidungsstil ergänzt, sodass die forschenden Personen möglichst wenig in den Fokus des Geschehens geraten (vgl. auch Wegener, 2018, S. 166ff.).

Ergänzend zu den Aufzeichnungen werden begleitende Protokolle geführt, bei denen die Forschenden – abgesehen von der Person, die für die mobile Kamera verantwortlich ist – Auffälligkeiten im Hinblick auf die Forschungsfrage notieren. Insbesondere werden Situationen protokolliert, die potenziell Einfluss auf die psychologischen Grundbedürfnisse der Schüler*innen nach Autonomie, Kompetenz sowie sozialer Eingebundenheit nehmen (vgl. Kapitel 6.3). Für die Analyse der audiovisuellen Daten werden diese im Anschluss an die Erhebung synchronisiert. Die Protokolle werden parallel zur Analyse der Videoaufzeichnungen verwendet, um spezifische Situationen gezielt in den Blick zu nehmen.

Auf dieser Grundlage werden für die anstehenden Interviews die Videosequenzen, die im weiteren Forschungsprozess als Stimuli dienen sollen, ausgewählt und mit einem Schnittprogramm aufbereitet (vgl. Kapitel 8.3.2). Der Stimulus wird in der Regel nur durch eine Kamera-Perspektive repräsentiert. Dies soll einen Überfluss an Reizen möglichst vermeiden und somit eine Fokussierung auf die zentrierte Thematik gewährleisten.

Durchführung der problemzentrierten Interviews

Die problemzentrierten Interviews werden mit drei Personen durchgeführt. Neben der interviewten Person ist der Forschende sowie ein*e Assistent*in anwesend. Sowohl der Forschende als auch der*die Assistent*in haben den halbstrukturierten Interview-Leitfaden vorliegen, der eigens für das jeweilige Interview erstellt wurde. Der Forschende leitet das Gespräch mit der interviewten Person. Die Fokussierung auf die Gesprächsführung und die damit verbundene flexible Gesprächshaltung des Forschenden bergen dabei die Gefahr, dass zuvor ermittelte Aspekte des Leitfadens vernachlässigt werden. Daher hat der*die Assistent*in die Aufgabe, das Interview mit dem Leitfaden abzugleichen und bei Bedarf gegen Ende des Interviews solche Fragen zu stellen, die im bisherigen Verlauf noch nicht bzw. zu wenig angesprochen wurden.

Im Gesprächseinstieg wird das primäre Ziel verfolgt, eine vertrauensvolle Atmosphäre herzustellen. In dieser Phase stellen sich die Interviewer*innen nochmal vor[83] und beschreiben die Vorgehensweise während des Interviews. Dabei wird auch auf das Aufnahmegerät hingewiesen.

Gleichzeitig werden insbesondere die Schüler*innen darauf aufmerksam gemacht, dass es während des Interviews keine richtigen oder falschen Antworten gibt – stattdessen wird transparent gemacht, dass es um ihre ehrliche Sichtweise auf die jeweilige Situation geht, welche dabei helfen soll, den Sportunterricht zu optimieren. Zudem werden sie darauf hingewiesen, dass ihre Aussagen vertraulich behandelt und nicht an die Lehrkraft

---

[83] Eine erste Vorstellung hat bereits zu Beginn der Aufzeichnungen der audiovisuellen Daten stattgefunden.

weitergegeben werden. Dieser Hinweis soll beispielsweise davor bewahren, dass die Antworten der Schüler*innen zugunsten der Lehrkraft ausfallen, da sie negative Konsequenzen vermeiden möchten.

Im Anschluss an den Gesprächseinstieg leitet der Forschende die Videosequenz ein. Dabei wird kurz die jeweilige Stunde sowie der Kontext der Szene geschildert, sodass sich die Interviewten schnell in die Situation einfinden können. Daran anschließend wird die Sequenz abgespielt und die Interviewten in einem offenen Gesprächseinstieg darum gebeten, die Szene aus ihrer Sicht zu beschreiben. Im nächsten Schritt findet die Problemzentrierung der jeweiligen Sequenz statt, wobei der Leitfaden als Grundlage dient (vgl. Kapitel 8.2.2). Dieser strukturiert das Interview in die aus der Theorie abgeleiteten Komplexe Kommunikationsbedingung, Kommunikationsprozess und Kommunikationsfolge. Zu jedem dieser Blöcke sind theoriebezogene Fragestellungen formuliert, mit deren Hilfe das Interview geführt wird.

Insgesamt gilt es zu beachten, dass der Zeitraum zwischen dem realen Erlebnis innerhalb des Sportunterrichts und der Durchführung der Interviews möglichst gering ausfällt. Gleichzeitig sollte dabei berücksichtigt werden, dass aufgrund organisatorischer Aspekte während des Forschungsprozesses nicht immer eine idealisierte Vorgehensweise sichergestellt werden kann.

Im Anschluss an die Interviews werden diese vollständig *transkribiert*. Die Transkription orientiert sich an der Systematik der orthographischen Umschrift (vgl. Dittmar, 2009, S. 67). Diese gewährleistet eine für diese Arbeit angemessene inhaltliche Wiedergabe des Gesagten sowie eine gute Lesbarkeit (vgl. ebd., S. 84). Im Sinne der verständlichen Lesbarkeit wird die gesprochene Sprache mithilfe einer „leichten Glättung" an die Schriftsprache angenähert (vgl. Fuß & Karbach, 2014, S. 38ff.). Die leichte Glättung ist durch eine Annäherung an die Standardorthographie charakterisiert. Das Transkript erfolgt dabei Wort für Wort (grammatikalische Eigenheiten/Fehler werden beibehalten), wobei breite Dialekte in die Umgangssprache übertragen werden (z. B. wird aus dem umgangssprachlichen „inner Schule" ein „in der Schule") (vgl. ebd.). Verständnisunterstützende Kommentare, Vervollständigungen von Sätzen oder auffallende Elemente der nonverbalen Kommunikation (z. B. Lachen, lange Sprechpausen etc.) werden durch eckige Klammern gekennzeichnet.

8.5 Aufbereitung der Ergebnisse

Letztlich stellt sich die Frage, wie eine Fallanalyse dargestellt werden kann, sodass Erkenntnisse hinsichtlich der Forschungsfrage besonders deutlich und überzeugend vermittelt werden können. Ziel dieses Kapitels ist es daher, die Methode der Ergebnisaufbereitung zu erläutern.

Grundlegend unterliegt die Darstellung der Fälle der Herausforderung ein Spannungsfeld auszubalancieren. Einerseits soll die Fall-Darstellung fokussiert, aussagekräftig und somit hinsichtlich des Erkenntnisgewinns ergiebig sein, andererseits soll ihre Aufbereitung auch die komplexe, manchmal unübersichtliche und sogar widersprüchliche Realität nach Möglichkeit realitätsnah darstellen (vgl. Hering & Schmidt, 2014, S. 529f.). Die Herausforderung der Fall-Darstellung besteht somit darin, den Fokus bestmöglich zu gewährleisten (möglichst ohne zu verzerren) und gleichzeitig die komplexe Realität bestmöglich zu bewahren (möglichst ohne zu verwirren).

Mit Blick auf diese Herausforderung wird in dieser Arbeit jedem Fall eine fokussierte Thematik mit konkreten Fragestellungen zu geben. Demnach wird das Ziel verfolgt, die Fall-Darstellung mithilfe eines roten Fadens plausibel und aussagekräftig darzustellen – nach Möglichkeit sollte die Komplexität der Situation dabei sichtbar bleiben. Diese Entscheidung hat zwangsläufig eine selektive Wahrnehmung in Bezug auf das komplexe Geschehen zur Folge und macht auch hier die Konstruktion aus Perspektive des Forschenden deutlich. Trotz der beschriebenen Vorteile einer solchen Darstellung, soll an dieser Stelle auch angemerkt werden, dass durch den fokussierten Blick auf den Fall nicht ausgeschlossen wird, weitere Einflussfaktoren auf die Situation zu wenig Beachtung zu schenken.

Konkret wird der Fall wie folgt präsentiert: Zunächst wird der jeweiligen Fallanalyse eine Überschrift gegeben. Diese wird durch ein direktes Lehrkraft-Zitat aus der jeweiligen Unterrichtssequenz sowie einer thematischen Headline dargestellt.

Die Aufbereitung der Fallanalyse gliedert sich anschließend in drei Teile: (1) Die Fall-Konstruktion, (2) die Fall-Rekonstruktion sowie (3) die Fall-Reflexion (vgl. auch Wegener, 2018, S. 170ff.). Die Darstellung dieser Teile soll im Folgenden expliziert werden.

Die (1) *Fall-Konstruktion* wird mit einem theoretischen Einstieg eingeleitet. Dieser ist auf jene Aspekte bezogen, die die thematische Fokussierung des Falls betreffen. Anschließend werden zwei Fragestellungen an den Fall formuliert. Die erste Frage fokussiert den Kommunikationsprozess, der in dieser Sequenz von der Lehrkraft ausgeht. Die zweite Frage fokussiert die Folgen dieses Kommunikationsprozesses in Bezug auf die Motivation der beteiligten Schüler*innen.

Daran anschließend wird in Kurzform die Klasse, in der die Szene stattgefunden hat, sowie die Inhalte, die in dieser Sequenz unterrichtet wurden, beschrieben. Weiterhin werden Schüler*innen der vulnerablen Gruppe charakterisiert, die im Sinne der Kommunikationsbedingung eine für diese Arbeit elementare Rolle einnehmen. Im nachfolgenden Kasten wird das Transkript der Videosequenz dargestellt, um den Leser*innen ein möglichst genaues Bild von der Situation zu vermitteln. Abschließend werden bezugnehmend zum Video-Transkript die Fokussierung des Falls betont sowie die

Personen benannt, die in Bezug auf diesen Fall interviewt wurden. Die Namen aller Personen werden anonymisiert. Um eine gute Lesbarkeit der Fallanalysen zu gewährleisten, werden die Namen der Schüler*innen durch Pseudonyme ersetzt (vgl. Meyermann & Porzelt, 2017, S. 21ff.).

In der anschließenden (2) *Fall-Rekonstruktion* werden Interviewaussagen dargestellt, die in Bezug auf die an den Fall gestellten Forschungsfragen erkenntnisreich erscheinen. Zunächst wird der Fall aus Sicht der Lehrkraft, anschließend aus Sicht der Schüler*innen rekonstruiert. Im Anschluss an die Aufführung der jeweiligen Interviewaussagen werden diese interpretiert. Wegener (2018) erkennt bei einer solchen Aufbereitung in Anlehnung an Flick (2000, S. 192) eine Rekonstruktion im doppelten Sinne:

> „Einerseits wird die Unterrichtsszene von den Befragten rekonstruiert (Beobachtung erster Ordnung), andererseits erfolgt eine Rekonstruktion der Szene auf Grundlage der Interview-Daten (Beobachtung zweiter Ordnung)" (S. 172f.; vgl. Krieger, 2011, S. 87f.).

In der (3) *Fall-Reflexion* wird zunächst der Erkenntnisgewinn beschrieben. An dieser Stelle findet eine theoriebezogene Reflexion der Fall-Rekonstruktion statt. Dabei wird der Frage nachgegangen, welche differenzierten Erkenntnisse aus dem Fall in Bezug auf die Forschungsfrage gewonnen werden können (vgl. Scherler, 2004, S. 22). Zudem soll dieser Erkenntnisgewinn die Übertragung einer Grundgesamtheit auf vergleichbare Fälle anbahnen; damit sind Fälle gemeint, die durch eine ähnliche Situation charakterisiert sind. Der Erkenntnisgewinn dieser Arbeit kann in dieser Hinsicht als Orientierung für die schulische Praxis dienen und die zukünftige Lehrkraft-Schüler*innen-Kommunikation innerhalb des Sportunterrichts beeinflussen (vgl. Hering & Schmidt, 2014, S. 536).

In diesem Sinne endet die Fallanalyse mit der Diskussion von Handlungsalternativen, die aus der Theorie abgeleitet werden. Denn

> „das Erkenntnisinteresse der kasuistischen Sportdidaktik liegt […] nicht nur in der Rekonstruktion des manifesten und latenten Sinns bestimmter (Unglücks-) Fälle, sondern auch in der Orientierungs- und Anleitungsfunktion zukünftigen Handelns" (Krieger, 2011, S. 78).

Die Handlungsalternativen stellen keine Bewertung der Unterrichtsqualität des beobachteten Sportunterrichts dar, vielmehr sind sie als Horizonterweiterung zu verstehen, die durch die Reflexion des Falls entstanden ist (vgl. ebd., S. 26ff.). Denn wie Oevermann (1999) erkennt, kann die Wissenschaft

> „nicht mehr tun, als in möglichst großer Klarheit und argumentativer, methodischer Stringenz die wissenschaftlich erweisbaren Konsequenzen einer Entscheidung zu explizieren. Aber die Entscheidung selbst zu treffen, ist sie in keiner Weise kompetent" (S. 104).

8.6 Zwischenfazit

Auf Grundlage der Forschungsfrage und der Theorie wird für diese Arbeit die Erhebungsmethode des Stimulated Recall als besonders lohnend erachtet und angewendet. Dieser Methode entsprechend werden im inklusiven Sportunterricht audiovisuelle Aufzeichnungen in zwei Lerngruppen erhoben, in einer neunten Klasse einer Gesamtschule sowie einer zehnten Klasse einer Realschule. Aus diesen Aufzeichnungen werden Sequenzen ermittelt, die im Hinblick auf die motivationalen Folgen der Lehrkraft-Schüler*innen-Kommunikation erkenntnisreich erscheinen.

Das bedeutet, dass in der jeweiligen Szene (1) die Lehrkraft mit mindestens einem*einer Schüler*in kommuniziert, (2) der Kommunikationsprozess voraussichtlich durch die Heterogenität des inklusiven Sportunterrichts geprägt ist und (3) dieser Prozess voraussichtlich mindestens eines der psychologischen Grundbedürfnisse eines*einer Schülers*Schülerin beeinflusst.

Die Sequenzen werden der jeweiligen Interviewperson (der Lehrkraft sowie der Schüler*innen) als Stimuli vorgespielt, sodass auf dieser Grundlage problemzentrierte Interviews geführt werden.

Auf dieser Grundlage werden in dieser Arbeit insgesamt sechs Fallanalysen vorgestellt. Die Aufbereitung der Ergebnisse erfolgt in drei Schritten. Zunächst wird der Fall konstruiert, wobei ein Überblick über die jeweilige Unterrichtssequenz gegeben wird. An dieser Stelle werden zudem Forschungsfragen an den spezifischen Fall gestellt. Im zweiten Schritt wird der Fall rekonstruiert. Dabei werden Interviewsequenzen der Lehrkraft sowie der Schüler*innen dargestellt und interpretiert. Im letzten Schritt wird der Fall reflektiert. Hier wird zunächst der Erkenntnisgewinn des Falls dargeboten bevor auf Grundlage der gewonnenen Erkenntnisse Handlungsalternativen vorgeschlagen werden.

9 Fallanalysen

Die sechs Fallanalysen, die in diesem Kapitel dargestellt werden, sind jeweils durch situative Aspekte charakterisiert, die der übergeordneten Forschungsfrage unterliegen. Um einen Überblick über die Fälle zu ermöglichen und ihre Relevanz in Bezug auf die Forschungsfrage aufzuzeigen, werden im Folgenden die jeweiligen Kommunikationsprozesse skizziert, die in den Fällen thematisiert werden.

Der Fall „Ja Falk!" handelt von positiven Verstärkungen der Lehrkraft, die insbesondere an einen Schüler (Falk) mit zugewiesenem Förderschwerpunkt körperliche und motorische Entwicklung gerichtet sind. Positive Verstärkungen werden von Lehrkräften oftmals genutzt, um motivierend auf ihre Schüler*innen einzuwirken. Im Zusammenhang mit der Heterogenität ist hierbei interessant, wie eine solche Verstärkung, die speziell einem Schüler gilt, von diesem selbst, aber auch von seinen Mitschüler*innen wahrgenommen wird. Die Fallanalyse stellt sich daher unter anderem die Frage, welche Auswirkungen ein solcher Kommunikationsprozess auf die Motivation der Schüler*innen haben kann (vgl. Kapitel 9.1).

Beim Fall „Ihr beiden wechselt jetzt auch mal" greift die Lehrkraft bestimmend in eine Partner*innenarbeitsphase ein und veranlasst die Schüler*innen zu einem Tausch der Partner*innen. Einer der beteiligten Schüler hat die Förderschwerpunkte emotionale und soziale Entwicklung sowie Lernen zugewiesen bekommen. Nach dem Partner*innentausch finden sich die betroffenen Schüler*innen nun in für sie ungewohnten geschlechtsheterogenen Paarungen wieder. Die Fallanalyse geht der Frage nach, welche Folgen dieser Kommunikationsprozess im Hinblick auf die Motivation der Schüler*innen nach sich zieht (vgl. Kapitel 9.2).

Der anschließende Fall „Es hat jetzt nicht jeder einen Ballkontakt gehabt" handelt von einer Aufgabe, bei der die gesamte Klasse involviert ist. Die Lerngruppe versucht dabei, durch Kooperation ein gemeinsames Ziel zu erreichen. Dieses ist allerdings von den sportmotorischen Kompetenzen der einzelnen Schüler*innen abhängig. Die Lehrkraft, die innerhalb der Aufgabe einen aktiven Part innehat, nimmt Einfluss auf das Geschehen, indem sie einige Schüler*innen öfter, andere wiederum seltener in die Aufgabe einbindet. Welche Intention die Lehrkraft damit verfolgt und welche Folgen diese Kommunikation im Hinblick auf die Schüler*innenmotivation hat, soll in der Analyse dieses Falls geklärt werden (vgl. Kapitel 9.3).

Mit Neuanordnungen von Positionen innerhalb einer Gruppenarbeitsphase setzt sich der anschließende Fall „Du gehst jetzt mal rüber hier in die Lücke" auseinander. Innerhalb der Gruppe befindet sich auch Frederik, der den Förderschwerpunkt körperliche und motorische Entwicklung zugewiesen bekommen hat. In dieser Phase fordert die Lehrkraft zwei Schüler auf, ihre Positionen zu tauschen. Welche Intention die Lehrkraft mit dieser Neuanordnung der Positionen verfolgt und welche Intention die Schüler*innen in dieser sehen, wird – ebenso wie die motivationspsychologischen Folgen dieses Kommunikationsprozesses – in diesem Fall analysiert (vgl. Kapitel 9.4).

Der Fall „Und ich bin schuld" thematisiert einen Kommunikationsprozess, in dem eine Lehrkraft, die sich in eine spielende Gruppe integriert, die Verantwortung für einen misslungenen Ballwechsel übernimmt. Inwiefern die Lehrkraft tatsächlich für den Fehler verantwortlich ist und welche Wirkungen dieser Kommunikationsprozess aufseiten der Schüler*innen hinterlässt, wird in diesem Fall analysiert (vgl. Kapitel 9.5).

Über verbale Appelle und Ermutigungen handelt der Fall „Ja, weiter, weiter, weiter! Komm, komm, komm!" Hierbei stellt sich die Frage, wie eine Lehrkraft kommuniziert, wenn sie wahrnimmt, dass die Schüler*innen – darunter auch Fabius, der die Förderschwerpunkte Lernen und emotionale und soziale Entwicklung zugewiesen bekommen hat – eine Aufgabe nur mit geringem Engagement ausführen. Diese Frage wird, genau wie die damit zusammenhängende Wirkung auf die Motivation der Schüler*innen, in diesem letzten Fall analysiert (vgl. Kapitel 9.6).

9.1 Fallanalyse: „Ja Falk!" - Über positive Verstärkungen

9.1.1 Fall-Konstruktion

Mithilfe einer positiven Verstärkung kann eine Lehrkraft ein gezeigtes Verhalten ihrer Schüler*innen lobend hervorheben. In der Regel möchte die Lehrkraft ihre Schüler*innen damit motivieren und sie dahingehend ermutigen, dass diese das gewünschte Verhalten in Zukunft erneut zeigen. Mit Blick auf eine sportlich erbrachte Leistung scheint bei einer solchen Verstärkung insbesondere das psychologische Grundbedürfnis nach Kompetenz eine zentrale Rolle zu spielen. Ein*e Schüler*in erfährt, wie es aus Sicht der Lehrkraft um seine*ihre Kompetenz in Bezug auf die sportlich erbrachte Leistung steht. Die positive Verstärkung durch die Lehrkraft ist somit gleichzeitig ein positives Kompetenzfeedback.

Insbesondere im inklusiven Sportunterricht muss die Lehrkraft beim Geben eines solchen Feedbacks Einiges beachten. Denn ihre Aufgabe ist es, ein Spannungsfeld auszubalancieren, bei dem sie auf der einen Seite die besonderen Bedürfnisse vulnerabler Gruppen berücksichtigt und auf der anderen Seite dabei möglichst auf Zuschreibungen verzichtet (vgl. Kapitel 5.2).

Beim Geben von verstärkenden Feedbacks muss sie diesbezüglich (bewusst oder unbewusst) verschiedene Entscheidungen treffen. Setzt sie ein solches für alle Schüler*innen gleichermaßen ein oder werden einige Schüler*innen wegen besonderer Zuwendung verstärkt berücksichtigt? Welche erbrachten Leistungen kommentiert sie, welche nicht? Lobt sie eine*n bestimmte*n Schüler*in vor der gesamten Gruppe oder spricht sie ihn*sie im Einzelgespräch an? Fragen wie diese machen deutlich, dass die Kommunikation einer positiven Verstärkung mit einer Vielzahl von Entscheidungen einhergeht.

In dem hier dargestellten Fall geht es um eine Lehrkraft, die genau diese Entscheidungen treffen muss. Die Fragen, die sich hierbei stellen sind:

(1) Wie kommuniziert die Lehrkraft, wenn sie die Leistung eines*einer Schülers*Schülerin positiv verstärken möchte?

(2) Inwiefern beeinflusst dieser Kommunikationsprozess die Motivation der Schüler*innen?

Der Fall ereignet sich in einer zehnten Klasse. Im Sportunterricht wird das Sportspiel Volleyball thematisiert. Die Sequenz beschreibt eine Übungsphase, in der die Schüler*innen in Gruppen, die in Kreisformation positioniert sind, den Ball mithilfe des Pritschens in der Luft halten sollen. Methodisch findet keine Differenzierung statt, sodass sich alle Schüler*innen mit der gleichen Aufgabe beschäftigen.

Beteiligt ist unter anderem der Schüler Falk, der den Förderschwerpunkt körperliche und motorische Entwicklung zugewiesen bekommen hat. Dieser äußert sich im Sportunterricht durch eine Verzögerung der Hand-Augen-Koordination sowie disharmonische Abstimmungen der unteren und oberen Extremitäten. Diese wirken sich insbesondere bei Ballsportarten aus, wenn es zum Beispiel um das Werfen, Fangen, Schlagen oder Schießen von Bällen geht.

Vor dieser Übungsphase spielten die Schüler*innen paarweise, sodass sich jeweils zwei Schüler*innen gegenüberstehend den Ball zuspielen sollten. Die hier skizzierte Phase dient als Vorbereitung auf eine Spielform, in der die Schüler*innen den Ball erstmals über ein Hindernis (eine durch die Halle gespannte Schnur) in ein gegenüberliegendes Feld befördern sollen.

Die Klasse spielt in verschiedenen Kleingruppen. Der Lehrer steht bei einer dieser Gruppen (diese besteht aus 6 Schülern) und kommentiert ihren aktuellen Spielverlauf. Schließlich integriert er sich in die spielende Gruppe, um den Ball gemeinsam mit seinen Schülern in der Luft zu halten. Er sagt: „Wir versuchen den jetzt sicher hochzuhalten. Zehn Mal. Auf eins, ok?"

Anschließend hält die Gruppe inkl. des Lehrers den Ball vorwiegend mit der Technik des Pritschens in der Luft. Die ersten Bälle, die in Richtung Falk fliegen, werden von Dominik angenommen, der sich dafür in die Flugbahn des Balls bewegt. Der Lehrer kommentiert die Ballkontakte der Schüler nicht. Als Falk den ersten Ball von Mirko zugespielt bekommt, pritscht er ihn erfolgreich zu Mirko zurück. Der Lehrer ruft laut: „Ja Falk!" Nach weiteren erfolgreichen Ballwechseln lacht er und sagt: „Wie geil ist das denn gerade?"

Kurz darauf unterbricht der Lehrer das Spiel mit den Worten „Halt! Stopp! Hergeben!" und deutet dabei auf den Ball, sodass er ihn zugeworfen

---

bekommt. Er fängt den Ball, pfeift in Richtung der restlichen Klasse und
sagt: „Alle halten den Ball fest. Augen nach hier."
Erneut gelingt es der Gruppe, sich den Ball einige Male zuzuspielen, ohne
dass dieser den Boden berührt. Ein Schüler aus einer der anderen Gruppen
ruft „Angeber". Falk und ein weiterer Schüler bedanken sich daraufhin
lächelnd. Der Lehrer lacht. Falk spielt kurz darauf einen weiteren Ball, der
ihm von Mirko zugespielt wird, erfolgreich zu Mirko zurück. Der Lehrer
kommentiert: „Hey Falk, super." Dann ruft der Lehrer in Richtung der restlichen Klasse „Let's go" und signalisiert den zuschauenden Schüler*innen,
dass sie mit der Übung fortfahren sollen.

In der nun anschließenden Fall-Rekonstruktion wird der Fokus auf die positive
Verstärkung des Lehrers gelegt. Da sich diese während des erfolgreichen
Ballwechsels wiederholt an Falk richtet („Ja Falk!"; „Hey Falk, super!"), erfährt
dieser innerhalb dieser Phase, im Vergleich zu seinen Mitschülern, besondere
Anerkennung durch den Lehrer.
Um aus diesem Fall Erkenntnisse gewinnen zu können, werden – neben dem
Interview des Lehrers – vier Schüler*inneninterviews herangezogen. Die interviewten Schüler Falk und Christoph waren aktiv am skizzierten Ballwechsel
beteiligt. Yannis und Larissa hatten sich zuvor anderen Gruppen zugeteilt und
beobachten die hier skizzierte Sequenz, nachdem der Lehrer sie mit den Worten
„Alle halten den Ball fest. Augen nach hier" dazu aufgefordert hat.[84] Mithilfe
dieser fünf Interviews soll zunächst rekonstruiert werden, welche Beweggründe
der Lehrer hatte, Falks Ballkontakte – im Gegensatz zu den Ballkontakten der
anderen Schüler – zu kommentieren. Weiterhin soll dargestellt werden, wie Falk
selbst diesen Kommunikationsprozess wahrnimmt und wie seine Mitschü-
ler*innen diesen interpretieren. Aus diesen Erkenntnissen sollen Schlüsse bzgl.
der motivationalen Wirkung des Kommunikationsprozesses gezogen werden.

9.1.2 Fall-Rekonstruktion

Die Szene aus Sicht der Lehrkraft
Um die Kommunikation des Lehrers nachvollziehen zu können, wird zunächst
rekonstruiert, wie der Lehrer diese Situation wahrgenommen hat. Dieser beschreibt die Situation wie folgt:

„Ja, das war ein funktionales Spiel und Falk war integriert im Unterricht. Und er
hat zwei oder drei Bälle sauber zurückgespielt. Also von null auf, Spiel […].
Natürlich (lacht), Dominik stand immer noch schräg vor ihm und hat ihm die
ganzen Bälle [weggenommen], aber […] dann, als es passte, hat der Dominik sich
zurückgenommen und [er] ist auch einer, der sowas merkt. So und dann hat er sich
zurückgenommen und hat ihn spielen lassen. Das hat er gut gemacht und Falk hat
das super gemacht […] und das wollte ich dann auch hervorheben. Und sagen: ‚Ey,
das haste geil gemacht'" (Lehrer).

---

[84] Larissa hat den Förderschwerpunkt Sprache zugewiesenen bekommen.

Der Lehrer scheint sich über den gelungenen Ballwechsel der Gruppe und insbesondere über Falks gute Leistung zu freuen. Dieser hat allerdings zu Beginn der Sequenz keine Möglichkeit, seine Fähigkeiten zu zeigen, da Dominik, der neben Falk positioniert ist, ihm bei einigen Bällen zuvorkommt. Der Lehrer erklärt, dass sich dies erst im Laufe des Ballwechsels ändert, als Dominik sich bewusst zurücknimmt, sodass Falk die Möglichkeit bekommt, einige Bälle zurückzuspielen. Der Lehrer hebt Dominiks Verhalten in dieser Situation positiv hervor, da es letztlich dazu führt, dass sich Falk im Spielverlauf integrieren kann. Die Intention des Lehrers, Falks Leistung zu würdigen, realisiert er schließlich mit den Worten „Ja Falk!" und „Hey Falk, super". Auf die Anmerkung, dass er in dieser Situation Falks Leistung besonders hervorhebt, erwidert er:

> „Ja, aber das mache ich mit allen anderen auch. Also, wenn mir irgendwas gefällt bei irgendwem, dann sage ich, dann motiviere ich die Person in dem Fall auch. Und in dem Fall haben wir Falk motiviert, weil er in diesem Kreis steht, da zwischen den Haifischen sozusagen. Die spielen alle gut: Yannis, Mirko, Christoph, Nico und Dominik. Da steht er neben den Schülern, die mit Sicherheit besser spielen als ich, wenn sie [richtig] spielen müssten so. Und dass er dann in dem Kreis auch Spielanteile hat, ist natürlich gut und da freue ich mich […]. Ja, das war einfach nur so. Ne, in dem Moment habe ich mich gefreut einfach, dass er das gut gemacht hat so, wohingegen man das bei anderen ja fast erwarten würde" (Lehrer).

Für den Lehrer scheint diese Form der verbalen Ermutigung ein authentischer Weg zu sein, um seine Schüler*innen zu motivieren. Unterschiede zwischen den Schüler*innen mache er diesbezüglich nicht, vielmehr scheint das Feedback abhängig von der Leistung zu sein, die ein*e Schüler*in zeigt. Er gibt an, dass er die Schüler*innen mittels positiver Verstärkung dann zu motivieren versucht, wenn er sich über eine Aktion seiner Schüler*innen freut. Somit wertschätzt er die Leistung seiner Schüler*innen offenbar auf eine ehrliche und authentische Art und Weise.

In dieser Situation möchte er Falk besonders hervorheben, da dieser es schafft, sich einer leistungsstarken Gruppe anzupassen und sich somit erfolgreich in das Spiel zu integrieren. In Falks Leistung scheint er daher ein persönliches Erfolgserlebnis zu erkennen. Bei anderen Schülern dieser Gruppe würde ihn diese Leistung nicht überraschen, was möglicherweise dazu führt, dass er diesen Schüler*innen in dieser Unterrichtssequenz weniger Aufmerksamkeit schenkt. Dies kann darauf hindeuten, dass das hier zugrunde gelegte Anforderungsniveau der Aufgabe unter dem eigentlichen Fähigkeitsniveau von Falks Mitschülern liegt.

Auf die Frage, wie Falk das Feedback des Lehrers wahrnimmt, antwortet der Lehrer wie folgt:

> „Ja, insofern positiv, dass es für ihn [Falk] ein gutes Gefühl ist, dass er sagt: ‚Hey, ich hab jetzt Anteil an dieser Geschichte hier und bin Teil des Ganzen. Ich kann das auch'" (Lehrer).

Der Lehrer äußert die Vermutung, dass sich Falk der Gruppe durch seine erfolgreichen Aktionen zugehörig und in seiner Kompetenz hinsichtlich der technischen Anforderung gestärkt fühlt. Dieses Gefühl scheint der Lehrer durch sein Feedback verstärken zu wollen. Der Zusatz „jetzt" verstärkt den Eindruck, dass Falk aus Sicht des Lehrers vor seinen erfolgreichen Aktionen eher nicht das Gefühl hatte, in der Gruppe gleichwertig integriert gewesen zu sein. Dies verstärkt den Eindruck, dass der Lehrer in Bezug auf Falk einen Leistungszuwachs beobachtet.

Könnte das an Falk gerichtete Feedback auch Auswirkungen auf seine Mitschüler*innen haben? Fühlen diese sich im Vergleich zu Falk womöglich zu wenig wertgeschätzt? Auf diese Fragen reagiert der Lehrer wie folgt:

> „Nein, die wissen ja um die Situation Bescheid und die wissen ja auch, dass in ihren Kreisen, dass Falk nicht ganz so gut ist, bezogen auf Volleyball, was die Motorik angeht und ich glaube, das ist alles gut" (Lehrer).

Die Äußerungen des Lehrers legen nahe, dass innerhalb der Klasse Transparenz bezüglich Falks Leistungsvoraussetzungen herrscht. Diese scheint aus Sicht des Lehrers ein Grund dafür zu sein, dass die besondere Zuwendung durch das Feedback von der Klasse akzeptiert wird.

Neben dieser Sichtweise des Lehrers soll nun die Sichtweise der Schüler*innen in Bezug auf diese Szene rekonstruiert werden.

Die Szene aus Sicht der Schüler*innen

Wie interpretieren die Schüler*innen das Feedback des Lehrers und welche motivationalen Folgen hat die hier skizzierte Lehrer-Schüler*innen-Kommunikation auf die Schüler*innen? Um diesen Fragen nachzugehen, wird diese Szene nun aus Sicht der Schüler*innen rekonstruiert.

Falk, der beim Feedback des Lehrers aufgrund seiner erfolgreichen Zuspiele direkt angesprochen wird, beschreibt seine Wahrnehmung in Bezug auf das Feedback wie folgt:

> „Weil ich da, also man hat Herr B. [Lehrer] ja gehört. Der hat mich, er hat mich auch hinterher nochmal sehr gelobt, dass ich das sehr gut gemacht hätte. Ich hab mich da auch sehr sicher gefühlt. Ja, gutes Spiel. Hätte ich auch nicht von mir gedacht, dass ich das so gut hinkriege [...]. Ja, [da] bin ich auch stolz auf mich selber" (Falk).

Falk scheint wahrzunehmen, dass der Lehrer seine Leistung in dieser Situation besonders positiv hervorhebt. Da er selbst beschreibt, dass er von seiner guten Leistung erstaunt ist und zudem Stolz verspürt, scheint die erfolgreiche Teilhabe innerhalb dieser Übung ein für ihn echtes Erfolgserlebnis darzustellen. Den Grund dafür äußert er im folgenden Zitat:

> „[...] weil ich es vorher noch nicht so gut gemacht habe, das gebe ich auch ganz offen zu, dass ich vorher noch nicht so sicher war und es dann so souverän hingekriegt habe" (Falk).

Auch diese Aussagen weisen darauf hin, dass Falk durchaus zufrieden mit seiner Leistungsentwicklung ist. Wie aber hat er es empfunden, dass insbesondere er durch das Feedback in den Fokus gerückt ist?

> „Ich finde das gut. Also es ist jetzt nicht so, dass ich gerne mit Lob über-schüttet werden möchte, aber ich freue mich schon mal, wenn einer dann mal sagt: 'Hast du gut gemacht.' […] weil ich sonst in Sport nicht so gut bin" (Falk).

Auch, wenn Falk erklärt, dass er nicht andauernd gelobt werden möchte, freut er sich in diesem Fall über das Lob seines Lehrers. Der Grund dafür scheint sein tatsächlich erlebtes Erfolgserlebnis zu sein, was womöglich deswegen an Bedeutung gewinnt, da er seiner Ansicht nach ansonsten weniger Erfolge beim Sport feiern kann.

Auch Christoph geht im Interview auf Falks Leistungsentwicklung sowie das Feedback des Lehrers ein:

> „Falk ist eigentlich jemand, der so ein bisschen Schwächen hat und sowas. Und ich meine, der hat das gut gemacht, der hat den [Ball] gut zurückgespielt und dann ist ein Lob natürlich immer was, was einen so ein bisschen mehr motiviert und [wodurch] man bessere Leistungen erzielen kann" (Christoph).

Christoph scheint Falk im Sportunterricht als einen leistungsschwächeren Mitschüler anzusehen. Vor dem Hintergrund der erfolgreichen Aktionen von Falk, sieht auch er das Lob des Lehrers offensichtlich als gerechtfertigt. Larissa äußert sich im Interview ebenfalls zum Feedback des Lehrers:

> „Ja, ich denke, Falk braucht auch mal [Lob], er ist nicht immer besonders gut im Volleyball, ja. […] Im Sport [ist er] vielleicht auch manchmal etwas schlechter, aber er [der Lehrer] ermutigt ihn schon ziemlich gut" (Larissa).

Auch sie beschreibt, dass Falk Leistungsdefizite im Sportunterricht aufweist und betont die von dem Lehrer ausgehende positive Verstärkung. Vor diesem Grund scheint auch sie das Feedback des Lehrers förderlich zu finden. Yannis erläutert das Lehrerverhalten in Bezug auf das Feedback folgen-dermaßen:

> „Herr B. ist auch nicht einer, der die Schwachen fallen lässt, sondern er fördert eher die Schwachen. Das finde ich auch sehr gut. Er bindet halt alle mit in den Sportunterricht mit ein" (Yannis).

Laut Yannis hat der Lehrer leistungsschwache Schüler*innen im Blick. Der Lehrer scheint somit bemüht zu sein, deren Teilnahme am Sportunterricht sicherzustellen.

Alle Interviewaussagen von Falks Mitschüler*innen machen deutlich, dass Falks defizitäre Leistungsvorrausetzungen in der Klasse bekannt sind. Sie ordnen die Kommunikation des Lehrers dementsprechend in den Kontext der Förderung von Falk ein, was dazu beiträgt, dass sie das Kommunika-tionsverhalten positiv bewerten.

Die bisherigen Interviewpassagen der Schüler*innen fokussieren vor allem die Wirkung des Feedbacks bezogen auf Falk. Noch keine Beachtung wurde bislang der Wirkung des Feedbacks auf Falks Mitschüler*innen geschenkt. Es stellt sich die Frage, ob seine Mitschüler*innen sich eine ebensolche Anerkennung durch den Lehrer wünschen würden. Diesbezüglich erklärt Christoph im Interview:

> „Ich bin mir relativ sicher beim Volleyball und Falk zum Beispiel ist wer, der da schon ein paar Schwächen hat und das auch nicht hundertprozentig beherrscht. Also, das soll jetzt nicht abgehoben klingen oder sowas, aber ich brauche dafür kein Lob. Und Falk ist so jemand, wenn der motiviert wird, spielt der nochmal besser. Und ich denke, das weiß Herr B. auch" (Christoph).

Christoph begründet das Lehrerverhalten damit, dass Falk im Sportunterricht zu den leistungsschwächeren Schüler*innen gehört. Dies erweckt den Eindruck, dass leistungsschwächere Schüler*innen seiner Meinung nach öfter positives Feedback von der Lehrkraft erhalten sollten als ihre leistungsstärkeren Mitschüler*innen. Da er beschreibt, dass er für die erbrachte Leistung keinen Zuspruch benötigt, scheint es, als würde die Aufgabe für ihn keine Herausforderung darstellen, die seinem individuellen Anspruch gerecht wird.

Auch Larissa geht im Interview auf die Leistungsheterogenität ein:

> „Ja, also ich denke, ja, das könnte daran liegen, dass die anderen ziemlich gut im Sport sind und ja, die sind alle etwas sportlicher. Ja, also so schlimm finde ich das nicht, dass er den Anderen nicht so viel Aufmerksamkeit gibt" (Larissa).

Ähnlich wie Yannis äußert auch Larissa die Vermutung, dass Falks Leistungsvoraussetzung der Grund für das Feedbackverhalten des Lehrers ist. Eine hohe Leistungsfähigkeit scheint aus ihrer Sicht mit geringerer Aufmerksamkeit durch den Lehrer einherzugehen. Sowohl Yannis als auch Larissa scheinen diese Fokussierung auf leistungsschwächere Schüler*innen zu akzeptieren und gerechtfertigt zu finden. Dies lässt vermuten, dass es in der Klasse ein Einvernehmen darüber gibt, das ein solches Ungleichgewicht im Feedbackverhalten des Lehrers zulässt. Im nachfolgenden Kapitel wird der Fall reflektiert.

9.1.3 Fall-Reflexion

Erkenntnisgewinn

Im Zentrum dieses Falls steht das Feedback des Lehrers, welches sich vor allem an Falk richtet. Es stellt sich die Frage, welche motivationalen Auswirkungen dieses Feedback einerseits auf Falk selbst und andererseits auf seine Mitschüler*innen hat. Diesbezüglich werden in diesem Fall die Folgen des Kommunikationsprozesses von Seiten des direkt angesprochenen

Schülers Falk sowie von Seiten seiner Mitschüler*innen in den Blick genommen.

In der Unterrichtssequenz fällt auf, dass der Lehrer – obwohl sich die gesamte Gruppe den Ball erfolgreich zuspielt – insbesondere Falks gelungene Zuspiele betont. Scheinbar ist Falks individuelles Erfolgserlebnis größer und für den Lehrer womöglich überraschender als die Leistungen seiner Mitschüler, welche die gleiche Aufgabe erfolgreich bewältigen.

Im Hinblick auf das beschriebene Spannungsverhältnis zwischen der Aufmerksamkeit auf vulnerable Gruppen und dem Verzicht auf Zuschreibungen (vgl. Kapitel 5.2) zeigt sich, dass das Spannungsverhältnis in diesem Fall eine Ausprägung zugunsten der besonderen Aufmerksamkeit für Falk findet. Eine solche Tendenz könnte durchaus negative Folgen auf seine Motivation haben. Denn ein*e Schüler*in, der*die besonders in den Fokus gerückt wird, kann bemerken, dass seine*ihre Mitschüler*innen für die gleiche erbrachte Leistung kein Lob bekommen. Der Grund scheint offensichtlich: Diese Leistung wird bei den Mitschüler*innen aufgrund des für sie geringen Anforderungsniveaus vorausgesetzt. Durch das positive Feedback bemerkt der*die betroffene Schüler*in, dass der Lehrer ihn*sie als weniger kompetent einschätzt als den Rest der Gruppe. Auch könnte sich der*die Schüler*in beschämt und bloßgestellt fühlen, da er*sie vor der gesamten Klasse für die Bewältigung einer Aufgabe gelobt wird, die für seine Mitschüler*innen einen nur geringen Anspruchscharakter zu haben scheint (vgl. Kapitel 4.2.2). Durch ein solches Feedbackverhalten könnten daher unbeabsichtigt implizite negative Zuschreibungen vermittelt werden und sowohl das Bedürfnis nach Kompetenz als auch das Bedürfnis nach sozialer Eingebundenheit frustrieren.

Die Rekonstruktion dieses Falls deutet jedoch auf eine andere Kommunikationsfolge hin, sodass die oben beschriebene theoretische Vermutung in diesem Fall nicht greift. Falk gibt an, dass er sich über das Lob des Lehrers freut und betont dabei sein persönliches Erfolgserlebnis. Insbesondere sein Kompetenzbedürfnis scheint hier in hohem Maße befriedigt zu werden, da er das Lob als positives Feedback hinsichtlich seiner Leistung aufnimmt. Offenbar fokussiert sich Falk auf seinen individuellen Entwicklungsfortschritt (Kompetenzzuwachs), ohne sich in erhöhtem Maße mit seinen Mitschüler*innen zu vergleichen. Das Feedback des Lehrers scheint daher Falks Erfolgserlebnis noch zu verstärken (vgl. Kapitel 6.2.1).

Eine Befriedigung des Bedürfnisses nach sozialer Eingebundenheit lässt sich ebenso vermuten, da Falk in der Situation vollwertig im Spiel integriert ist. Zudem liefert die Fall-Rekonstruktion keinen Hinweis darüber, dass er sich durch das Lehrerfeedback weniger in die Gruppe eingebunden fühlt (z. B. durch Aussagen der Form: ‚Ich werde anders behandelt als die anderen‘).

Die Risiken eines solchen Lehrerfeedbacks, die aufgrund der theoretischen Überlegungen nachvollziehbar gemacht wurden, haben sicherlich ihren berechtigten Stellenwert. Dennoch zeigt dieser Fall, dass Lehrer, die beim

Feedbackgeben aus den oben beschriebenen Gründen darauf achten, ausgewählte Schüler*innen nicht mehrfach oder besonders zu loben, Motivationspotenzial verschenken könnten. Dementsprechend stellt sich die Frage, welche Voraussetzungen gegeben sein müssen, damit ein solches Feedback motivierend wirken kann. Aus der Rekonstruktion des Falls lassen sich drei Gelingensbedingungen erkennen, die gegebenenfalls zu dieser motivierenden Kommunikationsfolge geführt haben.

(1) Zunächst ist erkennbar, dass sich das Feedback auf eine Leistung bezieht, die tatsächlich ein persönliches Erfolgserlebnis darstellt. Falk scheint allein durch das erfolgreiche Zuspiel bereits Stolz zu empfinden. Wie beschrieben ist ein solches Erfolgserlebnis beim Förderschwerpunkt körperliche und motorische Entwicklung auch deshalb erstrebenswert, da entsprechende Schüler*innen in der Vergangenheit oftmals negative Kompetenzerfahrungen gemacht haben (vgl. KMK, 1998c, S. 221; Kapitel 5.2.5).

(2) Weiterhin fällt auf, dass das Feedback des Lehrers authentisch zu sein scheint. Im Interview gibt der Lehrer an, dass er sich tatsächlich über Falks Leistung freut. Daher nutzt er das Feedback nicht im Sinne einer bewussten Strategie zur Motivationssteigerung.

(3) Die Analyse der Interviews deutet zudem daraufhin, dass die Leistungsheterogenität der Klasse für alle Beteiligten transparent ist. Die Schüler*innen wissen offenkundig über die körperlich-motorischen Leistungsvoraussetzungen ihrer Mitschüler*innen Bescheid, wodurch sich eine Kultur des gegenseitigen Unterstützens entwickelt haben könnte. Auch das kann Grundlage dafür sein, dass das vor den Mitschüler*innen mitgeteilte Feedback seine positive Wirkung entfalten kann, ohne dass sich Falk bloßgestellt oder beschämt fühlt (vgl. Kapitel 4.2.2). Einer verständnisvollen Klassengemeinschaft kann somit ein wichtiger Stellenwert beigemessen werden, wenn es um die motivierende Wirkung eines solchen Feedbacks geht.

Will man die motivationalen Auswirkungen des Kommunikationsprozesses im Kontext der gesamten Klasse analysieren, so wird deutlich, dass auch die Bewertung des Feedbacks von Falks Mitschüler*innen eine wichtige Rolle spielt. Die Interviews zeigen, dass sie die Hervorhebung von Falks Leistung durch das Lob des Lehrers akzeptieren. Sie begründen es mit dem Wissen um Falks Leistungsvoraussetzungen. Dementsprechend nehmen sich Falks Mitschüler*innen in dieser Phase zurück, ohne das Lehrerverhalten zu kritisieren (z. B. durch folgende Aussage: ‚Typisch, dass wieder mal nur Falk gelobt wird').

Eine Bedürfnisfrustration seitens der Mitschüler*innen lässt sich in den Interviews aufgrund des hohen Zuspruchs für das Lehrerverhalten nicht ausmachen. Hier scheinen die Transparenz der individuellen Voraussetzungen der Schüler*innen und der verständnisvolle Umgang innerhalb der

Klasse die Voraussetzungen für die dargestellten Schüler*innenreaktionen zu sein.

Gleichzeitig gilt es zu bedenken, dass die einseitige Orientierung des Lehrers kaum das Kompetenzbedürfnis der leistungsstärkeren Mitschüler*innen befriedigen kann. Dies liegt nicht ausschließlich daran, dass der Lehrer vor allem Falks Leistung hervorhebt. Vielmehr scheint das Anforderungsniveau der Aufgabe nicht dem Kompetenzniveau seiner Mitschüler*innen zu entsprechen. Das lässt sich unter anderem an der Aussage des Lehrers erkennen, dass man die geforderten Anforderungen bei Falks Mitschüler*innen voraussetzen könne. Somit scheinen einige Schüler*innen in dieser Phase des Unterrichts durch die für sie zu geringe Aufgabenschwierigkeit unterfordert (vgl. Kapitel 6.3.1). Offenbar ist das Anforderungsniveau zwar für Falk optimal, allerdings führt die fehlende Differenzierung dazu, dass dies nicht für seine leistungsstärkeren Mitschüler*innen gilt (Kapitel 5.2.5). Somit hat der Lehrer schlichtweg keine Möglichkeit ein Erfolgserlebnis der leistungsstärkeren Schüler*innen durch ein authentisches Feedback (vergleichbar mit dem Feedback, welches sich an Falk richtet) zu verstärken, da es durch das zu geringe Anforderungsniveau zu keinen besonderen Erfolgserlebnissen kommen kann (vgl. Kapitel 5.1.3).

Somit kann festgehalten werden, dass – auch, wenn Falks Mitschüler*innen das hier gezeigte Lehrerverhalten akzeptieren – eine Differenzierung der Aufgabenstellung hilfreich gewesen wäre, um auch ihnen Kompetenzerlebnisse für ihre Bedürfnisbefriedigung zu ermöglichen.

Handlungsalternativen

Im Folgenden werden alternative Vorgehensweisen vorgestellt, die aus den theoretischen Überlegungen abgeleitet werden. Das an Falk gerichtete Feedback des Lehrers scheint seine motivierende Wirkung zu erfüllen, was sich insbesondere bei der Befriedigung des Kompetenzbedürfnisses zeigt. Daher scheint es an dieser Stelle sinnvoll eingesetzt. Auffällig dabei ist die geäußerte Akzeptanz der Mitschüler*innen. Sie scheinen die besondere Fokussierung auf Falk zu akzeptieren, da sie diesem Leistungsdefizite zuschreiben, sodass Falk aus ihrer Sicht eher auf ein solches Lob angewiesen ist als sie selbst.

Allerdings soll hier im Sinne des beschriebenen Inklusionsverständnisses angemerkt werden (vgl. Kapitel 4.1), dass es nicht ausreicht, den Schüler*innen mit zugewiesenem Förderschwerpunkt eine sinnvolle Partizipation am Sportunterricht zu ermöglichen. Stattdessen sollten alle Schüler*innen – unabhängig von ihren Leistungsvoraussetzungen – die Möglichkeit auf Erfolgserlebnisse bekommen, um Bedürfnisbefriedigung erfahren zu können.

Aus dieser Perspektive macht es Sinn, methodisch-didaktische Überlegungen zu treffen, die eine solche Bedürfnisbefriedigung ermöglichen. Diesbezüglich sollten verschiedene Anspruchsniveaus gewährleistet werden, an denen alle Schüler*innen gleichsam Erfolgserlebnisse im Sinne von Kompetenzerfahrungen erleben können.

Das Reflexionsangebot richtet sich daher weniger an das, was der Lehrer sagt, sondern vielmehr auf die methodisch-didaktischen Entscheidungen in Bezug auf die Heterogenität (vgl. Kapitel 5.1). Denn aus der Fall-Rekonstruktion geht hervor, dass der Lehrer nicht die Absicht verfolgt, Falks Mitschüler*innen beim Feedbackgeben zu vernachlässigen. Vielmehr bekommt er durch die hier gewählte methodisch-didaktische Vorgehensweise keine Gelegenheit, weiteren Schüler*innen ein ähnliches Feedback zu geben, wie es bei Falk der Fall ist. Der Grund scheint darin zu liegen, dass Falks Mitschüler*innen in dieser Phase aufgrund von Unterforderung kaum nennenswerte Erfolgserlebnisse erfahren können.

Die theoretisch beschriebenen Differenzierungsformen (vgl. Kapitel 5.1.3; 7.2) könnten diesem Problem entgegenwirken. So können zum Beispiel über binnendifferenzierende Maßnahmen (innere Differenzierung) verschiedene Schwierigkeitsgrade angeboten werden, bei denen die Leistungsheterogenität der Klasse Berücksichtigung findet. Leistungsstärkere Schüler*innen könnten beispielsweise vor ihrem Zuspiel den Namen eines*einer Mitspielers*Mitspielerin rufen, der*die den nächsten Ball bekommen soll. Somit wird der Schwierigkeitsgrad erhöht, da der Ball nun mit entsprechender Ansage möglichst präzise zu einem*einer bestimmten Mitspieler*in gespielt werden muss.

Diesbezüglich ist auch eine Form der natürlichen Differenzierung denkbar. So kann zum Beispiel eine Öffnung der Aufgabenstellung erfolgen, in der es nicht darum geht, die Ausführung auf die Technik des Pritschens zu reduzieren, sondern stattdessen weitere Techniken zuzulassen, die womöglich für Falks Mitschüler*innen anspruchsvoller sind. Eine weitere Möglichkeit wäre die Herausbildung von Expert*innengruppen. Diese können die Mitschüler*innen mithilfe ihrer Expertise unterstützen. Durch diese Vorgehensweise kann der Lehrer Bedingungen schaffen, die es ihm ermöglichen, auch den leistungsstärkeren Schüler*innen Kompetenzfeedbacks zu geben. Diese würden sich in diesem Fall auf ihre Expert*innenrolle beziehen und können zum Beispiel die Art und Weise ihrer Vermittlung hervorheben.

Durch Arrangements wie diese könnte das theoretisch begründete Problem gemindert werden, dass sich Mitschüler*innen durch die einseitige Fokussierung auf eine*n Schüler*in von ihrer Lehrkraft vernachlässigt fühlen und gleichzeitig jene*n Schüler*in, der*die diese besondere Aufmerksamkeit erfährt, womöglich unbewusst eine (unnötige) Hilfsbedürftigkeit zu unterstellen.

9.2 Fallanalyse: „Ihr beiden wechselt jetzt auch mal" – Über bestimmende Ansagen

9.2.1 Fall-Konstruktion

Um einen strukturierten Unterrichtsverlauf zu gewährleisten greift eine Sportlehrkraft häufig auf bestimmende Ansagen zurück. Eine solche Kommunikation, die sich beispielsweise in Appellen äußert, kann unter anderem dazu dienen, den Unterricht zeitökonomisch durchzuführen oder Sanktionen zu veranlassen. In diesem Zusammenhang kann eine bestimmende Kommunikation auch relevant werden, wenn die Lehrkraft während einer Partner*innenarbeit einen Tausch der Partner*innen veranlassen möchte – nämlich dann, wenn sie sich gegen eine freie Partner*innenwahl entscheidet und stattdessen die Paarungen beispielsweise aus zeitökonomischen Gründen selbst bestimmt.

Der hier dargestellte Fall handelt von einer Situation, in der die Lehrkraft in eine Arbeitsphase eingreift, um einen solchen Tausch vorzunehmen. Die Fallanalyse widmet sich den folgenden zwei Fragen:

(1) Wie kommuniziert die Lehrkraft einen vorgesehenen Tausch der Partner*innen?

(2) Inwiefern beeinflusst dieser Kommunikationsprozess die Motivation der Schüler*innen?

Der Fall spielt sich in der neunten Klasse einer Gesamtschule ab. Es ist die fünfte Stunde in der Unterrichtsreihe zum Bewegungsfeld Ringen und Kämpfen. Die Schüler*innen haben sich für ein Aufwärmspiel selbstständig in Zweiergruppen zusammengefunden. Ihre Aufgabe ist es, sich gegenseitig mit der Hand am Knie zu berühren – möglichst ohne, dass dies dem*der Partner*in bei ihnen gelingt.

Während dieser Phase ordnet die Lehrkraft in einigen Paarungen einen Tausch der Partner*innen an. In einem Fall mischt die Lehrkraft dabei zwei geschlechtshomogene Paare miteinander, sodass aus ihnen zwei geschlechtsheterogene Paare entstehen. Unter den betroffenen Schüler*innen befindet sich Fabian, der die Förderschwerpunkte emotionale und soziale Entwicklung sowie Lernen zugewiesen bekommen hat. Sein Verhalten ist insofern auffällig, als dass er schnell reizbar, manchmal auch ausfallend wird, wenn er unter Stress gerät. Bei vielen seiner Mitschüler*innen verhält er sich tendenziell zurückhaltend. Auch seine Mitschülerin Charlotte – die sich nach eigener Aussage in psychotherapeutischer Behandlung befindet – ist von dem Partner*innentausch betroffen. Die Szene läuft wie folgt ab:

Der Lehrer geht quer durch die Halle. Er ruft: „So, einmal kurz Partnerwechsel! Erhan, du kommst mal hier zu Jens; Malte, du gehst zu Peyam." Er geht weiter in das hintere Hallendrittel, wo sich die beiden Mädchen Charlotte und Refika in der Ecke stehend passiv verhalten, während Fabian und Lukas die Übung ausführen. Der Lehrer wendet sich zu den Mädchen und sagt: „Ihr beiden wechselt jetzt auch mal. Und zwar mit den beiden." Dabei zeigt er mit den Fingern auf Fabian und Lukas. Charlotte stöhnt. Der Lehrer spricht Charlotte und Refika an: „Ja! Ihr wechselt mal. Ich will nämlich, dass ihr euch mal ein bisschen bewegt und dass ihr mal seht, wie man das macht. Lukas, du gehst zu Charlotte! Refika zu Fabian!"
Nachdem der Lehrer weitere Wechsel in verschiedenen Paarungen vornimmt, ruft er durch die Halle: „Drei, zwei, eins, los geht's!" Der Lehrer beobachtet nun die neuen Paarungen Refika und Fabian sowie Charlotte und Lukas bei der Ausführung der Übung. Refika und Fabian zögern bei der Ausführung. Fabian geht einen Schritt zurück. Refika brüllt in seine Richtung: „Warum läufst du jetzt weg von mir?"

Der Fokus der nun folgenden Fall-Rekonstruktion richtet sich auf die bestimmende Kommunikation des Lehrers während des Tauschs der Partner*innen („Ihr beiden wechselt jetzt auch mal. Und zwar mit den beiden", „Ich will nämlich, dass ihr euch mal ein bisschen bewegt und dass ihr mal seht, wie man das macht").

Interviewt werden neben dem Lehrer die vier an der Szene beteiligten Schüler*innen Fabian, Lukas, Charlotte und Refika. Mithilfe dieser fünf Interviews soll rekonstruiert werden, welche Gründe der Lehrer für die Art und Weise des kommunizierten Partner*innentauschs hat, wie die Schüler*innen die Kommunikation des Lehrers interpretieren und wie sich diese Lehrkraft-Schüler*innen-Kommunikation auf die Motivation der Schüler*innen auswirkt.

9.2.2 Fall-Rekonstruktion

Die Szene aus Sicht der Lehrkraft
Um das Kommunikationsverhalten des Lehrers nachvollziehen zu können, werden zunächst seine Beweggründe rekonstruiert. Warum ordnet der Lehrer einen Tausch der Partner*innen an, bei dem er die Schülerinnen Refika und Charlotte trennt und sie den Schülern Fabian und Lukas zuordnet? Den Grund für diese Intervention erklärt er wie folgt:

„Ich meine mich zu erinnern, dass ich den Partnerwechsel angeordnet habe, weil die beiden Mädchen Charlotte und Refika aus meiner Sicht nicht gearbeitet haben, sich nicht bewegt haben, die Übung gar nicht so umgesetzt haben, wie ich mir das vorgestellt habe und ich dann die Hoffnung hatte, dass […] ich hab gedacht, wenn die weiterhin zusammenarbeiten, wird das eh nix und deswegen trenne ich sie jetzt […]. Und [ich] verteil sie auf Fabian und Lukas und hab dann natürlich sowas gesagt wie ‚Damit die auch mal sehen, wie das geht‘ (lacht). Das fand ich ein bisschen witzig, dass ich das gesagt hab" (Lehrer).

Der Lehrer erklärt, dass er in der Situation mit dem Engagement von Charlotte und Refika so unzufrieden gewesen sei, dass eine weitere Zusammenarbeit in dieser Konstellation im Hinblick auf seine Erwartungen an die Schülerinnen aussichtlos erschien. Mit seiner Intervention scheint er bezwecken zu wollen, dass sich etwas am Verhalten von Charlotte und Refika ändert, sodass sie in Zusammenarbeit mit Fabian und Lukas mehr Engagement zeigen.

Über die neuen geschlechtsheterogenen Paarungen äußert sich der Lehrer wie folgt:

„Was ich vorher auch nicht wusste, ob jetzt natürlich diese Geschlechtsheterogenität, dass da [ein] Mädchen mit einem Jungen zusammenarbeitet, ob das funktioniert. Das wusste ich jetzt vorher nicht. Und da habe ich jetzt aber gedacht: ‚Okay, mein Argument ist jetzt, wenn ihr [Refika und Charlotte] zusammenarbeitet, klappt's nicht, also müsst ihr mit jemand anderem zusammenarbeiten. Es ist mir jetzt auch egal‘ (Lehrer).

Die beschriebene Unzufriedenheit des Lehrers wird insbesondere daran deutlich, dass er den Tausch der Partner*innen veranlasst, obwohl er sich unsicher zu sein scheint, ob die geschlechtsheterogene Paarung funktioniert. Die mitgeteilte Konsequenz „also müsst ihr mit jemand anderem zusammenarbeiten" deutet auf eine erzieherische Maßnahme hin, sodass der Partner*innentausch als Sanktion verstanden werden kann. Diese scheint der Lehrer insofern zu rechtfertigen, als dass die Schülerinnen Charlotte und Refika diese Entscheidung durch ihr fehlendes Engagement selbst zu verantworten haben.

Über die darauffolgende Zusammenarbeit einer der neuen Paarungen sagt er Folgendes:

„Fabian und Refika haben ein Problem damit, also beziehungsweise, Fabian guckt auch so ein bisschen beschämt zu den anderen. Also, sie möchten das beide nicht machen, habe ich den Eindruck" (Lehrer).

An der Körpersprache der Schüler*innen meint der Lehrer zu erkennen, dass Fabian und Refika Berührungsängste haben, die dazu führen, die Aufgabe nicht in dieser Konstellation ausführen zu wollen.

Im weiteren Verlauf der Sequenz ist zu sehen, dass er dennoch konsequent an der Entscheidung festhält. Diese Art der Kommunikation begründet er folgendermaßen:

„Also, ich versuche das zu signalisieren, dass darüber nicht diskutiert wird. Also, ich lasse keine Diskussionen darüber zu, quasi von dem, wie ich das sage [...]" (Lehrer).

Der Lehrer erklärt, dass er in einer solchen Situation bewusst keine Mitbestimmung von Seiten der Schüler*innen zulasse. Scheinbar ist ihm eine klare und eindeutige Haltung in seiner Kommunikation wichtig, die sich in seiner Autorität widerspiegelt. Diese scheint er seinen Schüler*innen signalisieren zu wollen.

Den Grund für eine solche Kommunikation führt er im folgenden Zitat an:

„Ich mach das so, weil ich dann glaube, dass [das] dazu führt, dass die arbeiten. Also beziehungsweise: Ich habe keine Lust auf eine Diskussion, ob man das jetzt machen kann oder nicht. Oder warum das andere besser ist oder so. Also Zeitökonomie. Aber ich erwarte auch einfach, dass sie das dann machen" (Lehrer).

Der Lehrer scheint von den Schüler*innen zu erwarten, dass diese seine Arbeitsaufträge ausführen, ohne diese zu hinterfragen. Seine geringe Bereitschaft, mit den Schüler*innen über seine Aufgabenstellungen zu diskutieren, begründet er neben dem Nutzen der zeitlichen Ressourcen auch durch seine geringe Motivation, sich mit den Einwänden der Schüler*innen auseinanderzusetzen. Diskussionen dieser Form scheint er daher als Störfaktoren zu betrachten, die den Ablauf seines Unterrichts behindern. Dementsprechend scheint er bestimmenden Ansagen eine hohe Relevanz für einen gelingenden Sportunterricht beizumessen. Über eine alternative Lehrkraft-Schüler*innen-Kommunikation sagt er Folgendes:

„Und wenn ich jetzt sagen würde: ‚Charlotte, könntest du bitte mit Lukas zusammenarbeiten? Und Refika, könntest du bitte mit Fabian zusammenarbeiten?‘ Das meine ich. Das wäre dann eine andere Ansprache. Das wäre dann eher so: ‚Ja, bitte mach das mir zuliebe‘ oder weiß ich nicht [...] so bisschen verweichlicht, sage ich mal. Und dann könnte ich mir vorstellen, dass es vielleicht auch so ist, dass sie sagen: ‚Nö‘" (Lehrer).

Eine Kommunikation, die den Schüler*innen Freiheiten lässt, scheint beim Lehrer negativ konnotiert zu sein („verweichlicht"). Scheinbar möchte der Lehrer die Situation vermeiden, dass Schüler*innen Freiheiten, die er ihnen gewährt, ausnutzen. Das Interview erweckt den Eindruck, dass er eine solche Situation gar nicht erst aufkommen lassen möchte, sodass er diesem antizipierten Problem mithilfe von bestimmenden Ansagen und einer klaren Unterrichtsstruktur vorbeugen möchte.

Obwohl die Schülerinnen ihre Unzufriedenheit in Bezug auf den vom Lehrer vorgenommenen Wechsel zeigen, führen diese die Aufgabe dennoch aus. Warum sie seiner Meinung nach den Arbeitsauftrag – wenn auch zögerlich – ausführen, erklärt er im folgenden Zitat:

„Ich glaube, das ist gar nicht so abhängig von Noten oder so [...]. Ne, ich glaube, das ist einfach, weil sie es dann mir auch zuliebe gerne machen. Wenn ich das von denen einfordere, dann sagen sie: ‚Okay, dann mache ich das jetzt auch mal‘ – selbst, wenn sie am Anfang keinen Bock dazu haben" (Lehrer).

Dem Lehrer scheint bewusst zu sein, dass die Schüler*innen kein eigenes Interesse an der Aufgabe haben. So äußert er die Vermutung, dass sie die Aufgabe ihm zuliebe durchführen. Dies erweckt den Eindruck, dass er die Lehrkraft-Schüler*innen-Beziehung positiv einschätzt.

Wie geschildert ist auch Charlotte, die angibt, aufgrund psychischer Probleme einige Zeit nicht am Sportunterricht teilgenommen zu haben, von dem Partner*innentausch betroffen. Im Interview geht der Lehrer auch speziell auf ihre Vorgeschichte sowie seine Einschätzung der Situation ein:

> „[Ich wusste] über ihre Situation noch nicht so genau Bescheid und dann hat sie halt geheult nach der Stunde. Da hat sie gesagt: ‚Ja, ich bin psychisch labil und ich geh jetzt auch in Kur.' Habe ich gesagt: ‚Ja gut, muss ich schnell mit dem Klassenlehrer reden' – wusste ich halt alles nicht" (Lehrer).

> „Also momentan ist sie wieder deutlich stabiler [...]. Also im Umgang mit ihr; ich versuche empathisch zu sein, aber ich mache nichts Besonderes, dass ich denke: ‚Okay, du planst jetzt die Unterrichtssequenz so für sie, dass es funktioniert'" (Lehrer).

Das Interview erweckt den Eindruck, dass er sich in Bezug auf ihre gemeinsame Vorgeschichte davon freispricht, bewusst einen Fehler gemacht zu haben („wusste ich halt alles nicht"). Wie es zu der Situation gekommen ist, dass Charlotte weinen musste, verbalisiert er im Interview nicht. Er erklärt, dass Charlotte aktuell psychisch „wieder deutlich stabiler" ist, was womöglich dazu führt, dass er sie mit Blick auf den veranlassten Partner*innentausch genauso behandelt wie ihre Mitschüler*innen.

Nun soll die Szene aus Perspektive der Schüler*innen rekonstruiert werden. Für die weitere Analyse dieses Falls werden daher die Perspektiven der Schüler*innen Charlotte, Fabian, Lukas und Refika hinzugezogen.

Die Szene aus Sicht der Schüler*innen

Wie nehmen die betroffenen Schüler*innen den Partner*innentausch wahr, den der Lehrer veranlasst? Fabian beschreibt sein Erleben wie folgt:

> „Ja, das ist schon, das fand ich so ein bisschen komisch mit so einem Mädchen das zu machen, weil ich meistens nicht so, so einen Kontakt damit habe" (Fabian).

Dass für Fabian die Geschlechtsheterogenität während der Sequenz eine zentrale Rolle spielt, wird auch im weiteren Verlauf des Interviews deutlich:

> „Es war irgendwie ein bisschen anders als ich das mit einem Jungen mache. Weil, da habe ich gar nicht mehr Selbst-, da habe ich mehr Selbstbewusstsein und kann auch besser zuschlagen" (Fabian).

> „Aber dass ich wahrscheinlich, dass ich ein bisschen vorsichtiger sein sollte, weil es ja ein Mädchen ist und so weiter [...]. Ja, ich kenne Refika, ja, schon eine Weile und man sollte sie nicht so wirklich so doll schlagen, weil sonst wird sie zickig und so weiter" (Fabian).

Die Zitate deuten darauf hin, dass das anfängliche Zögern von Fabian, welches auch der Lehrer im Interview erwähnt, auf eine Form der Unsicherheit zurückzuführen ist. Offenbar fühlt er sich in der Zusammenarbeit mit Refika gehemmt und weiß nicht genau, wie er sich ihr gegenüber verhalten soll. Diese Unsicherheit scheint sich schließlich in seiner zögernden Haltung widerzuspiegeln.

Auch Refika bezieht sich im Interview auf ihren neuen Partner Fabian:

> „Ich fand, er [Fabian] wollte eigentlich nicht wirklich mit mir zusammen machen, also ich habe das gemerkt und deswegen standen wir auch erst, erstmal die ganze Zeit so rum. Bis Herr V. [Lehrer] dann gesagt hat, wir sollen mal machen" (Refika).

Refika macht im Interview Fabian für die passive Haltung zu Beginn der Arbeitsphase verantwortlich. Scheinbar nimmt sie in der Situation wahr, dass Fabian diese Aufgabe nicht gemeinsam mit ihr ausführen möchte, was schließlich dazu führt, dass auch sie sich passiv verhält.

Lukas, der die Übung nach dem Partner*innentausch gemeinsam mit Charlotte ausführt, beschreibt sein Erleben der Situation wie folgt:

> „Da war ich vollkommen zufrieden mit, da hatte ich keine Probleme mit. Auch mit dem Partnertausch nicht" (Lukas).

Dabei äußert er sich auch zum Unterrichtsstil des Lehrers:

> „In manchen Stunden wäre es bestimmt gut auch mal ein bisschen mehr so Eigeninitiative zu ergreifen" (Lukas).

Lukas scheint im Gegensatz zu Fabian keine Probleme mit der geschlechtsheterogenen Paarung zu haben. Allerdings äußert er, sich hin und wieder mehr Eigenverantwortung im Unterricht zu wünschen. Dies lässt den Eindruck entstehen, dass er im Unterricht oft fremdbestimmt agiert.

Charlotte geht im Interview ebenfalls auf diesen Aspekt ein:

> „Manchmal denkt man: ‚Man ist ja auch noch ein eigener Mensch und man kann eigentlich auch noch entscheiden, was man machen möchte.' Er sagt halt: ‚Entweder machst du es oder du hast halt eine sechs.' Aber, wenn du das jetzt gerade nicht kannst oder möchtest, dann ist das doof für dich. Aber das sind ja Lehrer, die machen auch nur ihren Job [...] das ist dann so ein Zwingen halt" (Charlotte).

Im Interview kritisiert Charlotte die Art und Weise, wie der Lehrer seine Entscheidungen kommuniziert. Der Satz „Entweder machst du es oder du hast halt eine sechs" deutet darauf hin, dass sie sich in ihrer Wahlfreiheit äußerst eingeschränkt fühlt. Sie empfindet dies offenbar als Ultimatum, welches ihr nicht ermöglicht, ihre eigenen Bedürfnisse einzubringen, ohne, dass dies mit einer schlechten Note bestraft wird. Offenbar fühlt sie sich dadurch unter Druck gesetzt, was dazu führt, dass sie Arbeitsaufträge unhinterfragt hinnimmt und ausführt.

Ähnlich wie Lukas scheint auch sie daher den Wunsch zu haben, im Unterricht öfter eigene Entscheidungen treffen zu können. Im Interview geht Charlotte noch gezielter auf die Situation ein, in der sie Lukas als Partnerin zugeordnet wird:

> „Ich mag es halt nicht so gern, wenn ich mit Jungs sein muss. Aber weil ich psychische Probleme habe, das [ist] halt so. Aber sonst ist das eigentlich, ist halt schwer für mich. Ich hab das letzte halbe Jahr gar keinen Sport mitgemacht. Da war ich immer halt entschuldigt vom Arzt und das ist jetzt schon ein bisschen schwer für mich, jetzt wieder reinzukommen oder mitzumachen" (Charlotte).

Im Gegensatz zu Lukas scheint sie die geschlechtsheterogene Paarung problematisch zu sehen. Das Modalverb „muss" deutet daraufhin, dass solche Konstellationen gegen ihren Willen veranlasst werden. Sie gibt an, dass die Abneigung mit Jungen zusammenzuarbeiten, mit ihren psychischen Problemen zusammenhänge.[85] Da sie zudem erklärt, dass es ihr ohnehin schwer falle, nach ihrer krankheitsbedingten Pause vom Sportunterricht „wieder reinzukommen", scheint die Geschlechtsheterogenität innerhalb der Szene ein zusätzlicher Faktor zu sein, der ihr den Umgang mit der Situation erschwert.

Eine Situation, die sie als besonders belastend empfindet, beschreibt sie im folgenden Zitat:

> „Für manche ist es nicht schlimm, aber zum Beispiel dieses Wrestling [Ringen und Kämpfen], da vor der Klasse was vorzumachen, das ist für mich schon sehr, sehr schlimm und da gehen schon sehr meine Nerven. Mich da zu überwinden, aber das sieht der Lehrer halt gar nicht so richtig, dass das so richtig an meine Nerven geht" (Charlotte).

Der Satzteil „sehr, sehr schlimm" lässt eine für sie große nervliche Anspannung vermuten. Dennoch scheint sie auch solche Arbeitsaufträge, die sie dermaßen fordern, auszuführen. Die nervliche Anspannung scheint der Lehrer ihrer Meinung nach nicht richtig wahrzunehmen, was daran liegen kann, dass eine solche Anspannung äußerlich nicht zwingend sichtbar ist, sodass diese verbalisiert werden müsste. Auf Grundlage der Rekonstruktion wird dieser Fall im nachfolgenden Kapitel reflektiert.

9.2.3 Fall-Reflexion

Erkenntnisgewinn

Im Zentrum des Falls steht die bestimmende Kommunikation des Lehrers, die sich beim Tauschs der Partner*innen zeigt. Die motivationalen Folgen dieser Kommunikation sollen an dieser Stelle sowohl am Beispiel des Partner*innentauschs als auch speziell im Umgang mit Charlotte, die im

---

[85] Im weiteren Verlauf des Interviews beschreibt sie diese wie folgt: „Ich bin beim Arzt und ich hab Depressionen […], also psychisch krank."

Interview von ihrer psychischen Erkrankung spricht, theoriegeleitet reflektiert werden.

Die Fall-Rekonstruktion lässt darauf schließen, dass der Sportunterricht durch bestimmende Ansagen des Lehrers geprägt ist. Dieser Linie folgend, tauscht der Lehrer die Partner*innen, ohne vorher die Meinung der Schüler*innen einzuholen. Laut eigener Aussage leitet der Lehrer den Tausch der Partner*innen ein, da Charlotte und Refika die Übung nicht zu seiner Zufriedenheit ausführen. Die Intention dieses Kommunikationsprozesses scheint somit eine Sanktion zu sein.

Die Entscheidung des Lehrers wird von den Schüler*innen unterschiedlich aufgenommen. Vor allem die Aussagen von Fabian und Charlotte deuten auf negative motivationale Konsequenzen hin. So bekundet Fabian, dass ihm durch die neue Zuordnung zu einem Mädchen Selbstvertrauen fehle, was sich negativ auf sein Kompetenzerleben auszuwirken scheint, da er nicht weiß, wie er mit der Situation umgehen soll (vgl. Kapitel 6.3). In dieser für ihn ungewohnten Situation scheinen ihm Halt und Orientierung zu fehlen. Diese Faktoren sowie der Aufbau von Selbstvertrauen durch offene und verlässliche Unterrichtsstrukturen werden allerdings insbesondere beim Umgang mit dem Förderschwerpunkt emotionale und soziale Entwicklung empfohlen (vgl. Kapitel 5.2.3).

Somit hat die Sanktion des Lehrers, die laut seiner Aussage an Refika und Charlotte gerichtet ist, auch negative Folgen für Fabian, obwohl dieser mit der Arbeitshaltung seiner Mitschülerinnen im Grunde genommen nichts zu tun hat. Passend dazu sensibilisiert die KMK insbesondere bei diesem Förderschwerpunkt, dass betroffene Schüler*innen in Bezug auf „Strafen ohne Beziehung zur Tat" besonders affektiv reagieren können, sodass solche Situationen möglichst zu vermeiden sind (2000, S. 7; vgl. Kapitel 5.2.3).

Darüber hinaus kritisieren Lukas und Charlotte im Interview die Art und Weise, wie der Lehrer kommuniziert. Beide geben an, dass sie sich mehr Autonomieförderung vom Lehrer wünschen. Speziell äußern sie Wünsche nach mehr „Eigeninitiative" (Lukas) und mehr Freiheiten (Charlotte: „Man ist ja auch noch ein eigener Mensch und man kann eigentlich auch noch entscheiden, was man machen möchte"). Interessanterweise scheint diese fehlende Autonomieförderung eine bewusste Entscheidung des Lehrers zu sein, da er angibt, auf Diskussionen mit den Schüler*innen „keine Lust" zu haben. Zudem bekundet er im Interview, dass er seinen Unterricht zeitökonomisch gestalten möchte und begründet auf dieser Grundlage seine bestimmende Kommunikation mit den Schüler*innen. Diese scheint allerdings dazu zu führen, dass sich die fehlende Autonomieunterstützung negativ auf die Motivation der Schüler*innen auswirkt.

Die Tatsache, dass die Schüler*innen die Aufgaben des Lehrers trotzdem ausführen, deutet auf ein fremdbestimmtes Verhalten hin (vgl. Kapitel 6.2.3). Dieses scheint auch der Lehrer wahrzunehmen, da er im Interview beschreibt, dass die Schüler*innen Aufgaben auch dann ausführen, „wenn sie am Anfang keinen Bock dazu haben." Als Vermutung für dieses Verhalten äußert er im Interview seine Beziehung zu den Schüler*innen („weil sie es dann mir auch zuliebe gerne machen"), was der introjizierten Regulation zugeordnet werden kann (vgl. Kapitel 6.2.3). Im Gegensatz dazu erklärt Charlotte im Interview, dass der Notendruck eine entscheidende Rolle spiele, wenn sie solchen Anweisungen des Lehrers Folge leistet („Er sagt halt: ‚Entweder machst du es oder du hast halt eine sechs'"). Dies lässt sich der externalen Regulation zuordnen und entspricht der extrinsischen Motivationsform, die mit der größten Fremdbestimmung einhergeht (vgl. Kapitel 6.2.3). Womöglich führt diese Fehleinschätzung des Lehrers dazu, dass er die negativen motivationalen Folgen seiner Kommunikation unterschätzt.

Ein vergleichbares Phänomen deutet sich auch im Umgang mit Charlotte an. So bekundet der Lehrer, dass Charlotte psychisch wieder stabiler sei und er – abgesehen von empathischem Auftreten – keine Notwendigkeit dafür sieht, weitere Maßnahmen im Umgang mit ihr zu ergreifen. Auch hier scheint sich eine divergente Einschätzung der Situation zu zeigen, erklärt Charlotte doch, dass sie einige Unterrichtssequenzen aufgrund ihrer Psyche „sehr, sehr schlimm" finde. Als Beispiel nennt sie das Präsentieren vor der Klasse, was auf negative Auswirkungen auf ihre Bedürfnisse nach Kompetenz (‚Ich kann das nicht so gut, um das vorzumachen') und sozialer Eingebundenheit (‚Ich möchte das nicht vor den anderen machen') hindeuten kann (vgl. auch Kapitel 4.2.2).

Der Lehrer scheint über die Bedürfnisse der hier im Fokus stehenden Schüler*innen nicht ausreichend informiert zu sein. Da auch Charlotte im Interview die fehlende Wahrnehmung des Lehrers hinsichtlich ihrer Empfindungen betont („das sieht der Lehrer halt gar nicht so richtig"), liegt hier möglicherweise eine Interpunktion vor, bei der sich beide Kommunikationsmuster gegenseitig verstärken: Charlotte fühlt sich gezwungen einen Arbeitsauftrag auszuführen. Womöglich tut sie dies oftmals, ohne dem Lehrer zu signalisieren, dass sie diese Aufgabe psychisch belastet. Da der Lehrer beobachtet, dass Charlotte die Aufgabe ausführt, zieht dieser daraus womöglich den Schluss, dass sie gut mit dieser Situation zurechtkommt. Insofern kann er ihr aus seiner Sicht weiterhin solche Arbeitsaufträge geben, die sie wiederum unter Anspannung ausführt.[86]

Eine wesentliche Erkenntnis des Falls liegt daher – im Sinne einer motivierenden Lehrkraft-Schüler*innen-Kommunikation – in der Bedeutung der Transparenz der Bedürfnisse der Schüler*innen. Diesbezüglich zeigt dieser Fall anhand einiger Beispiele (der Einfluss der geschlechtsheterogenen

---

[86] Watzlawick, Beavin und Jackson (2011) bezeichnen solche gegenseitigen Verstärkungen als Interpunktion von Ereignisfolgen. Schulz von Thun (2016) spricht in diesem Zusammenhang von Teufelskreisen.

Paarungen; die Auswirkungen der bestimmenden Kommunikation des Lehrers; der Umgang mit Charlotte), wie wichtig es für eine Lehrkraft ist, die Bedürfnislage der Schüler*innen zu kennen und – sofern möglich – diese situativ antizipieren zu können. Denn zu erwarten ist, dass der Lehrer seine Kommunikation mit den Schüler*innen anders gestalten würde, wenn er die Bedürfnislage der Schüler*innen kennt.

Wie der Fall nahelegt, kann dabei nicht davon ausgegangen werden, dass Schüler*innen ihre Bedürfnisse eigeninitiativ kommunizieren und dementsprechend Wünsche an die Lehrkraft aussprechen. Eine solche Passivität kann verschiedene Ursachen haben. Neben generellen Persönlichkeitsorientierungen (vgl. Kapitel 6.3.3) liefert der Fall Hinweise auf weitere potenzielle Ursachen. So stehen Schüler*innen unter anderem in einem Abhängigkeitsverhältnis zur Lehrkraft, welches unter anderem daran zu erkennen ist, dass Schüler*innen von ihren Lehrkräften benotet werden. Diesen Aspekt erwähnt beispielsweise Charlotte im Interview. Weiterhin haben die Schüler*innen in der Vergangenheit womöglich die Erfahrung gemacht haben, dass ihre bisherigen Versuche, Einfluss auf den Unterrichtsverlauf zu nehmen, von der Lehrkraft nicht zugelassen wurden (Charlotte: „Er sagt halt: ‚Entweder machst du es oder du hast halt eine sechs‘"). Diese These unterstützend bezeichnet der Lehrer eine Kommunikation, die den Schüler*innen mehr Freiheiten einräumt, als „verweichlicht". Es ist daher zu vermuten, dass sich die Schüler*innen im Sinne ihres Kompetenzbedürfnisses in dieser Hinsicht noch nicht als wirksam erleben konnten, sodass sie die Arbeitsaufträge der Lehrkraft ausführen, ohne ihre Bedürfnisse zu kommunizieren (vgl. Kapitel 6.3; siehe auch erlernte Hilflosigkeit, u. a. Kapitel 7.2).

Handlungsalternativen
Die nun vorgestellten Handlungsalternativen beziehen sich im Wesentlichen auf zwei Aspekte. Zunächst resultieren sie aus den Erkenntnissen des vom Lehrer veranlassten Partner*innentauschs, der besonders für Charlotte und Fabian eine Herausforderung darstellt. Da die Fall-Rekonstruktion zudem die Vermutung nahelegt, dass der Lehrer die demotivierenden Konsequenzen seiner bestimmenden Kommunikation unterschätzt, sollen zudem Handlungsoptionen diskutiert werden, welche die Lehrkraft bei der Perspektivübernahme seitens der Schüler*innen unterstützen soll.

Wie geschildert, spricht der Lehrer die Zuordnung der neuen Paarungen als Sanktion aus („...dass ihr mal seht, wie man das macht"). Möglicherweise wird durch diese Ansage eine negative Assoziation bzgl. einiger Mitschüler*innen angebahnt. Nämlich dann, wenn der*die neue Partner*in mit der Strafe assoziiert wird, sodass dies negative Folgen bzgl. des Bedürfnisses nach sozialer Eingebundenheit nach sich ziehen könnte. Um solche negativen Konsequenzen zu vermeiden, wird hier davon abgeraten, eine Sanktion durch eine neue Zuordnung der Paarungen zu veranlassen.

Stattdessen könnte der Lehrer den Tausch vor den Schüler*innen präziser erläutern, wobei weniger die Sanktion, sondern vielmehr eine nachvollziehbare Funktion des Partner*innentauschs kommuniziert wird (zum Beispiel die Anpassung an eine*n neue*n Gegner*in, um durch das bislang unbekannte Bewegungsverhalten neu gefordert zu werden).

Als Folge des fremdbestimmten Partner*innentauschs scheint unter anderem Fabian bzgl. des Umgangs mit seiner neuen Partnerin, aufgrund der Geschlechtsheterogenität verunsichert zu sein. Wie in Kapitel 5.2.3 beschrieben, sollte insbesondere bei Schüler*innen mit zugewiesenen Förderschwerpunkt emotionale und soziale Entwicklung eine Unterrichtsatmosphäre hergestellt werden, die den Schüler*innen Halt und Orientierung bietet. Dazu gehört ebenfalls ein berechenbares Lehrkraftverhalten, um auf dieser Grundlage das Selbstvertrauen der Schüler*innen aufzubauen.

Dementsprechend kann es insbesondere mit Blick auf das Kompetenzbedürfnis sinnvoll sein, die für Fabian unbekannte Situation der Zusammenarbeit mit einem Mädchen behutsamer anzubahnen. Beispielsweise kann ein solcher Tausch der Partner*innen bereits im Vorfeld angekündigt werden, sodass Fabian sich mental auf die neue Partnerin einstellen kann und sich nicht plötzlich von der neuen Situation überrumpelt fühlt. Zudem kann dieser Tausch mit einer nachvollziehbaren Begründung versehen und – wenn es als solche verstanden wird – als ‚kurzer Versuch‘ kommuniziert werden. Somit kann Fabian unter Umständen die Angst genommen werden, ein evtl. auftretendes Gefühl von Unbehagen eine unbestimmte Zeit lang aushalten zu müssen. Eine solche angstfreie Atmosphäre kann dadurch verstärkt werden, dass die Lehrkraft die Schüler*innen im Vorfeld im Sinne der Autonomieförderung fragt, ob sie mit einem solchen Versuch einverstanden seien. Dabei kann sie zum Beispiel auch betonen, dass die Schüler*innen jederzeit die Freiheit haben, die Partner*innen wieder zu tauschen, sofern sie sich unwohl fühlen sollten.

Aus Sicht der Bedürfnisbefriedigung sollte eine solche Entscheidung eines*einer Schülers*Schülerin ernstgenommen werden, da die Selbstbestimmung andernfalls nur suggeriert werden würde. Für eine solche Suggestion soll an dieser Stelle der Begriff Scheinautonomie eingeführt werden. Diese tritt dann ein, wenn die Lehrkraft dem*der Schüler*in eine Entscheidungsfreiheit suggeriert, letztlich aber nur die von ihr gewünschte Entscheidung zulässt und den*die Schüler*in schließlich von der ihrer Meinung nach ‚richtigen‘ Entscheidung überzeugen möchte. Eine solche Suggestion kann der Theorie zufolge negative Folgen bzgl. der psychologischen Grundbedürfnisse haben.[87] Durch das Zurücknehmen einer zuvor gewährten Freiheit kann sich ein gewisser Widerstand bei den Schüler*innen einstellen[88], welcher aus der Frustration des Autonomiebedürfnisses resul-

---

[87] Darauf deuten auch die Forschungsergebnisse über die subtile Druckausübung von Vansteenkiste et al. (2005) hin, die im Forschungsstand skizziert wurden (vgl. Kapitel 7.3).
[88] Dieses Phänomen wird ausführlich in der Theorie der psychologischen Reaktanz thematisiert (vgl. z. B. Brehm, 1966; Dickenberger, Gniech & 2002).

tiert. Hinzu kommt, dass ein*e Schüler*in somit schlussfolgern kann, dass das eigene selbstbestimmte Verhalten eigentlich nicht erwünscht ist. In Bezug auf das Bedürfnis nach sozialer Eingebundenheit kann der*die Schüler*in sich unter Umständen von der Lehrkraft nicht ernstgenommen fühlen oder das Lehrkraftverhalten als manipulativ und unaufrichtig einstufen. Eine Scheinautonomie kann ebenso Auswirkungen auf das Kompetenzbedürfnis haben – nämlich dann, wenn der*die Schüler*in schlussfolgert, dass er*sie offensichtlich nicht über die Kompetenz verfügt, die (vermeintlich) richtige Entscheidung zu treffen. Das Gefühl der Unwirksamkeit kann ebenso auftreten, wenn er*sie merkt, dass er*sie das Unterrichtsgeschehen nicht beeinflussen kann, obwohl er*sie dies durch seine Meinungsäußerung versucht. Die Folgen der Scheinautonomie können daher womöglich zu einer erlernten Hilflosigkeit führen (vgl. u. a. Kapitel 6.2; 6.3.3).

Gelingt es der Lehrkraft hingegen, einen solchen Partner*innentausch innerhalb einer autonomieförderlichen Atmosphäre zu kommunizieren, kann Fabian womöglich mit höherer Wahrscheinlichkeit Kompetenzerfahrungen machen, sofern es ihm gelingt, innerhalb des neuen sozialen Rahmens Erfolgserlebnisse zu generieren. Gleichzeitig könnte dies ebenso positiven Einfluss auf das Bedürfnis nach sozialer Eingebundenheit innerhalb der Klasse haben, da er in einer möglichst angstfreien und durch ihn kontrollierbaren Situation mit einer Person in Kontakt kommt, mit der er zuvor keine vergleichbaren Berührungspunkte hatte. Als potenzielle Grundlage für die Befriedigung der Bedürfnisse nach Kompetenz und sozialer Eingebundenheit wird in Bezug auf diesen Fall somit die Förderung der Autonomie seitens der Schüler*innen vorgeschlagen.

Eine weitere zentrale Erkenntnis dieses Falls liegt in den Folgen der bestimmenden Kommunikation des Lehrers. Der Lehrer scheint sich der negativen motivationalen Konsequenzen seiner Kommunikation nicht bewusst zu sein, da er die Empfindungen seiner Schüler*innen im Interview anders einschätzt als diese angeben. Dementsprechend verfolgen die folgenden Handlungsoptionen das Ziel, die Perspektivübernahme des Lehrers in Bezug auf seine Schüler*innen zu erleichtern.

Um solchen demotivierenden Situationen entgegenzuwirken, sollen Möglichkeiten diskutiert werden, um im Sportunterricht eine positive Feedbackkultur anzubahnen. Das Ziel einer solchen sollte es sein, dem Lehrer durch mehr Transparenz bzgl. der Bedürfnisse der Schüler*innen eine empathischere Grundhaltung zu ermöglichen, die er in seiner Kommunikation berücksichtigen kann.

Als Umsetzungsmöglichkeiten werden hier in aller Kürze drei Varianten vorgeschlagen, die allesamt gemein haben, die Schüler*innen im Sinne einer Autonomieförderung an der Mitgestaltung des Unterrichts zu beteiligen, indem sie ihre eigenen Bedürfnisse kundtun.

(1) Eine Variante sind vom Lehrer initiierte offene Gesprächsanlässe innerhalb des gesamten Klassenverbands. In einem gemeinsamen Gespräch können Schüler*innen ihre Bedürfnisse in Bezug auf den Sportunterricht äußern und Ideen für die weitere Unterrichtsgestaltung einbringen. Diese sollten vom Lehrer ernstgenommen werden. Da eine solche Selbstkundgabe vor der gesamten Klasse eine große Hürde darstellen kann, ist hier im Sinne der sozialen Eingebundenheit eine von den Schüler*innen wahrgenommene offene Gesprächskultur Voraussetzung, sodass keine*r der Schüler*innen Angst zu haben braucht, seine Ideen und Bedürfnisse offen auszusprechen.
(2) Eine weitere Idee ist das Sammeln von Bedürfnissen und Ideen in Kleingruppen. Diese können im Anschluss dem Rest der Klasse vorgestellt werden. Auch diese Variante erfordert eine offene Gesprächskultur, jedoch haben die Schüler*innen hierbei im Vorfeld die Möglichkeit, in vertrauten Kleingruppen über ihre Anregungen zu sprechen. Dies kann die Schüler*innen im Anschluss dazu ermutigen, ihre Gruppenergebnisse zu präsentieren, da nun einzelne Schüler*innen weniger im Fokus stehen.
(3) Eine weitere Möglichkeit sind anonyme Rückmeldungen. Diese eignen sich womöglich als Einführung einer solchen Feedbackkultur. Sie können schriftlich erfolgen und den Schüler*innen somit die Angst vor negativen Konsequenzen nehmen. Auch Mischformen dieser Anregungen sind denkbar.[89]
Indem die Lehrkraft die Schüler*innen zu einem solchen Feedback ermutigt und dieses bei der Gestaltung des Unterrichts berücksichtigt, kann sie möglicherweise zur Bedürfnisbefriedigung seitens der Schüler*innen beitragen. Im Sinne des Autonomiebedürfnisses können Schüler*innen im Unterricht in höherem Maße mitbestimmen und diesen mitgestalten. Im Hinblick auf das Bedürfnis nach sozialer Eingebundenheit fühlen sich die Schüler*innen möglicherweise durch den offenen Austauscht innerhalb der Gruppe (inklusive des Lehrers) wohler und können im besten Fall eine gemeinsame Motivation entwickeln, einen für alle zufriedenstellenden Sportunterricht zu gestalten. Was das Kompetenzbedürfnisses betrifft, kann eine solche Mitbestimmung dafür sorgen, dass Schüler*innen möglichst nicht mit Situationen konfrontiert werden, denen sie sich nicht gewachsen fühlen. Weiterhin können sie Wirksamkeitserfahrungen machen, wenn sie bemerken, dass ihre Ideen den Unterricht beeinflussen.
Für eine solche Orientierung an den Schüler*innen bedarf es sicherlich einer gewissen Flexibilität hinsichtlich der Unterrichtsgestaltung. Im Hinblick auf die dadurch erworbenen Kenntnisse über die Bedürfnisse der Schüler*innen und das Anpassen der Kommunikation an diese Bedürfnisse können möglicherweise demotivierende Kommunikationsfolgen, wie sie dieser Fall zeigt, vermieden und eine höhere Motivation bei den Schüler*innen erreicht werden.

---

[89] Diese Ideen sind lediglich als Angebote zum Weiter- und Mitdenken zu verstehen. Sie sind weder hinreichend ausführlich beschrieben noch erheben sie den Anspruch auf Vollständigkeit.

9.3 Fallanalyse: „Es hat jetzt nicht jeder einen Ballkontakt gehabt" – Über das (Nicht-)Einbeziehen einzelner Schüler*innen

9.3.1 Fall-Konstruktion

Die Heterogenität einer inklusiven Schulklasse kann bei Klassenaufgaben, bei denen die gesamte Lerngruppe ein gemeinschaftliches Ziel verfolgt, besonders in den Fokus der Beteiligten rücken. Denn auch wenn alle Schüler*innen das gleiche Ziel verfolgen, hängt der gemeinschaftliche Erfolg der Klasse oftmals von den individuellen Kompetenzen der einzelnen Schüler*innen ab. Dementsprechend können leistungsstärkere Schüler*innen in der Regel mehr zum Klassenerfolg beitragen als ihre leistungsschwächeren Mitschüler*innen. Mit dem Verfolgen eines gemeinsamen Ziels wächst oftmals auch der Druck auf den einzelnen. Denn wenn die Klasse ihr Ziel verfehlt, möchte ein*e Schüler*in ungern von seinen*ihren Mitschüler*innen für dieses Scheitern verantwortlich gemacht werden.

Eine Sportlehrkraft steht beim Stellen einer solchen Aufgabe vor der Herausforderung, eine Aufgabenschwierigkeit zu finden, bei der sich alle Schüler*innen sinnvoll bei der Bewältigung der Aufgabe einbringen können. Gelingt es der Sportlehrkraft nicht, eine solche Aufgabe zu finden, kann dies dazu führen, dass einige Schüler*innen mit der Aufgabe überfordert sind.

Im hier dargestellten Fall geht es um eine solche Situation, in der die Lehrkraft wahrnimmt, dass eine Schülerin, die den Förderschwerpunkt Sprache zugewiesen bekommen hat, mit der Klassenaufgabe überfordert ist. Diesbezüglich stellen sich für diesen Fall die folgenden Fragen:

(1) Wie kommuniziert die Lehrkraft, wenn sie wahrnimmt, dass ein*e Schüler*in innerhalb einer Klassenaufgabe überfordert ist?

(2) Inwiefern beeinflusst dieser Kommunikationsprozess die Motivation der Schüler*innen?

Der vorliegende Fall spielt sich in einer zehnten Klasse während einer Unterrichtsreihe ab, in der das Sportspiel Volleyball thematisiert wird. Die Klasse bekommt eine Aufgabe, die die Lehrkraft ‚Süßigkeiten-Challenge‘ nennt. Ziel der Aufgabe ist es, den Ball mittels Volleyballtechniken (vorwiegend mit der Technik des Pritschens) von einer Seite des Hallendrittels zu der gegenüberliegenden Seite des Hallendrittels zu spielen, wobei der Ball währenddessen nicht den Boden berühren darf. Um dieses Ziel zu erreichen, haben sich die Schüler*innen im gesamten Hallendrittel verteilt. Die Lehrkraft positioniert sich vor der Klasse und wirft den Schüler*innen pro Durchgang einen Ball zu. Für jeden erfolgreichen Durchgang erhält die Klasse einen Punkt. Für jeden Punkt, den die Klasse erzielt, bekommen die Schüler*innen von der Lehrkraft eine Süßigkeit ausgehändigt. Vom Lehrer werden keine binnendifferenzierende Maßnahmen veranlasst.

Im bisherigen Verlauf der Reihe wurde die Technik des Pritschens thematisiert. Dabei wurde neben dem frontalen Zuspiel zu zweit auch das Zuspiel in Kreisformation erprobt. Auch die Süßigkeiten-Challenge hat die Klasse bereits einmal durchgeführt. Die Herausforderung bei dieser besteht darin, den Ball an die hintere Wand zu spielen, also jener Wand, die sich entgegengesetzt der Blickrichtung der Schüler*innen befindet.

In der Szene beteiligt ist auch Larissa, die den Förderschwerpunkt Sprache zugewiesen bekommen hat. Laut Aussagen des Lehrers zählt sie motorisch zu den schwächeren Schüler*innen, auch wenn sie den Förderschwerpunkt körperliche und motorische Entwicklung nicht zugeschrieben bekommen hat.[90] Auch aus dem Videomaterial geht hervor, dass Larissa Schwierigkeiten bei der Ausführung des Pritschens hat, was sich insbesondere an der Handhaltung (technisch sind unter anderem gespreizte Finger und gewölbte Handflächen erforderlich) und der Hand-Auge-Koordination zeigt. Erfolgreiche Zuspiele gelingen ihr eher selten.

Die Klasse hat sich im gesamten Hallendrittel verteilt, um die ‚Süßigkeiten-Challenge‘ auszuführen. In der ersten Reihe sind fünf Schüler*innen positioniert: Larissa, Yasemin, Levin, Marion und Rima. Der Lehrer spricht zur Klasse: „Ok? Bereit? Gut." Er wirft den Ball zu Levin, der den Ball über den Kopf seitlich nach hinten in die Nähe von Marion spielt. Diese spielt den Ball wiederum weiter nach hinten. Der Lehrer kommentiert die Ballkontakte der Schüler*innen: „Eins, zwei, drei, vier" Nach dem vierten Kontakt fliegt der Ball auf den Hallenboden. Der Lehrer kommentiert: „Ok. Das war schon nicht schlecht für den ersten Versuch. Ok." Den nächsten Ball wirft er zu Marion. Wieder zählt er die Ballkontakte laut mit: „Eins, zwei, drei, vier." Erneut landet der Ball auf dem Boden. „Schade" sagt der Lehrer, bevor er den nächsten Ball zu Yasemin wirft. Diese spielt den Ball über ihren Kopf nach hinten, wo der Ball hinter ihrer Mitschülerin auf den Boden fliegt. Nach neun weiteren missglückten Versuchen, die der Lehrer zu Yasemin, Levin, Marion und Rima wirft, pfeift der Lehrer mit den Fingern: „So. Ok. Damit ihr nicht hungrig gehen müsst […] letztes Mal waren es ja zwei [Süßigkeiten], [das] war ganz cool […]. Das ist ja die Schwierigkeit. Ihr habt dahinten 'ne Lücke, die [Bälle] landen da immer irgendwo im Leeren." Galip besetzt die Lücke. Der Lehrer kommentiert: „Genau, Galip hat sich da schon ganz gut hingestellt gerade. So, das ist schon nicht schlecht. Dahinten, das war das Problem […]."
Nach fünf weiteren Versuchen, die der Lehrer zu Yasemin, Levin, Rima und dem in der zweiten Reihe positionierten Galip wirft, wird der Ball erstmals erfolgreich an das hintere Hallendrittel gespielt. Der Lehrer reißt die Arme nach oben und sagt: „Yes. Schokoriegel Nummer drei, ne?" Einige Schüler*innen bestätigen das. Der Lehrer sagt: „Gut. Ok. So, jetzt funktioniert's. So und jetzt geht's mal richtig los hier." Er dreht sich zu Larissa und deutet an, dass er ihr den nächsten Ball zuwerfen wird. Der

---

[90] Wie bereits geschildert wurde, ist bei Schüler*innen mit dem Förderschwerpunkt Sprache häufig auch eine Verzögerung der motorischen Entwicklung zu beobachten (vgl. Kapitel 5.2.4).

Lehrer sagt ihren Namen, während er ihr zum ersten Mal den Ball zuwirft. Larissa versucht ihn weiterzuspielen, jedoch landet der Ball auf dem Hallenboden.

Den nächsten Ball lässt der Lehrer über Marion starten. Die Schüler*innen erreichen bei diesem Versuch nach mehreren Ballkontakten erneut die Hallenwand. Bei den letzten vier Versuchen wirft der Lehrer den Ball zu Levin, Marion und Yasemin, die diesen jeweils nach hinten zu ihren Mitschüler*innen spielen. Weitere Punkte erreichen die Schüler*innen nicht. Der Lehrer pfeift und bittet die Schüler*innen zusammenzu-kommen: „Kommt hier vorne in den Kreis."

Im Kreis resümiert der Lehrer: „Es hat jetzt nicht jeder einen Ballkontakt gehabt, das hängt von der Position ab."

Die Fall-Konstruktion zeigt unter anderem, welchen Schüler*innen der Lehrer die einzelnen Bälle zuwirft. Auffallend dabei ist, dass Larissa seltener den Ball zugeworfen bekommt als ihre Mitschüler*innen, die ebenfalls in der ersten Reihe positioniert sind. In der nun anschließenden Fall-Rekons-truktion geht es daher um die Einbeziehung der einzelnen Schüler*innen bei der Süßigkeiten-Challenge. Neben der verbalen Kommunikation steht hier insbesondere die nonverbale Ebene der Kommunikation im Vordergrund, welche im Wesentlichen durch das Zuwerfen der Bälle charakterisiert ist.

Für die Rekonstruktion des Falls werden neben dem Lehrerinterview drei Schüler*inneninterviews herangezogen. Darunter Larissa[91], Marion und Levin. Mithilfe dieser vier Interviews soll rekonstruiert werden, welche Intention der Lehrer mit seiner Kommunikation verfolgt, wie die Schüler*in-nen diese wahrnehmen und welche Folgen sich daraus hinsichtlich der Motivation der Schüler*innen ergeben.

9.3.2 Fall-Rekonstruktion

Die Szene aus Sicht der Lehrkraft

Um Erkenntnisse bzgl. der Forschungsfrage zu gewinnen, wird zunächst rekonstruiert, wie der Lehrer die ‚Süßigkeiten-Challenge' und die Kom-munikation mit den Schüler*innen wahrnimmt. Das Ziel der ‚Süßigkeiten-Challenge' beschreibt der Lehrer wie folgt:

---

[91] Im Interview hat sich die Sprache von Larissa im Vergleich zu ihren Mitschüler*innen u. a. dahingehend unterschieden, dass sie häufig in sehr kurzen, unvollständigen und schwer zu verstehenden Sätzen geantwortet hat. Die zentralen Aussagen ihres Interviews sind jedoch meist erkennbar, sodass der Fall auch aus ihrer Perspektive rekonstruiert werden kann. Im Sinne der forschungsmethodischen Reflexion sei hier angemerkt, dass dieses Interview im Vergleich zu den Interviews mit Larissas Mitschüler*innen mit weniger offenen Fragen geführt wurde. Diese Entscheidung wurde getroffen, da während des Interviews der Eindruck entstanden ist, dass Larissa durch die offenen Fragen überfordert wird.

„Letztendlich sollen die ja im Feld nachher den Ball mal hin und her spielen können, bevor sie wieder zum Gegner spielen. Einfach mehrere Ballkontakte zwischen mehreren Personen, die nicht kalkulierbar sind: Also, ich weiß nicht, wo der [Ball] hinkommt, aber ich muss reagieren einfach. Ich muss mal einen Schritt nach vorne gehen und dann mal einen Schritt dahin. Die [Schüler*innen] stehen verteilt und müssen selber mal versuchen an den Ball zu kommen und manchmal rennen zwei voreinander [lacht], weil sie beide ran [an den Ball] wollen. Aber so eine Klassengröße in einer Halle, das geht immer ganz gut" (Lehrer).

Im Interview erklärt der Lehrer, dass es ihm bei der ‚Süßigkeiten-Challenge' unter anderem um den Umgang mit nicht kalkulierbaren Bällen geht. Er scheint daher auf das Sportspiel Volleyball vorbereiten zu wollen und den Mehrwert dieser Phase darin zu erkennen, dass sich die Schüler*innen die dort benötigten Fertigkeiten aneignen. Diese erfordern auch die Positionierung zum Ball, die durch die Laufwege reguliert wird, sowie den Blick für die Mitspieler*innen, um mögliche Kollisionen zu vermeiden. Diese Anforderungen scheint der Lehrer durch die ‚Süßigkeiten-Challenge' provozieren zu wollen, da die Schüler*innen hierbei gefordert werden, situativ auf Unvorhergesehenes zu reagieren.

Das Engagement der Schüler*innen bezeichnet der Lehrer während der Aufgabe wie folgt:

„Also, es hat ja nachher geklappt und die sind motiviert, den Ball da hin und her zu spielen und ich glaube, ich habe zwei, drei Süßigkeiten verzockt oder so" (Lehrer).

Den Grund für die von ihm wahrgenommene Motivation beschreibt er im folgenden Zitat:

„Ja, [es] ist halt eine Klassenaufgabe, man möchte, dass die Klasse das schafft. Und ja, hast du ja gesehen, wie die Leute standen in der Reihe und wie sie verteilt waren – so, dass zuerst die Klasse die Möglichkeit hat, den Ball durchzubringen auch. Und da haben dann nicht alle einen Ballkontakt. Haben aber halt alle Anteile am Erfolg der Klasse" (Lehrer).

Der Lehrer scheint seiner Klasse den Erfolg während dieser Aufgabe zu wünschen. Die Schüler*innen seien dementsprechend so in der Halle verteilt, dass die Erreichung des Ziels möglichst wahrscheinlich ist. Diese taktische Verteilung habe allerdings zur Folge, dass nicht alle Schüler*innen aktiv in das Spiel eingebunden sind. Der gemeinschaftliche Erfolg der Klasse soll scheinbar darüber hinwegtrösten, dass einige Schüler*innen einen nur geringen Spielanteil haben.

Im Interview geht der Lehrer weiter auf die Positionierung der einzelnen Schüler*innen ein:

„Wenn ich das halt anders hingestellt hätte – also das war mir schon bewusst so ein bisschen, wie ich die Leute da hinstelle – dann wäre eventuell zufällig mal ein Ball da [hinten] hingekommen, das wäre auch okay gewesen. Aber um einen Ball dann wirklich mit vier oder fünf Ballkontakten nach hinten durchzubringen, das ist schwieriger dann" (Lehrer).

„Sinn und Zweck der Sache war schon, dass die Bälle da hinten durch-kommen. Fertig aus. Und dann habe ich schon so ein bisschen, deswegen habe ich ja zwei, drei Leute da vorne hingezogen und habe gesagt: ‚Hinten links und rechts Malon' Und Calvin habe ich, glaube ich, hinten hingeschickt, damit die Bälle durchkommen letztendlich dann auch" (Lehrer).

Diese Zitate verdeutlichen das Motiv des Lehrers, dass die Schüler*innen in dieser Phase zu Erfolgserlebnissen kommen. Den Verlauf der Phase scheint er, durch das Verändern der Positionierungen der Schüler*innen bewusst zu beeinflussen. Die Fall-Konstruktion zeigt, dass Larissa, die in der ersten Reihe an der Außenseite positioniert ist, weniger Anteile an der Aufgabe hat als ihre ähnlich positionierten Mitschüler*innen. Auch auf ihre Position geht der Lehrer im Interview ein:

„Larissa ist, so von der Art und Weise her, nicht der Typ, also die macht sehr gerne Sport, die macht auch gerne mit, die ist immer dabei, alles ist super. Aber wenn es halt, also da ging es ja, wie gesagt, um diese Klassenleistung einmal […] und ich glaube, Larissa fände das auch nicht gut in so einer schwierigen, das ist ja für die eine schwierige Situation schon, also [eine] motorisch schwierige Situation. Ich glaube, sie fände es nicht gut, wenn ich jetzt sie häufiger anspielen würde, weil die Wahrscheinlichkeit ist ein bisschen geringer, als wenn Marion den Ball jetzt nach hinten spielt. […] deswegen habe ich halt vorne relativ häufig [andere] gewählt. [Das] muss ich ganz ehrlich sagen. Das fände sie selber auch nicht gut, da bin ich mir ziemlich sicher […]. Ich habe ihr ja auch nicht viel Bewegungszeit geraubt damit. Glaube ich nicht" (Lehrer).

Die geringere Einbindung von Larissa scheint in dieser Phase eine bewusste Handlung vom Lehrer zu sein. Dass der Lehrer im Verlauf des Interviews des Öfteren auf Larissas – im Vergleich zu ihren Mitschüler*innen – geringer ausgeprägten sportmotorischen Kompetenzen eingeht, deutet auf ein für sie sehr hohes An-forderungsniveau bei dieser Aufgabe hin.[92] Zwar scheint der Lehrer seine Ent-scheidung damit zu rechtfertigen, dass Larissa seiner Vermutung nach aufgrund dieses für sie hohen Anforderungsniveaus gar nicht angespielt werden will, jedoch deuten die Worte „[Das] muss ich ganz ehrlich sagen" darauf hin, dass er in der geringeren Einbeziehung von Larissa eine Problematik sieht. Seine Entscheidung, sie weniger anzuspielen, begründet er folgendermaßen:

„Und hier habe ich halt die Situation, dass jetzt manchmal eine Person nicht direkt im Korridor des Balls ist, eventuell wäre es auch für die Gemeinschaftsleistung dann nicht ganz so einfach, weil es halt stärkere Leute gibt und ich habe versucht, allen irgendwie mal den Ball zukommen zu lassen. Habe aber dann und damit es wirklich schaffbar war, halt auch den [Ball] da über Marion und Levin starten lassen, damit die die Dinger [weiterspielen], damit sie es auch schaffen. Damit sie ein Erfolgserlebnis haben" (Lehrer).

---

[92] Larissas sportmotorische Kompetenzen erwähnt der Lehrer im Interview des Öfteren: „[Larissa] ist motorisch jetzt nicht die stärkste Sportlerin, aber hat sehr viel Freude und sehr viel Spaß am Sport"; „Sie brauchte länger als die anderen. Also man merkte, dass sie motorisch ein bisschen mehr Zeit braucht, um da ran zu kommen" (Lehrer).

Diese Begründung verstärkt den Eindruck, dass es dem Lehrer bei dieser Aufgabe vorrangig um den Erfolg der Klasse geht. Die gleichwertige Einbindung leistungsschwächerer Schüler*innen scheint er diesem Erfolg unterzuordnen.

Im Interview geht der Lehrer weiter auf Larissa ein:

> „Also zwischendurch habe ich auch gedacht: ‚Findet sie das blöd jetzt irgendwie, wenn sie nicht [von mir einbezogen wird].' Aber ich habe dann, wie gesagt, nochmal versucht drüber nachzudenken und dachte: ‚Okay, Larissa ist eher an dem Klassenziel orientiert […]. Sie ist der Typ, sie möchte sich zurücknehmen und dann will ich sie mit der Situation auch nicht so konfrontieren.' […] Und genauso ist es halt auch, dass ich sie nicht direkt [anspiele], wenn ich dann vorne stehe und sage direkt: ‚Du musst jetzt das so machen, sonst hat die Klasse keine Möglichkeit, diesen Punkt dann zu machen'. Das wäre nicht gut. Sie ist nicht so der Typ. So würde ich sie einschätzen" (Lehrer).

Der Lehrer macht deutlich, dass er Larissas Situation während der Unterrichtsphase registriert. Den Grund für die für Larissa potenziell fordernde Situation vermutet er im sozialen Druck, der aus der ‚Süßigkeiten-Challenge' hervorgeht. Denn bei dieser bedeutet ein individueller Fehler zugleich ein Fehlversuch der gesamten Klasse. Dies wiederum hätte zur Folge, dass die Klasse weniger Süßigkeiten bekommt. Der Lehrer scheint wahrzunehmen, dass das für ihn als motivierend angesehene Belohnungssystem den Druck auf Larissa erhöht („sonst hat die Klasse keine Möglichkeit diesen Punkt dann zu machen").

Als Folge dieses Gedankengangs spielt er Larissa seltener an als ihre ähnlich positionierten Mitschüler*innen. Im Interview rechtfertigt er diese Entscheidung:

> „[…] weil ich manchmal ja auch ein Gefühl dafür habe, was dann passieren wird [wenn ich Larissa anspiele]. Und ich weiß auch, wie sie das dann findet […]" (Lehrer).

Offenbar vermutet der Lehrer einen erneuten Misserfolg, wenn er Larissa ein weiteres Mal anspielt. Zudem scheint Empathie Einfluss auf sein Verhalten zu haben, wie auch das folgende Zitat zeigt:

> „Wenn man sich kennenlernt über einen längeren Zeitraum, da versucht man so ein bisschen so ein Gefühl [dafür zu bekommen], also so die Fühler so ein bisschen so zu trimmen, dass man versucht, wenigstens zu gucken [was einem Schüler wichtig ist]. [Sich] ein bisschen [mit den Schüler*innen] unterhält, was ist dem wichtig und was ist nicht wichtig" (Lehrer).

Für den Lehrer scheint eine empathische Grundhaltung eine relevante Eigenschaft zu sein, um die Bedürfnisse einzelner Schüler*innen berücksichtigen zu können. Das Interview erweckt den Eindruck, dass sich der Lehrer diese Haltung bewusst aneignet, indem er aktiv das Gespräch mit seinen Schüler*innen sucht und sie nach ihren Bedürfnissen fragt.

Neben der Rekonstruktion des Lehrers soll der Fall nun aus Sicht der interviewten Schüler*innen rekonstruiert werden.

*Die Szene aus Sicht der Schüler*innen*
Zunächst wird rekonstruiert, wie die Schüler*innen die ‚Süßigkeiten-Challenge' wahrgenommen haben. Die Schüler*innen Levin und Marion resümieren wie folgt:

> „Also ich fand das eigentlich ziemlich cool, das mit so einer Challenge zu verbinden, weil da ist einfach der Ehrgeiz höher. Aber wir hätten das nur noch etwas anders spielen müssen, dann hätte das bestimmt öfters geklappt, dann wäre Herr B. mehr Kinderriegel losgeworden" (Levin).

> „Ich fand es [war] eigentlich eine ganz coole Idee, dass wir dann da auch so einen Ansporn hatten, wie z. B. für jeden Ball der hinten ankommt, bekommen wir etwas. Ja" (Marion).

Sowohl für Levin als auch für Marion scheint das Belohnungssystem durch die Süßigkeiten einen motivierenden Anreiz darzustellen, um sich bei der ‚Süßigkeiten-Challenge' einzubringen.
Larissa antwortet auf die Frage, wie sie das Spiel wahrgenommen hat, mit den folgenden Worten:

> „Nicht meine Lieblingssportart" (Larissa).

Später im Interview begründet sie diese Aversion wie folgt:

> „Ich kann nicht mit dem Ball so gut umgehen" (Larissa).

Im Gegensatz zu Marion und Levin scheint Larissa von der Süßigkeiten-Challenge weniger begeistert zu sein. Offensichtlich ist ihre Selbsteinschätzung in Bezug auf ihre Volleyball-Kompetenzen verantwortlich für diese geringe Begeisterung. Da sie generalisierend von der Sportart spricht, gilt dies womöglich nicht ausschließlich für die hier beschriebene ‚Süßigkeiten-Challenge', sondern für die gesamte Unterrichtsreihe zum Sportspiel Volleyball.
Wie die Fall-Konstruktion zeigt, spielt der Lehrer Larissa seltener an als ihre Mitschüler*innen, die ebenfalls in der ersten Reihe positioniert sind. Marion äußert sich hinsichtlich der Frage nach den Gründen für dieses Lehrerverhalten wie folgt:

> „Ich glaube, Herr B. dachte, wenn er in die Mitte wirft, dann kommt der Ball besser hin als wenn er nach da [außen] wirft. Weil dann müsste er den wieder, der Ball müsste dann wieder in die Mitte der Halle kommen und so. Glaube ich" (Marion).

Ihrer Aussage zufolge ist die Erfolgswahrscheinlichkeit bei dieser Aufgabe höher, wenn das Weiterspielen des Balls über die mittleren Positionen erfolgt. Insofern zieht sie im Interview hinsichtlich des Lehrerverhaltens taktische Gründe in Erwägung, die implizieren, dass der Lehrer den Erfolg der Klasse beeinflussen möchte.

Levin führt das Lehrerverhalten auf folgenden Grund zurück:

> „Vielleicht habe ich jetzt mal den ein oder anderen Ball besser nach hinten gekriegt. Da denkt der Lehrer: ‚Vielleicht schafft er es ja nochmal'" (Levin).

Levin scheint in der Motivation des Lehrers ebenso den Klassenerfolg zu sehen. Aufgrund seiner bisherigen guten Leistung habe der Lehrer ihn womöglich häufiger angespielt.

Levin geht im Interview auch auf Larissas Kompetenzen beim Volleyball ein:

> „Ja, man hat das heute wieder bisschen gesehen. Ich habe ja mit ihr [Larissa] diese Übung gemacht, dieses Zuspielen. Das Doofe ist, die Technik kann man [bei] ihr so aus dem Profisport oder so eh nicht nehmen. Aber das Doofe ist halt: Würden die einmal die richtige Technik wissen, z. B. wenn der Ball jetzt wirklich hochkommt, dass man den dann so abfedert und rausfedert. Aber das schaffen die alle noch nicht so" (Levin).

Levin beschreibt im Interview, dass Larissa sowie weitere Schüler*innen Probleme bei der Ausführung der Technik haben. Er umfasst diese Personengruppe pauschal mit dem bestimmten Artikel „die", wobei unklar bleibt, welche Schüler*innen er bei dieser Formulierung miteinbezieht. Zudem scheint er anzudeuten, dass Larissa durch die Aufgabenstellung überfordert ist, da sich diese an einem Technikleitbild aus dem Vereinssport orientiert.

Auch auf die wenigen Spielanteile von Larissa geht er im Interview ein:

> „Das Doofe ist, da ist eh so eine tote Ecke. Ich meine, wenn man da den Ball hin spielt, ist es halt doof, weil der wird zur Seite [gespielt] und dann muss er erst nach hinten. Man kann einfach direkt weiter nach hinten [spielen]. Würde die [Larissa] sich anders hinstellen, würde die mehr Bälle auch bekommen" (Levin).

Ähnlich wie Marion führt Levin die wenigen Spielanteile auf Larissas Positionierung zurück. Er scheint das Lehrerverhalten zu rechtfertigen, da der Ball seiner Meinung nach einen Umweg macht, wenn er zunächst auf eine äußere Position gespielt wird. Der kürzeste Weg des Balls scheint für ihn somit auch der beste zu sein, um diese Aufgabe erfolgreich zu bewältigen. Diesbezüglich äußert er die Vermutung, dass Larissa mehrere Anteile bekommen hätte, wenn sie sich mittig positioniert hätte.

Im weiteren Verlauf des Interviews versetzt er sich in Larissas Lage:

> „Also, ich würde mich schon irgendwie so bedrückt fühlen, weil ich einfach den Ball nicht kriege und andere den öfter kriegen als ich, aber ich meine Larissa kann das eigentlich, nur die zeigt das halt nicht immer" (Levin).

Levin scheint in der Situation ein Dilemma zu sehen. Einerseits versteht er, dass ein*e außenpositionierte*r Schüler*in nicht oft angespielt wird, andererseits würde er sich an Larissas Stelle geknickt fühlen, da sie weniger in das Spiel eingebunden wird. Die Aussage „Larissa kann das eigentlich, nur die zeigt das halt nicht immer" zeigt jedoch auch, dass er hinsichtlich der wenigen Spielanteile für Larissa (neben der Positionierung) auch einen Zusammenhang mit ihrer Spielfähigkeit sieht.

Larissa selbst äußert im Hinblick auf die Beweggründe des Lehrers die folgenden Vermutungen:

> „Weil die [anderen den Ball] wahrscheinlich besser werfen [weiterspielen] können" (Larissa).

> „Und ich wahrscheinlich auch zu weit weg [stand]" (Larissa).

Ähnlich wie Levin äußert auch Larissa im Interview die Vermutung, dass die Beweggründe des Lehrers mit ihrer Positionierung oder ihrer Spielfähigkeit in Zusammenhang stehen könnten. Letztere scheint sie im Vergleich zu ihren Mitschüler*innen als geringer einzuschätzen.

Auf die Frage, wie das Lehrerverhalten auf sie wirkt, antwortet sie wie folgt: „Dass ich mehr üben muss vielleicht. Also, dass ich noch nicht so gut darin bin" (Larissa). Larissa scheint das Lehrerverhalten als Kompetenzfeedback zu deuten, durch das sie ihre Leistungsdefizite aufgezeigt bekommt. Dieses führt womöglich dazu, dass sie denkt, mehr üben zu müssen. Auf die Frage, ob sie gerne mehr Spielanteile während der ‚Süßigkeiten-Challenge' hätte, gibt antwortet sie:

> „Lieber die anderen" (Larissa).

Larissa möchte daher offensichtlich – im Gegensatz zu Levins Aussage – nicht in höherem Maße in die Aufgabe eingebunden werden. Daher scheint sie froh darüber zu sein, dass der Lehrer sie nicht öfter anspielt.

Im Interview resümiert sie diese Phase des Unterrichts:

> „Ich fand es eigentlich ganz gut, es hat auch Spaß gemacht einfach dazuzugehören" (Larissa).

Obwohl Larissa kaum Spielanteile bei der ‚Süßigkeiten-Challenge' hat, scheint sie dieser Phase durch ihre Teilhabe durchaus Positives abgewinnen zu können. Offenbar fühlt sie sich als Teil der Gemeinschaft, auch wenn sie den Erfolg der Klasse nicht bzw. nur äußerst geringfügig beeinflusst. Bezugnehmend auf die Forschungsfrage wird der Fall nun reflektiert.

9.3.3 Fall-Reflexion

Erkenntnisgewinn

Wie die Fall-Rekonstruktion zeigt, wird die ‚Süßigkeiten-Challenge' von den Schüler*innen unterschiedlich bewertet. Während Marion und Levin die Aufgabe positiv und motivierend beschreiben – was sie auch dem extrinsischen Anreiz zuschreiben, eine Süßigkeit zu gewinnen – erklärt Larissa unter anderem, dass sie nicht gerne Volleyball spielt. Dies begründet sie mit ihrer mangelnden Spielfähigkeit in Bezug auf Ballsportarten, sodass bei ihr hinsichtlich ihres Kompetenzbedürfnisses eine Überforderung ausgemacht werden kann. Diese führt scheinbar dazu, dass sie nicht stärker in die Aufgabe eingebunden werden möchte („Lieber die anderen").

Der Lehrer gibt im Interview an, dass er eine Drucksituation spürt, in der Larissa sich befindet und sich daher bewusst dafür entscheidet, sie (nach einer ersten misslungenen Ballannahme) nicht mehr anzuspielen. Offensichtlich will er sie vor einer weiteren unangenehmen Erfahrung bewahren, die ihre Inkompetenz erneut zum Vorschein bringen könnte. Der Lehrer handelt also in Larissas Interesse, als er sie nicht weiter in die Situation einbindet. Diese besondere Rücksichtnahme scheint im Sinne des theoretisch beschriebenen Spannungsfeldes somit eine der Situation angemessene Entscheidung des Lehrers zu sein (vgl. Kapitel 5.2).

Gleichzeitig wird dabei ein Konflikt zwischen den psychologischen Grundbedürfnissen nach Kompetenz und sozialer Eingebundenheit deutlich. Das Nicht-Eingebunden-Werden in das Geschehen scheint von Larissa erwünscht zu sein, was im Sinne des Bedürfnisses nach sozialer Eingebundenheit zunächst paradox klingen mag. Jedoch wird dadurch sichergestellt, dass das mögliche Sichtbarwerden ihrer Inkompetenz umgangen werden kann. Larissa scheint das Nicht-Eingebunden-Sein daher im Vergleich zu einer potenziellen negativen Kompetenzerfahrung, die zudem von ihren Mitschüler*innen sichtbar wird, als das geringere Übel anzusehen. Der Lehrer gibt an, dies wahrzunehmen, was zeigt, dass es für eine Lehrkraft lohnend sein kann, wenn sie über eine empathische Grundhaltung verfügt, um die individuellen Bedürfnisse der Schüler*innen berücksichtigen zu können. Diese Empathie entwickelte der Lehrer scheinbar durch Gespräche mit den Schüler*innen, in denen er sich nach ihren individuellen Bedürfnissen erkundigt. Womöglich führt dieses proaktive Verhalten des Lehrers dazu, dass er in dieser Sequenz eine für Larissas Situation angenehme Entscheidung treffen kann.

Ohne ein solches Gespür für Larissas Empfinden wäre es in diesem Fall ebenso denkbar gewesen, dass der Lehrer Larissa mit dem Ziel der Motivationsförderung weiterhin anspielt, um sie in das soziale Geschehen einzubinden. Diese Entscheidung hätte – wenn ihr ein weiteres Zuspiel misslungen wäre – aufgrund des negativen Einflusses auf Larissas Kompetenzbedürfnis allerdings vermutlich demotivierende Folgen gehabt. Dies zeigt, dass in der Praxis ein differenzierter Blick auf die psychologischen Grundbedürfnisse notwendig ist – insbesondere dann, wenn einzelne psychologische Grundbedürfnisse in Konkurrenz zueinanderstehen.

Neben dieser Erkenntnis ermöglicht das Interview mit Larissa einen differenzierteren Blick auf das Bedürfnis nach sozialer Eingebundenheit. Denn wie der Fall zeigt, wird Larissa vom Lehrer zwar kaum in das Spielgeschehen eingebunden, dennoch betont sie im Interview, dass sie es gut fand „einfach dazuzugehören". Obwohl sie also vom Lehrer kaum eingebunden wird und somit keinen nennenswerten Beitrag zum Klassenerfolg liefert, gibt sie an, das Gefühl zu haben, Teil der Klassengemeinschaft zu sein, die diese Aufgabe zu lösen versucht. Somit scheint die Situation trotz der Lehrerhandlung einen positiven Einfluss auf das Bedürfnis nach sozialer Eingebundenheit zu haben. Gleichzeitig liegt die Vermutung nahe, dass dieses positive Empfinden eine noch stärkere Wirkung entfalten könnte, wenn Larissa auch aktiv zum Erfolg der Klasse beitragen würde. So wird insbesondere im Zusammenhang mit dem Förderschwerpunkt Sprache empfohlen, gemeinsame Lernangebote zu schaffen, in denen sich betroffene Schüler*innen im sozialen Kontext behaupten und die Beziehung zu ihren Mitschüler*innen fördern können (vgl. Kapitel 5.2.4; KMK, 1998b, S. 9ff.; Bindel & Bindel, 2017, S. 175).

Auch wenn der Lehrer im Sinne von Larissa handelt, sind dennoch negative Folgen auf Larissas Kompetenzbedürfnis zu erwarten. Denn diese vermutet im Interview, dass der Lehrer ihr durch sein Verhalten implizit sagen möchte, dass sie mehr üben muss. Sie nimmt die ausbleibenden Zuspiele des Lehrers scheinbar als negatives Kompetenzfeedback auf. Hier steht der Lehrer vor einem Dilemma: Egal, wie er sich entscheidet, es scheint als hätte die Entscheidung einen negativen Einfluss auf Larissas Kompetenzbedürfnis. Das macht deutlich, dass die Ursache dieser Problematik weniger in der direkten Kommunikation zwischen dem Lehrer und seinen Schüler*innen auszumachen ist, sondern vielmehr der methodisch-didaktischen Entscheidung zugrunde liegt, die durch die Kommunikation realisiert wird. Wird diesbezüglich der Schwierigkeitsgrad der Aufgabe näher betrachtet, zeigt sich, dass dieser für Larissa unangemessen hoch zu sein scheint. Die Ursache für den vermeintlichen negativen Einfluss auf das Kompetenzbedürfnis liegt daher aller Voraussicht nach im Anforderungsniveau der Aufgabe. Hinzu kommt, dass – so der Lehrer – der Druck auf Larissa steigt, wenn ein Fehler von ihr negative Konsequenzen für die restliche Klasse hat. Da dies bei der ‚Süßigkeiten-Challenge' der Fall ist, scheint er nun zu versuchen, den Druck auf Larissa zu minimieren; diesen allerdings hat er durch die Wahl der Aufgabenstellung selbst zu verantworten.
Dass Larissa seltener angespielt wird als ihre Mitschüler*innen, die ebenso in der ersten Reihe positioniert sind, nehmen auch Larissas Mitschüler*innen Marion und Levin wahr. Auch wenn Levin diesbezüglich das sportmotorische Defizit von Larissa als möglichen Grund für das Lehrerverhalten erwähnt, zieht er – genau wie Marion – in Erwägung, dass die Ursache des Lehrerverhaltens auch an ihrer Positionierung liegen könnte. Das Anspielen der seitlichen Positionen, so beide Schüler*innen, würde eine erfolgreiche Bewältigung der Aufgabe erschweren. Diese Argumentation gibt den Schüler*innen die Möglichkeit, das Lehrerverhalten mit dem externalen Grund der Positionierung zu begründen, sodass sie nicht sicher sagen können, dass das Lehrerverhalten ausschließlich mit Larissas sportmotorischen Kompetenzen zusammenhängt. Im Hinblick auf Prozesse der Stigmatisierung durch die Mitschüler*innen (,Larissa wird übergangen, weil

sie nicht gut genug ist'), welche wiederum einen negativen Einfluss auf die psychologischen Grundbedürfnisse (insbesondere Kompetenz und soziale Eingebundenheit) haben können, kann es unter Umständen von Vorteil sein, dass Larissa an der Seite positioniert ist. Wäre sie mittig positioniert und hätte sie auch dann weniger Bälle als ihre Mitschüler*innen zugespielt bekommen, könnten ihre Mitschüler*innen nicht auf diesen Interpretations-spielraum zurückgreifen, sodass diese hier eher einen vom Lehrer impliziten Exklusionsprozess hätten wahrnehmen können (vgl. Kapitel 5.2.4; Bindel & Bindel, 2017; S. 181).

Letztlich sei erwähnt, dass die fehlenden Alternativen und Differen-zierungsmaßnahmen Larissa keine Möglichkeit bieten, dieser Situation zu entkommen. So scheint es, als dass ihr nichts weiter bleibt als diese Situation auszuhalten und zu hoffen, dass der Lehrer sie nicht anspielt. Diesbezüglich ist hinsichtlich des Autonomiebedürfnisses keine Befriedigung zu erwarten.

Handlungsalternativen

Die Fall-Rekonstruktion hat gezeigt, dass der für Larissa grundlegende demotivierende Faktor nicht in der (nonverbalen) Kommunikation des Lehrers auszumachen ist. Der Lehrer scheint in der Sequenz durch seine empathische Haltung vielmehr ein Gespür für Larissas Bedürfnisse zu haben, sodass er sich in der Situation für das ‚geringere Übel' entscheidet. Die Ursache für den vermutlich negativen Einfluss auf die Bedürfnisse nach Kompetenz und Autonomie wird diesbezüglich vor allem im Aufgabenprofil und somit in der Planung des Unterrichts ausgemacht. Anstelle einer Fokussierung des direkten Kommunikationsprozesses, die maximal das Ziel verfolgen könnte, die demotivierenden Folgen für Larissa während der Süßigkeiten-Challenge zu minimieren, ist die Idee dieser Handlungs-alternativen, Larissa gar nicht erst in eine solche Situation kommen zu lassen. Denn auch wenn die Aufgabe für Marion und Levin – nicht zuletzt durch das zusätzliche Belohnungssystem – offensichtlich motivierend wirkt, scheint sie für Larissa eine Drucksituation darzustellen, die sie vermeiden möchte.

Um eine Aufgabe zu stellen, die möglichst für alle Schüler*innen moti-vierend ist, gilt es, die Heterogenität der Klasse bereits vor der direkten Kommunikation mit den Schüler*innen zu berücksichtigen (vgl. Kapitel 5.1). In dieser Hinsicht scheint es sinnvoll, eine gemeinschaftliche Klassen-aufgabe, wie die ‚Süßigkeiten-Challenge', erst dann durchzuführen, wenn alle Schüler*innen über die Kompetenzen verfügen, sich gleichermaßen sinnvoll in die Aufgabe einbringen zu können. Denn erst wenn die Kompetenzen aller Schüler*innen dem Anforderungsniveau der Aufgabe entsprechen, wenn also die Aufgabe die Schüler*innen weder über- noch unterfordert, haben diese die Möglichkeit, ihr Kompetenzbedürfnis zu befriedigen (vgl. u. a. Kapitel 6.3.1). Neben der Sicherstellung der für die Aufgabe vorauszusetzenden Kompetenzen kann auch die Aufgabe an die Kompetenzen der Schüler*innen angepasst werden, sodass diese den entsprechenden Anforderungsniveaus entspricht. Denkbar ist beispielsweise die Spielfeldgröße zu verkleinern, sodass es zwischen den Schüler*innen weniger Freiräume gibt. Somit können auch zielungenauere Zuspiele mit höherer Wahrscheinlichkeit in der Nähe eines*einer Mitschülers*Mitschülerin landen, der*die somit die Chance hat, diesen Ball anzunehmen und weiterzuspielen.

Ist die Leistungsheterogenität innerhalb der Klasse so hoch, dass keine Aufgabe gefunden wird, die für alle Schüler*innen herausfordernd ist, sind zudem Formen der Differenzierung denkbar (vgl. Kapitel 5.1.3). Eine Möglichkeit, in der die ‚Süßigkeiten-Challenge' dennoch mit der gesamten Klasse durchgeführt werden könnte, sind beispielsweise verschiedene Anforderungsniveaus innerhalb der Aufgabe. Somit könnten sich die Schüler*innen eine ihren Kompetenzen entsprechende Anforderung wählen. Beispiele können wie folgt aussehen:

- Der Ball darf von einem*einer Schüler*in gefangen werden. Anschließend dürfen sich diese den Ball anwerfen und dann zu einem*einer Mitspieler*in pritschen (geringerer Schwierigkeitsgrad).
- Der Ball wird im ersten Ballkontakt von einem*einer Schüler*in angenommen und anschließend mit dem zweiten Ballkontakt weitergespielt (mittlerer Schwierigkeitsgrad)
- Der Ball wird von einem*einer Schüler*in direkt über Kopf nach hinten gepritscht (höherer Schwierigkeitsgrad).

Die Schüler*innen können sich nun gemäß ihrer Selbsteinschätzung eigenständig einer Anforderung zuteilen. Sofern die Selbsteinschätzung realistisch ist, können auf diese Weise Kompetenzerfahrungen gefördert werden.[93] Zudem ist ein positiver Einfluss auf das Autonomiebedürfnis zu erwarten, da die Schüler*innen nun die Wahlmöglichkeit bekommen, die Aufgabe an ihr Niveau anzupassen. Auch dem in der Theorie beschriebenen Spannungsfeld zwischen Gleichheit und Verschiedenheit kann mit einer solchen Realisierung Rechnung getragen werden: Einerseits wird durch die gemeinsame Aufgabenstellung die Verbundenheit der Schüler*innen gefördert, andererseits findet durch das individualisierte Anspruchsniveau eine Wertschätzung des Individuums statt (vgl. Kapitel 5.1.2).

Zudem ist möglich, die Klasse beim Prozess der Aufgabenentwicklung miteinzubeziehen. Neben der Zielvorgabe (die Klasse soll den Ball mithilfe von Volleyballtechniken an die hintere Hallenwand befördern, ohne dass dieser den Boden berührt) kann der Lehrer als Orientierung für die Schüler*innen beispielsweise Kriterien für eine funktionale Aufgabe besprechen: Beispiele sind (1) Ergebnisoffenheit, (2) Chancengleichheit, (3)

---

[93] Bei unrealistischer Selbsteinschätzung kann die Lehrkraft seine Schüler*innen – nachdem diese die entsprechenden Erfahrungen der Unter- oder Überforderung gemacht haben – beim Finden einer subjektiv mittelschweren Aufgabe unterstützen. Ideen zur Realisierung einer solchen Kommunikation liefern Weber, Rethorst und Kastrup (2017).

Gewährleistung von Spielfluss sowie (4) die Möglichkeit, dass sich jeder gleichermaßen sinnvoll an der Aufgabe beteiligen kann (vgl. Bietz & Böcker, 2009, S. 93; Kapitel 7.2). Der Lehrer kann dann eine moderierende Aufgabe übernehmen und die Schüler*innen in einem interaktiven Prozess zwischen der Ideenentwicklung, der Erprobung dieser Ideen sowie der Reflexion ihrer Umsetzung in Bezug auf die vorab kommunizierten Kriterien begleiten. Im optimalen Fall hat diese Form des Unterrichtens positive Auswirkungen auf die psychologischen Grundbedürfnisse. Durch die aktive Mitgestaltung des Unterrichts durch die Schüler*innen wird ihre Autonomie gefördert. Die Verfolgung eines gemeinschaftlichen Ziels, bei dem sich alle Schüler*innen gleichermaßen sinnvoll beteiligen können, kann zudem die soziale Eingebundenheit fördern. Da das Anspruchsniveau der Aufgabe durch die Schüler*innen mitbeeinflusst wird und somit in optimaler Weise ihren Fähigkeiten entspricht, kann dies zur Befriedigung des Kompetenz-bedürfnisses führen. Mit Steigerung der Kompetenz der Schüler*innen kann das Anforderungsniveau sukzessive angepasst werden. Gleichzeitig werden in einem solchen Prozess nicht nur motorische Kompetenzen gefordert, sodass Schüler*innen – zum Beispiel solche, die im körperlichen und motorischen Bereich Entwicklungsbedarfe haben – die Möglichkeit bekommen, sich auch durch andere Kompetenzen (zum Beispiel beim Finden von kreativen Ideen für die Aufgabenentwicklung) einzubringen und entsprechende Kompetenzerfahrungen zu machen.

9.4 Fallanalyse: „Du gehst jetzt mal rüber hier in die Lücke!" – Über die Neuanordnung von Positionen

9.4.1 Fall-Konstruktion

Möchte eine Lehrkraft in einer leistungsheterogenen Gruppe die Erfolgs-erlebnisse fördern, kann es für sie in manchen Situationen vielversprechend sein, die Positionen der Schüler*innen innerhalb der Gruppe neu anzu-ordnen. Eine solche Neuanordnung kann zum Beispiel dann sinnvoll sein, wenn leistungsstärkere Schüler*innen so positioniert werden, dass diese ihre leistungsschwächeren Mitschüler*innen besser unterstützen können.
Möchte die Lehrkraft eine solche Änderung vornehmen, muss sie diese mit den Schüler*innen kommunizieren. Ein solcher Kommunikationsprozess ist aus Sicht der Forschungsfrage von Interesse, da sich die Lehrkraft aufgrund der heterogenen Leistungsvoraussetzungen in das Unterrichtsgeschehen einmischt. Bei der Realisierung stellt sich nun die Frage, wie die Lehrkraft ihre Intention mit den Schüler*innen kommuniziert. Inwiefern thematisiert sie dabei die unterschiedlichen Leistungsvoraussetzungen, auf deren Grundlage sie ihre Entscheidung trifft?

Im hier dargestellten Fall geht es um eine solche Situation, in der die Lehrkraft eine Neuordnung der Positionen während der Übungsphase einer Gruppe veranlasst. Für den Fall stellen sich die folgenden Fragen:
(1) Wie kommuniziert die Lehrkraft die neue Anordnung der Positionen innerhalb der Gruppe?
(2) Inwiefern beeinflusst dieser Kommunikationsprozess die Motivation der Schüler*innen?
Dieser Fall widmet sich einer Sequenz, die sich in einer zehnten Klasse abspielt. Es ist die dritte Stunde, in der das Sportspiel Volleyball thematisiert wird. Die Schüler*innen haben die Aufgabe, durch das Zuspiel in Gruppen die Ausführung ihrer Volleyballtechniken zu üben. Im Vorfeld haben sich die Schüler*innen paarweise gegenüberstehend die Bälle zugespielt, nun stehen sie in einer Kreisformation. Ziel dieser Phase ist es, den Ball in der Luft zu halten, ohne dass dieser den Boden berührt. Die Schüler*innen sollen Sicherheit in der Technikausführung gewinnen, um anschließend vereinfachte Formen des Zielspiels zu erproben. Methodisch findet keine Differenzierung statt, sodass alle Schüler*innen die gleiche Aufgabe zu bewältigen haben.
Im Zentrum dieses Falls steht eine Gruppe, die aus sechs Schülern besteht. Innerhalb der Gruppe befindet sich auch Frederik, der den Förderschwerpunkt körperliche und motorische Entwicklung zugewiesen bekommen hat. Neben Frederik, welcher aufgrund von Problemen bei der Koordination seiner Extremitäten zu den leistungsschwächeren Schüler*innen gehört, spielen unter anderem auch zwei der leistungsstärksten Volleyballspieler der Klasse in dieser Gruppe: Maik und Dennis. Dementsprechend ist diese Gruppe als sehr leistungsheterogen einzustufen.

Die Klasse hat sich selbstständig in drei Gruppen aufgeteilt. Die Gruppen haben eine Stärke von fünf bis acht Schüler*innen. Innerhalb der Gruppen haben sich die Schüler*innen in Kreisformation aufgestellt und spielen sich den Ball vorwiegend mit der Technik des Pritschens zu. Eine der drei Gruppen besteht aus sechs männlichen Schülern. Der Lehrer geht auf diese Gruppe zu, der es in diesem Moment nicht gelingt, den Ball in der Luft zu halten. Der Lehrer sagt: „Ich hab's schon gesehen. Oben halten. Oben halten." Frederik hat den Ball. Der Lehrer sagt: „So Frederik, klappt das?" Frederik wirft sich den Ball an und versucht ihn zu einem Mitschüler baggern. Der Ball landet hinter der Gruppe auf dem Boden. Der Lehrer reagiert: „Na, na, na, na, na, Frederik" und zeigt ihm mit seiner Körpersprache, dass er pritschen soll. Der Lehrer bekommt den Ball zugeworfen. Er spricht zur Gruppe: „So. Also jetzt auf eins?" und signalisiert, dass er sich in die Gruppe integriert. Bevor er den Ball zu einem Mitglied spielt, ordnet er die Gruppe neu an. Er wendet sich zu Maik, der rechts neben Dennis steht und weist ihn mit den Worten „Du gehst jetzt mal dahin!" und einer dazugehörigen Gestik darauf hin, dass er sich links neben Dennis

> stellen soll. Dann spricht er zu Dennis und sagt: „Du gehst jetzt mal rüber hier in die Lücke." Damit positioniert er Dennis gegenüber von Maik in die Position zwischen Gabriel und Frederik. Mit dieser neuen Anordnung gelingen der Gruppe – zu der nun auch der Lehrer zählt – einige erfolgreiche Zuspiele.

Der Fokus der nun anschließenden Fall-Rekonstruktion liegt auf der vom Lehrer veranlassten, aber gegenüber den Schüler*innen nicht begründeten Neuanordnung der Gruppe.

Neben dem Interview mit dem Lehrer werden Interviews der an der Spielsituation beteiligten Schüler Frederik und Christian sowie dem nicht beteiligten Schüler Jörn herangezogen. Jörn spielt während dieser Sequenz in einer anderen Gruppe und schaut sich diese Szene vor dem Interview auf dem Video an. Dementsprechend nimmt er hier eine Außenperspektive auf die Situation ein.

Mithilfe dieser vier Interviews soll herausgearbeitet, welche Intention der Lehrer mit seiner Entscheidung verfolgt, wie die Schüler die Kommunikation des Lehrers interpretieren und welche Folgen diese auf ihre psychologischen Grundbedürfnisse und damit ihre Motivation hat.

9.4.2 Fall-Rekonstruktion

Die Szene aus Sicht der Lehrkraft

Die Fall-Konstruktion zeigt, dass der Lehrer in dieser Situation aktiv in den Spielablauf eingreift, indem er die Positionen einiger Schüler verändert. Um die Beweggründe des Lehrers für diese Handlung nachvollziehen zu können, wird zunächst rekonstruiert, wie der Lehrer diese Situation wahrgenommen hat. Er sagt:

> „Da standen, glaub ich, die beiden besten direkt nebeneinander und das macht in unserem Kreisspiel dann nicht so viel Sinn. Dann ist es besser, die zu verteilen. Das war, glaub ich, hier Maik, ich glaube das waren Dennis und Maik. Naja, die habe ich dann [so zugeordnet], dass die [sich] gegenüberstanden" (Lehrer).

Die Verteilung der beiden seiner Meinung nach leistungsstärksten Schüler Maik und Dennis im Kreis erklärt der Lehrer damit, dass dadurch das Zuspielen im Kreis besser funktionieren würde.

Für den Tausch der Positionen liefert er jedoch keine Begründung und kommuniziert damit auch nicht die Leistungsstärke von Maik und Dennis. Auf die Frage, warum er seine Entscheidung nicht vor den Schülern begründet, antwortet er wie folgt:

> „Das sage ich dann ganz bewusst nicht, aber muss [ich] ja auch nicht in dem Moment. Ich muss ja nicht da irgendwelche schlafenden Hunde wecken und sagen: ‚Ey, ich möchte das so und so und so.' Das wird einen Grund geben, warum ich das mache und [...] dafür kenne ich die auch alle" (Lehrer).

Der Lehrer gibt an, dass er eine Begründung vor den Schülern bewusst nicht äußert, da er verdeckte Sachverhalte durch die Kommunikation seiner Entscheidung nicht zum Vorschein bringen möchte. Mit Blick auf das vorangegangene Zitat liegt die Vermutung nahe, dass es hier um den Sachverhalt der unterschiedlichen Leistungsstärke der Schüler geht. So scheint er hier die Situation umgehen zu wollen, den Schülern zu sagen, dass die Leistungsstarken nicht nebeneinanderstehen sollen, was gleichzeitig offenlegen würde, dass diese sich neben leistungsschwächeren Schülern positionieren. Die Aussage „Das wird einen Grund geben, warum ich das so mache" kann auf die Erwartung des Lehrers hindeuten, dass die Schüler die Anweisung unhinterfragt hinnehmen und nicht kritisch hinterfragen.

Da der Lehrer seine Entscheidung bewusst intransparent lässt, stellt sich die Frage, wie generell mit der Transparenz der in der Klasse vorherrschenden Heterogenität umgegangen wird. Im Interview führt er Folgendes an:

> „Hier wissen die Bescheid. Hier wissen ganz viele aus der Klasse Bescheid, weil das geht ja über Jahre schon, dass manche Leute motorisch Hilfe bekommen haben. Manchmal durch ganz viele verschiedene, das wissen die alle und das liegt dann einfach an dem guten Einfühlungsvermögen der Klasse. Die wissen genau, was das jetzt gerade für eine Situation nun ist, [das] können die gut auffassen und ich glaube, die Situation tut keinem weh und alles ist okay" (Lehrer).

Der Lehrer betont, dass dem Großteil der Klasse bewusst ist, dass einige Schüler*innen auf mehr Unterstützung (im motorischen Bereich) angewiesen sind als andere. Er begründet das damit, dass sich die Klasse mit solchen Situationen bereits seit mehreren Jahren konfrontiert sieht, sodass Hilfeleistungen für bestimmte Schüler*innen scheinbar zur Normalität geworden sind. Diesbezüglich scheint die Klasse viel Verständnis für leistungsschwächere Schüler*innen aufbringen zu können, daher glaubt er nicht, dass sich Situationen, in denen solche Leistungsunterschiede zum Tragen kommen, negative Auswirkungen auf die Atmosphäre der Klasse haben könnte. Die Transparenz der Leistungsheterogenität scheint für ihn die Voraussetzung für das Einfühlungsvermögen der Klasse zu sein, wenn Leistungsdefizite zum Vorschein kommen.

Der Lehrer erläutert weiter:

> „Die ersten zwei Jahre haben wir gemeinsam unterrichtet mit einem Lehrer, der ist leider nicht mehr da. Das ist ein Förderpädagoge gewesen. Wir waren vorher ja immer [in] Doppelbesetzung auch und der hat das dann auch immer direkt angesprochen. Der war auch anders ausgebildet dann, der sagte: ‚Hier und da, da holst du dir jetzt Hilfe dazu, das kannst du noch nicht so gut' und so. Und es wurde da direkt dann gesagt, haben die anderen natürlich auch direkt mitgekriegt [...]. Die Situation ist, denke ich, recht transparent für alle Personen da, aber ich glaube auch, dass sie so ist, dass sie Niemandem weh tut und auch der betroffenen Person nicht und dann hoffentlich einfach motivierend ist, das hoffe ich dann" (Lehrer).

Der Lehrer erzählt im Interview, dass der damalige Förderpädagoge die Schüler*innen mit zugewiesenem Förderschwerpunkt beauftragt hat, selbstständig Hilfe einzufordern, sofern sie welche benötigten. Dementsprechend haben sie scheinbar durch seine Anleitung Eigenverantwortung für ihren Lernfortschritt übernehmen müssen. Die direkte Kommunikation über die individuellen Defizite hat offenbar dazu geführt, dass auch die Mitschüler*innen mit den unterschiedlichen Entwicklungspotenzialen der betroffenen Schüler*innen konfrontiert wurden. Das Zitat deutet daraufhin, dass der Lehrer der Transparenz der unterschiedlichen Leistungsvoraussetzungen der Schüler*innen innerhalb der Klasse eine zentrale Bedeutung beimisst, wenn es um die Motivation der Schüler*innen in einer heterogenen Klasse geht.

Neben dieser Sichtweise des Lehrers soll nun die Sichtweise einiger Schüler in Bezug auf diese Szene rekonstruiert werden.

Die Szene aus Sicht der Schüler*innen

Bei der Rekonstruktion aus Perspektive der Schüler geht es zum einen darum, welche Strategie sie in der Kommunikation des Lehrers erkennen und zum anderen, welche motivationalen Folgen aus dem dargestellten Kommunikationsprozess resultieren. Der vom Lehrer initiierte Positionswechsel im Kreis wird von den Schülern unterschiedlich interpretiert. Frederik sieht die Szene wie folgt:

> „Ja, wahrscheinlich, weil Christian kann mir die Bälle vielleicht nochmal ein bisschen präziser, könnte sie mir präziser zupassen als Dennis vielleicht. Weil Christian sowieso so eine Sportskanone ist" (Frederik).

Frederik vermutet, der ausschlaggebende Faktor für den Wechsel der Positionen zu sein, da seiner Meinung nach Christian ihm gegenübergestellt wurde, da dieser ihm die Bälle besser zuspielen kann. Im Wechsel der Positionen scheint er somit eine Strategie des Lehrers zu erkennen, die ihm Erfolgserlebnisse verschaffen soll.

Jörn interpretiert das Lehrerverhalten ähnlich:

> „Auch, dass der Lehrer, der Dennis auch woanders hingestellt [hat], neben Frederik, dass er ihn vielleicht ein bisschen helfen kann" (Jörn).

Jörn scheint ebenfalls den Grund für den Tausch der Positionen bei Frederik zu sehen. Jedoch äußert er eine andere Begründung. So argumentiert er, dass Dennis neben Frederik positioniert werden soll, damit dieser Frederik beim Spielen unterstützen kann.

Wiederum eine andere Begründung findet Christian:

> „Kann sein, dass Herr B. jetzt Frederik gegenübersteht, dass Frederik den Ball jetzt besser zuspielen kann. Dass es ein bisschen einfacher für Frederik ist" (Christian).

Auch Christian scheint Frederik als Ursache für die Lehrerentscheidung zu sehen. Seiner geäußerten Vermutung zu Folge kann der Lehrer Frederik die Bälle besser zuspielen, was Frederik beim Weiterspielen unterstützen soll.[94] Insgesamt kann festgehalten werden, dass alle interviewten Schüler erklären, dass die neue, vom Lehrer initiierte Positionierung, allein den Grund hatte, Frederik beim Spielen zu unterstützen. Somit scheinen die Mitschüler Frederik eine Hilfsbedürftigkeit zuzuschreiben, mit der sie die Lehreranweisung begründen können. Dies würde die Aussage des Lehrers unterstreichen, dass die unterschiedlichen Leistungsvoraussetzungen, speziell die von Frederik, in der Klasse transparent sind. In der nun anschließenden Fall-Reflexion wird insbesondere auf diesen Aspekt der Transparenz eingegangen.

9.4.3 Fall-Reflexion

Erkenntnisgewinn

Im Zentrum dieses Falls steht die Anweisung des Lehrers, welche das Ziel verfolgt, die Positionen innerhalb der Gruppe zu verändern. In der Fall-Rekonstruktion wird deutlich, dass diese Neuanordnung eine diskussionswürdige Rolle einnimmt. Insbesondere die fehlende Begründung des Lehrers scheint hier zu unterschiedlichen Interpretationen zu führen, da alle Interviewten für das Lehrerverhalten eine andere Begründung äußern. Der Lehrer selbst gibt an, dass er zwei seiner Meinung nach Leistungsstarke in der Kreisformation nicht nebeneinander stehen haben möchte. Offensichtlich verfolgt er damit das Ziel, ihre volleyballspezifischen Kompetenzen auf einen größeren Raum zu verteilen, sodass die Gruppe bessere Chancen für einen erfolgreichen Ballwechsel bekommt.

Die Schüler dagegen begründen diese Handlung mit den schwächeren Volleyball-Kompetenzen von Frederik. Auch Frederik selbst vermutet im Interview, dass er der ausschlaggebende Faktor für diese Lehrerentscheidung ist. Die Lehrkraft legt den Schülern seine Intention nicht offen, um laut eigener Aussage keine „schlafenden Hunde" zu wecken. Dies erweckt den Anschein, dass er die Leistungsheterogenität innerhalb der Klasse nicht explizit zum Thema machen möchte.

Durch die fehlende Begründung scheint er in dieser Situation allerdings das Gegenteil seiner Intention zu erreichen. Denn Frederik denkt, er solle durch die Umpositionierung mehr Hilfe beim Spielen bekommen. Insofern bezieht er die Entscheidung auf sein eigenes Leistungsdefizit. Eine andere mögliche Intention für den Tausch der Positionen äußert er im Interview nicht.

Aufgrund dessen liegt die Vermutung nahe, dass sich Frederik auch in weiteren Situationen, in denen der Lehrer seine Entscheidungen nicht transparent macht, als Ursache für die Lehrerentscheidung sehen könnte.

---

[94] Hier sei vermerkt, dass die Positionierung des Lehrers im Grunde genommen nichts mit dem Tausch der Schülerpositionen zu tun hat. Der Lehrer könnte sich auch gegenüber von Frederik stellen, ohne die Positionen der Mitschüler zu verändern.

Dabei bleibt es nicht nur bei der Sichtweise von Frederik, da auch seine Mitschüler beschreiben, dass die Entscheidung des Lehrers mit seiner Hilfsbedürftigkeit zu tun habe.

Mit Blick auf das theoretisch beschriebene Spannungsverhältnis zwischen der Aufmerksamkeit auf vulnerable Gruppen und dem Verzicht auf Zuschreibungen (vgl. Kapitel 5.2) möchte der Lehrer hier bewusst keine Zuschreibungen explizieren. Paradoxerweise sorgt die Entschlüsselung seiner Kommunikation aufgrund der fehlenden Begründung bei den Schülern für genau solche ungewollten Zuschreibungen: Sowohl Frederik selbst als auch seine Mitschüler scheinen ihm in dieser Situation zuzuschreiben, auf besondere Unterstützung angewiesen zu sein. An dieser Stelle wird der kommunikationspsychologische Forschungsansatz besonders deutlich, da dieser den Interessensschwerpunkt auf die Rezipient*innen und die Verarbeitung der Botschaft legt. Die Relevanz dieser Betrachtungsweise wird auch in diesem Fall beim Umgang mit der heterogenen Gruppe deutlich, da es – neben der Art und Weise, wie die Lehrkraft kommuniziert – vor allem darum geht, welche Wirkung ihre Kommunikation bei den Schülern hinterlässt, nachdem diese von den Schülern entschlüsselt wurde (vgl. Kapitel 3).

Was die motivationale Wirkung betrifft, lässt sich eine Auswirkung auf das psychologische Grundbedürfnis nach Kompetenz ausmachen. Frederik, der sich offenbar als Ursache für diese Entscheidung sieht, bezieht den Wechsel der Positionen auf sich und nimmt ihn damit womöglich als negatives Kompetenzfeedback auf – und das, obwohl der Lehrer genau dies offenbar zu verhindern versucht. Auch seine Mitschüler schreiben ihm diese fehlende Kompetenz zu, was den negativen Effekt auf das Kompetenzbedürfnis verstärken kann, wenn Frederik (implizite) Zuschreibungen vonseiten seiner Mitschüler wahrnimmt. Wie aber kann es zu einer solchen einheitlichen Interpretation der Situation kommen, wie es bei Frederik und seinen Mitschülern offenbar der Fall ist?

Diesbezüglich fällt auf, dass der Lehrer von einer hohen Transparenz bzgl. der unterschiedlichen Kompetenzen innerhalb der Klasse spricht. Somit kann vermutet werden, dass Frederiks motorischen Defizite in der Klasse nicht verheimlicht, vielleicht sogar offen kommuniziert werden. Wie beschrieben kann ein transparenter Umgang mit den individuellen Voraussetzungen von Schüler*innen mit dem zugewiesenen Förderschwerpunkt körperliche und motorische Entwicklung förderlich sein, um eine Akzeptanz der Heterogenität innerhalb des Klassenverbands zu erreichen (vgl. Kapitel 5.2.5).

In diesem Fall wird allerdings eine Widersprüchlichkeit deutlich, sodass sich hier zwei Aspekte gegenüberstehen: Auf der einen Seite steht die in der Klasse herrschende Transparenz über die motorischen Defizite von Frederick, welche laut Lehrer vor allem durch den Förderpädagogen erreicht wurde. Auf der anderen Seite steht die in dieser Sequenz fehlende Transparenz der getroffenen Lehrerentscheidung, da der Lehrer offenbar versucht, die Leistungsheterogenität bewusst nicht zum Thema zu machen.

Die Mitschüler wissen offensichtlich über die motorischen Schwächen von Frederik Bescheid und scheinen den Interpretationsspielraum, den der Lehrer in seiner Kommunikation zulässt, mit diesem Wissen zu füllen. Das tun sie, obwohl das Interview des Lehrers zeigt, dass Frederik nicht zwingend die Ursache für die Neuanordnung der Positionen sein muss.

Die hier thematisierte Transparenz hat neben dem Einfluss auf das Kompetenzbedürfnis möglicherweise auch Einfluss auf das Bedürfnis nach Autonomie. Zu beobachten ist, dass die Schüler in dieser Szene keine Handlungsfreiheiten haben. Der Lehrer gibt eine Handlungsaufforderung und kommuniziert dabei keine Wahlmöglichkeiten. Um dieses Bedürfnis für diesen Fall genauer zu analysieren, bietet sich vor dem Hintergrund der motivationspsychologischen Theorie eine Hierarchisierung verschiedener Optionen zur Autonomieunterstützung an (eigene Darstellung):

(a) Die Lehrkraft bindet die Schüler*innen bei Entscheidungsprozessen mit ein, die den weiteren Unterrichtsverlauf betreffen (höhere Autonomieförderung).

(b) Die Lehrkraft trifft eigenständig die Entscheidungen über den weiteren Unterrichtsverlauf und lässt ihre Schüler*innen insofern am Entscheidungsprozess teilhaben, als dass sie ihr Vorgehen vor ihnen begründet (niedrigere Autonomieförderung).

(c) Die Lehrkraft trifft eigenständig die Entscheidungen über den weiteren Unterrichtsverlauf und begründet ihr Vorgehen nicht vor ihren Schüler*innen (keine Autonomieförderung).

Sind die Varianten (a) und (c) in der Ausprägung der Autonomieförderung offensichtlich, so bedarf es bei Variante (b) einer genaueren Erklärung. Aus welchem Grund wird diese Variante hier als autonomieförderlicher eingestuft als Variante (c)?

Auch wenn die Lehrkraft bei Variante (b) die Schüler*innen beim Entscheidungsprozess nicht aktiv einbindet und die Schüler*innen nur eine ausführende Funktion einnehmen, bietet die begründete Entscheidung für die Schüler*innen einen entscheidenden Unterschied: Die Schüler*innen erhalten die Gelegenheit zur selbstständigen Urteilsbildung. Sie können nun selbst entscheiden, ob sie das Verhalten der Lehrkraft nachvollziehbar und sinnvoll finden oder nicht. Diesbezüglich kann dieser Aspekt in der Autonomieförderung wirkungsvoller angesehen werden als die Lehrkraftentscheidung ohne Begründung (c). Bei letzterer fehlt die freie Urteilsbildung, da die Schüler*innen die Lehrkraftanweisung ausführen, ohne die Gewissheit darüber zu haben, warum sie dies tun sollen.

Insgesamt kann festgehalten werden, dass die fehlende Transparenz in dieser Situation zu Missverständnissen führt, die durch eine autonomieförderlichere Alternative – durch Variante (a) oder (b) – hätte umgangen und gegebenenfalls den negativen Einfluss auf das Kompetenzbedürfnis (wie oben dargestellt) verhindert werden können. Sowohl aus Perspektive der dargestellten Motivationstheorie (vgl. Kapitel 6) als auch mit Blick auf die Empfehlungen zum Umgang mit Schüler*innen mit zugewiesenem Förderschwerpunkt körperliche und motorische Entwicklung (vgl. Kapitel 5.2.5) wird das Einbeziehen der Schüler*innen in den Gestaltungsprozess des Unterrichts empfohlen, sodass die Variante (a) in der Kommunikation vorgezogen werden sollte.

Handlungsalternativen

Die Handlungsalternativen für diesen Fall beziehen sich auf den Wechsel der Positionen, welchen der Lehrer initiiert. Wie die Fall-Rekonstruktion zeigt, haben die Interpretationen dieses Kommunikationsprozesses gemein, dass die Neuanordnung der Positionen das Ziel verfolgen soll, Frederik beim Spielen zu unterstützen. Obwohl dies scheinbar nicht zwangsläufig die Intention des Lehrers ist, schreiben die Mitschüler Frederik diese Hilfsbedürftigkeit zu. Auf dieser Grundlage werden im Folgenden zwei Handlungsalternativen vorgestellt, die sowohl Missverständnisse als auch Zuschreibungen, wie hier geschehen, verhindern und gleichzeitig das Autonomiebedürfnis der Schüler befriedigen sollen.

Im Sinne der Einflussnahme der Schüler kann der Lehrer den Entscheidungsprozess über das Verändern der Positionen in die Hand der Schüler geben. Dabei soll es bei diesem Angebot nicht ausreichen, dass der Lehrer die Schüler nach ihrer Meinung fragt. Vielmehr kann in der Übungsphase der Sinn- und Bedeutungszusammenhang eines solchen Positionswechsels angestrebt werden. Der Lehrer kann den Schülern zum Beispiel vor oder während der Übung einen Beobachtungsauftrag geben, bei dem die Schüler die Aufteilung der Positionen in den Blick nehmen und – falls es für sie notwendig erscheint – über Alternativen diskutieren sollen. So können die Schüler im Sinne einer Einbindung in das Unterrichtsgeschehen selbst entscheiden, ob und falls ja, wie sie die Positionen verändern wollen. Dies könnte im Sinne der Theorie insbesondere die Autonomie der Schüler fördern, die somit aktiv den Verlauf des Unterrichts mitgestalten würden. Im Anschluss an die Erprobung dieser neuen Anordnung könnten die Schüler reflektieren, inwiefern ihre Entscheidung einen Mehrwert gebracht hat, gegebenenfalls weitere Anpassungen vornehmen oder ihre bisher getroffenen Entscheidungen verwerfen. Eine begleitende und moderierende Funktion des Lehrers kann die Schüler bei dieser Vorgehensweise unterstützen.

Eine zeitökonomischere Variante, die das Autonomiebedürfnis sicherlich weniger befriedigt, aber dennoch weniger Raum für Missverständnisse bietet, wäre die folgende: Der Lehrer begründet seine Entscheidung vor den Schülern. Die Transparenz der Lehrerentscheidung führt – wie oben beschrieben – dazu, dass die Schüler sich selbstständig ein Urteil über die Lehrerentscheidung bilden können. Gleichzeitig kann er diesen Prozess forcieren, indem er die Schüler beauftragt, seinen Vorschlag im Anschluss an die Übungsphase anhand eines Beobachtungsauftrags zu beurteilen (z. B.: ‚Achtet mal darauf, wie es mit dieser Änderung klappt und berichtet gleich, ob ihr in dieser Formation weiterspielen wollt').

Mit einer solchen Herangehensweise kann möglicherweise ein zu großer Interpretationsspielraum seitens der Schüler verhindert werden, der – wie dieser Fall zeigt – zu unerwünschten Zuschreibungen (‚Frederik ist auf unsere Hilfe angewiesen') führen kann. Wie beschrieben wurde, können diese wiederum negative Auswirkungen auf das Bedürfnis nach Kompetenz haben.

Zudem kann die Begründung der Entscheidung mit einem wertschätzenden Feedback verbunden werden, welches sich an die beiden leistungsstarken Schüler richtet, die der Lehrer trennen will (z. B.: ‚Ihr zwei spielt ja mittlerweile schon sehr zielgenau. Euch würde ich für diese Phase gerne auseinanderstellen, um eure Kompetenzen im Kreis aufzuteilen"). So kann der Lehrer die Situation nutzen, um die Leistung dieser beiden Schüler zu honorieren, ohne den Fokus in der Kommunikation auf diejenigen Schüler zu richten, die er als leistungsschwächer einschätzt. Denn Letzteres scheint eine Befürchtung des Lehrers zu sein, sodass er keine „schlafenden Hunde wecken" will und eine Begründung seiner Entscheidung vermissen lässt.

Insgesamt orientieren sich diese Reflexionsangebote an der Idee, die Transparenz, die in der Klasse über die Leistungsheterogenität vorherrscht, in der hier beschriebenen Kommunikation des Lehrers zu nutzen, um insbesondere durch eine Autonomieförderung die Motivation der Schüler positiv zu beeinflussen.

9.5 Fallanalyse: „Und ich bin schuld" – Über das Übernehmen von Verantwortung bei einem misslungenen Ballwechsel

9.5.1 Fall-Konstruktion

Wenn eine Lehrkraft eine*n Schüler*in bei einer Gruppenaufgabe wegen eines misslungenen Versuchs vor möglichen Schuldzuweisungen durch die Mitschüler*innen schützen möchte, kann es für sie Sinn machen, die Verantwortung des Fehlers auf sich zu nehmen.

Denn sobald man, zum Beispiel beim Volleyball, in einer Gruppe spielt, geht es nicht mehr nur um den eigenen (Miss-)Erfolg, sondern auch um den des eigenen Teams. Erfolg bedeutet dann gemeinschaftlicher Erfolg und Misserfolg bedeutet gemeinschaftlicher Misserfolg. Gerade bei Letzterem stellt sich oftmals die Frage nach dem Verantwortlichen. Wer ist für das Scheitern des Ballwechsels verantwortlich? Wer hat den entscheidenden Fehler gemacht, sodass der Erfolg der Gruppe ausgeblieben ist?

Kein Wunder also, warum viele Schüler*innen dieser Scham entgehen und möglichst wenige Fehler machen wollen. Verständlicherweise möchte auch so manche Lehrkraft, dass dem*der Schüler*in negative Folgen eines misslungenen Ballwechsels erspart bleiben. Ist die Lehrkraft nun aktiv am Spiel beteiligt, könnte sie versuchen, sich selbst die Schuld für den Fehlversuch zuzuschreiben, um den*die Schüler*in somit aus der Verantwortung zu ziehen.

Mit einer solchen Situation beschäftigt sich der vorliegende Fall. Vor dem Hintergrund der Theorie stellen sich folgende Fragen:
(1) Wie kommuniziert die Lehrkraft, wenn sie selbst die Verantwortung für einen misslungenen Ballwechsel übernehmen möchte?
(2) Inwiefern beeinflusst dieser Kommunikationsprozess die Motivation der Schüler*innen?
Um diesen Fragen nachzugehen, beschäftigt sich die folgende Analyse mit einem Fall, der sich in der zehnten Klasse einer Realschule abspielt. Thematisch beschäftigt sich die Klasse in der nun zweiten Stunde der Unterrichtsreihe mit dem Sportspiel Volleyball. Die Schüler*innen erproben das Volleyball-Zuspiel im Kreis und sammeln dort Erfahrungen mit dem Zuspiel, wobei die Technik des Pritschens angewendet werden soll. Die Herausforderung dieser Übung ist vor allem das gemeinschaftliche ‚Hochhalten‘ des Balls, der möglichst nicht den Boden berühren soll. Methodisch findet keine Differenzierung statt, sodass sich alle Schüler*innen mit der gleichen Aufgabe beschäftigen. Die Klasse hat sich selbstständig in zwei Gruppen aufgeteilt. Der Fall beschäftigt sich mit einer dieser Gruppen. An der Szene ist unter anderem Steven beteiligt, der den Förderschwerpunt körperliche und motorische Entwicklung zugeschrieben bekommen hat. Im Sport äußert sich dieser vor allem in einer verlangsamten Hand-Augen-Koordination sowie in disharmonischen Abstimmungen der Extremitäten. Die Szene dieses Falls ereignet sich wie folgt:

> Die Gruppe besteht aus sieben Schüler*innen. Die Schüler*innen spielen sich im Kreis den Ball zu. Der Sportlehrer der Klasse stellt sich dazu. Er sagt: „Los! Ich mogel mich hier rein." Steven spielt den Ball zu Christoph. Der Lehrer sagt „Gut". Christoph nimmt den Ball an und spielt ihn wieder in die gleiche Richtung zurück. Jens, der neben Steven steht, erreicht einhändig den Ball und spielt ihn zur gegenüberliegenden Kreisseite, wo er auf den Boden fällt. Der Lehrer sagt scherzhaft: „Jens, das sieht aus wie am Strand. Aber das ist nicht so schlimm jetzt." Während Madlen den Ball holt, ändert der Lehrer seine Position. Er stellt sich zwischen Madlen und Pauline und fragt Madlen: „Ich komm hier mal da bei euch zu, ist das okay?" Madlen, die den Ball vom Boden aufhebt, nickt. Der Lehrer sagt „gut" und ergänzt: „Geht einen kleinen Schritt auseinander, der Kreis ist ein bisschen klein." Er nimmt die Arme zur Seite und geht zusammen mit der Gruppe ein paar Schritte zurück. „So, so ist gut", sagt der Lehrer. Dann pritscht Madlen den Ball zu Steven, der ihr gegenübersteht. Der Ball prallt vor ihm auf den Boden. Steven fängt ihn auf und pritscht den Ball zum

> Lehrer, welcher weiter zu Jens spielt. Dieser spielt den Ball zu Madlen, welche den Ball auf Brusthöhe zu Steven spielt. Dieser schlägt ihn mit einer Hand in die Richtung des Lehrers. Der Ball landet vor dem Lehrer auf dem Boden. Als dieser sich bückt, um den Ball aufzunehmen, sagt er: „Und ich bin schuld."

Der Fokus für die anschließende Fall-Rekonstruktion ist die Schuld-übernahme des Lehrers, der den misslungenen Ballwechsel bei sich verortet („Und ich bin schuld."). Neben dem Lehrer werden sowohl das Interview von Steven, der aktiv am letzten Zuspiel beteiligt ist, als auch die Interviews von Lars und Theo herangezogen, die sich im Vorfeld der anderen Gruppe zugeordnet haben und diese Sequenz durch das Videomaterial anschauen.[95] Mithilfe dieser Interviews soll rekonstruiert werden, warum der Lehrer die Verantwortung für den misslungenen Ballwechsel übernimmt, wie die Schüler die Kommunikation des Lehrers interpretieren und wie sich diese auf die Motivation der Schüler auswirkt.

9.5.2 Fall-Rekonstruktion

Die Szene aus Sicht der Lehrkraft

Um das Verhalten des Lehrers nachvollziehen zu können, wird zunächst rekonstruiert, welche Intention der Lehrer innerhalb der Szene verfolgt. Er nimmt in dieser Phase aktiv am Geschehen teil. Im Interview beschreibt er seine aktive Teilnahme an dieser Übungsphase wie folgt:

> „Ich kann das [Volleyballspielen] halt auch nicht so gut, aber um eventuell da ein bisschen Spielfluss reinzukriegen und die Möglichkeit zu geben, halt Steven direkt gegenüber [zu stehen und ihm] auch was zuzuspielen, dass er auch was machen kann. Und dass er halt auch die Möglichkeit hat, auch den Ball vernünftig zurückzuspielen, weil das ja manchmal übers Eck ein bisschen schwierig ist und die ihm da gegenüberstanden, können ihm eventuell auch nicht so perfekt zuspielen, so dass er auch Anteile am Spiel hat. Deswegen habe ich mich ziemlich genau dahingestellt" (Lehrer).

Der Lehrer erklärt im Interview, dass er Steven in dieser Phase durch gezielte Zuspiele zu persönlichen Erfolgserlebnissen verhelfen möchte und sich dementsprechend im Kreis gegenüber von ihm positioniert. Es scheint, als sei Steven aus Sicht des Lehrers eher auf Hilfe angewiesen als seine Mitschüler*innen, wenn es darum geht, erfolgreich an der Aufgabe teilzu-haben.

Im Interview geht er näher auf Steven ein:

---

[95] Madlen, die den Förderschwerpunkt geistige Entwicklung zugewiesen bekommen hat, und Jens, der den Förderschwerpunkt emotionale und soziale Entwicklung zugewiesen bekommen hat, lehnten die Interviewanfrage ab.

„[Steven] hat halt seine motorischen Einschränkungen, also sieht man ja. Im Sportunterricht merkt man das relativ stark und von seiner Art und Weise her, ist er halt ein bisschen anders. So. Ich weiß nicht, wie ich das anders formulieren soll jetzt, aber er ist gut eingebunden" (Lehrkraft).

Das Interview verstärkt den Eindruck, dass er Steven in der Szene aufgrund seiner schwächeren motorischen Voraussetzungen unterstützen möchte. Der Lehrer betont seine Andersartigkeit, was auf diese besondere Unterstützung, aber auch auf einen besonderen Charakter hindeuten kann. Da der Lehrer erklärt, dass Steven in der Klasse eingebunden ist, scheinen diese Besonderheiten nicht dazu zu führen, dass er aus dem Klassenverbund ausgegrenzt wird.

Den misslungenen Ballwechsel rekonstruiert der Lehrer auf folgende Weise:

„Also, der Ball ist tief gefallen, weil erstens Steven den relativ tief gekriegt hat. Er hat ihn aber trotzdem angenommen und in meine Richtung gespielt und ich konnte das ja so auslegen, dass ich sage: ‚Okay, ich hätte ja mal einen Schritt nach vorne machen können und mich bewegen können.' Das, was ich denen vorher gesagt habe. Hab's aber nicht getan und so kommt er halt gut aus der Situation raus und hat nicht das Gefühl, er hat es verbockt. Ich finde das immer am Schlimmsten, also das finde ich beim Volleyball ganz krass, wenn da zwei Mannschaften gegeneinander spielen und die halt wirklich, dann wirklich spielen können. [...] und dann werden eigene Leute aus der eigenen Truppe halt irgendwie blöd angeraunt. Ja, weil sie halt den Spielfluss darin kaputt machen, weil sie es nicht so gut können" (Lehrer).

Der Lehrer spricht im Hinblick auf die Szene zwei Aspekte an. Zum einen beschreibt er, dass er seine Schüler*innen von der Schuld des misslungenen Ballwechsels freisprechen möchte, indem er versucht, sich selbst die Verantwortung für den Fehler zuzuschreiben. Da er im Interview davon spricht, dass er den Ballwechsel „ja so auslegen" kann, als ob er der Schuldige ist, scheint ihm durchaus bewusst zu sein, dass der eigentliche Fehler nicht zwangsläufig auf seiner Seite zu verorten ist. Zum anderen erklärt er, dass Steven den Ball ohnehin relativ flach zugespielt bekommt, sodass er es schwer hat, ihn präzise weiterzuspielen. Demnach scheint der Lehrer bei dem Ballwechsel eine Verkettung von fehlerhaften Zuspielen zu erkennen, die ihren Ursprung bereits vor Stevens Ballkontakt finden muss. Aus seiner Perspektive ist Steven daher offenbar nicht allein für den gescheiterten Ballwechsel verantwortlich. Dadurch, dass der Lehrer innerhalb dieses Ballwechsels die letzte Person ist, in deren Richtung der Ball fliegt, sieht er offenbar die Gelegenheit, die Schuld selbst zu übernehmen. Mit diesem Verhalten verfolgt er vermutlich die Intention, Situationen, in denen Schüler*innen von ihren Mitschüler*innen für ihre Fehler kritisiert werden, zu vermeiden.

Im weiteren Verlauf des Interviews rechtfertigt der Lehrer sein Verhalten:

„[Ziel war es], die Motivation nicht in [den] Keller gehen zu lassen und trotzdem das Gefühl zu haben: ‚Ich habe das jetzt ganz gut gemacht' [...]. [Steven] konnte vorher keinen Ball, überhaupt, also der hat ja die Bälle angenommen und wieder zurückgeworfen" (Lehrer).

„Und jetzt hat er [Steven] mal in den Kreis, mal den Ball zurückgespielt, dann soll er nicht das Gefühl haben: ‚Unsere Kreisübung hat jetzt nicht funktioniert, weil ich es war.' Nee, ich war es. Fertig. Aus. So. Und letztendlich bin ich ja der Lehrer. Und hat er ja gut gemacht bis zu dem Zeitpunkt und man muss ja gucken, ja, was so die Möglichkeiten sind" (Lehrer).

Der Lehrer gibt an, dass er Stevens Zuspielversuch im Sinne seiner Möglichkeiten als individuellen Fortschritt anerkennt. Dieses Erfolgserlebnis scheint er nicht durch ein mögliches Schuldgefühl schmälern zu wollen. So dürfte Stevens Erfolgserlebnis für den Lehrer (neben dem Vermeiden von Situationen, in denen Steven von seinen Mitschüler*innen wegen eines Fehlers kritisiert werden könnte) ein weiterer Grund dafür sein, warum er die Schuld des Fehlers auf sich nehmen möchte.
Der Lehrer geht im Zuge einer solchen Übernahme von Verantwortung auch auf einige Mitschüler*innen ein:

„Christoph müsste das sein, da vorne und so [zeigt auf eine Stelle des Videos]. Die [zeigt auf einige Schüler*innen, die auf dem Video zu sehen sind] haben ja auch ein sehr gutes Gefühl für die ganze Situation und würden das genauso machen wie ich dann auch. Dass halt jeder sein Erfolgserlebnis hat und nicht sofort Schuld ist, etwas falsch gemacht zu haben" (Lehrer).

Die Intention des Lehrers, dass all seine Schüler*innen Erfolgserlebnisse erfahren sollen, wird offenbar auch von einigen seiner Schüler*innen getragen. Der Lehrer beschreibt, dass – neben ihm selbst – auch einige seiner Schüler*innen die Situation ähnlich einordnen und zu vergleichbaren Maßnahmen greifen würden. Die Leistungsschwächen einiger Schüler*innen scheinen somit mindestens bei dieser Schüler*innengruppe bekannt, auch weil der Lehrer im Interview sagt, dass diese „ein sehr gutes Gefühl für die ganze Situation" haben.
In folgendem Zitat führt er diesen Gedankengang weiter aus:

„Also die Leute, die sich halt häufig so wieder zusammenfinden in so Gruppen, sind halt manchmal relativ starke Gruppen, und dann ist eine Gruppe, wo dann, also man sieht ja, bei der Gruppe, Madlen [Förderschwerpunkt: Geistige Entwicklung], Steven [Förderschwerpunkt: Körperliche und motorische Entwicklung], Larissa [Förderschwerpunkt: Sprache] ist da glaube ich auch drin. Die spielen dann zusammen. Und ein paar Leute, die ein sehr, sehr gutes Gefühl für eine Gemeinschaft haben, die dann auch sportlich gut sind, gesellen sich dann dazu. Christoph, Lars oder so, die gesellen sich dann dazu und versuchen Leuten, die es nicht so gut können, gut zu helfen, sodass die auch Erfolgserlebnisse haben und das können die fast genauso gut wie ich. Ich sage dann nur manchmal so: ‚[Schnippst mit den Fingern] Tu' mir mal einen Gefallen.' Und dann wissen die schon Bescheid. Dann machen die das auch sehr gut" (Lehrer).

Auch diese Aussagen weisen darauf hin, dass die unterschiedlichen Voraussetzungen bzgl. der sportmotorischen Fähigkeiten der Klasse transparent sind. Denn obwohl bei selbstständiger Gruppeneinteilung offenbar häufig homogene Gruppen gebildet werden, scheinen sich einige der leistungsstärkeren Schüler*innen bewusst zu einer leistungsschwächeren Gruppe zuzuordnen, um diese beim Spielen zu unterstützen. Die Gruppe der leistungsschwächeren Schüler*innen lässt sich scheinbar unter anderem dadurch charakterisieren, dass sich einige der Schüler*innen zusammenfinden, die einen Förderschwerpunkt zugewiesen bekommen haben.

Das unterstützende Verhalten der Mitschüler*innen scheint der Lehrer aktiv zu fördern, indem er diesen Schüler*innen auch mal ein Zeichen (Fingerschnipsen) gibt, sodass sie ihren leistungsschwächeren Mitschüler*innen zur Seite stehen. Offenbar besteht zwischen dem Lehrer und diesen Schüler*innen eine Art Arrangement, sodass ein kurzes (nonverbales) Zeichen ausreicht und der Lehrer seine Bitte an die Schüler*innen nicht genauer erläutern braucht.

Die Szene aus Sicht der Schüler*innen

Von Interesse ist nun, wie die Schüler*innen die Kommunikation des Lehrers interpretieren und welche Auswirkungen dieser Kommunikationsprozess auf ihre Motivation hat. Im Sinne der Forschungsfrage ist insbesondere die Perspektive von Steven interessant, der während der Sequenz als letztes am Ballwechsel beteiligt ist.

Im Interview gibt Steven eine Selbsteinschätzung in Bezug auf seine Volleyball-Kompetenzen preis:

> „Also, ich bin jetzt auch nicht so ein Profi im Volleyball, würde ich sagen. Aber da [zeigt auf das Video] auch noch nicht so, ich hab mich zwar in den letzten Wochen ein bisschen gesteigert, aber ja, da war vielleicht, hätte ich den vielleicht ein bisschen anders annehmen können" (Steven).

Auch wenn Steven angibt, seine Leistung bereits verbessert zu haben, scheint er hinsichtlich seiner Kompetenzen im Volleyball einige Schwächen wahrzunehmen. Da er beschreibt, dass er den Ball hätte anders annehmen können, scheint er die Verantwortung für den misslungenen Ballwechsel zumindest teilweise bei sich zu verorten.

Im Interview erklärt er weiter:

> „Der [Ball] kam dann so runter und dann konnte ich [den] da nicht mehr so [richtig annehmen]" (Steven).

Ähnlich wie der Lehrer erkennt auch Steven, dass er den Ball bereits sehr flach zugespielt bekommen hat. Offensichtlich scheint dies die Ballannahme seinerseits zusätzlich zu erschweren.

Auf die Frage, aus welchen Gründen der Lehrer die Schuld für den misslungenen Ballwechsel auf sich nehmen könnte, antwortet er wie folgt:

> „Vielleicht, damit ich das Gefühl habe, dass ich es gut kann. [...] Vielleicht war er wirklich schuld. Keine Ahnung, vielleicht" (Steven).

Steven scheint hinsichtlich der Intention des Lehrers zwiegespalten zu sein. Auf der einen Seite äußert er die Vermutung, dass die Aussage des Lehrers dazu führen soll, seine Leistung in ein positives Licht zu rücken und ihn somit von Schuldgefühlen zu befreien. Auf der anderen Seite schließt er auch nicht aus, dass der Lehrer eventuell tatsächlich für den misslungenen Ballwechsel verantwortlich sein könnte. Die mehrfache Verwendung des Adverbs „vielleicht" und die Bekundung „Keine Ahnung" deuten darauf hin, dass er sich diesbezüglich unsicher ist.

Neben Stevens Perspektive stellt sich zudem die Frage, wie seine Mit-schüler*innen das Lehrerverhalten interpretieren. Lars sagt dazu im Interview Folgendes:

> „Also, ich jetzt persönlich würde nicht sagen, dass das jetzt Herrn B.'s Schuld war. Also, kann mal passieren, wenn der Ball zu tief kommt, da kommt man nicht immer dran. [...] Also, ich persönlich hätte jetzt gesagt, es war nicht seine Schuld" (Lars).

Im Gegensatz zu Steven zieht Lars im Interview weniger in Erwägung, dass der Lehrer das Misslingen des Ballwechsels zu verantworten hat. Dement-sprechend scheint er in der Kommunikation des Lehrers eine andere Intention zu sehen. Eine Vermutung hinsichtlich dieser Intention äußert er im folgenden Zitat:

> „[Der Lehrer sagt das] einfach, damit vielleicht Steven denkt, dass er nichts falsch gemacht hat oder so" (Lars).

Da Lars im Interview äußert, dass der Lehrer die Schuld bewusst auf sich nimmt, um Steven nicht das Gefühl zu geben, einen Fehler gemacht zu haben, scheint er in der Kommunikation des Lehrers durchaus eine strategische Intention zu erkennen.

Theo, ein weiterer Mitschüler, interpretiert die Szene wie folgt:

> „[Ich] find das eigentlich auch okay, wie er [der Lehrer] sich da verhalten hat. Weil er will keinen anderen dafür irgendwie, jetzt irgendwie sagen, dass er dran schuld ist, sondern sich selber, weil er hat das nicht geschafft, den Ball zu haben, weil das schlecht gespielt war. Aber der will ja die Leute eher nicht so verletzen oder benachteiligen. Und ja. Hat er eigentlich relativ gut gelöst" (Theo).

Theo erklärt, dass das Ziel des Lehrers darin zu sehen ist, jemanden in Schutz zu nehmen und diesen nicht für ein misslungenes Zuspiel verantwortlich zu machen. Vor dem Hintergrund der anderen Interviews liegt die Vermutung nahe, dass er damit durchaus Steven meint. Somit scheint Theo in der Kommunikation des Lehrers, ähnlich wie Lars, eine Strategie zu erkennen. Diese, so erklärt er im Interview, sei allerdings gerechtfertigt, da der Lehrer sich dadurch schützend vor seine Schüler*innen stellt.

Im Interview erklärt er weiter:

„Ich denke eigentlich schon, dass die das eher gelassener aufnehmen, also, die denken sich ja jetzt nicht so: ‚Ja, das hat er nur gemacht, weil er mich wieder mal in Schutz nehmen will' oder so. Sondern die wissen halt: ‚Da war ein Fehler und der Lehrer hat sozusagen nichts gegen mich und das kann ich besser machen.' Also, da finde ich schon, dass das nichts ist, was sehr oft den Schüler betreffend wirken könnte" (Theo).

Theo scheint der Meinung zu sein, dass die betroffenen Schüler*innen (vermutlich bezieht er sich unter anderem auf Steven) eine solche Situation nicht persönlich nehmen. Auf die Schüler*innengruppe verweist er kollektiv mit „die". Seine Aussagen scheinen sich zu widersprechen. So äußert er einerseits die Vermutung, dass die Schüler*innen das Lehrerverhalten nicht als manipulativ deuten würden, sodass sie es zu ihrem Schutz auslegen. Andererseits sagt er, dass sie trotzdem erkennen, dass der Fehler bei ihnen lag und der Lehrer durch seine Kommunikation nur implizit darauf aufmerksam macht, um die positive Beziehung zu den Schüler*innen zu bestätigen („der Lehrer hat sozusagen nichts gegen mich"). Die Widersprüchlichkeit dieser Aussagen macht deutlich, welchen Interpretationsspielraum diese Szene bietet. Im nachfolgenden Kapitel wird der Fall reflektiert.

9.5.3 Fall-Reflexion

Erkenntnisgewinn

Im vorliegenden Fall scheint der Lehrer durch seine Positionierung in der Übungsphase, den Spielverlauf gezielt beeinflussen zu wollen, um Steven Erfolgserlebnisse zu ermöglichen. Die anschließende Schuldübernahme für den misslungenen Ballwechsel erscheint von außen betrachtet unbegründet, da der Ball bereits vor den Füßen des Lehrers auf den Boden fällt und demnach nur sehr schwer anzunehmen ist. Auch auf Stevens Mitschüler Lars und Theo wirkt die Schuldübernahme unglaubwürdig. So äußern sie vielmehr die Vermutung, dass der Lehrer die Verantwortung für den Fehler bewusst übernimmt, damit Steven sich nicht schuldig fühlt. Auch wenn Steven sich in dieser Hinsicht nicht sicher zu sein scheint, äußert er zumindest die Vermutung, dass der Lehrer ihn in Schutz nehmen möchte. Tatsächlich spricht der Lehrer im Interview davon, dass er Steven von dem Gefühl, dass er es „verbockt" hat, verschonen will.[96]

Ein wesentlicher Grund für die Intention des Lehrers dürfte in der positiven Entwicklung von Stevens volleyballspezifischen Kompetenzen liegen. Trotz seiner körperlichen und motorischen Voraussetzungen scheint der Lehrer einen für ihn erfreulichen Kompetenzzuwachs zu beobachten. Diesen möchte der Lehrer offensichtlich nicht durch einen empfundenen Misserfolg schmälern.

Das Spannungsfeld zwischen der Aufmerksamkeit auf vulnerable Gruppen und dem Verzicht auf Zuschreibungen spielt in diesem Fall daher eine besondere Rolle

---

[96] An dieser Stelle sei darauf hingewiesen, dass hier nicht darüber geurteilt wird, ob sich ein solches Lehrkraftverhalten positiv oder negativ auf die Entwicklung eines*einer Schülers*Schülerin auswirkt. So ist es beispielsweise durchaus wünschenswert, dass Schüler*innen lernen, Verantwortung für Misserfolge zu übernehmen und Fehler als individuelles Entwicklungspotenzial zu sehen (vgl. Weber et al., 2017).

(vgl. Kapitel 5.2). Denn die Kommunikation des Lehrers resultiert sowohl aus der besonderen Aufmerksamkeit, die er Steven schenkt (mit dieser begründet er seine Kommunikation), als auch in seinem Bemühen trotz dieser besonderen Aufmerksamkeit möglichst keine Zuschreibungen zu treffen („so kommt er halt gut aus der Situation raus und hat nicht das Gefühl, er hat es verbockt").

Allerdings dürften die Folgen der Kommunikation der Intention des Lehrers nicht gerecht werden. Denn obwohl Steven den Ball zuvor bereits von Madlen unpräzise zugespielt bekommt, scheint er in Erwägung zu ziehen, dass er in dieser Situation selbst für den Fehler verantwortlich ist. So äußert er die Vermutung, dass der Lehrer ihn durch seine Kommunikation in Schutz nehmen möchte („Vielleicht damit ich das Gefühl habe, dass ich es gut kann."). Zusammengefasst scheint der Lehrer mit seiner Kommunikation ein bestimmtes Ergebnis zu verfolgen (Steven soll den Fehler nicht bei sich verorten, da dies negative Auswirkungen auf sein Kompetenzerleben haben könnte), erreicht allerdings voraussichtlich das Gegenteil dieser Intention (Steven erwägt sich selbst als Verursacher des misslungenen Ballwechsels. Warum sollte der Lehrer ihn ansonsten in Schutz nehmen wollen?).

Da Steven die Vermutung äußert, dass der Lehrer ihn *bewusst* schützen möchte, könnte er sich zudem die Frage stellen, warum der Lehrer ausgerechnet ihn zu schützen versucht. Wenn Steven nun zu dem Schluss kommt, dass er aus Perspektive des Lehrers eine solche behutsame Kommunikation benötigt (,Der Lehrer will mich schützen, weil ich aufgrund meiner Voraussetzungen mehr Hilfe benötige als andere'), kann diese Schlussfolgerung aufgrund des möglichen negativen Einflusses auf das Kompetenzbedürfnis einen demotivierenden Charakter haben. Passend dazu warnt Boenisch (2016) in Bezug auf den Förderschwerpunkt körperliche und motorische Entwicklung vor dem Phänomen der „Überbehütung" (S. 58), da Schüler*innen somit nicht lernen, Verantwortung für ihr Verhalten zu übernehmen und sich abhängig von ihrem Umfeld machen könnten (vgl. Lelgemann, 2016, S. 63; Kapitel 5.2.5).

Neben dem Bedürfnis nach Kompetenz scheint in diesem Fall auch ein Blick auf das Bedürfnis nach sozialer Eingebundenheit erkenntnisbringend. Besonders relevant ist hierbei die Sichtweise der nicht beteiligten Schüler Theo und Lars. Denn auch diese wollen im Interview eine strategische Absicht hinter der Lehrerkommunikation erkennen. Ihren Äußerungen zufolge will der Lehrer Steven bewusst vor den Folgen des scheinbaren Misserfolgs schützen, ohne dies explizit zu kommunizieren. So kann das Verhalten des Lehrers auch Stevens Mitschüler*innen suggerieren, dass Steven auf eine solche Unterstützung angewiesen ist – womöglich, da er im Vergleich zu ihnen über andere körperliche und motorische Voraussetzungen verfügt. Diese These wird insbesondere dadurch gestützt, dass – so der Lehrer – auch einige der Mitschüler*innen vergleichbare Strategien anwenden würden, wenn sie in eine ähnliche Situation kommen. Hier scheint ein nicht offen kommuniziertes Einverständnis zu existieren, welches auf Stevens vermeintlicher Hilfsbedürftigkeit beruht.

Das Bedürfnis nach sozialer Eingebundenheit könnte somit von mehreren Seiten beeinflusst werden. Einerseits kann ein positiver Einfluss so gedeutet werden, dass die Schüler*innen die unterschiedlichen (körperlich-motorischen) Voraussetzungen des Mitschülers akzeptieren. Ja, einige scheinen sogar bewusst auf Strategien zurückzugreifen, um Steven vor negativem Kompetenzerleben zu schützen. Es wäre ein gemeinschaftlicher Akt der Unterstützung, der dazu führen soll, dass ein Schüler (hier mit dem zugewiesenen Förderschwerpunkt körperliche und motorische Entwicklung) das Gefühl bekommt, gleichwertig am Sportunterricht teilzuhaben. Andererseits wird dadurch implizit die Botschaft vermittelt, dass der Schüler hilfsbedürftig ist. Mithilfe einer vom Lehrer und von einigen Mitschüler*innen bewusst implizit gehaltenen Kommunikation wird versucht, die Hilfsbedürftigkeit verdeckt zu halten. Entlarvt Steven diese Strategie, könnte sich dies dementsprechend negativ auf seine Bedürfnisse nach Kompetenz und sozialer Eingebundenheit auswirken.[97]

Wie im Theorieteil dargestellt, kann eine besondere Hilfestellung für bestimmte Schüler*innen hilfreich oder auch notwendig sein (vgl. Kapitel 4), um eine chancengleiche Teilhabe am Sportunterricht zu gewährleisten. Die Besonderheit des hier dargestellten Falls liegt allerdings darin, dass diese Hilfeleistungen zwischen dem Lehrer und einigen Schüler*innen ‚heimlich‘ vereinbart wurden. Unterschwellig, nicht explizit kommunizierend, bekommt Steven besondere Unterstützung. Die dadurch entstehende latente Grenzziehung zwischen der eingeweihten Schüler*innengruppe und Steven macht es Steven womöglich schwer, sich als gleichwertiges Mitglied dieser Schüler*innengruppe behaupten zu können. Dass eine solche Grenze womöglich tatsächlich gezogen wird, zeigt sich daran, dass Theo eine bestimmte Schüler*innengruppe, zu der auch Steven zählt, kollektiv als ‚die‘ beschreibt (vgl. Kapitel 9.5.2).

Dies führt zu der Erkenntnis, dass eine Lehrkraft, die die Verantwortung für einen Fehler übernimmt, um eine*n Schüler*in von einem möglichen Gefühl eines Misserfolgs zu befreien, eine ungünstige Wirkung auf die psychologischen Grundbedürfnisse nach Kompetenz und sozialer Eingebundenheit haben kann – nämlich dann, wenn diese*r oder seine*ihre Mitschüler*innen die Intention der Lehrkraft durchschauen.[98] Eine besondere Aufmerksamkeit in Bezug auf eine*n Schüler*in scheint demnach aus kommunikations- und motivationspsychologischer Perspektive dann problematisch werden zu können, wenn beobachtende Schüler*innen und/oder direkt angesprochene Schüler*innen erkennen, dass die Kommunikation der Lehrkraft einen manipulativen Charakter hat. Dies kann den Schüler*innen suggerieren, dass der Lehrer implizit versucht, das Kompetenzgefühl des*der Schülers*Schülerin nicht zu belasten. Insofern würde dies die

---

[97] Beide psychologischen Grundbedürfnisse lassen sich an dieser Stelle schwer auseinanderhalten. Durch soziale Vergleichsprozesse werden vermutlich beide Bedürfnisse angesprochen. Das Bedürfnis nach sozialer Eingebundenheit (‚Ich werde anders behandelt, weil ich anders bin.‘) und das Bedürfnis nach Kompetenz (‚Ich werde anders behandelt, weil ich es nicht so gut kann.‘) fließen ineinander (‚Ich werde anders behandelt, weil ich es nicht so gut kann wie andere.‘).

[98] Einem möglichen Einfluss auf das Autonomiebedürfnis von Steven wird hier aufgrund fehlender Belege innerhalb der Interviews keine Bedeutung geschenkt.

Hilfsbedürftigkeit des betroffenen Schülers*der betroffenen Schülerin in besonderem Maße unterstreichen. Das ambitionierte Bemühen des Lehrers, einem*einer Schüler*in ein potenziell negatives Erleben hinsichtlich seiner Bedürfnisse zu ersparen, kann daher paradoxerweise der Grund dafür sein, dass das negative Erleben bzgl. der Bedürfnisse erst ausgelöst wird.

Handlungsalternativen
Wie die Fall-Analyse nahelegt, möchte der Lehrer Stevens vergangene Erfolgserlebnisse nicht schmälern und ist bemüht, Stevens Gefühl von Kompetenz aufrechtzuerhalten. Diesbezüglich stellt sich zunächst die Frage, ob der Lehrer ihn überhaupt von einem fehlerhaften Zuspiel freisprechen braucht. Auf diese Frage bezugnehmend wurde bereits herausgestellt, dass Steven nicht allein für diesen Fehler verantwortlich gemacht werden kann. Der Ball erreicht ihn bereits nur auf Brusthöhe, was ein Weiterspielen mit der Technik des Pritschens äußerst schwierig macht. Daher könnte der Lehrer – sofern er diesen Durchgang kommentieren möchte – auch die Verkettung von suboptimalen Zuspielen betonen, die letztlich dazu führt, dass der Ball den Boden berührt. Bei einer solchen Verkettung lässt sich nicht immer ein Ursprung und damit eine ,schuldige' Person finden. Dies verstärkend könnte der Lehrer in seiner Kommunikation die gesamte Gruppe adressieren (z. B.: ,Das versuchen wir gleich nochmal' oder ,Den nächsten Ball halten wir hoffentlich länger oben'). Alternativ besteht auch die Möglichkeit, den Durchgang nicht zu kommentieren und somit die Schuldfrage gar nicht erst in den Fokus der Beteiligten zu rücken.

Unter der Annahme, dass Steven wirklich als der Hauptverantwortliche für den misslungenen Ballwechsel angesehen wird, stellt sich die Frage, ob dieses Zuspiel überhaupt negativen Einfluss auf sein Kompetenzbedürfnis hätte, wenn der Lehrer das Zuspiel nicht kommentiert. Das Kompetenzbedürfnis wird besonders dann gestärkt, wenn ein*e Schüler*in eine herausfordernde Aufgabe meistert, die er*sie womöglich in der Vergangenheit noch nicht bewältigen konnte (vgl. Kapitel 6.3). Insofern ist das Nicht-Können auf dem Weg zum Können ein natürlicher Bestandteil innerhalb des Lernprozesses. Wie in der Theorie dargelegt, sollte eine positive Fehlerkultur innerhalb der Klasse dazu beitragen, dass Schüler*innen konstruktiv mit eigenen Fehlern umgehen und diese nicht als persönliches Scheitern, sondern vielmehr als persönliches Entwicklungspotenzial betrachten (vgl. Kapitel 6.3.4). Daher könnte Steven – sofern er die Ursache des misslungenen Ballwechsels bei sich verortet – diesen Durchgang ebenso als erkenntnisreich im Hinblick auf seinen weiteren Kompetenzzuwachs deuten. In diesem Sinne kann die Notwendigkeit der Kommunikation des Lehrers – unter Voraussetzung des Kerngedankens, dass Fehler zum Kompetenzerwerb dazugehören – durchaus in Frage gestellt werden.

Was aber kann der Lehrer tun, wenn eine solche positive Fehlerkultur nicht besteht und er vermutet, dass Steven negative Konsequenzen hinsichtlich seines Kompetenzbedürfnisses erfährt? In diesem Fall könnte der Lehrer die Situation nutzen, um auf eine solche Kultur hinzuarbeiten. Anstatt die Schuld auf sich zu nehmen, könnte er den Fehler und seinen Informationsgehalt wertschätzend betonen (vgl. ebd.). Zudem könnte er auf das individuelle Entwicklungspotenzial hinweisen und gleichzeitig Stevens vergangene Entwicklung betonen (z. B.: „Versuch mal, dass du dich vor dem Pritschen, so gut es dir möglich ist, unter den Ball bewegst. Geh dabei am besten leicht in die Knie. Dann lässt sich manchmal auch ein flachfliegender Ball nach oben in die Luft spielen. Du hast zuletzt schon gezeigt, wie gut du dich bisher gesteigert hast. Ich bin sicher, wenn du das noch weiter übst, wirst du auch bei solchen schwierigen Bällen sicherer"). Eine solche Kommunikation könnte dazu beitragen, Stevens Motivation zu wecken, weiter an seinen Kompetenzen zu arbeiten.

Im Hinblick auf das Autonomiebedürfnis ist ebenso denkbar, Steven bei der Ursachen- und Lösungsfindung miteinzubeziehen (z. B.: „Hast du eine Idee, warum der Ball dieses Mal nicht so zielgerichtet geflogen ist? Was kannst du das nächste Mal anders machen?").

Im Hinblick darauf, dass der Lehrer sowie einige Mitschüler*innen scheinbar bewusst auf implizite Kommunikationsstrategien zurückgreifen, um Stevens Kompetenzerleben aufrechtzuerhalten, besteht das Risiko auf zwei Ebenen: Einerseits kann die latente Grenzziehung ein wahrhaftiges Eingebunden-Werden in einen Teil der Gruppe erschweren. Andererseits besteht die Gefahr, dass Steven die kommunikativen Strategien als manipulativ entlarvt und sich somit mit Bezug auf das Bedürfnis nach sozialer Eingebundenheit von der Gruppe nicht ernst genommen fühlt. Um diesen Problemen zu entgehen, kann es sinnvoll sein, Stärken und Schwächen der Mitschüler*innen im Klassenverband transparent zu machen, was einschließt, dass auch Steven in diese Kommunikation inkludiert ist. So könnte ein *Akzeptieren* der Heterogenität angebahnt werden und eine Atmosphäre der gegenseitigen Unterstützung entstehen, ohne dass die vom Lehrer gewünschten Hilfestellungen nur mit vereinzelten Schüler*innen ‚heimlich‘ vereinbart werden (vgl. Kapitel 5.1.1). Denn solche Vereinbarungen können, wie dieser Fall nahelegt, die soziale Eingebundenheit betroffener Schüler*innen erschweren.

9.6 Fallanalyse: „Ja, weiter, weiter, weiter! Komm, komm, komm!" – Über Appelle und Ermutigungen

9.6.1 Fall-Konstruktion

Im Sportunterricht kann es zu Situationen kommen, in denen Schüler*innen bei der Bewegungsausführung lediglich ein geringes Engagement zeigen. Wenn eine Sportlehrkraft ein geringes Engagement aufseiten der Schüler*innen wahrnimmt, kann es für sie Sinn machen, mit den Schüler*innen in Interaktion zu treten, um mithilfe verbaler Appelle und Ermutigungen zu versuchen, motivierend auf die Schüler*innen einzuwirken.

Von einer solchen Situation handelt der vorliegende Fall, an den die folgenden Fragen gerichtet werden:

(1) Wie kommuniziert die Lehrkraft, wenn sie wahrnimmt, dass einige Schüler*innen eine Aufgabe nur mit geringem Engagement ausführen?

(2) Inwiefern beeinflusst dieser Kommunikationsprozess die Motivation der Schüler*innen?

Der Fall ereignet sich im Sportunterricht einer neunten Klasse in einer Gesamtschule. Es handelt sich um die fünfte Stunde einer Unterrichtsreihe zum Inhaltsbereich ‚Ringen und Kämpfen'. Die Szene beschreibt eine Aufgabe des einleitenden Stundenteils. Die Lehrkraft hat die Paarungen nach einer ersten Phase selbst zugeteilt. Das Ziel der Aufgabe ist es, mit der eigenen Hand das Knie des Übungspartners*der Übungspartnerin zu berühren, um auf diese Weise Punkte zu bekommen. Da es sich um eine Wettkampfform handelt, soll versucht werden, mehr Punkte zu erzielen als der*die Partner*in. An der Szene ist auch Fabius beteiligt, der die Förderschwerpunkte emotionale und soziale Entwicklung sowie Lernen zugewiesen bekommen hat.

Der Lehrer beobachtet zwei Paarungen bei der Ausführung dieser Aufgabe. Eines der Paare, bestehend aus Rüya und Fabius, zögert bei der Ausführung, sodass der Lehrer mit ihnen in Interaktion tritt. Die Szene läuft wie folgt ab:

Fabius versucht einmal das Knie von Rüya zu berühren, macht dann wieder einen Schritt zurück. Er dreht sich zur Seite und schaut zum benachbarten Paar Christina und Lars, die diese Aufgabe engagierter ausführen. Daraufhin spricht der Lehrer Rüya und Fabius an: „Ja, Fabius, komm! Rüya auch, komm [klatscht in die Hände]!"

Der Lehrer weiter: „Punkten! Guckt mal, das geht so wie da drüben. Guckt euch's an. Los! Komm, komm, komm [zeigt auf Christina und Lars]!"

Fabius zögert und greift sich an die Stirn bevor er die Übung mit Rüya wieder aufnimmt.

Rüya und Fabius setzen die Übung etwas energetischer fort. Der Lehrer kommentiert: „Ja, weiter, weiter, weiter! Komm, komm, komm! Bisschen mehr Dynamik da mal reinbringen. Ein bisschen mehr machen. Komm, ihr wollt mehr Punkte machen, komm! Jawoll! Weiter, weiter, weiter. Komm!

Richtig ran da! Ja, sieht besser aus. So. Jetzt nochmal eine Minute [klatscht in die Hände], genauso und dann bin ich zufrieden." Rüya lacht. Der Lehrer reagiert darauf: „Ja, Rüya, komm, komm, komm, komm, komm!" Er läuft auf Rüya und Fabius zu und setzt seine Kommentare fort: „Ja, weiter. Komm, komm, komm, komm!"
Anschließend dreht sich der Lehrer weg und beobachtet den Rest der Klasse.

Zu dieser Szene werden Interviews mit dem Lehrer sowie den vier an der Szene beteiligten Schüler*innen Rüya, Fabius, Christina und Lars herangezogen. Mit Blick auf die Schüler*innen soll mithilfe der Fall-Rekonstruktion dargestellt werden, warum einige von ihnen lediglich ein geringes Engagement bei der Aufgabe zeigen. Denn dieses scheint der Grund für den Lehrer zu sein, den Kommunikationsprozess mit den jeweiligen Schüler*innen zu suchen. Aufseiten des Lehrers soll rekonstruiert werden, warum dieser in seiner Kommunikation vor allem auf Appelle und Ermutigungen zurückgreift („Los! Komm, komm, komm!"; „Bisschen mehr Dynamik da"; „ihr wollt mehr Punkte machen"; „Jawoll! Weiter, weiter, weiter. Komm!"; „genauso und dann bin ich zufrieden").
Auf dieser Grundlage soll dargestellt werden, wie die Schüler*innen diesen Kommunikationsprozess wahrnehmen und wie sich dieser auf ihre Motivation auswirkt.

9.6.2 Fall-Rekonstruktion

Die Szene aus Sicht der Lehrkraft
Wie in der Fall-Konstruktion dargestellt, ermutigt der Lehrer die Schüler*innen zur Ausführung der Übung. Zunächst stellt sich die Frage, wie es überhaupt zu diesem Kommunikationsprozess gekommen ist.

Der Lehrer beschreibt die Szene wie folgt:

> „Ja, ich versuch die [Rüya und Fabius] so ein bisschen zu motivieren. Also, was heißt bisschen? Ich versuche zu motivieren, dass sie jetzt anfangen, dass es jetzt losgeht, also bisschen so den Wettkampfcharakter zu wecken: ‚Okay, ich möchte hier jetzt Treffer sammeln, ich möchte jetzt hier gewinnen.' Aber möchten halt beide nicht. Funktionierte in der Situation nicht. Ein bisschen vielleicht, aber eigentlich nicht" (Lehrer).

Der Lehrer erklärt im Interview, dass er bemüht ist, den Schüler*innen den Anreiz der Übung, nämlich mehr Punkte zu erzielen als der*die Partner*in, bewusstzumachen. Scheinbar ist er aufgrund der passiven Haltung von Rüya und Fabius bei ihnen stehen geblieben und ist bemüht, sie zur engagierteren Ausführung zu animieren.
Das Ziel dieser Arbeitsphase beschreibt er im nachstehenden Zitat:

„Es ging ja darum, dass sie gegenseitig die Knie des Partners treffen, so ein bisschen zum Aufwärmen […]. Und dann ist ja [das Ziel], möglichst viele Treffer [zu] sammeln. Auch wieder um ein bisschen Körperkontakt aufzubauen, aber auch ein bisschen, [um] sich spielerisch aufzuwärmen" (Lehrer).

Die Aufzählungen von mehreren Funktionen und die wiederholenden Worte „ein bisschen" deuten darauf hin, dass der Lehrer mit diesem Aufwärmspiel kein zentrales Ziel verfolgt. Stattdessen scheinen für ihn in dieser Phase mehrere Aspekte relevant zu sein.

Im Interview geht der Lehrer auch auf die Frage ein, ob und inwiefern die Schüler*innen den Sinn der Aufgabe verstehen:

„Ich hoffe mal, dass sie den Sinn dahinter gesehen haben. Dass sie sich dadurch aufwärmen irgendwie und dass sie Körperkontakt aufbauen. Habe ich jetzt natürlich nicht gesagt" (Lehrer).

Der Lehrer beschreibt, den Sinn der Aufgabe nicht explizit vor den Schüler*innen erläutert zu haben. Daher scheint er sich unsicher zu sein, ob ihnen die Intention der Aufgabe bewusst ist. Er erzählt weiter:

„Ja, kann gut sein, dass die Übung so war, dass sie dachten: ‚Ja, was soll das?‘ oder: ‚Müssen wir nicht machen.‘ Vielleicht auch, weil Fabius […] klar sein muss, warum man das macht. [Das muss ihm] klar sein. Oder nicht nur ihm, auch anderen. Rüya war ja auch, [sie] stand ja auch irgendwie mit den Schultern so hängend da und hatte eigentlich wahrscheinlich auch den Sinn dahinter nicht gesehen" (Lehrer).

Die Vermutung aus dem vorherigen Zitat, dass einige Schüler*innen den Sinn der Aufgabe nicht verstehen, scheint sich nun zu bestätigen. Der Lehrer betont dabei, dass das Sinnverstehen insbesondere für Fabius wichtig ist, was womöglich eine Anspielung auf seine zugewiesenen Förderschwerpunkte ist. Auch die passive Körperhaltung, die er bei Rüya beobachtet, scheint er damit zu begründen, dass diese die Aktivität offenbar nicht als sinnvoll erachtet.

Auf die Frage, warum die Schüler*innen die Übung erst engagierter ausführen, als er daneben steht, antwortet er wie folgt:

„Ja, vielleicht wegen [der] Noten (lacht), weil die denken: ‚Wir kriegen [Noten].‘ Oder ja, weil die denken: ‚Okay, wenn der Lehrer das sagt, dann müssen wir das machen‘" (Lehrer).

Da die Lehrkraft im Interview vermutet, dass die Sportnote oder die Gehorsamkeit der Schüler*innen Gründe für ihre Ausführung der Aufgabe sein könnten, scheinen die Schüler*innen eine Aufgabe seiner Meinung nach auch dann auszuführen, wenn sie in dieser keinen Sinn sehen. Den Grund für das Verhalten der Schüler*innen sieht er daher in äußeren Anreizen.

Im weiteren Verlauf des Interviews begründet er sein Verhalten:

„Also, das sehe ich auch irgendwie so ein bisschen als meine Aufgabe, so motivierend zu sein, also die Schüler zu motivieren. Auch wenn was gut funktioniert, oder auch, wenn was besser funktioniert als vorher, weil ich glaube, die brauchen einfach diese positive Bestärkung. Wenn man nur danebensteht, sich alles anguckt und dann, also ich finde, es ist auch die Aufgabe vom Sportlehrer, [dass er] so ein bisschen, ja, so ein bisschen als Motivator auftritt" (Lehrer).

Offenbar gehört es für ihn zur Aufgabe einer Sportlehrkraft, die Schüler*innen zu animieren. Diesbezüglich scheint er Lob und ermutigende Feedbacks für notwendig zu halten, um eine motivierende Haltung seitens der Schüler*innen sicherzustellen („die brauchen einfach diese positive Bestärkung"). Er scheint viel Wert auf äußere Motivationsanreize zu legen, die er mittels direkter Rückmeldungen und Präsenz zu realisieren versucht. Im Interview zieht er ein Resümee bzgl. seines Kommunikationsverhaltens in der Szene:

„Ich finde, die haben besser gearbeitet als ich das in der Erinnerung habe
[...], weil ich glaube, das war wichtig, dass ich in der Situation noch da
geblieben bin, weil ich glaube, wenn ich weitergegangen wäre, dann wäre es
vielleicht nicht so gewesen, dass sie die Motivation verspürt hätten, da jetzt
wirklich weiter das Ziel zu verfolgen, was ich vorgegeben habe. Nämlich,
also diese Übung zu machen. Und ich glaube, gerade für Rüya war es
irgendwie auch so gut, dass ich sie so quasi persönlich angesprochen habe
und sie so motiviert hab und als es dann geklappt hat, habe ich gesagt: ‚Genau
so weiter! Mach genau so weiter! Ist genau so gut. Noch eine Minute.‘ So ein
bisschen zu sagen: ‚Ja, komm, noch eine Minute. Dann ist [es] auch vorbei,
aber strengt euch dann nochmal an.‘ Also, es war jetzt nicht perfekt, aber es
war auf jeden Fall deutlich besser als ich es in Erinnerung hab“ (Lehrer).

Der Lehrer beschreibt im Interview, dass er im Verlauf der Arbeitsphase eine
Steigerung des Engagements beobachtet. Sein Lehrerhandeln scheint er
daher positiv zu bewerten. Eine wichtige, wenn nicht gar ausschlaggebende
Rolle spielt dabei seiner Ansicht nach die Position, die er dabei einge-
nommen hat. So positioniert er sich in der Nähe von Fabius und Rüya, damit
er sie aus nächster Nähe beobachten und zur aktiven Teilnahme motivieren
kann. Der Aufgabe selbst schreibt der Lehrer im Interview einen für die
Schüler*innen fremdbestimmten Charakter zu („das Ziel zu verfolgen, was
ich vorgegeben habe“). Offensichtlich verfolgt der Lehrer in dieser Szene
vor allem das Ziel, dass die Schüler*innen die von ihm gestellte Aufgabe
ausführen. Diese Vermutung wird durch die Aufforderung „Ja, komm, noch
eine Minute. Dann ist [es] auch vorbei“ verstärkt, welche sich laut Aussage
des Lehrers vor allem an Rüya richtet. Er scheint zu erkennen, dass sich
Rüya nach dem Ende dieser Phase sehnt und verfolgt mit dieser Kommunikation offensichtlich das Ziel, dass sie die Übung dennoch bis zum
Ende ausführt.
Nach der dargestellten Rekonstruktion des Falls aus Lehrerperspektive ist
nun die Sichtweise der Schüler*innen Rüya, Fabius, Christina und Lars von
Bedeutung.

*Die Szene aus Sicht der Schüler*innen*
Mithilfe der Rekonstruktion der Schüler*innen soll dargestellt werden, wie
diese die Aufgabenstellung sowie das Lehrerverhalten in dieser Phase
wahrgenommen haben und welche motivationalen Folgen daraus resultieren.
Fabius, der – wie die Fall-Konstruktion zeigt – direkt vom Lehrer angesprochen wird, beschreibt die Szene wie folgt:

„Wir haben ja einfach nur dieses Spiel gespielt und ich habe einfach mit
denen das gemacht, was der Lehrer gesagt hat. Ja, sonst weiter habe ich nichts
gemacht [...]. Ich mache einfach das, was man mir sagt und dann bin ich auch
zufrieden damit, wenn ich es gut mache“ (Fabius).

Aufgrund dieser Aussage ist zu vermuten, dass sich Fabius weitgehend auf die Anweisungen des Lehrers konzentriert ohne diese zu hinterfragen. Sein Verhalten scheint demnach einen vor allem reaktiven Charakter zu haben. Auch Christina schildert ihre Wahrnehmung der Situation:

> „Ja, ich habe einfach mitgemacht, dann mit Lars und habe es einfach dabei gemacht und habe halt dann Sport gemacht, um vor Herr V. gut dazustehen" (Christina).

Dieses Zitat zeigt, dass auch Christinas Engagement von äußeren Faktoren abhängig zu sein scheint. In Bezug auf die gestellte Aufgabe äußert sie:

> „[Ich habe] das Spiel jetzt nicht als wichtig empfunden [...], weil es ein Aufwärmspiel war. Es war ja nicht sowas, wo er bewertet oder eine Note macht'" (Christina).

Diese Ausführungen verstärken den Eindruck aus dem vorangegangenen Zitat. Insbesondere Christinas Aussage über die Bewertung legt nahe, dass ihre Motivation bei sportunterrichtlichen Aktivitäten tendenziell weniger durch den Reiz der Aufgabenstellung, sondern vielmehr durch äußere Faktoren, wie die Note, geprägt zu sein scheint.

Auf die Frage nach dem Sinn der Aufgabe antworten die interviewten Schüler*innen folgendermaßen:

> „Ja, vielleicht Taktik und auch, ja, dass man warm wird und die Taktik, wie man versuchen kann abzuwehren, weil man sich ja auch beim Wrestling wehren muss und dass man vielleicht schnell sich abwehren kann" (Christina).

> „Nein. Weiß ich nicht [was der Sinn war] [...]. Wir haben es eigentlich gar nicht gecheckt so, was wir machen sollten" (Rüya).

> „Das weiß ich nicht. Vielleicht ein bisschen Schnelligkeit trainieren, ein bisschen - oder Reflexe" (Lars).

> „Ich glaube, dass man damit Gruppengemeinschaft stärkt oder so. Weiß ich nicht genau" (Fabius).

Die unterschiedlichen Vermutungen der Schüler*innen verstärken den Eindruck, dass es im Hinblick auf den Sinnzusammenhang der Aufgabe einen großen Interpretationsspielraum gibt. Während Rüya im Interview explizit ausspricht, dass sie sich keinen Sinn erschließen kann, deuten einige Passagen in den Interviews ihrer Mitschüler*innen Christina, Lars und Fabius darauf hin, dass sie sich diesbezüglich sehr unsicher sind (Christina: „Vielleicht"; Lars: „Das weiß ich nicht", „ein bisschen", „vielleicht"; Fabius „oder so", „Weiß ich nicht genau").

Lars und Fabius gehen auf ihre Beweggründe ein, warum sie Aufgaben, die für sie wenig Sinn ergeben, dennoch ausführen:

> „Ja klar, manchmal sind auch Sachen dabei, wo ich mir auch so denke: 'Warum machen wir jetzt sowas?' Aber im Endeffekt mache ich es dann, weil ich weiß, dass es dann eine bessere Note gibt" (Lars).

„Also, dass ich mitmache, dass ich eine gute Note kriege, ist ja auch wichtig für mich. Aber für mich zählt auch so der Spaß daran und so weiter" (Fabius).

Aus Lars' Perspektive scheint es im Sportunterricht des Öfteren Unklarheiten bzgl. der Sinnhaftigkeit von Aufgaben zu geben. Dennoch führe er auch diese Aufgaben aus, was er, ähnlich wie Fabius und zuvor bereits Christina, damit begründet, dass er vom Lehrer benotet wird.

Wie in der Fall-Konstruktion dargestellt, tritt der Lehrer in dieser Szene in Kommunikation mit den Schüler*innen. Weiterführend stellt sich die Frage, wie diese Kommunikationsprozesse auf die Schüler*innen wirken?

Christina und Fabius beschreiben die Funktion solcher Lehrerkommentare wie folgt:

„Ja, also bei manchen funktioniert das schon, dass die aus sich herauskommen, also das ist halt eine Motivation vom Lehrer, ne. Ist halt besser als wenn der Lehrer sagt 'Du kannst das nicht'" (Christina).

„Eigentlich [...] ist das schon gut, weil man muss ja noch Kinder so ermutigen, sage ich mal, das zu machen. Ja. Das geht eigentlich ganz gut" (Fabius).

Beide scheinen in den Appellen und Ermutigungen des Lehrers eine sinnvolle Funktion zu sehen, um Schüler*innen bei der Ausführung von Arbeitsaufträgen zu motivieren. Fabius betont im Interview sogar, dass es bei Kindern notwendig ist, sie zur Teilnahme zu animieren. Die Beeinflussung der Motivation durch eine weitere Person scheint für ihn Voraussetzung dafür zu sein, dass Schüler*innen eine Aufgabe auch tatsächlich ausführen.

Auch Lars geht im Interview auf die Anweisungen des Lehrers ein: „Wenn er uns Aufgaben gibt, dann müssen wir die natürlich auch befolgen" (Lars). Lars scheint in den Anweisungen des Lehrers eine Art Verpflichtung zu sehen. Dies lässt sich auch im von ihm verwendeten Adverb „natürlich" erkennen. Scheinbar vertritt er die Auffassung, dass ein*e Schüler*in den Anweisungen des Lehrers Folge zu leisten hat. Mit Blick auf die vorangehenden Zitate scheint er diese Auffassung auch dann zu vertreten, wenn er selbst keinen Sinn hinter den Anweisungen des Lehrers erkennt.

Mit den gewonnenen Einsichten aus dem Interview des Lehrers und denen der Schüler*innen soll dieser Fall im nun anschließenden Kapitel im Sinne der zugrunde gelegten Forschungsfrage reflektiert werden.

9.6.3 Fall-Reflexion

Erkenntnisgewinn
Inhaltlich werden in diesem Kapitel vor allem zwei Aspekte fokussiert. Zum einen geht es um den Sinn, den die Schüler*innen mit der Aufgabe verknüpfen, und zum anderen um die damit zusammenhängenden Appelle und Ermutigungen des Lehrers.

Im Interview vermutet der Lehrer, dass den Schüler*innen der Sinn hinter der Aufgabenstellung nicht vollends klar ist. Wie die Fall-Rekonstruktion der Schüler*innen zeigt, scheint der Lehrer mit der Einschätzung richtig zu liegen. Auffallend ist, dass die Schüler*innen die Aufgabe trotzdem ausführen – ohne sich nach dem Sinn der Aufgabe zu erkundigen. Dies deutet auf ein fremdbestimmtes Verhalten hin. Auch der Lehrer vermutet im Interview, dass ein für die Schüler*innen relevantes Motiv für diese aktive Teilnahme die Sportnote ist. Auch mit dieser Vermutung scheint er bei Betrachtung der Fall-Rekonstruktion der Schüler*innen richtig zu liegen.

Die Motivation der Schüler*innen scheint daher in hohem Maße external reguliert zu sein. Diese externale Regulation ist, wie in der zugrundeliegenden Motivationstheorie beschrieben, die niedrigste Form der extrinsischen Motivation (vgl. Kapitel 6.2). Durch diese fremdbestimmte Motivationsform lässt sich vor allem die ausbleibende Befriedigung des Bedürfnisses nach Autonomie vermuten.

Der Lehrer scheint diese geringe Motivation seitens der Schüler*innen als Anlass zu nehmen, die Schüler*innen unter anderem durch verbale Appelle ‚von außen' motivieren zu wollen, um somit eine aktive Mitarbeit am Unterrichtsverlauf sicherzustellen. Dieses Verhalten ist im Sinne der Forschungsfrage insofern von Interesse, als der vermeintliche Auslöser der geringen Motivation der Schüler*innen – nämlich die externale Regulation (vor allem charakterisiert durch das Bestreben, eine gute Note zu bekommen bzw. einer schlechten Note zu entgehen) – ironischerweise mit einer wieteren Form der externalen Regulation (der Lehrer versucht, die Schüler*innen durch Appelle und Beobachtung zur Mitarbeit zu ermutigen) kompensiert werden soll.

Die vorangegangene Fall-Rekonstruktion deutet darauf hin, dass die Motivierungsversuche des Lehrers vor allem deswegen notwendig erscheinen, da die Schüler*innen den Sinnzusammenhang der Aufgabe entweder nicht verstehen oder nicht als relevant erachten. Unter Umständen wären demnach keine Appelle und Ermutigungen des Lehrers vonnöten, wenn die Schüler*innen einen für sie relevanten Sinn in der Aufgabe sehen und diese auf dieser Grundlage womöglich autonom ausführen würden.

Interessanterweise geht aus den Interviews hervor, dass der Lehrer, obwohl er in den Interviews die geringe Motivation der Schüler*innen in Zusammenhang mit dem fehlenden Sinnzusammenhang bringt, das Problem der fehlenden Sinnhaftigkeit nicht zu lösen versucht. Schließlich hätte er diese Phase auch pausieren können, um mit den Schüler*innen den Sinn dieser Aufgabe zu klären. Somit scheint er zwar die Ursache der geringen Motivation zu erkennen, jedoch geht er diese nicht aktiv an. Stattdessen versucht er, mittels (aus motivationspsychologischer Sicht) kontrollierender Kommunikation (der Lehrer beobachtet die Schüler*innen aus nächster Nähe und appelliert an die aktive Teilnahme) den für die Schüler*innen fehlenden Sinn zu kompensieren.

Das Lehrerinterview erweckt den Eindruck, dass sich der Lehrer selbst als zentralen Bezugspunkt der Motivationsförderung versteht („Also, das sehe ich auch irgendwie so ein bisschen als meine Aufgabe, so motivierend zu sein, also die Schüler*innen zu motivieren"). In der hier betrachteten Situation scheint er sich diesbezüglich selbst eine größere Verantwortung zuzuschreiben als beispielsweise einer von sich aus motivierenden Aufgabe. Dementsprechend scheint der Lehrer innerhalb der Szene auf fremdbestimmte Formen der extrinsischen Motivation abzuzielen. Folgt man der in der Theorie aufgestellten Annahme, dass Motivation aus einer Person heraus entsteht, also ,von innen' kommt, wird die Paradoxie dieses Motivierungsversuchs deutlich: Die Schüler*innen sollen das wollen. Demnach scheint der Lehrer, Motivation oktroyieren zu wollen.

Bei der Aussage des Lehrers, dass die Schüler*innen jenes Ziel verfolgen sollen, welches er vorgegeben hat („dass sie die Motivation verspürt hätten, da jetzt wirklich weiter das Ziel zu verfolgen, was ich vorgegeben habe"), wird eine geringe Autonomieunterstützung deutlich. Der Lehrer scheint somit nicht die Intention zu verfolgen, dass die Schüler*innen selbst einen Sinn hinter der Aufgabe erkennen. Vielmehr verstärkt dieses Lehrerzitat die Vermutung, dass hier eine fremdbestimmte Motivation der Schüler*innen intendiert wird.
So spricht er im Interview von der Strategie, die Schüler*innen darauf aufmerksam zu machen, dass die Zeit der aktiven Ausführung der Aufgabe bald vorbei sei („Ja, komm, noch eine Minute. Dann ist [es] auch vorbei"). Vor dem Hintergrund der analysierten Videos und der jeweiligen Interviewpassagen ist diese Botschaft mit hoher Wahrscheinlichkeit nicht auf die Ermüdung der Schüler*innen, die mit der Ausführung der Aufgabe einhergegangen sein könnte, zu beziehen. Vielmehr scheint die Aussage darauf abzuzielen, diese für die Schüler*innen wenig motivierende Phase, solange auszuhalten bis der Lehrer diese Phase beendet.
Dieser Handlung schreibt er im Interview einen Erfolg zu. Laut Aussage des Lehrers gelingt die Übung im Anschluss besser als zuvor, da die Schüler*innen die Aufgabe nun engagierter ausführen. So sei es wichtig gewesen, neben den Schüler*innen stehenzubleiben und ihre Aktionen aus nächster Nähe zu beobachten.
Der Fall erweckt demnach den Eindruck, als sei für den Lehrer eine gelungene Aufgabe dadurch gekennzeichnet, dass die Schüler*innen aktiv an der Unterrichtssequenz teilnehmen. Mit Blick auf die Theorie scheint dabei allerdings unberücksichtigt zu bleiben, dass eine unhinterfragte Ausführung einer Aufgabe, deren Sinn nicht nachvollzogen wird, lediglich einem fremdbestimmten Charakter zugesprochen werden kann. Im Sinne einer Motivationsförderung scheint das dadurch erzeugte external regulierte Verhalten der Schüler*innen aufgrund seines geringen Motivationsgrads jedoch wenig erstrebenswert (vgl. Kapitel 6.1).

Auch die Sichtweise des Schülers Fabius kann im Hinblick auf den ihm zugewiesenen Förderschwerpunkt Lernen im Sinne der Forschungsfrage differenzierte Erkenntnisse liefern. Insbesondere für diesen ist es, so der Lehrer, von großer Bedeutung, dass ihm die Sinnhaftigkeit einer Aufgabe klar ist. Auch in Kapitel 5.2.1 wurde dargestellt, dass insbesondere Schüler*innen mit dem Förderschwerpunkt Lernen ihren „Bildungsprozess aktiv mitgestalten" sollten (KMK, 2019, S. 6). Weiterhin sollen Lernsituationen „die Voraussetzungen für aktive, zunehmend selbstständige Lernprozesse [schaffen]" (ebd., S. 7).

Um dies zu gewährleisten, kann dem Sinnverstehen einer Aufgabe, insbesondere für Schüler*innen mit dem Förderschwerpunkt Lernen, eine hohe Priorität beigemessen werden. Dies gilt nicht zuletzt deshalb, da die Autonomieentwicklung der Schüler*innen mit dem Förderschwerpunkt Lernen eine zentral geforderte Fördermaßnahme darstellt (vgl. ebd., S. 8).

Im Interview fällt zusätzlich auf, dass Fabius das, was der Lehrer sagt, scheinbar kaum hinterfragt. Er schreibt sich eher eine gehorsame Rolle zu, deren Aufgabe darin besteht, Anweisungen Folge zu leisten („Ich mache einfach das, was man mir sagt"). So hinterlässt das Interview den Eindruck, dass er es nicht als seine Aufgabe versteht, Anweisungen nachvollziehen zu können und selbstständig zu hinterfragen, sondern diese lediglich auszuführen. Diese Betrachtungsweise scheint es ihm zu ermöglichen, Kompetenzerfahrungen zu machen („dann bin ich auch zufrieden damit, wenn ich es gut mache").

Diesbezüglich sollen hier zwei verschiedene Kompetenzerfahrungen differenziert werden. Die hier scheinbar stattgefundene Kompetenzerfahrung resultiert aus einer vermutlich fremdbestimmten Handlung. Fabius scheint es als persönlichen Erfolg zu verbuchen, dass er die Anweisungen des Lehrers (nach anfänglichem Zögern) ordnungsgemäß ausführt. Das kritische Hinterfragen dieser Anweisung nimmt für ihn dabei keine nennenswerte Bedeutung ein.

Eine weitere Kompetenzerfahrung könnte dagegen aus einer selbstbestimmten Handlung resultieren. Fabius könnte demnach die Erfahrung machen, dass er die Sinnhaftigkeit der Anweisung des Lehrers versteht, diese für ihn eine persönliche Bedeutung hat und er die Aufgabe auf dieser Grundlage autonom und kompetent ausführt.

Mit dem Ziel, Schüler*innen, insbesondere solche mit dem zugewiesenem Förderschwerpunkt Lernen, zunehmend zu selbstständigen Lernprozessen zu befähigen, sodass diese ihren Bildungsprozess aktiv mitgestalten können, scheint das an zweiter Stelle beschriebene Erfolgserlebnis jenes zu sein, welches aus Perspektive einer Lehrkraft angestrebt werden sollte (vgl. Kapitel 5.2.1; KMK, 2019, S. 6ff.).

Bleibt es dagegen bei der fehlenden Erfahrung einer autonomen Regulation, ist zu vermuten, dass sich ein*e Schüler*in, dessen*deren Verhalten fremdbestimmt reguliert ist und der*die die Sinnhaftigkeit von Aufgaben nicht hinterfragt, in erhöhtem Maße von seiner*ihrer Umwelt abhängig macht. So scheint die Aussage „Ich mach einfach das, was man mir sagt" durch ihren fremdbestimmten Charakter deutlich zu machen, dass der fehlende Sinnbezug einer Aufgabe einer erstrebenswerten Autonomieentwicklung zuwiderläuft.

Ergänzend hierzu beschreibt Fabius im Interview, dass er Appelle von der Lehrkraft als notwendig erachtet, um die Motivation der Schüler*innen zu gewährleisten („weil man muss ja noch Kinder so ermutigen [...] das zu machen."). Dies würde aber – entgegen der theoretischen Annahme und empirischen Befunde – bedeuten, dass Lehrkräfte ihre Schüler*innen ‚von außen' motivieren müssten, da Schüler*innen aus sich selbst heraus nicht genügend Motivation aufbringen könnten.

Daher scheint es von großer Bedeutung, dass Schüler*innen (hier insbesondere solche mit dem zugewiesenen Förderschwerpunkt Lernen) im schulischen Kontext die Erfahrung machen, in eigenverantwortlichen und autonomen Situationen kompetent handeln zu können.

Handlungsalternativen

Im Folgenden werden Handlungsalternativen diskutiert, die sich vor allem das Ziel setzen, das Sinnverstehen der Aufgabenstellung zu fördern. Denn wie der Erkenntnisgewinn dieses Falls zeigt, dürfte sich die kontrollierte extrinsische Motivation seitens der Schüler*innen auch mit dem fehlenden Sinnverstehen begründen lassen.

Das Verstehen von Sinnzusammenhängen ist aus motivationspsychologischer Sicht allerdings insbesondere für die Befriedigung des Autonomiebedürfnisses relevant. Denn ohne dass der Sinn einer Aufgabe nachvollzogen wird, erscheint eine selbstbestimmte Auseinandersetzung mit einer solchen äußerst unwahrscheinlich.

Wie aber könnte ein Sinnverstehen seitens der Schüler*innen gefördert werden, um eine Anbahnung an eine selbstbestimmte Motivation zu ermöglichen? Denkbar ist eine Variante, bei welcher der Sinn einer Aufgabe bereits bei der Aufgabenstellung durch die Lehrkraft verdeutlicht wird. Bei der Formulierung der Aufgabe steht somit nicht ausschließlich – wie im hier beschriebenen Fall – das ‚Was' im Vordergrund (‚Was ist zu tun?'), stattdessen wird ergänzend dem ‚Warum' eine besondere Bedeutung geschenkt (‚Warum ist das zu tun?'). Im Fokus dieser Idee steht somit die Transparenz der Sinnzusammenhänge, die die Lehrkraft verbal betonen kann (z. B.: ‚Sinn dieser Aufgabe ist es, ...'), um Prozesse der Internalisation und Integration anzubahnen (vgl. Kapitel 6.2.2). Eine Einbindung der Schüler*innen kann erzeugt werden, wenn sie von der Lehrkraft nach dem Sinn gefragt werden, den die Aufgabe ihrer Meinung nach verfolgen soll (z. B.: ‚Was denkt ihr, was ist der Sinn hinter dieser Aufgabe?'). Ferner kann sie die Schüler*innen (insbesondere solche, die

Lernschwierigkeiten aufweisen) dazu ermutigen, den Sinn hinter einer Aufgabe zu erfragen, sofern dieser ihnen nicht vollends klar ist. Auch kann die Lehrkraft ihre Schüler*innen bitten, den Sinn der Aufgabe zu paraphrasieren (z. B.: „Wer möchte in eigenen Worten wiederholen, warum wir diese Aufgabe machen?"). So kann sie sicherstellen, dass die Schüler*innen das übergeordnete Ziel verstanden haben und die Aufgabenausführung in einen Sinnzusammenhang setzen können. Einerseits kann somit das Problem gemindert werden, dass es in Bezug zum übergeordneten Ziel zu uneinheitlichen Interpretationen seitens der Schüler*innen kommt (vgl. auch Kapitel 9.4). Andererseits kann die Lehrkraft dadurch sicherstellen, dass die Schüler*innen die Aufgabe nicht unreflektiert ausführen. Denn das sollte mit Blick auf den Erkenntnisgewinn dieses Falls kein erstrebenswertes Ziel sein. Fällt dem Lehrer auf, dass einige Schüler*innen eine Aufgabe ausführen, ohne sich des Sinns der Aufgabe bewusst zu sein, wäre auch eine (wertschätzend formulierte) provokative Frage möglich, die die Schüler*innen auf diesen Missstand hinweist (z. B.: ‚Führst du gerade eine Aufgabe aus, ohne den Sinn hinter dieser verstanden zu haben?'). Auf diese Weise könnten Schüler*innen bei einer nächsten, ähnlichen Situation zum eigenständigen Mitdenken und proaktiven Nachfragen angeregt werden.

Grundlage für diese Handlungsalternativen ist eine Lehrkraft, die Rückfragen und kritisches Denken willkommen heißt und diese nicht als Störungen des geplanten Unterrichtsverlaufs oder Autoritätsverlust auffasst. Gleichzeitig setzt diese Variante voraus, dass der Lehrkraft die Sinnhaftigkeit der von ihr gestellten Aufgabe selbst bewusst ist. So lässt der hier beschriebene Fall vermuten, dass es dem Lehrer bzgl. des Sinns vermutlich selbst an Klarheit fehlt. Die Transparenz der Sinnzusammenhänge bei Aufgabenstellungen kann demnach als eine Voraussetzung für motivierende Kommunikation gesehen werden.

Im Sinne der Autonomieförderung, die ein Sinnverstehen sicherstellen kann, ist ebenfalls die Einbindung der Schüler*innen in die Unterrichtsplanung möglich. Wenn im Klassenverband Transparenz über das übergeordnete Ziel geschaffen wird, können Schüler*innen im Hinblick auf die Zielstellung bei der konkreten Ausgestaltung des Unterrichts eingebunden werden. Werden beispielsweise Aufgaben im Hinblick auf die Zielstellung durch die Schüler*innen angepasst, verändert oder sogar – zum Beispiel durch zuvor vereinbarte Kriterien – frei entwickelt, haben die Schüler*innen die Möglichkeit, bereits während der Mitgestaltung Sinnzusammenhänge zu den jeweiligen Aufgaben herzustellen bzw. diese nachzuvollziehen. Weiterhin kann durch die gemeinsame Einflussnahme auf den Unterrichtsverlauf auch das Bedürfnis der Schüler*innen nach sozialer Eingebundenheit gefördert werden.

Was aber kann eine Lehrkraft tun, wenn sie – wie in diesem Fall geschehen – während der Arbeitsphase bemerkt, dass die Schüler*innen eine geringe Motivation aufweisen? Mit Blick auf den Erkenntnisgewinn erscheint es aus der Perspektive einer Lehrkraft sinnvoll zu sein, die Ursache für die geringe Motivation der Schüler*innen herauszufinden und diese als Grundlage dafür zu nehmen, vorerst vom geplanten Unterrichtsverlauf abzuweichen.

Beispielsweise kann die Lehrkraft – sofern sie bemerkt, dass einige Schüler*innen eine geringe Motivation aufweisen – nach den Gründen ihrer aktuellen Befindlichkeit fragen (z. B.: ,Ich habe das Gefühl, dass ihr diese Aufgabe nicht sonderlich motiviert ausführt. Woran liegt das?'). Im Hinblick auf die Förderung der psychologischen Grundbedürfnisse kann eine solche Frage dazu führen, dass Schüler*innen sich ernstgenommen fühlen. Dies kann positiven Einfluss auf die soziale Beziehung zwischen ihnen und der Lehrkraft haben. Weiterhin können sie, je nachdem wie sie antworten und inwiefern die Lehrkraft die Aussagen der Schüler*innen ernst nimmt, Befriedigung des Autonomiebedürfnisses erfahren. So können die Schüler*innen zum Beispiel feststellen, dass die Äußerung ihrer eigenen Meinungen gewünscht ist und dass diese evtl. sogar im weiteren Unterrichtsverlauf Berücksichtigung findet.

Für den hier dargestellten Fall wird daher vorgeschlagen, eine geringe Motivation seitens der Schüler*innen nicht primär – so wie hier geschehen – durch Motivierungsmaßnahmen ,von außen' (Appelle und Ermutigungen) zu kompensieren. Zwar ist durchaus denkbar, dass die Schüler*innen den Anweisungen der Lehrkraft Folge leisten, jedoch ist ihr Verhalten unter diesen Umständen womöglich durch die Autorität der Lehrkraft oder das wahrgenommene Abhängigkeitsverhältnis (zum Beispiel durch die Beurteilung durch Noten) geprägt und dementsprechend fremdbestimmt. Eine von außen beobachtete engagierte Teilnahme der Schüler*innen ist daher nicht zwangsläufig mit einer wünschenswerten autonomen Regulation gleichzusetzen. Daher wird hier vorgeschlagen die Kommunikation des Lehrers primär auf die Ursache der geringen Motivation abzuzielen (in diesem Fall das fehlende Sinnverstehen) und womöglich gemeinsam mit den Schüler*innen nach Lösungen zu suchen, um eine selbstbestimmte Motivation gewährleisten zu können.

10 Fazit

Eine motivierende Lehrkraft-Schüler*innen-Kommunikation ist insbesondere mit Blick auf die Heterogenität des inklusiven Sportunterrichts eine herausfordernde Aufgabe. Das Fazit dieser Arbeit möchte mit Blick auf die gewonnenen Erkenntnisse Schlussfolgerungen ziehen, die diese Herausforderung betreffen.

Neben einem grundlegenden Resümee, das einen zusammenfassenden Überblick über die Forschungsarbeit gibt (vgl. Kapitel 10.1), wird der Erkenntnisgewinn präsentiert.

Dabei geht es zunächst um einen differenzierten Blick auf die Theorie, der durch die Komplexität der Einzelfallanalysen ermöglicht wird. Anschließend soll eine Übertragbarkeit der Erkenntnisse auf vergleichbare Fälle ermöglicht werden. Gemeint sind Fälle, die durch eine ähnliche Situation charakterisiert sind, sodass Fall-Erkenntnisse ggf. als Orientierungsfunktion für künftiges Handeln genutzt werden können. Daher werden an dieser Stelle grundlegende Erkenntnisse der Einzelfallanalysen zusammengefasst, die auf vergleichbare Fälle übertragbar erscheinen. Darauf aufbauend geht es um die Frage, wie die Erkenntnisse dieser Arbeit für die Praxis fruchtbar gemacht werden können (vgl. Kapitel 10.2).

Im Anschluss daran werden im Ausblick Grenzen der vorliegenden Forschungsarbeit aufgezeigt und der eigene Forschungsprozess reflektiert. Dabei soll ein möglichst transparentes Bild in Bezug auf das forschungsmethodische Vorgehen ermöglicht werden. Aus diesen Erläuterungen werden Anknüpfungspunkte für nachfolgende Forschungen abgeleitet, bevor eine Einordnung der Arbeit in den wissenschaftlichen Diskurs über den inklusiven Sportunterricht dargeboten wird (vgl. Kapitel 10.3). Daran anschließend endet diese Arbeit mit einer Schlussbemerkung (vgl. Kapitel 10.4).

10.1 Resümee

Sportlehrkräfte sind in der Regel bemüht, ihre Schüler*innen zu motivieren, um dadurch Ziele des Sportunterrichts besser erreichen zu können. Will man Bedingungen schaffen, um bei allen Schüler*innen eine hohe Motivation zu erreichen, zeigt sich eine Herausforderung, die sich insbesondere im Sportunterricht bemerkbar macht: die Heterogenität innerhalb einer Lerngruppe. Diese in der Regel ohnehin schon hohe Heterogenität wird durch den inklusiven Sportunterricht und die damit einhergehende gemeinsame Beschulung von Schüler*innen mit und Schüler*innen ohne zugewiesenen Förderschwerpunkt ohne Zweifel verstärkt. Wie aber lassen sich Schüler*innen trotz dieser Heterogenität motivieren? Dazu versucht eine Sportlehrkraft, das Geschehen und die Motivation der Schüler*innen mittels Kommunikation zu beeinflussen. Sie gibt Feedback, ermutigt, appelliert und setzt mittels Kommunikation ihre methodisch-didaktischen Überlegungen um. Die Forschungsfrage dieser Arbeit lautet daher: Inwiefern gelingt es Lehrkräften, im inklusiven Sportunterricht motivierend mit ihren Schüler*innen zu kommunizieren?

Um zu Erkenntnissen im Hinblick auf die Forschungsfrage zu gelangen, wurde in dieser Arbeit die Kommunikationspsychologie als theoretisches Fundament dargelegt. Diese umfasst drei Themenkomplexe: (1) die Kommunikationsbedingung, (2) den Kommunikationsprozess sowie (3) die Kommunikationsfolge.

Die Kommunikationsbedingung ist mit Blick auf die Forschungsfrage in dieser Arbeit durch die Heterogenität des inklusiven Sportunterrichts charakterisiert. Dabei wird an dieser Stelle das enge Inklusionsverständnis zugrunde gelegt, welches ausschließlich die Kategorie Behinderung fokussiert.

Auf dieser Grundlage stellt sich die Frage, welche Möglichkeiten eine Sportlehrkraft hat, um mit der daraus resultierenden Heterogenität umzugehen. Mit den Handlungsoptionen, auf die eine Lehrkraft während des Unterrichts zurückgreifen kann, beschäftigt sich schließlich der Kommunikationsprozess. Bei diesem geht es insbesondere um die Umsetzung ihrer methodisch-didaktischen Entscheidungen.

Die für diese Arbeit relevante Kommunikationsfolge wird durch die Motivation der Schüler*innen repräsentiert. Die Selbstbestimmungstheorie der Motivation liefert diesbezüglich mithilfe eines Kontinuums einen Überblick über den Grad der Motivation. Motivationsfördernd ist der Theorie zufolge die Befriedigung dreier psychologischer Grundbedürfnisse: der Bedürfnisse nach Autonomie, Kompetenz sowie sozialer Eingebundenheit.

Die Befriedigung dieser Bedürfnisse lassen sich mit dem übergeordneten Ziel der inklusiven (Sport-)Pädagogik, nämlich möglichst allen Menschen die Chance auf ein selbstbestimmtes Leben zu ermöglichen, in Einklang bringen. Mit Blick auf die Empfehlungen zum Umgang mit Heterogenität im Allgemeinen und mit einzelnen Förderschwerpunkten im Speziellen wird gefordert, die *Autonomie* der Schüler*innen bestmöglich zu fördern, um ein selbstbestimmtes Leben anzubahnen. Auch sollen beispielsweise optimale Anforderungsniveaus von Aufgabenstellungen (zum Beispiel durch Differenzierungsmaßnahmen) dazu beitragen, dass Schüler*innen Erfolgserlebnisse generieren und sich als *kompetent* erfahren. Im Sinne der gleichberechtigten Teilhabe gilt es, soziales Lernen zu ermöglichen und die *soziale Eingebundenheit* innerhalb einer Gruppe zu fördern. Die Harmonisierung der kontextuellen Aufgaben des inklusiven Sportunterrichts und der Motivationstheorie ist insofern gewinnbringend, als dass in der Kommunikation mit Blick auf die verschiedenen Themenkomplexe nicht die Notwendigkeit besteht, Kompromisse einzugehen.

Gleichzeitig offenbaren theoretischen Erkenntnisse dieser Arbeit die Komplexität der kommunikativen Anforderungen. Diese lässt sich unter anderem daran erkennen, dass eine Lehrkraft mit verschiedenen Spannungsfeldern umgehen muss, wenn sie mit ihren Schüler*innen kommuniziert. So wird im Sinne der Inklusion einerseits von ihr gefordert, den vulnerablen Gruppen besondere Aufmerksamkeit zu schenken, andererseits soll sie dabei aber möglichst keine Zuschreibungen treffen. Dies zeigt, dass sich im Sinne der Forschungsfrage keine pauschalen Lösungen finden lassen, sodass eine Lehrkraft situativ entscheiden muss, wie sie mit einem solchen Spannungsfeld umgeht.

Im Hinblick auf die Forschungsfrage ist nun interessant, welche Forschungserkenntnisse in Bezug auf die geschilderte Theorie bereits existieren. Der Forschungsstand zeigt grundlegend, dass es ein Forschungsdesiderat gibt, wenn es um die motivierende Lehrkraft-Schüler*innen-Kommunikation innerhalb des inklusiven Sportunterrichts geht. Um dennoch Erkenntnisse hinsichtlich der Forschungsfrage zu generieren, betrachtet der vorgelegte Forschungsstand partiell die Themenkomplexe des zugrunde gelegten Verständnisses der Kommunikationspsychologie – nämlich die Heterogenität des inklusiven Sportunterrichts, den Umgang mit dieser Heterogenität sowie die Motivation der Schüler*innen im Sportunterricht.

Neben empirischen Forschungsarbeiten über die Einstellungen von Sportlehrkräften zur Inklusion wurden in Bezug auf den Umgang mit der Heterogenität des inklusiven Sportunterrichts vermehrt methodisch-didaktische Konzepte vorgestellt. Mit Blick auf die Motivation der Schüler*innen innerhalb des Sportunterrichts bestätigt sich im Wesentlichen die Annahme, dass eine Befriedigung der drei psychologischen Grundbedürfnisse motivationsförderlich wirkt. Die in diesem Bereich auffallend große Dominanz quantitativer Forschungen zeigt, dass – ähnlich wie beim Forschungsstand bzgl. des Umgangs mit Heterogenität – der Analyse spezifischer Unterrichtssituationen bislang kaum Beachtung geschenkt wurde. Die vorliegende Arbeit widmet sich dieser Forschungslücke und erforscht in authentischen Situationen, (1) wie eine Sportlehrkraft im Umgang mit der Heterogenität des inklusiven Sportunterrichts kommuniziert und (2) welche Folgen diese Kommunikation auf die Motivation der Schüler*innen hat.

Forschungsmethodisch wurde dabei auf die Methode des Stimulated Recall zurückgegriffen. Im realen Kontext des inklusiven Sportunterrichts wurden audiovisuelle Aufzeichnungen gemacht, aus denen einzelne Unterrichtssequenzen ermittelt wurden, die im Sinne des Forschungsinteresses relevant erschienen. Diese Sequenzen wurden der Lehrkraft und ausgewählten Schüler*innen als Stimulus vorgespielt, um auf dieser Grundlage problemzentrierte Interviews zu führen. Mit Hilfe der erhobenen Daten wurden die Fälle vor dem Hintergrund der Theorie analysiert, wobei zu jedem Fall spezifische

Fragestellungen formuliert wurden, um fallspezifische Erkenntnisse bzgl. des Forschungsinteresses zu generieren.

Im folgenden Kapitel werden Erkenntnisse dargestellt, die aus diesen Fallanalysen resultieren.

10.2 Erkenntnisgewinn

Die Theorie in Anbetracht komplexer Situationen

Mit Blick auf die Fallanalysen sollen zunächst einige Aspekte herausgestellt werden, die einen differenzierten Blick auf die Theorie ermöglichen – insbesondere im Hinblick auf die Befriedigung der psychologischen Grundbedürfnisse. Werden die psychologischen Grundbedürfnisse, wie in den hier dargestellten Fällen, in einer spezifischen Situation betrachtet und nicht in einem übergeordneten Kontext (wie beispielsweise bei einer Fragebogenerhebung, die z. B. das Ziel verfolgt, die generelle Motivation im Sportunterricht zu erfassen), können in Bezug auf die Theorie differenzierte Beobachtungen gemacht werden. Die Komplexität der Forschungsfrage zeigt sich mit Blick auf die Bedürfnisbefriedigung innerhalb einer Schulklasse unter anderem bei der Wirkung eines Kommunikationsprozesses auf verschiedene Schüler*innen. Dies wird beispielsweise dann deutlich, wenn auf Seiten der Schüler*innen ein und derselbe Kommunikationsprozess unterschiedlich interpretiert wird und sich damit einhergehend, in Bezug auf die psychologischen Grundbedürfnisse unterschiedliche Auswirkungen ergeben. Dementsprechend kann ein Kommunikationsprozess für eine*n Schüler*in negative; für eine*n andere*n Schüler*in positive motivationale Folgen haben. Für eine*n weitere*n Schüler*in spielt dieser womöglich überhaupt keine erwähnenswerte Rolle in Bezug auf seine*ihre Motivation (vgl. Kapitel 9.2).

Auch die Rekonstruktion der Lehrkraft, einschließlich ihrer Interpretation hinsichtlich der Auswirkungen auf die Motivation der Schüler*innen, kann von den Rekonstruktionen der Schüler*innen abweichen. So kann die Intention einer Lehrkraft, einem*einer Schüler*in innerhalb einer Situation Kompetenzerleben zu ermöglichen, unter Umständen dazu führen, dass sich diese*r in der Folge der Kommunikation – im Gegensatz zur Intention der Lehrkraft – als nicht kompetent erlebt (vgl. Kapitel 9.5).

Auch lässt die Analyse der Fälle erkennen, dass sich einzelne Bedürfnisse in einer qualitativen Fallanalyse kaum trennscharf voneinander trennen lassen. In Bezug auf die Bedürfnisse nach sozialer Eingebundenheit und Kompetenz könnte beispielsweise ein sozialer Vergleichsprozess (vgl. ebd.) dazu führen, dass sich ein*e Schüler*in einer Gruppe wenig zugehörig fühlt („Ich werde anders behandelt als der Rest der Klasse") und sich womöglich genau aus diesem Grund in der jeweiligen Situation wenig kompetent fühlt („Scheinbar bin ich nicht so gut wie die anderen"). In einem solchen Fall wird die gegenseitige Abhängigkeit der psychologischen Grundbedürfnisse deutlich. Diese erfordert eine differenzierte

Betrachtungsweise auf die Bedürfnisse – zumindest dann, wenn es um die Analyse einer komplexen Situation geht.

Demgegenüber scheint es auch Situationen zu geben, in denen einzelne Bedürfnisse in Konkurrenz zueinanderstehen. So deutet die Analyse der Fälle darauf hin, dass ein Kommunikationsprozess konträre Einflüsse auf verschiedene Bedürfnisse haben kann. In der Folge einer Kommunikation könnte zum Beispiel das Bedürfnis nach sozialer Eingebundenheit positiv, das Bedürfnis nach Kompetenz allerdings negativ beeinflusst werden (vgl. Kapitel 9.3). Eine solche konträre Einflussnahme könnte mit der theoretisch beschriebenen organismischen Dialektik erklärt werden (vgl. Kapitel 6.1).

Weiterhin zeigt die Analyse der Fälle, dass ein Kommunikationsprozess auch gegensätzliche Einflüsse auf ein einziges Bedürfnis zur Folge haben kann. Diesbezüglich scheint eine Situation durchaus dazu führen zu können, dass sich eine Person einer bestimmten Gruppe zugehörig fühlt, einer anderen Gruppe aber nicht. Beispielsweise kann die vertrauliche Anweisung der Lehrkraft an eine Schüler*innengruppe, die eine*n leistungsschwächere*n Schüler*in unterstützen soll, dazu führen, innerhalb dieser Gruppe im Sinne der sozialen Eingebundenheit ein Gemeinschaftsgefühl aufzubauen (‚Die Lehrkraft schenkt uns ihr Vertrauen, sodass wir eine*n Mitschüler*in heimlich unterstützen‘). Demgegenüber kann die Beziehung dieser Schüler*innengruppe zu dem*der betroffenen Schüler*in, zum Beispiel durch die entstehende latente Grenzziehung (‚Er*Sie ist der*die Bedürftige, den*die wir heimlich unterstützen sollen‘), eine größere Distanz zur Folge haben, sodass die soziale Eingebundenheit in dieser Beziehung abnimmt (vgl. Kapitel 9.5).

Aufgrund dieser differenzierten Beobachtungen erscheint es lohnend, sich im Sinne der theoretischen Überlegungen und empirischen Erkenntnisse verstärkt mit situativen Kontexten auseinanderzusetzen. Zwar können aufgrund der Komplexität spezifischer Situationen keine pauschalen Handlungsempfehlungen für eine motivierende Lehrkraft-Schüler*innen-Kommunikation gegeben werden, jedoch können die gewonnenen Erkenntnisse als Orientierungsfunktion für zukünftiges Handeln dienen (vgl. Kapitel 8.5).

Forschungserkenntnisse der Fallanalysen
Mit Blick auf eine mögliche Übertragung grundlegender Erkenntnisse auf vergleichbare Fälle werden nun verschiedene Erkenntnisse expliziert, die im Hinblick auf eine motivierende Lehrkraft-Schüler*innen-Kommunikation im inklusiven Sportunterricht relevant erscheinen.

Über das Geben von Feedback: Verfolgt eine Lehrkraft die Intention, die Leistung eines*einer Schülers*Schülerin hervorzuheben, kann sie ihm*ihr vor der gesamten Gruppe ein positives Feedback geben. Wenn die Kommunikationsbedingung bei einem solchen Feedback durch die Leistungsheterogenität bedingt ist und sich das Feedback auf das Erfolgserlebnis eines*einer leistungsschwächeren Schülers*Schülerin bezieht, kann es vorkommen, dass sich das Feedback auf eine Leistung bezieht, die bei den Mitschüler*innen bereits vorausgesetzt werden kann. Denkbar ist, dass sich der*die Schüler*in durch ein solches Feedback beschämt fühlt, da dieses zugleich eine kommunizierte Offenlegung seiner*ihrer vergleichsweise geringeren Kompetenz darstellt.

Im Hinblick auf die Forschungsfrage ist nun interessant, wie ein solcher Kommunikationsprozess das Kompetenzbedürfnis befriedigen kann, obwohl der*die Schüler*in, im Vergleich zu seinen*ihren Mitschüler*innen, eine schwächere Leistung erbracht hat.
Diesbezüglich bringt die Fallanalyse einige Gelingensbedingungen hervor. So scheint ein solches Feedback besonders dann motivierend zu wirken, wenn es sich auf ein tatsächliches Erfolgserlebnis bezieht. Offensichtlich wird die Kommunikation unter dieser Bedingung weniger als bewusste Strategie der Lehrkraft und vielmehr als authentisches Kompetenzfeedback interpretiert. Zudem scheinen die Transparenz der Leistungsheterogenität sowie ein wertschätzender Umgang mit dieser innerhalb der Klasse weitere Aspekte darzustellen, die eine motivierende Wirkung ermöglichen können. Denn unter diesen Voraussetzungen legt die Analyse nahe, dass sich ein*e Schüler*in, der*die für eine Leistung gelobt wird, die bei einem Großteil seiner*ihrer Mitschüler*innen vorauszusetzen ist, auf seinen*ihren individuellen Kompetenzzuwachs fokussieren kann (vgl. Kapitel 9.1).

Über das Erkennen der Schüler*innenbedürfnisse: Die Analyse deutet darauf hin, dass demotivierende Kommunikationsfolgen hätten verhindert werden können, wenn die Lehrkraft die Bedürfnislage der Schüler*innen situativ besser einschätzen würde. Dies kann sich beispielsweise dann zeigen, wenn die Lehrkraft neue Paarungen bildet und diese einer für die Schüler*innen ungewohnten Geschlechtsheterogenität unterliegen.
Die Folge eines solchen Kommunikationsprozesses kann – wenn diese Paarungen von den Schüler*innen nicht erwünscht sind – ein fremdbestimmtes Schüler*innenverhalten sein, das sich unter anderem in einer Frustration des Autonomiebedürfnisses widerspiegeln kann. Die Analyse legt nahe, dass eine Lehrkraft die demotivierenden Folgen eines solchen Kommunikationsprozesses unterschätzt, da sie die Bedürfnislage der Schüler*innen fehlinterpretiert.
Da eine Lehrkraft eine solche demotivierende Kommunikationsfolge in den meisten Fällen nicht intendiert, würde sie ihre Kommunikation vermutlich anders gestalten, wenn sie Genaueres über die Bedürfnislage der Schüler*innen wissen würde. Diesbezüglich deuten die Ergebnisse der Analyse darauf hin, dass nicht automatisch von einem korrekten Antizipieren der Schüler*innenbedürfnisse ausgegangen werden sollte.[99] Daher erscheint es

---

[99] Auch kann aller Voraussicht nach nicht erwartet werden, dass Schüler*innen ihre Bedürfnisse, Ängste und Wünsche an den Unterricht eigeninitiativ mitteilen. Aber selbst wenn dies geschieht, kann diese Kommunikation durch das Abhängigkeitsverhältnis zwischen Lehrkraft und Schüler*innen, welches sich

sinnvoll, wenn Lehrkräfte einen Rahmen schaffen, in dem subjektive Emp-findungen der Schüler*innen erhoben werden. Denn ohne dieses Wissen, so scheint es, besteht die Gefahr, dass eine Lehrkraft auch zukünftige negative Folgen ihrer Kommunikation unterschätzt (vgl. Kapitel 9.2).

Über das Anforderungsniveau von Aufgabenstellungen: Wie stark die Kom-munikation innerhalb des inklusiven Sportunterrichts von der Unterrichtsplanung abhängt, zeigt eine Fallanalyse, dessen Kommunikationsbedingung durch eine hohe Leistungsheterogenität der Lerngruppe geprägt ist. Sind die Schüler*innen in eine Klassenaufgabe involviert, kann es passieren, dass das Anforderungs-niveau der Aufgabe für ein*e Schüler*in zu hoch ist. Die Analyse zeigt, dass der*die Schüler*Schülerin aufgrund des überfordernden Anforderungsniveaus nun hoffen kann, nicht aktiv in die Aufgabe eingebunden zu werden – offensichtlich, um zu vermeiden, dass seine*ihre fehlende Kompetenz zum Vorschein kommt.

Selbst, wenn eine Lehrkraft dies auf Grundlage ihres guten Gespürs wahr-nimmt und ihrer Intention folgt, den*die Schüler*in seltener in die Aufgabe einzubinden als andere Mitschüler*innen, scheint sie das motivierende Potenzial ihres Kommunikationsprozesses nicht entfalten zu können, da bereits die Aufgabenwahl nicht der Heterogenität der Klasse angemessen ist. Aufgabenformate, die allen Schüler*innen einer heterogenen Schulklasse gerecht werden, scheinen dementsprechend – insbesondere in Bezug auf das Kompe-tenzbedürfnis – eine wichtige Voraussetzung für einen motivierenden Kommuni-kationsprozess darzustellen. In Bezug auf das Ziel einer solchen Kommunikation sollte dementsprechend bereits der Planung des Unterrichts große Aufmerk-samkeit geschenkt werden (vgl. Kapitel 9.3).

Über den Interpretationsspielraum bei Anweisungen: Die Analyse zeigt zudem, dass die Anweisung einer Lehrkraft, die nicht vor den Schüler*innen begründet wird, einen Interpretationsspielraum beinhaltet, der unter Umständen von den Schüler*innen mit eigenen Interpretationen gefüllt wird. Je nachdem, wie diese Interpretationen des Kommunikationsprozesses ausfallen, können sie unter-schiedliche Folgen hinsichtlich der Schüler*innenmotivation nach sich ziehen.

Unterliegt die Kommunikationsbedingung in einem solchen Fall einer hohen Leistungsheterogenität, kann die Anweisung der Lehrkraft von den Schüler*innen durchaus so ausgelegt werden, dass genau diese Leistungsheterogenität der Grund für die Anweisung der Lehrkraft ist. So kann ein solcher Kommunikationsprozess für eine*n Schüler*in, zum Beispiel dann demotivierende Folgen haben, wenn diese*r die Entscheidung der Lehrkraft auf seine*ihre mangelnde Kompetenz bezieht (obwohl dies nicht von der Lehrkraft intendiert wurde).

---

nicht zuletzt durch die Notengebung zeigt, beeinflusst sein. Das Feedback durch den*die Schüler*in könnte dementsprechend einen weniger authentischen und vielmehr strategischen Charakter besitzen.

Die Erkenntnis, dass die Gründe hinter den Entscheidungen einer Lehrkraft aller Voraussicht nach von den Schüler*innen interpretiert werden, kann eine Lehrkraft womöglich dahingehend sensibilisieren, einige ihrer Entscheidungen bewusst zu begründen (vgl. Kapitel 9.4).

Über das In-Schutz-Nehmen-Wollen: Eine Herausforderung von Lehrkräften im Hinblick auf die Kommunikation des inklusiven Sportunterrichts ist es, der vulnerablen Gruppe besondere Aufmerksamkeit zu schenken, wobei gleichzeitig möglichst keine Zuschreibungen getroffen werden sollen. Mit Blick auf die Analyse erscheint das Schenken einer solchen Aufmerksamkeit in einer Kommunikationsbedingung, die durch eine hohe Leistungsheterogenität geprägt ist, zum Beispiel dann relevant zu werden, wenn die Lehrkraft eine*n leistungsschwächere*n Schüler*in von einem Fehler freisprechen möchte, um ihn*sie von der Last eines solchen zu befreien.

Die Analyse zeigt, dass ein solcher Kommunikationsprozess insbesondere dann problematisch werden kann, wenn er von Seiten der Schüler*innen als strategisch interpretiert wird – wenn also die Schüler*innen vermuten, dass die Lehrkraft nur deswegen in dieser Form kommuniziert, um die*den Schüler*in in Schutz zu nehmen.

Wird dies von dem*der betroffenen Schüler*in durchschaut, erzeugt der Kommunikationsprozess möglicherweise eine demotivierende Wirkung bei diesem*dieser. Beispielsweise kann er dazu führen, dass der*die Schüler*in eine solche ‚Überbehütung‘ mit der eigenen fehlenden Kompetenz begründet („Die Lehrkraft versucht mich zu schützen, weil ich das noch nicht so gut kann").

Auch im Hinblick auf Schüler*innen, die diese Kommunikation lediglich beobachten, ohne selbst involviert zu sein, deutet die Analyse darauf hin, dass die Interpretationen der beobachtenden Schüler*innen zu Stigmatisierungen führen können (‚Die Lehrkraft scheint das nur deshalb so zu sagen, weil der*die Schüler*in ansonsten benachteiligt ist‘).

Kommunikationsfolgen wie diese ließen sich vermeiden, wenn die Lehrkraft in Situationen, in denen eine solche Behütung eines*einer Schüler*in nicht notwendig erscheint, auf einen solchen Kommunikationsprozess verzichtet. Im beschriebenen Beispiel könnte es demnach sinnvoll sein, innerhalb der Klasse eine positive Fehlerkultur zu etablieren, die einen konstruktiven Umgang mit Fehlern nahelegt, anstelle einen solchen verschleiern zu wollen (vgl. Kapitel 9.5).

Über das Intervenieren bei geringer Motivation: Im Hinblick auf die Förderung der Motivation erscheint es äußerst gewinnbringend, das Sinnverstehen von Arbeitsaufträgen zu fördern. Denn dieses kann als Voraussetzung für eine selbstbestimmte Auseinandersetzung mit der Aufgabe angesehen werden.

In diesem Zusammenhang zeigt die Analyse einen erkenntnisreichen Blick in Bezug auf Schüler*innen, die eine Aufgabe – womöglich auf Grundlage von fehlendem Sinnverstehen – mit geringem Engagement ausführen. Eine solche Kommunikationsbedingung ist somit durch das Heterogenitätsmerkmal Motivation geprägt. Eine Lehrkraft, die ein geringes Engagement bei ihren Schüler*innen wahrnimmt, kann nun versuchen, diese zu motivieren.

Im Sinne einer Motivationsförderung erscheint es in einer solchen Situation sinnvoll, in der Kommunikation zunächst die Ursache der geringen Motivation (im Beispiel das fehlende Sinnverstehen) zu thematisieren bzw. zu erfragen und nicht durch Appelle und ermutigenden Zuspruch die ‚Symptomatik‘ (im Beispiel das wenig engagierte Arbeitsverhalten) beheben zu wollen. Denn Letzteres scheint in der Kommunikationsfolge lediglich, die fremdbestimmte Auseinandersetzung mit der Aufgabe zu fördern und daher mit Blick auf die Förderung einer selbstbestimmten Motivation nicht förderlich zu sein (vgl. Kapitel 9.6).

Einen fallübergreifenden Erkenntnisgewinn liefert auch die Frage, wann ein Kommunikationsprozess aus Sicht der Lehrkraft erfolgreich ist. Denn es ist davon auszugehen, dass die Lehrkraft ihre Kommunikation auf diesem Verständnis aufbauend gestaltet. In diesem Zusammenhang zeigen die Fallanalysen, dass eine erfolgreiche Lehrkraft-Schüler*innen-Kommunikation nicht ausschließlich daran festgemacht werden sollte, ob der Unterricht dem Kommunikationsprozess nachfolgend so abläuft, wie die Lehrkraft sich das vorstellt.

Mit Blick auf die zugrunde gelegte Forschungsfrage, die die motivationalen Folgen eines Kommunikationsprozesses fokussiert und somit das Erleben der Schüler*innen in den Vordergrund rückt, wenn es um die Frage nach einer gelungenen Kommunikation geht, ist ein solches Erfolgskriterium nicht ausreichend.

Denn die von ‚innen‘ kommende Motivation ist äußerlich oftmals nicht sichtbar. Eine Lehrkraft sieht zwar, wie sich ihre Schüler*innen im Anschluss an einen Kommunikationsprozess verhalten, durch welche Handlungsenergie dieses Verhalten hervorgerufen wird, bleibt ihr allerdings in der Regel verborgen. Um herauszufinden, ob ein Kommunikationsprozess *im Sinne der Forschungsfrage* erfolgreich ist, also in seiner Folge die selbstbestimmte Motivation der Schüler*innen fördert, ist somit die Perspektive der Schüler*innen vonnöten.

Dementsprechend erscheint es erstrebenswert, einen Rahmen zu schaffen, in dem die Lehrkraft die Folgen ihrer Kommunikation gespiegelt bekommt. Die Etablierung einer Feedback-Kultur, in der Schüler*innen in regelmäßigen Abständen dazu ermutigt werden, ihrer Lehrkraft (beispielsweise anonym) ein Feedback zu ihrer Gestaltung des Unterrichts zu geben, könnte demnach eine geeignete Initiative sein.

Ein solches Feedback könnte es der Lehrkraft ermöglichen, das Erleben ihrer Schüler*innen besser nachzuvollziehen, sodass sie ihre Kommunikation mithilfe der gewonnenen Informationen an die Bedürfnisse der Schüler*innen anpassen kann, sofern ihr dies sinnvoll erscheint. Zielperspektivisch kann die Lehrkraft dabei auf eine Kommunikation hinarbeiten, die bei ihren Schüler*innen zu einer Befriedigung der psychologischen Grundbedürfnisse nach Autonomie, Kompetenz und sozialer Eingebundenheit führt. Denn diese liefern, wie gezeigt wurde, einen äußerst gewinnbringenden Beitrag, um die selbstbestimmte Motivation der Schüler*innen zu fördern.

Transfer der Erkenntnisse
Der Nutzen dieser Arbeit begründet sich grundlegend in der Optimierung des inklusiven Sportunterrichts, wobei es im Hinblick auf die Motivation der Schüler*innen konkreter um eine Optimierung der Lehrkraft-Schüler*innen-Kommunikation geht.
Die Fallarbeit verfolgt dabei das Ziel,

> „einem professionalisierten Habitus Ausdruck zu verleihen, indem reflexive Wissenschaft dazu dient, den Fall zu analysieren und Routinen der alltäglichen Praxis zu überprüfen, so dass Möglichkeitsräume alternativer Handlungswege erwogen werden können. Die fallspezifische Erkenntnis verweist damit auf das praktische Tun" (Hummrich, 2016, S. 18).

So bietet die Fallarbeit das Potenzial „eine fruchtbare Beziehung zwischen universitärem Wissen und beruflichem Können zu verwandeln" (Pieper, 2014, S. 9). Wie also können die Daten dieser Arbeit genutzt werden, um dieser Intention Rechnung zu tragen? Vor allem in der Ausbildung von Sportlehrkräften und entsprechenden Fortbildungen können spezifische Fallanalysen thematisiert werden. Gewinnbringend erscheint auch ihre Berücksichtigung in universitären Curricula, wenn es um den Kontext des inklusiven Sportunterrichts geht.
Der Vorteil liegt vor allem in der praktischen Auseinandersetzung mit spezifischen und authentischen Situationen, die im Hinblick auf verschiedene Fragestellungen zur Professionalisierung des eigenen Handelns beitragen können (vgl. z. B. Idel, Reh & Rabenstein, 2014).
Denn diese Arbeit hat gezeigt, dass theoretische Modelle zwar gewinnbringend sein mögen, aber die reale und praktische Umsetzung während einer face-to-face-Kommunikation wesentlich differenzierende Herausforderungen und Potenziale mit sich bringt als eine Theorie abbilden könnte.
Die aktive Auseinandersetzung mit ‚eingefrorenen' Anwendungssituationen kann daher das theoretische Wissen gewinnbringend und stichprobenartig ergänzen und somit nicht zuletzt für die womöglich oft unterschätzten Folgen der Kommunikation sensibilisieren.
Der Kompetenzzuwachs kann in diesem Zusammenhang beispielweise in der Beobachtung, der Wahrnehmung und der Reflexion von gelungener bzw. misslungener Kommunikation angesehen werden – sowohl im Hinblick auf das eigene Kommunikationsverhalten als auch auf das Kommunikationsverhalten anderer Personen.

10.3 Ausblick

Grenzen und Anknüpfungspunkte für künftige Forschungen
Mit Blick auf die dargestellten Ergebnisse soll an dieser Stelle eine methodenkritische Reflexion der forschungsmethodischen Umsetzung dargeboten werden.

> „Die ‚Güte‘ der Arbeit bemisst sich letztlich im sensiblem Umgang und in der im Forschungsprozess selbst und v.a. in dessen Reflexion erfolgenden Offenlegung der erkannten Problematiken" (Krieger, 2011, S. 106).

Einige dieser Problematiken wurden bereits im Vorfeld antizipiert und daher bei der Beschreibung der forschungsmethodischen Vorgehensweise beschrieben (vgl. Kapitel 8). Nun sollen rückblickend Aspekte der methodischen Durchführung offengelegt werden, um den Forschungsprozess kritisch zu reflektieren. Daran anknüpfend werden aus einigen dieser Aspekte Anknüpfungspunkte für künftige Forschungen abgeleitet.

Über das Führen der problemzentrierten Interviews: Hinsichtlich der problemzentrierten Interviews (vgl. Kapitel 8.2.2) soll an dieser Stelle auf die Besonderheit der Fallanalyse „Es hat jetzt nicht jeder einen Ballkontakt gehabt" hingewiesen werden (vgl. Kapitel 9.3). In diesem Fall wurden drei Schüler*inneninterviews geführt, wobei bei dem Interview mit Larissa von der beschriebenen Vorgehensweise der problemzentrierten Interviews abgewichen wurde. Larissa, die den Förderschwerpunkt Sprache zugewiesen bekommen hat, wirkte im Vergleich zu ihren Mitschüler*innen bei der Beantwortung der erzählgenerierenden Fragen sehr gefordert. Dies zeigte sich zum Beispiel in äußerst kurzen und undeutlichen Antworten. Um dennoch forschungsrelevante Daten erheben zu können, wurde das Interview mit ihr mit weniger erzählgenerierenden Fragen geführt. Die zentralen Aussagen ihres Interviews sind jedoch meist erkennbar, sodass der Fall auch aus ihrer Sicht rekonstruiert werden konnte.
In diesem Zusammenhang deutet sich an, dass das erfolgreiche Führen von problemzentrierten Interviews auch vom Schweregrad einiger Förderschwerpunkte abhängt. Das zeigte sich auch bei einer weiteren Schülerin. Madlen, die den Förderschwerpunkt geistige Entwicklung zugewiesen bekommen hat, lehnte ein Interview vollständig ab (vgl. Kapitel 9.5). Der Lehrer erklärte in den Interviews, dass Madlen sich lediglich in Situationen öffnet, in denen sie eine vertrauensvolle Beziehung zur Gesprächsperson aufgebaut hat. Im Falle des Lehrers war es ein „über die Jahre" andauernder Prozess, um ein solches Vertrauen aufzubauen. Bei nachfolgenden Forschungsprojekten mit vergleichbarer Zielgruppe sollten solche Problematiken nicht unterschätzt werden, sodass verstärkt darauf geachtet wird, die Wahl der Methode mit Blick auf die Voraussetzungen der forschungsrelevanten Zielgruppe zu überprüfen. Möglicherweise kann es in manchen

Fällen hilfreich sein, wenn eine dem*der Schüler*in vertraute Lehrkraft das Interview führt.

Über den Zeitpunkt der Interviews: Im Optimalfall werden die Interviews zeitnah nach der jeweiligen Aufzeichnung geführt, sodass den Interviewten das Erlebte noch präsent ist und sie sich noch genau an die jeweilige Szene erinnern können. Aus Perspektive der Forschenden ist allerdings zu berücksichtigen, dass bei der Wahl des Interviewzeitraums einige organisatorische Aspekte bedacht werden müssen, die Zeit in Anspruch nehmen können oder unvorhersehbar sind.

Zu nennen sind zum Beispiel die Auswahl der Videosequenzen, die Aufbereitung der technischen Daten (Videoimpuls als Stimulus), die Vorbereitung der für jede Szene eigens konzipierten Interviewleitfäden und die organisatorischen Abstimmungen mit der Schule und der Lehrkraft (dabei gilt es auch zu berücksichtigen, dass möglicherweise nicht alle Interviewpersonen, die für die jeweiligen Interviews eingeplant sind, am vereinbarten Tag – zum Beispiel durch krankheitsbedingte Abwesenheit – zur Verfügung stehen, was zur Folge hat, dass ein neuer Termin vereinbart werden muss). Aus diesen forschungspragmatischen Gründen wurden die Interviews dieser Arbeit am Ende des Erhebungszeitraums der audiovisuellen Daten geführt.

Dennoch konnten während der Interviews keine Anzeichen beobachtet werden, bei denen sich ein*e Schüler*in oder eine Lehrkraft nicht mehr genau an die jeweilige Szene erinnern konnte. Der Stimulus schien dazu zu führen, dass sich die Interviewten schnell in die Situation zurückversetzen konnten. Gleichzeitig kann aufgrund des Zeitraums zwischen der gefilmten Sportstunde und den geführten Interviews nicht ausgeschlossen werden, dass es zu sogenannten Erinnerungsverzerrungen (recall biases) kommt, bei denen die Interviewten einer Situation rückblickend eine verzerrte Bedeutung beimessen (vgl. Müllner, 2013, S. 73). Um die geschilderten Problematiken möglichst ausschließen zu können, bedarf es entsprechender organisatorischer Rahmenbedingungen, sodass die Interviews im besten Fall am selben Tag stattfinden, an dem auch der Unterricht aufgezeichnet wurde.

Über die Fall-Darstellung: Auch in Bezug auf die Darstellung eines Falls sollen einige Auffälligkeiten während des Forschungsprozesses offengelegt werden. Zu Beginn des Forschungsprozesses war die Zuweisung eines Falls zu einem der drei psychologischen Grundbedürfnisse geplant. Eine solche Zuordnung wird beispielsweise auch bei Fragebogenstudien zur Selbstbestimmungstheorie der Motivation genutzt, indem Items in Bezug auf die einzelnen psychologischen Grundbedürfnisse formuliert sind (vgl. Heissel et al., 2018). Dieses bei der quantitativen Forschungsmethodik bewährte Prinzip wurde im Laufe des Prozesses der vorliegenden Forschung verworfen. Der Grund liegt in der gegenseitigen Beeinflussung der Bedürfnisse, die insbesondere in konkreten

Situationen, wie den dargestellten Fällen, erkennbar wurden (vgl. Kapitel 10.2). Mit dieser Erkenntnis distanzierte sich die Darstellung der Fälle von einer fokussierenden Klassifizierung der psychologischen Grundbedürfnisse und orientierte sich stattdessen an der situativen Komplexität. Daher wurden die dargestellten Fälle nicht nach psychologischen Grundbedürfnissen geordnet, sondern stattdessen die potenzielle Verzahnung der Bedürfnisse in den jeweiligen Fall-Reflexionen dargestellt. Diese Vorgehensweise folgt dem Leitmotiv bei der Umsetzung von Fallanalysen „in Erhebung, Auswertung und Interpretation stets den vielfältigen Facetten des Falls zu folgen" (Hering & Schmidt, 2014, S. 529f.).

Über eine Quantifizierung der Daten: Da die Forschungsergebnisse dieser qualitativen Forschungsmethode nicht repräsentativ sind, stellt sich die Frage, inwiefern sich die Erkenntnisse dieser Arbeit quantifizieren lassen. Diesbezüglich bietet sich das Nutzen von Videovignetten an. Mithilfe dieser kann die Komplexität eines Einzelfalls erhalten bleiben und einer größeren Gruppe zugänglich gemacht werden. So kann eine Videovignette einen im inklusiven Sportunterricht stattfindenden Kommunikationsprozess zwischen der Lehrkraft und ihren Schüler*innen zeigen. Diese Videovignette wird nun Proband*innen (in diesem Fall Schüler*innen) vorgespielt. Ihre Aufgabe kann es zum Beispiel sein, sich in eine*n bestimmte*n Schüler*in hineinzuversetzen, der*die auf der Vignette zu sehen ist. Im Anschluss daran kann mittels Fragebogen die Wirkung des Kommunikationsprozesses auf die Proband*innen erhoben werden. Diesbezüglich muss bedacht werden, dass eine solche methodische Vorgehensweise eine entsprechende Empathiefähigkeit der Proband*innen voraussetzt.

Über das methodisch-didaktische Setting: Auffallend bei der Analyse der Fälle waren methodisch-didaktische Entscheidungen in Bezug auf die Differenzierungsformen. In diesem Zusammenhang konnte diese Arbeit keine Fälle präsentieren, in denen Schüler*innen beispielsweise im Sinne einer inneren Differenzierung zwischen unterschiedlichen Aufgabenschwierigkeiten wählen konnten bzw. zu unterschiedlichen Aufgabenschwierigkeiten zugewiesen wurden. Die audiovisuellen Aufzeichnungen dieser Studie brachten lediglich Unterrichtsarrangements hervor, bei denen die gesamte Klasse dieselbe Aufgabe zu bewältigen hatte.
Zu erwarten ist, dass das Angebot unterschiedlicher Anforderungsniveaus zusätzliche Herausforderungen hinsichtlich der Lehrkraft-Schüler*innen-Kommunikation mit sich bringt. Man denke dabei zum Beispiel an die Einteilung von Gruppen zu verschiedenen Aufgabenschwierigkeiten durch die Lehrkraft. Oder, wenn sich die Schüler*innen selbst Aufgabenschwierigkeiten zuteilen und sich ein*e Schüler*in einer zu schwierigen Aufgabe zuteilt – womöglich um mit seinen*ihren Freund*innen zusammen zu bleiben. Auch die in der Literatur viel zitierte Sportspielentwicklung (vgl. u.

a. Bietz & Böcker, 2009; Tiemann, 2013), bei der die Schüler*innen ein Sportspiel an ihre Bedürfnisse anpassen sollen, erscheint im Hinblick auf die Lehrkraft-Schüler*innen-Kommunikation durchaus herausfordernd. So zum Beispiel, wenn die Lehrkraft einen Spielentwicklungsprozess moderiert und die Schüler*innen Regeln entwickeln sollen, damit sich alle Schüler*innen, insbesondere die im Rollstuhl sitzenden Anke und Stephan, sinnvoll in den Spielverlauf einbringen können. Theoretisch betrachtet ist dies eine durchaus erstrebenswerte methodische Vorgehensweise, gleichzeitig lässt sie in der praktischen Umsetzung noch zahlreiche Fragen offen. Wie moderiert die Lehrkraft eine solche Phase? Welche Auswirkungen hat ein solches Unterrichtsgespräch auf Anke und Stephan? Wie empfinden ihre Mitschüler*innen diese Regelanpassungen?

Um Erkenntnisse darüber zu gewinnen, inwiefern solche Differenzierungsformen die Kommunikation im Sportunterricht beeinflussen, bedarf es ergänzender Forschungsarbeiten, die diesen Aspekt in den Fokus rücken. Eine gezielte Auswahl des Forschungsfeldes, in dem entsprechende Unterrichtsarrangements umgesetzt werden, kann sicherlich Erkenntnisse hervorbringen, die im Hinblick auf eine erfolgreiche Inklusion gewinnbringend sein können.

Über die Kommunikationsgeschichte der Beteiligten: In Bezug auf Fallanalysen und deren Möglichkeiten, die Kommunikationsgeschichte der Akteur*innen abzubilden, äußert sich Reichertz (2014) kritisch:

> „Sie [Fallanalysen] tun so, als hätte die Interaktion und Kommunikation mit der Klasse keine Geschichte, als würden sie immer wieder bei Null anfangen, als hätten sie nicht schon einen bestimmten Pfad zurückgelegt. Fallanalysen vergessen systematisch, dass vor dem analysierten Moment das untersuchte ‚Interaktionssystem' eine oft sehr lange Interaktions- und Kommunikationsgeschichte hat" (S. 29).

Wie die Fallanalysen zeigen, konnte diese Arbeit dieser Problematik stellenweise insofern begegnen, als dass die problemzentrierten Interviews sowohl aus Perspektive der Lehrkräfte als auch aus Perspektive der Schüler*innen dazu geführt haben, Teile ihrer Kommunikationsgeschichte zu erfassen und somit für das Erkenntnisinteresse fruchtbar zu machen. Dennoch kann der Argumentation von Reichertz (2014) insoweit Rechnung getragen werden, dass auch diese Vorgehensweise nicht in der Lage sein kann, die komplexe Geschichte der Kommunikatoren vollends realistisch abzubilden. Um dieser Problematik zu begegnen, bieten sich für Nachfolgeuntersuchungen Langzeitstudien an, mit deren Hilfe auch lange Kommunikationsgeschichten der Beteiligten besser nachvollzogen werden können.

Einordnung der Arbeit in den Diskurs über den inklusiven Sportunterricht
Welchen Beitrag kann die vorliegende Arbeit im wissenschaftlichen Diskurs über den inklusiven Sportunterricht liefern? Im aktuellen Diskurs wird angeregt, den subjektiven Teilhabeerfahrungen der Akteur*innen einen

höheren forschungsmethodischen Stellenwert beizumessen. Auf dieser Grundlage sollen Erkenntnisse aus realen Unterrichtssituationen generiert werden, die wiederum zurück in die Praxis gespiegelt werden können (vgl. Kapitel 7.4; Haegele et al., 2020).

Diesem Forschungsdesiderat hat sich die vorliegende Arbeit gewidmet und durch die Analyse authentischer Unterrichtssituationen Rekonstruktionen der Teilhabeerfahrungen offengelegt. Die Erhebung konnte in Bezug auf den wissenschaftlichen Diskurs auf mehreren Ebenen Einsichten hervorbringen: Im Forschungsprozess konnten authentische Unterrichtssequenzen identifiziert werden, in denen die Heterogenität des inklusiven Sportunterrichts relevant wurde. Die Identifizierung solcher Situationen ermöglicht es, Erkenntnisse im Hinblick auf die Frage zu gewinnen, inwiefern es in spezifischen Situationen des Sportunterrichts gelingt, Inklusion erfolgreich umzusetzen.

Eine Identifizierung weiterer Situationen, welche charakteristisch für diese Heterogenität sind, bietet sich an, um weitere Einsichten in das praktische Handeln zwischen Lehrkräften und Schüler*innen im Kontext des inklusiven Sportunterrichts zu gewinnen. Diesbezüglich wird angeregt, auch in nachfolgenden Studien empirische Verfahren zu verwenden, die es ermöglichen, die Komplexität des Unterrichtsgeschehens zu erfassen. Beispielsweise durch Videoanalysen oder teilnehmende Beobachtungen könnten authentische Kommunikationssituationen analysiert und weitere Erkenntnisse über das Forschungsfeld hervorgebracht werden.

Zudem wurden in der vorliegenden Arbeit Interviewdaten erhoben, in denen Schüler*innen ihr Erleben innerhalb dieser authentischen Situationen rekonstruieren. Mithilfe dieser Daten ließen sich sowohl Hindernisse als auch Gelingensbedingungen für eine erfolgreiche Inklusion ausfindig machen. Da das Erleben der Schüler*innen einen hohen Stellenwert einnimmt, wenn es um das Gelingen von Inklusion geht, ist es wünschenswert, dass aus der Kenntnis darüber, wie Schüler*innen spezifische Unterrichtssituationen erleben, weitere Forschungsfragen emergieren, die für die Unterrichtspraxis des inklusiven Sportunterrichts wertvoll werden können.

Bezogen auf die vorliegende Forschungsarbeit wäre es beispielsweise interessant, (weitere) Gelingensbedingungen für das Feedback einer Lehrkraft an eine*n leistungsschwächere*n Schüler*in zu erforschen (vgl. Kapitel 9.1), um auf dieser Grundlage Erkenntnisse zu gewinnen, die Lehrkräften eine Orientierung geben, um ihre Kommunikation an die Bedürfnisse ihrer Schüler*innen anzupassen.

Die von den Lehrkräften vorgenommenen Rekonstruktionen ermöglichten darüber hinaus einen Einblick in die Intentionen, die Lehrkräfte in spezifischen Situationen verfolgen. So konnte unter anderem ein Verständnis darüber gewonnen werden, welchen Herausforderungen Sportlehrkräfte in konkreten Unterrichtssituationen des inklusiven Sportunterrichts gegenüberstehen und wie sie diesen Herausforderungen begegnen.

Der Abgleich der Interviewdaten der Lehrkräfte mit denen der Schüler*innen ermöglichte es schließlich, divergierende Situationswahrnehmungen aufzudecken, die einer Sportlehrkraft im alltäglichen Tun in der Regel verborgen geblieben wären. Die Methode des Stimulated Recall erweist sich hierbei als besonders gewinnbringend. So hätte beispielsweise das alleinige Führen von Lehrkraftinterviews für das Forschungsinteresse dieser Arbeit nicht ausgereicht, um diese unterschiedlichen Situationswahrnehmungen für das Forschungsanliegen aufzudecken.

Denn erst das Aufdecken von Diskrepanzen in der Situationswahrnehmung, die zwischen den Lehrkräften und den Schüler*innen entstehen, ermöglichte es zu analysieren, wie es zu diesen unterschiedlichen Situationswahrnehmungen gekommen ist und wie diese hätten verhindert werden können. Somit liefern die Daten einen Lernertrag in Bezug auf die Frage, wie eine Lehrkraft in entsprechenden Situationen hätte anders kommunizieren können, um demotivierende Folgen ihrer Kommunikation zu vermeiden bzw. motivierende Folgen bewirken zu können.

Basierend auf diesen Erkenntnissen kann die vorliegende Studie den aktuellen Forschungsdiskurs um neue Einsichten bereichern – vor allem durch die Beforschung authentischer Unterrichtssituationen sowie der Teilhabeerfahrungen der Akteur*innen.

10.4 Schlussbemerkung

„Du sollst wollen" (Horkheimer, 2020) – das diese Arbeit einleitende Zitat macht die Paradoxie deutlich, wenn es darum geht, eine andere Person motivieren zu wollen. Denn Motivation kommt, wie in dieser Arbeit dargestellt wurde, von ‚innen' und kann daher nur bedingt von ‚außen' erzeugt werden.

Allein der Versuch, eine andere Person zu motivieren, erscheint dementsprechend herausfordernd genug; diese Herausforderung allerdings bei einer gesamten Gruppe realisieren zu wollen, die dazu noch durch eine äußerst hohe Heterogenität charakterisiert ist, kann durchaus als ‚Mammutaufgabe' bezeichnet werden. Diese Mammutaufgabe wurde in der vorliegenden Arbeit erforscht.

Und ja, dabei wurde aufgezeigt, wie komplex diese Herausforderung ist. Dennoch erscheint es lohnenswert, sie anzunehmen. Denn diese Arbeit zeigt auch, dass die motivationalen Folgen eines Kommunikationsprozesses nicht unterschätzt werden sollten – sowohl in positiver als auch in negativer Hinsicht. Offenbar liegt hier ein Potenzial verborgen, dessen Entfaltung einen echten Mehrwert liefern kann.

Womöglich kann die vorliegende Arbeit dahingehend sensibilisieren, der beschriebenen Mammutaufgabe sowohl aus Perspektive der Forschenden als auch aus Perspektive der Lehrenden motiviert zu begegnen, sodass – wenn auch nicht immer, aber dafür vermehrt – in einer Form kommuniziert wird, die das ‚Wollen' wahrscheinlich macht.

11 Literaturverzeichnis

Ahrbeck, B. & Fickler-Stang, U. (2015). Ein inklusives Missverständnis. Warum die Dekategorisierung in der Verhaltensgestörtenpädagogik die Kooperation mit der Kinder- und Jugendpsychiatrie erschwert. *Zeitschrift für Kinder- und Jugendpsychiatrie und Psychotherapie, 43*(4), 255-263.

Ainscow, M. & Miles, S. (2009). *Developing inclusive education systems. How can we move policies forward?* Chapter prepared for a book in Spanish to be edited by Climent Gine et al. Abruf unter http://www.ibe.unesco.org/sites/default/files/DevelopingInclusive_Education_Systems.pdf

Akremi, L. (2014). Stichprobenziehung in der qualitativen Sozialforschung. In N. Baur & J. Blasius (Hrsg.), *Handbuch Methoden der empirischen Sozialforschung* (S. 265-282). Springer Fachmedien Wiesbaden.

Albert, K. (2017). *Sportengagement sozial benachteiligter Jugendlicher. Eine qualitative Längsschnittstudie in den Bereichen Freizeit und Schule.* Springer.

Anderson, R., Manoogian, S. T. & Reznick, J. S. (1976). The undermining and enhancing of intrinsic motivation in preschool children. *Journal of Personality and Social Psychology, 34*(5), 915-922.

Assor, A. & Kaplan, H. (2001). Mapping the domain of autonomy support: Five important ways to enhance or undermine students' experience of autonomy in learning. In A. Efklides, J. Kuhl & R. Sorrentino (Hrsg.), *Trends and prospects in motivational research* (S. 102-120). Kluwer Academic Publications.

Assor, A., Roth, G. & Deci, E. L. (2000). *Relations of the perceptions of parental conditional love to children's affects and motivation.* Unpublished manuscript, Ben Gurion University, Beer-Sheva, Israel.

Atkins, L. (2016). Dis(eb)abled: legitimating dissimilatory practice in the name of inclusion? *British Journal of Special Education, 43*(1), 6-21.

Atkinson, J. W. (1957). Motivational determinants of risk-taking behavior. *Psychological Review, 64*(6), 359–372.

Australien Sports Comission (2006). *Inclusive coaching.* Abruf unter https://www.sportaus.gov.au/coaches_and_officials/coaches/coaching_specific_groups#inclusive_coaching

Australien Sports Commission (2006). *Sports ability activity cards.* o. V.

Balz, E. & Neumann, P. (2015). Mehrperspektivischer Sportunterricht. Vergewisserungen und Empfehlungen. *Sportpädagogik, 39*(3/4), 2-8.

Bandura, A. (1977). Self-efficacy: Toward a unifying theory of behavioral change. *Psychological Review, 84*(2), 191-215.

Barkoukis, V., Chatzisarantis, N. & Hagger, M. S. (2020). Effects of a School-Based Intervention on Motivation for Out-of-school Physical Activity Participation, *Research Quarterly for Exercise and Sport.* https://doi.org/10.1080/02701367.2020.1751029.

Barkoukis, V., Taylor, I., Chanal, J. & Ntoumanis, N. (2014). The relation between student motivation and student grades in physical education: A 3-year investigation. *Scandinavian Journal of Medicine and Science in Sports, 24*(5), 406-414.

Bartz, A. (2013). Die pädagogische Arbeit des Gymnasiums im Zeichen der Inklusion. Den Bildungsauftrag ernst nehmen und auch die Herausforderung Inklusion annehmen. *Schulverwaltung Nordrhein-Westfahlen, 24*(4), 100-102.

Becker, F. (2014). Heterogenität annehmen - inklusiv Sport unterrichten. In B. Amrhein & M. Dziak-Mahler (Hrsg.), *Fachdidaktik inklusiv. Auf der Suche nach didaktischen Leitlinien für den Umgang mit Vielfalt in der Schule* (S. 169-186). Waxmann.

Becker, F. (2016). Bewegen im Wasser – Schwimmunterricht inklusiv gestalten. In S. Ruin, S. Meier, H. Leineweber, D. Klein & C. G. Buhren (Hrsg.), *Inklusion im Schulsport* (S. 90-104). Beltz.

Behzadina, B., Adachi, P. J. C., Deci, E. L. & Mohammadzadeh, H. (2018). Associations between students' perceptions of physical education teachers' interpersonal styles and students' wellness, knowledge, performance, and intentions to persist at physical activity. A self-determination theory approach. *Psychology of Sport and Exercise, 39*, 10-19.

Behzadnia, B., Mohammadzadeh, H. & Ahmadi, M. (2019). Autonomy-supportive behaviors promote autonomous motivation, knowledge structures, motor skills learning and performance in physical education. *Current Psychology, 38*, 1692-1705.

Benner, D. (2012). *Allgemeine Pädagogik. Eine systematisch-problemgeschichtliche Einführung in die Grundstruktur pädagogischen Denkens und Handelns* (7. korr. Auflage). Beltz Juventa.

Bergeest, H., Boenisch, J. & Daut, V. (2015). *Körperbehindertenpädagogik. Grundlagen, Förderung, Inklusion* (5. vollständig überarb. Auflage). Klinkhardt.

Bergmann, J. R. (1985). Flüchtigkeit und methodische Fixierung sozialer Wirklichkeit. Aufzeichnungen als Daten der interpretativen Soziologie. In W. Bonß & H. Hartmann (Hrsg.), *Entzauberte Wissenschaft: Zur Relativität und Geltung soziologischer Forschung* (Sonderband 3 der Zeitschrift „Soziale Welt", S. 299-320). Schwarz.

Bergmann, J. R. (2014). Der Fall als Fokus professionellen Handelns. In J. R. Bergmann, U. Dausendschön-Gay & F. Oberzaucher (Hrsg.), *„Der Fall." Studien zur epistemischen Praxis professionellen Handelns* (S. 17-33). Transcript.

Bietz, J. & Böcker, P. (2009). Spielen und Spiele spielen. In R. Laging (Hrsg.), *Inhalte und Themen des Bewegungs- und Sportunterrichts. Von Übungskatalogen zum Unterrichten in Bewegungsfeldern* (S. 108-136). Schneider-Verl. Hohengehren.

Bindel, T. & Bindel, W. R. (2017). Über Bewegung, Spiel und Sport zur Sprache – Förderchancen eines inklusiven Sportunterrichts. Einführung. In M. Giese & L. Weigelt, *Inklusiver Sportunterricht und Bewegungsunterricht. Theorie und Praxis aus Sicht der Förderschwerpunkte* (Band 34, S. 168-190). Meyer & Meyer Verlag.

Black, A. E. & Deci, E. (2000). The effects of instructors' autonomy support and students' autonomous motivation on learning organic chemistry: A self-determination theory perspective. *Science Education, 84*(6), 740-756.

Blais, M. R., Sabourin, S., Boucher, C. & Vallerand, R. (1990). Toward a motivational model of couple happiness. *Journal of Personality and Social Psychology, 59*(5), 1021-1031.

Bleckmann, C., Saldern, M. v. & Wolfangel, L. (2012). Einleitung - Was ist Inklusion? In M. v. Saldern (Hrsg.), *Inklusion. Deutschland zwischen Gewohnheit und Menschenrecht* (S. 7-30). Books on Demand.

Bles, P. (2002). Die Selbstbestimmungstheorie von Deci und Ryan. In D. Frey & M. Irle (Hrsg.), *Theorien der Sozialpsychologie* (Band 3). *Motivations-, Selbst- und Informationsverarbeitungstheorien* (S. 234-253). Huber.

Block, M. E. (2007). *A Teacher's Guide to Including Students with Disabilities in General Physical Education.* Brookes.

Blum, V. & Diegelmann, E. (2014). *So kann Inklusion an Schulen gelingen! Praxisberichte aus unterschiedlichen Perspektiven.* Link.

Boenisch, J. (2016). Körperliche und motorische Entwicklung. Pädagogische Grundlagen. In Ministerium für Schule & Weiterbildung des Landes Nordrhein-Westfalen (Hrsg.), *Sonderpädagogische Förderschwerpunkte in NRW. Ein Blick aus der Wissenschaft in die Praxis* (S. 55-59).

Boggianoa, A. K. & Ruble, D. N. (1979). Competence and the overjustification effect: A developmental study. *Journal of Personality and Social Psychology, 37*(9). 1462-1468.

Boiché, J. C. S., Sarrazin, P. G., Grouzet, F. M. E., Pelletier, L. G. & Chanal, J. P. (2008). Students' motivational profiles and achievement outcomes in physical education. A self-determination perspective. *Journal of Educational Psychology, 100*(3), 688-701.

Bönsch, M. (1995). *Differenzierung in Schule und Unterricht. Ansprüche, Formen, Strategien.* Ehrenwirth.

Boriss, K. (2012). Lernen und Bewegung. Auswirkungen körperlicher Aktivität auf kognitive Fähigkeiten und Konsequenzen für die individuelle Förderung.
In N. Neuber & M. Pfitzner (Hrsg.), *Individuelle Förderung im Sport. Pädagogische Grundlagen und didaktisch-methodische Konzepte. Begabungsforschung* (Band 14, S. 123-147). LIT Verlag.

Boriss, K. (2015). *Lernen und Bewegung im Kontext der individuellen Förderung: Förderung exekutiver Funktionen in der Sekundarstufe I.* Springer VS.

Braun, A., Graßhoff, G. & Schweppe, C. (2011). *Sozialpädagogische Fallarbeit.* Reinhardt.

Brehm, J. W. (1966). *A Theory of psychological reactance.* Academic Press.

Brodkorb, M. (2012). Warum Inklusion unmöglich ist. Über schulische Paradoxien zwischen Liebe und Leistung. In M. Brodkorb & K. Koch (Hrsg.), *Das Menschenbild der Inklusion* [Erster Inklusionskongress M-V Dokumentation] (Band 1, S. 13-36). Ministerium für Bildung, Wissenschaft und Kultur Mecklenburg-Vorpommern.

Buchner, T. (2018). *Die Subjekte der Integration. Schule, Biographie und Behinderung.* Klinkhardt.

Bude, H. (2004). Die Kunst der Interpretation. In U. Flick, E. v. Kardorff & I. Steiske (Hrsg.), *Qualitative Forschung. Ein Handbuch* (S. 569-577). Rowohlt Verlag.

Burgoon, M., Hunsaker, F. G. & Dawson, E. J. (1994). *Human communication.* Sage.

Casale, G. & Hennemann, T. (2016). Förderschwerpunkt emotionale und soziale Entwicklung – Fachwissenschaftliche Grundlagen, effektive

Gelingensbedingungen und Handlungsmöglichkeiten im Kontext inklusiver Prozesse. In Ministerium für Schule & Weiterbildung des Landes Nordrhein-Westfalen (Hrsg.), *Sonderpädagogische Förderschwerpunkte in NRW. Ein Blick aus der Wissenschaft in die Praxis* (S. 47-50).

Chang, Y. K., Hung, C. L., Huang, C. J., Hatfield, B. D. & Hung, T. M. (2014). Effects of an Aquatic Exercise Program on Inhibitory Control in Children with ADHD: A Preliminary Study. *Archives of Clinical Neuropsychology, 30*, 217-223.

Clifford, M. M. (1991). Risk-taking: theoretical, empirical, and educational considerations. *Educational Psychologist, 26*(3/4), 263-297.

Csikszentmihalyi, M. (1975). *Beyond boredom and anxiety.* Experiencing Flow in Work and Play. The Jossey-Bass behavioral science series. Jossey-Bass.

De Boer, A., Pijb, S. J. & Minnaert, A. (2011). Regular primary schoolteachers' attitudes towards inclusive education: A review of the literature. *International Journal of Inclusive Education, 15*(3), 331-351.

De Meyer, J., Tallir, I. B., Soenens, B., Vansteenkiste, M., Aelterman, N., Van den Berghe, L., Speleers, L. & Haerens, L. (2014). Does Observed Controlling Teaching Behavior Relate to Students' Motivation in Physical Education? *Journal of Educational Psychology, 106*(2), 541-554.

De Charms, R. (1968). *Personal causation: The internal affective determinants of behavior.* Academic Press.

Deci, E. L. & Cascio, W. F. (1972). *Changes in intrinsic motivation as a function of negative feedback and threats.* Paper presented at the Eastern Psychological Association, Boston.

Deci, E. L. & Ryan, R. M. (1980). The empirical exploration of intrinsic motivational processes. In L. Berkowitz (Hrsg.), *Advances in experimental social psychology* (S. 39–80). Academic.

Deci, E. L. & Ryan, R. M. (1985a). The general causality orientations scale. Self-determination in personality. *Journal of research in Personality, 19*(2), 109-134.

Deci, E. L. & Ryan, R. M. (1985b). *Intrinsic motivation and self-determination in human behavior.* Plenum Press.

Deci, E. L. & Ryan, R. M. (1987). The support of autonomy and the control of behavior. *Journal of Personality and Social Psychology, 53*(6), 1024-1037.

Deci, E. L. & Ryan, R. M. (1991). A motivational approach to self: Integration in personality. In R. A. Dienstbier (Hrsg.), *Nebraska symposium on motivation, 1990. Perspectives on motivation* (Vol. 38, S. 237-288). University of Nebraska Press.

Deci, E. L. & Ryan, R. M. (1993). Die Selbstbestimmungstheorie der Motivation und ihre Bedeutung für die Pädagogik. *Zeitschrift für Pädagogik, 39*(2), 223-238.

Deci, E. L. & Ryan, R. M. (2000). The „What" and „Why" of Goal Pursuits: Human Needs and the Self-Determination of Behavior. *Psychological Inquiry, 11*(4), 227–268.

Deci, E. L. & Ryan, R. M. (2008). Self-Determination Theory: A Macrotheory of Human Motivation, Development and Health. *Canadian Psychology, 49*(3), 182-185.

Deci, E. L. (1971). Effects of externally mediated rewards on intrinsic motivation. *Journal of Personality and Social Psychology, 18*(1), 105-115.

Deci, E. L. (1972). Intrinsic motivation, extrinsic reinforcement, and inequity. *Journal of Personality and Social Psychology, 22*(1), 113-120.

Deci, E. L. (1975). *Intrinsic Motivation.* Plenum Press.

Deci, E. L. (1992). Interest and the intrinsic motivation of behavior. In K. A. Renninger, S. Hiddi & A. Krapp (Hrsg.), *The role of interest in learning and development* (S. 43-70). Erlbaum.

Deci, E. L., Schwartz, A. J., Sheinman, L. & Ryan, R. M. (1981). An instrument to assess adults' orientations toward control versus autonomy with children. Reflections on intrinsic motivation and perceived competence. *Journal of Educational Psychology, 73*(5), 642-650.

Dickenberger, D., Gniech, G. & Grabitz, H.-J. (2002). Die Theorie der psychologischen Reaktanz. In D. Frey & M. Irle (Hrsg.), *Theorien der Sozialpsychologie* (Band 1). Hans Huber.

Digel, H. (1983). Wie die Vielfalt des Sports zusammenhängt. In H. Digel (Hrsg.), *Lehren im Sport. Ein Handbuch für Sportlehrer, Sportstudierende und Übungsleiter* (S. 25-39). Rowohlt.

Dittmar, N. (2009). *Transkription. Ein Leitfaden mit Aufgaben für Studenten, Forscher und Laien* (3. Auflage). VS Verlag für Sozialwissenschaften.

Dresel, M. & Ziegler, A. (2006). Langfristige Förderung von Fähigkeitsselbstkonzept und impliziter Fähigkeitstheorie durch computerbasiertes attributionales Feedback. *Zeitschrift für Pädagogische Psychologie, 20*(1/2), 49-63.

Dupont, J.-P., Carlier, G., Gérard, P. & Delens, C. (2009). Teacher-student negotiations and its relation to physical education students' motivational processes: An approach based on self-determination theory. *European Physical Education Review, 15*(1), 21-46.

Dweck, C. S. & Legett, L. (1988). A social-cognitive approach to motivation and personality. *Psychological Review, 95*(2), 256-273.

Dweck, C. S. (1999). *Self-theories: Their role in motivation, personality and development.* Psychology Press.

Eccles, J. S., Wigfield, A., Midgley, C., Reuman, D., Mac Iver, D. & Feldlaufer, H. (1993). Negative effects of traditional middle schools on students' motivation. *The Elementary School Journal, 93*(5), 554-574.

Ehni, H. (1977). *Sport und Schulsport. Didaktische Analysen und Beispiele aus der schulischen Praxis.* Hofmann.

Elliot, A. J. & Dweck, C. S. (2005). *Handbook of competence and motivation.* Guilford Press.

Erhorn, J. (2015). Das Thema „Fitness-Sport" in der Sekundarstufe I aus Sicht der Sportdidaktik. In J. Riegert & O. Musenberg (Hrsg.), *Inklusiver Fachunterricht in der Sekundarstufe* (S. 411-419). Kohlhammer.

Eversheim, U. (2015). Bildungsstandards versus Inklusion? Probleme und Potenziale der Standard- und Kompetenzorientierung für einen inklusiven (Sport)Unterricht. In S. Ruin & S. Meier (Hrsg.), *Inklusion als Herausforderung, Aufgabe und Chance für den Schulsport* (S. 207-224). Logos-Verlag.

Farmer, R. & Sundberg, N. D. (1986). Boredom proneness. The development and correlates of a new scale. *Journal of Personality Assessment, 50*(1), 4-17.

Fediuk F. (2008). *Inklusion als bewegungspädagogische Aufgabe. Menschen mit und ohne* Behinderungen *gemeinsam im Sport*. Schneider-Verl. Hohengehren.

Fediuk, F. (2015). Inklusion im Sportunterricht. In S. Meier & S. Ruin (Hrsg.), *Inklusion als Herausforderung, Aufgabe und Chance für den Schulsport* (S. 67-77). Logos-Verlag.

Feuser, G. (1989). Allgemeine integrative Pädagogik und entwicklungslogische Didaktik. *Behindertenpädagogik, 28*(1), 4-48.

Fischer, E. (2016). Förderschwerpunkt Geistige Entwicklung – Grundstrukturen und unterrichtliche Maßnahmen. In Ministerium für Schule & Weiterbildung des Landes Nordrhein-Westfalen (Hrsg.), *Sonderpädagogische Förderschwerpunkte in NRW. Ein Blick aus der Wissenschaft in die Praxis* (S. 51-54).

Fisher, C. D. (1978). The effects of personal control, competence, and extrinsic reward systems on intrinsic motivation. *Organizational Behavior and Human Performance, 21*(3), 273-288.

Flick, U. (2000). Konstruktion und Rekonstruktion. Methodologische Überlegungen zur Fallrekonstruktion. In K. Kraimer (Hrsg.), *Die Fallrekonstruktion. Sinnverstehen in der sozialwissenschaftlichen Forschung* (S. 179-200). Suhrkamp.

Flick, U. (2011). *Qualitative Sozialforschung. Eine Einführung* (4. Auflage). Rowohlt Verlag.

Flick, U. (2019). Gütekriterien qualitativer Sozialforschung. In N. Baur & J. Blasius (Hrsg.), *Handbuch Methoden der empirischen Sozialforschung* (S. 473-488).

Fornefeld, B. (2016). Geistige Entwicklung – Phänomenologie des Förderschwerpunkts und deren Bedeutung für schulisches Lernen. In Ministerium für Schule & Weiterbildung des Landes Nordrhein-Westfalen (Hrsg.), *Sonderpädagogische Förderschwerpunkte in NRW. Ein Blick aus der Wissenschaft in die Praxis* (S. 47-50).

Forness, S. R., Freeman, S. F., Paparella, T., Kauffman, J. M. & Walker, H. M. (2012). Special education implications of pint and cumulative prevelance for children with emotional or behavioral disorders. *Journal of Emotional and Behavioral Disorders, 20*(1), 4-18.

Fraser, B. J., Aldridge, J. M. & Adolphe, F. S. G. (2010). A cross-national study of secondary science classroom environments in Australia and Indonesia. *Research in Science Education, 40*, 551-571.

Friedrich, G., Gräfe, S., Pögl, B. & Scheid, V. (2017). Lehrerbildung für einen inklusiven Sportunterricht - Konzeptentwicklung unter Berücksichtigung empirischer Befunde. *Zeitschrift für Sportpädagogische Forschung, 5*(2), 5-24.

Frindte, W. (2001). *Einführung in die Kommunikationspsychologie*. Beltz.

Fröhlich, A. & Laubenstein, D. (2000). Interventionen bei behinderungsspezifischen Problemen – geistige Behinderungen. In J. Borchert (Hrsg.), *Handbuch der Sonderpädagogischen Psychologie* (S. 894-907). Hogrefe.

Frohn J. & Pfitzner, M. (2011). Heterogenität. *Sportpädagogik, 35*(1), 2-5.

Frühauf, T. (2008). Von der Integration zur Inklusion - ein Überblick. In A. Hinz, l. Körner & U. Niehoff (Hrsg.), *Von der Integration zur Inklusion. Grundlagen, Perspektiven, Praxis* (S. 11-32). Lebenshilfe-Verlag.

Fuß, S. & Karbach, U. (2014). *Grundlagen der Transkription. Eine praktische Einführung.* UTB Sozialwissenschaften. Verlag Barbara Budrich.

Gerber, M. (2016). *Pädagogische Psychologie im Sportunterricht. Ein Lehrbuch in 14 Lektionen* (Band 9 der Reihe „Sportwissenschaft studieren"). Meyer & Meyer Verlag.

Giese, M. & Weigelt, L. (2015). Konstituierende Elemente einer inklusiven Sportpädagogik. In M. Giese & L. Weigelt (Hrsg.), *Inklusiver Sportunterricht in Theorie und Praxis* (S. 10-52). Meyer & Meyer Verlag.

Giese, M. & Weigelt, L. (2017). Die Bedeutung der Förderschwerpunkte im inklusiven Sportunterricht. Eine Debatte zwischen Anachronismus, Stigma und Notwendigkeit. In M. Giese & L. Weigelt (Hrsg.), *Inklusiver Sport- und Bewegungsunterricht. Theorie und Praxis aus Sicht der Förderschwerpunkte* (Band 349, S. 12-30). Meyer & Meyer Verlag.

Giese, M. (2015). Überlegungen zu einer anthropologischen und grundlagentheoretischen Fundierung des Inklusionsdiskurses. In S. Meier & S. Ruin (Hrsg.), *Inklusion als Herausforderung, Aufgabe und Chance für den Schulsport* (S. 19-34). Logos Verlag.

Giese, M. (2019). *Konstruktion des (Im-)Perfekten. Skizze einer inklusiven Fachdidaktik im Spiegel der Disability Studies.* Schriften der Deutschen Vereinigung für Sportwissenschaft (Band 281). Feldhaus Edition Czwalina.

Glaser, B. G. & Strauss, A. L. (1998). *Grounded Theory. Strategien qualitativer Forschung.* Huber.

Glück, C. W., Reber, K. & Spreer, M. (2013). Förderbedarf Sprache inklusiv denken. *Praxis Sprache, 58*(4), 235–240.

Goldstein, J. (2012). *Play in children's development, health and well-being.* T I E Toy Industries of Europe.

Goudas, M., Biddle, S. & Fox, K. (1994). Perceived locus of causality, goal orientations, and perceived competence in school physical education classes. *British Journal of Educational Psychology, 64*(3), 453-463.

Greisbach, M. (2017). Förderschwerpunkt Lernen – Basiswissen für den inklusiven Sportunterricht – Einführung. In M. Giese & L. Weigelt, *Inklusiver Sportunterricht und Bewegungsunterricht. Theorie und Praxis aus Sicht der Förderschwerpunkte* (Band 34, S. 32-52). Meyer & Meyer Verlag.

Grimminger, E. & Gieß-Stüber, P. (2009). Anerkennung und Zugehörigkeit im Schulsport - Überlegungen zu einer (Sport-)Pädagogik der Anerkennung. In U. Gebken & N. Neuber (Hrsg.), *Anerkennung als sportpädagogischer Begriff* (S. 31–52). Schneider.

Grimminger, E. (2012). Anerkennungs- und Missachtungsprozesse im Sportunterricht. Die Bedeutung von Machtquellen für die Gestaltung sozialer Peer-Beziehungen. *Sportwissenschaft, 42*(2), 105–114.

Grimminger, E. (2013). Besondere Sichtbarkeit durch Unsichtbarkeit. Wie sich Schüler/innen untereinander grundlegende Anerkennung im Sportunterricht verweigern. *Zeitschrift für sportpädagogische Forschung, 1*(1), 55–77.

Grimminger, E. (2015). Missachtungsprozesse unter Schülerinnen und Schülern im Sportunterricht. Sportdidaktische Konsequenzen aus einem multimethodischen Forschungsprojekt. *Sportpädagogik, 39*(1), 40–43.

Groeben, N., Wahl, D., Schlee, J. & Scheele, B. (1988). *Das Forschungsprogramm subjektive Theorien. Eine Einführung in die Psychologie des reflexiven Subjekts.* Francke.

Grohnfeldt, M. (2015). *Inklusion im Förderschwerpunkt Sprache.* Kohlhammer.

Grollnick, W. S. & Ryan, R. M. (1989). Parent styles associated with children's self-regulation and competence in school. *Journal of Education Psychology 81*(2), 143-154.

Grollnick, W. S., Ryan, R. M. & Deci, E. L. (1991). The inner resources for school achievement. Motivational mediators of children's perceptions of their parents. *Journal of Educational Psychology, 83*(4), 508-517.

Gruehn, S. (2000). *Unterricht und schulisches Lernen. Schüler als Quellen der Unterrichtsbeschreibung.* Waxmann.

Grünke, M. & Grosche, M. (2014). Lernbehinderung. In G. W. Lauth, J. C. Brunstein & M. Grünke (Hrsg.), *Interventionen bei Lernstörungen. Förderung, Training und Therapie in der Praxis* (S. 76-89). Hogrefe.

Gudjons, H. (2008). *Handlungsorientiert lehren und lernen.* Klinkhardt.

Haas, D. (2013). *Das Phänomen Scham. Impulse für einen lebensförderlichen Umgang mit Scham im Kontext von Schule und Unterricht* (Religionspädagogik innovativ, Band 4). Kohlhammer.

Haegele, J. A., Giese, M., Wilson, W. J. & Oldörp, F. (2020). Bruchlinien der Inklusion. Forschungspragmatische Überlegungen zu einer international sichtbaren sportpädagogischen Inklusionsforschung. *German Journal of Exercise and Sport Research, 50,* 417-425.

Haerens, L., Aelterman, N., Van den Berghe, L., De Meyer, J., Soenens, B. & Vansteenkiste, M. (2013). Observing physical education teachers' need-supportive interactions in classroom settings. *Journal of Sport and Exercise Psychology, 35(*1), 3–17.

Haerens, L., Aelterman, N., Vansteenkiste, M., Soenens, B. & Van Petegem, S. (2015). Do perceived autonomy-supportive and controlling teaching relate to physical education students' motivational experiences through unique pathways? Distinguishing between the bright and dark side of motivation. *Psychology of Sport and Exercise, 16*(3), 26-36.

Hafeneger, Benno. (2013). *Beschimpfen, bloßstellen, erniedrigen.* Brandes & Apsel.

Hagger, M. S., Chatzisarantis, N. L. D., Barkoukis, V., Wang C. K. J. & Baranowski, J. (2005). Perceived autonomy support in physical education and leisure-time physical activity. A cross-cultural evaluation of the trans-contextual model. *Journal of Educational Psychology, 97(*3), 376-390.

Hagger, M. S., Chatzisarantis, N. L. D., Culverhouse, T. & Biddle, S. J. H. (2003). The Processes by Which Perceived Autonomy Support in Physical Education Promotes Leisure-Time Physical Activity Intentions and Behavior: A Trans-Contextual Model. *Journal of Educational Psychology, 95*(4), 784–795.

Hansen, G. (2015). *Grundwissen Cerebrale Bewegungsstörungen im Kindes- und Jugendalter.* Verlag selbstbestimmtes Leben.

Harackiewicz, J. (1979). The effects of reward contingency and performance feedback on intrinsic motivation. *Journal of Personality and Social Psychology, 37*(8), 1352-1363.

Hargie, O. (2013). *Die Kunst der Kommunikation. Forschung, Theorie, Praxis.* Huber.

Harlow, H. F. (1958). The nature of love. *American Psychologist 13*(2), 673-685.

Hartke, B. & Vrban, R. (2009). *Schwierige Schüler – was kann ich tun? 49 Handlungsmöglichkeiten bei Verhaltensauffälligkeiten.* Persen.

Hartmann, E. (2004). Sprachentwicklungsstörungen und soziale Entwicklung. *SAL-Bulletin, 114*, 1-17.

Hassandra, M., Goudas, M. & Chroni, S. (2003). Examining factors associated with intrinsic motivation in physical education: a qualitative approach. *Psychology of Sport and Exercise, 4*, 211-223.

Hattie, J. & Timperley, H. (2007). The Power of Feedback. *Review of Educational Research 77*(1), 81-112.

Hattie, J., Beywl, W. & Zierer, K. (2013). *Lernen sichtbar machen.* Schneider-Verlag Hohengehren.

Haupt, U. & Wieczorek, M. (2013). *Kinder und Jugendliche mit cerebralen Bewegungsstörungen in der Schule – Erfahrungsberichte von Eltern.* Verlag selbstbestimmtes Leben.

Heath R. L. & Bryant, J. (2000). *Human Communication Theory and Research. Concepts, Contexts, and Challenges.* Lawrence Erlbaum.

Heemsoth, T. (2014). Unterrichtsklima als Mediator des Zusammenhangs von Klassenführung und Motivation im Sportunterricht. *Psychologie in Erziehung und Unterricht, 61*(3), 203-215.

Heider, F. (1958). *The psychology of interpersonal relations.* Wiley.

Heimlich, U., Hillenbrand, C. & Wember, F. B. (2016). Förderschwerpunkt Lernen. In Ministerium für Schule & Weiterbildung des Landes Nordrhein-Westfalen (Hrsg.), *Sonderpädagogische Förderschwerpunkte in NRW. Ein Blick aus der Wissenschaft in die Praxis* (S. 9-19).

Hein, V. & Caune, A. (2014). Relationships between perceived teacher's autonomy support, effort and physical self-esteem. *Kinesiology, 46*(2), 218-226.

Heissel, A., Vesterling, A., Flunger, B., Fydrich, T., Rapp, M. A., Heinzel, S., A. & Vansteenkiste, M. (2018). Needs-based experiences in the context of mental health. The German validation of the Basic Psychological Need Satisfaction and Frustration Scale. *European Journal of Health Psychology, 25*(4), 119–132.

Heitzer, J. & Tillmann, V. (2017). Ein Überblick zum aktuellen Forschungsstand zur Inklusion im und durch Sport. In V. Tillmann, T. Bungter & V. Anneken (Hrsg.), *Teilhabeforschung im Sport* (S. 9-20). Sportverlag Strauß.

Helmke, A. (2009). *Unterrichtsqualität und Lehrerprofessionalität. Diagnose, Evaluation und Verbesserung des Unterrichts.* Klett Kallmeyer.

Henderlong, J. & Lepper, M. R. (2002). The effects of praise on children's intrinsic motivation: A review and synthesis. *Psychological bulletin 128*(5), 774-795.

Hering, L. & Schmidt, R. J. (2014), Einzelfallanalyse. In N. Baur & J. Blasius (Hrsg.), *Handbuch Methoden der empirischen Sozialforschung* (S. 529-541). Springer VS.

Heubach, P. (2013). *Inklusion im Sport. Schul- und Vereinssport im Fokus.* Disserta Verlag.

Heyl, V. & Seifried, S. (2014). „Inklusion? Da ist ja sowieso jeder dafür!?" Einstellungsforschung zu Inklusion. In S. Trumpa, S. Seifried, E.-K. Franz & T. Klauß (Hrsg.), *Inklusive Bildung. Erkenntnisse und Konzepte aus Fachdidaktik und Sonderpädagogik* (S. 47-60). Beltz Juventa.

Hillenbrand, C. (2008). Begriffe und Theorien im Förderschwerpunkt soziale und emotionale Entwicklung – Versuch einer Standortbestimmung. In B. Gasteiger-Klicpera, H. Julius & C. Klicpera (Hrsg.), *Sonderpädagogik der sozialen und emotionalen Entwicklung* (S. 5-24). Hogrefe.

Hinsch, R. & Pfingsten, U. (2015). *Gruppentraining sozialer Kompetenzen (GSK). Grundlagen, Durchführung, Anwendungsbeispiele* (6. völlig neu bearbeitete Auflage). Beltz PVU.

Hodgins, H. S., Koestner, R. & Duncan, N. (1996). On the compatibility of autonomy and relatedness. *Personality and Social Psychology Bulletin, 22*(3), 227-237.

Hollembeak, J. & Amorose, A. J. (2005). Perceived Coaching Behaviors and College Athletes' Intrinsic Motivation: A Test of Self-Determination Theory. *Journal of Applied Sport Psychology, 17*(1), 20–36.

Horkheimer, M. W. (2020). *Du sollst wollen. Schule im Licht verschiedener Perspektiven.* Verlagshaus Schlosser.

Hummrich, M. (2016). Was ist der Fall? Zur Kasuistik in der Erziehungswissenschaft. In M. Hummrich, A. Hebenstreit, M. Hinrichsen & M. Meier (Hrsg.), *Was ist der Fall. Kasuistik und das Verstehen pädagogischen Handelns* (S. 13-38). Springer VS.

Hüppe, H. (2012). Die UN-Behindertenrechtskonvention als Herausforderung und Maßstab sport- und bildungspolitischer Gestaltung. In F. Kiuppis & S. Kurzke-Maasmeier (Hrsg.), *Sport im Spiegel der UN-Behindertenrechtskonvention. Interdisziplinäre Zugänge und politische Positionen* (Behinderung – Theologie – Kirche, Bamd 3, S. 91-98). Kohlhammer.

Idel, T.-S., Reh, S. & Rabenstein, K. (2014). Pädagogische Ordnungen als Fall. Fallarbeit und Professionalisierung aus praxistheoretischer Sicht. In I. Pieper, P. Frei, K. Hauenschild & B. Schmidt-Thieme (Hrsg.), *Was der Fall ist. Beiträge zur Fallarbeit in Bildungsforschung, Lehramtsstudium, Beruf und Ausbildung* (S. 75-88). Springer Fachmedien Wiesbaden.

Jang, H., Reeve, J. & Deci, E. L. (2010). Engaging students in learning activities: It is not autonomy support or structure but autonomy support and structure. *Journal of Educational Psychology, 102*(3), 588-600.

Kalaja, S., Jaakkola, T., Watt, A., Liukkonen, J. & Ommundsen, Y. (2009). The associations between seventh grade Finnish students' motivational climate, perceived competence, self-determined motivation, and fundamental movement skills. *European Physical Education Review, 15*(3), 315-335.

Kast, A. & Connor, K. (1988). *Sex and age differences in response to informational and controlling feedback. Personality and Social Psychology Bulletin, 14*(3), 514–523.

Kelle, U. (2014). Mixed Methods. In N. Baur & J. Blasius (Hrsg.), *Handbuch Methoden der empirischen Sozialforschung* (S. 153-166). Springer Fachmedien Wiesbaden.

Kelle, U. & Kluge, S. (2010). *Vom Einzelfall zum Typus: Fallvergleich und Fallkontrastierung in der qualitativen Sozialforschung* (2. Auflage). Qualitative Sozialforschung (Band 15). VS Verlag für Sozialwissenschaften.

Kellermann, K. (1992). Communication: Inherently strategic and primarily automatic. *Communication Monographs, 59*(3), 288–300.

Ketelaars M. P., Cuperus J., Jansonius, K. & Verhoeven, L. (2010). Pragmatic language im- pairment and associated behavioural problems. *International Journal of Language and Communication Disorders, 45*(2), 204-214.

Kilpatrick, M., Hebert, E. & Jacobsen, D. J. (2002). Physical activity motivation. A practitioner's guide to self-determination theory. *Journal of Physical Education, Recreation and Dance, 73*(4), 36-41.

Klafki, W. (1976). Zur Theorie der kategorialen Bildung. In E. Weber (Hrsg.), *Der Erziehungs- und Bildungsbegriff im 20. Jahrhundert* (S. 64-85). Julius Klinkhardt.

Klein, D., Kurth, A., Leineweber, H., Meier, S. & Ruin, S. (2016). Inklusiver Sportunterricht – eine fachdidaktische Perspektive. In S. Ruin, S. Meier, H. Leineweber, D. Klein & C. G. Buhren (Hrsg.), *Inklusion im Schulsport. Anregungen und Reflexionen* (S. 40-50). Beltz.

Kleindienst-Cachay, C., Frohn, J. & Kastrup, V. (2016). Bewegung, Spiel und Sport in der Grundschule – Aufgaben, Ziele, Strukturen. In C. Kleindienst-Cachay, J. Frohn & V. Kastrup (Hrsg.), *Sportunterricht. Kompetent im Unterricht der Grundschule* (Band 7, S. 3-34). Schneider Verlag Hohengehren.

Kleinert, J. & Wolf, J. (2018). „Spiele spielen statt immer nur Laufen" – Subjektive Gründe für positives und negatives Gefühlserleben im Sportunterricht. In J. Kleinert & J. Wolf (Hrsg.), *Schulsport 2020. Aktuelle Forschung und Perspektiven in der Sportlehrerbildung* (127-152). Academia Verlag.

Klinge, A. (2009). Die Scham ist nie vorbei! Beschämung im Schulsport – eine sportpädagogische Herausforderung. *Sportunterricht, 58*(10), 296-301.

Kultusministerkonferenz der Länder in der Bundesrepublik Deutschland (KMK) (1998a). *Empfehlungen zum Förderschwerpunkt geistige Entwicklung.* Abruf unter https://www.kmk.org/fileadmin/Dateien/veroeffentlichungen_beschluesse/1998/1998_06_20_FS_Geistige_Entwickl.pdf

Kultusministerkonferenz der Länder in der Bundesrepublik Deutschland (KMK) (1998b). *Empfehlungen zum Förderschwerpunkt Sprache. Beschluss der* Kultusministerkonferenz *vom 26.06.1998.* Abruf unter https://www.kmk.org/fileadmin/Dateien/veroeffentlichungen_beschluesse/1998/1998_06_26-FS-Sprache.pdf

Kultusministerkonferenz der Länder in der Bundesrepublik Deutschland (KMK) (1998c). *Empfehlungen zum Förderschwerpunkt körperliche und motorische Entwicklung. Beschluss der* Kultusministerkonferenz *vom 20.03.1998.* Abruf unter https://www.kmk.org/fileadmin/Dateien/veroeffentlichungen_beschluesse/1998/1998_03_20-Empfehlung-koerperliche-Entwicklung.pdf

Kultusministerkonferenz der Länder in der Bundesrepublik Deutschland (KMK) (2000). *Empfehlungen zum Förderschwerpunkt emotionale und soziale Entwicklung. Beschluss der* Kultusministerkonferenz *vom 10.03.2000.* Abruf unter https://www.kmk.org/fileadmin/veroeffentlichungen_beschluesse/2000/20 00_03_10-FS-Emotionale-soziale-Entw.pdf

Kultusministerkonferenz der Länder in der Bundesrepublik Deutschland (KMK) (2018). *Sonderpädagogische Förderung in Schulen 2007 bis 2016.* Abruf unter https://www.kmk.org/fileadmin/Dateien/pdf/Statistik/Dokumentationen/D ok_214_SoPaeFoe_2016.pdf

Kultusministerkonferenz der Länder in der Bundesrepublik Deutschland (KMK) (2019). *Empfehlungen zur schulischen Bildung, Beratung und Unterstützung von Kindern und Jugendlichen im sonderpädagogischen Schwerpunkt Lernen. Beschluss der Kultusministerkonferenz vom 14.03.2019.* Abruf unter https://www.kmk.org/fileadmin/Dateien/veroeffentlichungen_beschluesse /2019/2019_03_14-FS-Lernen.pdf

Knapp, M. L. & Daly, J. A. (2011). Background and Current Trends in the Study of Interpersonal Communication. In M. L. Knapp & J. A. Daly (Hrsg.), *The SAGE Handbook of Interpersonal Communikation. Fourth Edition* (S. 3-24). Sage.

Knoblauch, H. (2004). Die Video-Interaktions-Analyse. *Sozialer Sinn, 5*(1), 123–138.

Koestner, R. & Zuckerman, M. (1994). Causality orientations, failure, and achievement. *Journal of Personality, 62*(3), 321-346.

Koestner, R. (1986). *Praise, involvement and intrinsic motivation.* Unpublished doctoral dissertation: University of Rochester.

Koestner, R., Bernieri, F. & Zuckerman, M. (1992). Self-regulation and consistency between attitudes, traits, and behaviors. *Personality and Social Psychology Bulletin, 18*(1), 52-59.

Krapp, A. (2005a). Psychologische Bedürfnisse und Interesse. Theoretische Überlegungen und praktische Schlussfolgerungen. In R. Vollmeyer, J. Brunstein, B. Frenz, S. Engeser & B. Lund (Hrsg.), *Motivationspsychologie und ihre Anwendung* (S. 23-38). Kohlhammer.

Krapp, A. (2005b). Das Konzept der grundlegenden psychologischen Bedürfnisse. Ein Erklärungsansatz für die positiven Effekte von Wohlbefinden und intrinsischer Motivation im Lehr-Lerngeschehen. *Zeitschrift für Pädagogik, 51*(5), 626-641.

Krause, F. (2017). Der Zusammenhang zwischen Leistung und Scham im Schulsport. In D. Wiesche & A. Klinge (Hrsg.), *Scham und Beschämung im Schulsport* (Band 35, S. 113-132). Meyer & Meyer Verlag.

Krieger, C. & Miethling, W.-D. (2005). Qualitative Forschungsansätze in der Sportpädagogik. Im Fokus: die Rekonstruktion von Schülerperspektiven im Sportunterricht. *Zeitschrift für qualitative Bildungs-, Beratungs- und Sozialforschung, 6*(2), 331-350.

Krieger, C. (2011). *Sportunterricht als Erziehungsgeschehen zur Rekonstruktion sportunterrichtlicher Situationen aus Schüler- und Lehrersicht.* Sportverl. Strauß.

Kubesch, S. (2013). *Förderung exekutiver Funktionen und der Selbstregulation im Sport.* Verlag Bildung Plus.

Kubesch, S. (2014). Der Sport macht's. In S. Kubesch (Hrsg.), *Exekutive Funktionen und Selbstregulation. Neurowissenschaftliche Grundlagen und Transfer in die pädagogische Praxis* (S. 121-144). Huber.

Kubesch, S. (2015). „Exekutive Funktionen beeinflussen Lernerfolg!" Bedeutung und Förderung im Schulsport. *Grundschule Sport, 6,* 6-7.

Kurz, D. (1977). *Elemente des Schulsports. Grundlagen einer pragmatischen Fachdidaktik.* Hofmann.

Lakin, J. L. (2006). Automatic Cognitive Processes and Nonverbal Communication. In V. Manusov & M. L. Patterson (Hrsg.), *The Sage handbook of nonverbal communication* (S. 59–77). Sage Publications.

Laging, R. (2004). Differenzieren im Sportunterricht. *Sportpädagogik, 28*(2), 4-9.

Lamers, W. & Heinen, N. (2006). „Bildung mit ForMat" - Impulse für eine veränderte Unterrichtspraxis mit Schülerinnen und Schülern mit (schwerer) Behinderung. In D. Laubenstein, W. Lamers & N. Heinen (Hrsg.), *Basale Stimulation kritisch konstruktiv* (S. 141-205). Selbstbestimmtes Leben.

Lauth, G. W. & Grünke, M. (2005). Interventionen bei Lernstörungen. *Monatsschrift Kinderheilkunde, 153*(7), 640-648.

Ledergerber, C. (2015). *Unterrichtskommunikation und motivational-emotionale Aspekte des Lernens. Eine videobasierte Analyse im Mathematikunterricht.* Waxmann.

Leineweber, H. (2015). „Ich unterrichte die Kids und nehme sie so, wie sie sind" - Zur Bedeutung subjektiver Theorien von Lehrkräften für die Entwicklung inklusiven Sportunterrichts. In S. Meier & S. Ruin (Hrsg.), *Inklusion als Herausforderung, Aufgabe und Chance für den Schulsport* (S. 163-183). Logos Verlag.

Leineweber, H., Meier, S. & Ruin, S. (2015a). Alle inklusive?! Subjektive Theorien von Sportlehrkräften zu Inklusion. *Sportunterricht, 64*(1), 9-13.

Leineweber, H., Meier, S. & Ruin, S. (2015b). Inklusion im Sportunterricht: Wo stehen die Sportlehrkräfte? [elektronische Version] *Impulse: Das Wissenschaftsmagazin der Deutschen Sporthochschule Köln, 23*(2), 28-33.

Leisterer, S. & Jekauc, D. (2018). Kompetenzerleben und Zugehörigkeit als Affekttrigger im Sportunterricht. Ein sportpsychologisches Experiment. In E. Balz & D. Kuhlmann (Hrsg.), *Schriften der Deutschen Vereinigung für Sportwissenschaft. Band 269. Sportwissenschaft in pädagogischem Interesse. 30. Jahrestagung der dvs-Sektion Sportpädagogik vom 15.-17. Juni 2017 in Hannover* (S. 151-153). Feldhaus Edition Czwalina.

Lelgemann, R. (2016). Körperliche und motorische Entwicklung. Strukturelle und didaktische Hinweise. In Ministerium für Schule & Weiterbildung des Landes Nordrhein-Westfalen (Hrsg.), *Sonderpädagogische Förderschwerpunkte in NRW. Ein Blick aus der Wissenschaft in die Praxis* (S. 60-64).

Lepper, M. R., Greene, C. & Nisbett, R. E. (1973). Undermining children's intrinsic interest with extrinsic rewards. A test of the „overjustification" hypothesis. *Journal of Personality and Social Psychology, 28*(1), 129-137.

Liebermann, L. J. & Houston-Wilson, C. (2009). *Strategies for Inclusion: A Handbook for Physical Educators.* Human Kinetics.

Lim, B. S. C. & Wang, C. K. J. (2009). Perceived autonomy support, behavioural regulations in physical education and physical activity intention. *Psychology of Sport and Exercise, 10*(1), 52–60.

Lindmeier, C., Lütje-Klose, B. (2015). Inklusion als Querschnittsaufgabe in der Erziehungswissenschaft. *Erziehungswissenschaft, 26*(51), 7-16.

Lingg, A. & Theunissen, G. (2000). *Psychische Störungen und Geistige Behinderung* (4. Auflage). Lambertus.

Logan, C. R., DiCintio, M. J., Cox, K. E. & Turner, J. C. (1995). *Teacher and student* perceptions *of classroom practice.* Paper presented at the annual meeting of the Northeastern Educational Research Association, Ellenville, NY.

Lohmann, G. (2013). *Mit Schülern klarkommen. Professioneller Umgang mit Unterrichtsstörungen und Disziplinkonflikten.* Cornelsen Scriptor.

Lüdtke, U. & Stitzinger, U. (2016). Förderschwerpunkt Sprache. In Ministerium für Schule & Weiterbildung des Landes Nordrhein-Westfalen (Hrsg.), *Sonderpädagogische Förderschwerpunkte in NRW. Ein Blick aus der Wissenschaft in die Praxis* (S. 20-27).

Lütgeharm, R. (2013). *Inklusion im Sportunterricht. Anspruch und Möglichkeiten,* Heterogenität *berücksichtigen, Teilhabe ermöglichen, Vielfalt umsetzen, 10 Stundenbilder* (5. Auflage). KOHL-Verlag.

Maturana, H. R. & Varela, F. (1987). *Der Baum der Erkenntnis.* Scherz.

Mayer, A. & Motsch, H.-J. (2016). Sprache. In Ministerium für Schule & Weiterbildung des Landes Nordrhein-Westfalen (Hrsg.), *Sonderpädagogische Förderschwerpunkte in NRW. Ein Blick aus der Wissenschaft in die Praxis* (S. 28-32).

Mayring, P. (2002). *Einführung in die qualitative Sozialforschung.* Beltz.

Mayring, P. (2007). *Qualitative Inhaltsanalyse. Grundlagen und Techniken.* Beltz.

McGraw, K. O. (1978). The Detrimental Effects of Reward on Performance. A Literature Review and a Prediction Model. In M. Lepper & D. Greene (Hrsg.), *The Hidden Costs of Reward: New Perspectives on the Psychology of Human Motivation* (S. 33-60). Psychology Press.

Meier, S. & Ruin, S. (2015*). Inklusion als Herausforderung, Aufgabe und Chance für den Schulsport.* Logos Verlag.

Meier, S. & Ruin, S. (2015). Ist ein Wandel nötig? Körper und Leistung im Kontext von inklusivem Sportunterricht. In S. Meier & S. Ruin (Hrsg.), *Inklusion als Herausforderung, Aufgabe und Chance für den Schulsport* (S. 81-99). Logos Verlag.

Meissner, W. W. (1981). *Internalization in psychoanalysis.* International Universities Press.

Merriam, S. B. (1998). *Qualitative Research and Case Study Applications in Education A joint publication of the Jossey-Bass education series and the Jossey-Bass higher and adult education series.* Jossey-Bass Publishers.

Messmer, R. (2015). Stimulated Recall als fokussierter Zugang zu Handlungs- und Denkprozessen von Lehrpersonen. *Forum Qualitative Sozialforschung. Forum: Qualitative Social Research, 16*(1). Abruf unter https://www.qualitative-research.net/index.php/fqs/article/view/2051/3732

Meyermann, A. & Porzelt, M. (2017). *Datenschutzrechtliche Anforderungen in der empirischen Bildungsforschung – eine Handreichung.* forschungsdaten bildung informiert.

Miethling, W.-D. & Krieger, C. (2004). *Schüler im Sportunterricht. Die Rekonstruktion relevanter Themen und Situationen des Sportunterrichts aus Schülersicht.* Hofmann.

Mouratidis, A., Vansteenkiste, M., Lens, W. & Sideridis G. (2008). The Motivating Role of Positive Feedback in Sport and Physical Education: Evidence for a Motivational Model. *Journal of Sport & Exercise Psychology, 30*(2), 240-268.

Ministerium des Inneren des Landes Nordrhein-Westfalen (2021). *Verordnung über die sonderpädagogische Förderung, den Hausunterricht und die Schule für Kranke (Ausbildungsordnung sonderpädagogische Förderung - AO-SF) (Fn 10).* Abruf unter https://recht.nrw.de/lmi/owa/br_bes_text?sg=0&menu=1&bes_id=7587& aufgehoben=N&anw_nr=2

Ministerium für Schule und Weiterbildung des Landes Nordrhein-Westfalen (MSW NRW) (2019). Kernlehrplan für die Sekundarstufe I Gymnasium in Nordrhein-Westfalen. Sport. Abruf unter https://www.schulentwicklung.nrw.de/lehrplaene/lehrplan/210/g9_sp_klp_3426_2019_06_23.pdf

Ministerium für Schule und Weiterbildung des Landes Nordrhein-Westfalen (MSW NRW) (2014). *Rahmenvorgaben für den Schulsport in Nordrhein-Westfalen.* Runderlass.

Mühl, H. (1997). *Einführung in die Schulpädagogik bei geistiger Behinderung.* Carl von Ossietzky Universität Oldenburg, Zentrum für pädagogische Berufserfahrung.

Mühl, H. (2006). Schulische Didaktik und Methodik. In E. Wüllenweber, G. Theunissen & H. Mühl (Hrsg.), *Pädagogik bei geistigen Behinderungen. Ein Handbuch für Studium und Praxis* (S. 362-374). Kohlhammer.

Müllner, M. (2013). *Erfolgreich wissenschaftlich Arbeiten in der Klinik: Evidence Based Medicine.* Springer-Verlag.

Mußmann, J. (2012). *Inklusive Sprachförderung in der Grundschule.* UTB.

Myschker, N. & Stein, R. (2014). *Verhaltensstörungen bei Kindern und Jugendlichen* (7. Auflage). Kohlhammer.

Neuber, N. (2014). Bewegungsaufgaben als Lernaufgaben? Ansatzpunkte für eine zeitgemäße Aufgabenkultur im Schulsport. In M. Pfitzner (Hrsg.), *Aufgabenkultur im Sportunterricht. Konzepte und Befunde zur Methodendiskussion für eine neue Lernkultur* (S. 41-64). Springer.

Nix, G., Ryan, R. M., Manly, J. B. & Deci, E. L. (1999). Revitalization through self-regulation. The effects of autonomous and controlled motivation on happiness and vitality. *Journal of Experimental Social Psychology, 35*(3), 266-284.

Nolting, H.-P. (2008). *Störungen in der Schulklasse. Ein Leitfaden zur Vorbeugung und Konfliktlösung.* Beltz.

Norwich, B. (2013). *Adressing Tensions and Dilemmas in Inclusive Education. A Global* Agenda. Routledge.

Ntoumanis, N. (2001). A self-determination approach to the understanding of motivation in physical education. *British Journal of Educational Psychology, 71*(2), 225-242.

Ntoumanis, N. (2005). A Prospective Study of Participation in Optional School Physical Education Using a Self-Determination Theory Framework. *Journal of Educational Psychology, 97*(3), 444-453.

Ntoumanis, N., Pensgaard, A. M., Martin, C. & Pipe, K. (2004). An Idiographic Analysis of Amotivation in Compulsory School Physical Education. *Journal of sport & exercise psychology, 26*(2), 197-214.

Oevermann, U. (1983). Zur Sache. Die Bedeutung von Adornos methodologischem Selbstverständnis für die Begründung einer materialen soziologischen Strukturanalyse. In L. v. Friedenburg & J. Habermas (Hrsg.), *Adorno-Konferenz* (S. 234-289). Suhrkamp.

Oevermann, U. (1999). Theoretische Skizze einer revidierten Theorie professionalisierten Handelns. In A. Combe & W. Helsper (Hrsg.), *Pädagogische Professionalität* (3. Auflage). (S. 267-336). Suhrkamp.

Óhidy, A. (2012). Heterogenität und Lehrerhandeln im Spiegel erziehungswissenschaftlicher Fallstudien – eine Einführung. In A. Óhidy (Hrsg.), *Heterogenität und Lehrerhandeln im Spiegel erziehungswissenschaftlicher Fallstudien* (S. 5-26). Schneider Verlag Hohengehren.

Ommundsen, Y. & Kvalø, S. E. (2007). Autonomy–Mastery, Supportive or Performance Focused? Different teacher behaviours and pupils' outcomes in physical education. *Scandinavian Journal of Educational Research, 51*(4), 385-413.

Osman, D. M., Shohdi, S. & Aziz, A. A. (2011). Pragmatic difficulties in children with specific language impairment. *International Journal of Pediatrics and Otorhinolaryngology, 75*(2), 171-176.

Paradies, L. & Linser, H. J. (2010). *Differenzieren im Unterricht.* Cornelsen.

Patrick, H., Anderman, L. H., Ryan, A. M., Edelin, K. C. & Midgley, C. (2001). Teachers' communication of goal orientations in four fifth-grade classrooms. *The Elementary School Journal, 102*(1), 35-58.

Patrick, H., Ryan, A. & Kaplan, A. (2007). Early adolescents' perceptions of the classroom social environment, motivational beliefs, and engagement. *Journal of Educational* Psychology*, 99*(1), 83-98.

Patrick, H., Turner, J. C., Meyer, D. K. & Midgley, C. (2003). How teachers establish psychological environments during the first days of school. Associations with avoidance in mathematics. *Teachers College Record, 105*(8), 1521-1558.

Petermann, F. (2013). *Lehrbuch der Klinischen Kinderpsychologie* (7. überarb. Auflage). Hogrefe.

Pfitzner, M. & Neuber, N. (2012a). Individuelle Förderung im Sport. Didaktisch-methodische Grundlagen. In M. Pfitzner & N. Neuber (Hrsg.), *Individuelle Förderung im Sport. Pädagogische Grundlagen und didaktisch-methodische Konzepte.* Begabungsforschung (Band. 14, S. 75-95). LIT Verlag.

Pfitzner, M. & Neuber, N. (2012b). Individuelle Förderung. Fachdidaktische Konzepte, Bedingungen und didaktische Empfehlungen. *Sportpädagogik, 36*(5), 2-8.

Piaget, J. (1952). *The origins of intelligence in children.* International Universities Press.

Pieper, I. (2014). Was der Fall ist. Beiträge zur Fallarbeit in Bildungsforschung. Lehrerbildung und frühpädagogischen Ausbildungs- und Berufsfeldern.

In. I. Pieper, P. Frei, K Hauenschild & B. Schmidt-Thieme (Hrsg.), *Was der Fall ist. Beiträge zur Fallarbeit in Bildungsforschung, Lehramtsstudium, Beruf und Ausbildung* (S. 9-18). Springer VS.

Pintrich, P. R. & Schunk, D. H. (1996). *Motivation in education.* Prentice Hall.

Pittmann, T. S., Davey M. E., Alafat K. A., Wetherill, K. V. & Kramer, N. A. (1980). Informational Versus Controlling Verbal Rewards. *Personality and Social Psychology Bulletin, 6*(2), 228-233.

Prengel, A. (2003). Kinder akzeptieren, diagnostizieren, etikettieren? Kulturen- und Leistungsvielfalt im Bildungswesen. In B. Warzecha (Hrsg.), *Heterogenität macht Schule. Beiträge aus sonderpädagogischer und interkultureller Perspektive* (S. 27-39). Waxmann.

Prengel, A. (2006). *Pädagogik der Vielfalt. Verschiedenheit und Gleichberechtigung in Interkultureller, Feministischer und Integrativer Pädagogik* (3. Auflage). Verlag für Sozialwissenschaften.

Racaniello, S. (2017). *Möglichkeiten der Inklusion im Sportunterricht.* Disserta Verlag.

Rakoczy, K. (2008). *Motivationsunterstützung im Mathematikunterricht. Unterricht aus der* Perspektive *von Lernenden und Beobachtern.* Waxmann.

Reeve, J. (2002). Self-determination theory applied to educational settings. In E. L. Deci & R. M. Ryan (Hrsg.), *Handbook of self-determination research* (S. 183-203). University of Rochester Press.

Reeve, J., Bolt, E. & Cai, Y. (1999). Autonomy-supportive teachers. How they teach and motivate students. *Journal of Educational Psychology, 91*(3), 537-548.

Reich, K. (2012). *Inklusion und Bildungsgerechtigkeit. Standards und Regeln zur Umsetzung einer inklusiven Schule.* Beltz.

Reich, K. (2016). Inklusion. Herausforderungen an den Schulsport. In S. Ruin, S. Meier, H. Leineweber, D. Klein & C. G. Buhren (Hrsg.), *Inklusion im Schulsport. Anregungen und Reflexionen* (S. 14-28). Beltz.

Reichertz, J. (2014). Die Fallanalyse als soziale Praxis der Lehrerbildung. In I. Pieper, P. Frei, K. Hauenschild & B. Schmidt-Thieme (Hrsg.), *Was der Fall ist. Beiträge zur Fallarbeit in Bildungsforschung, Lehramtsstudium, Beruf und Ausbildung* (S. 19-36). Springer VS.

Reichertz, J. (2007). Abduktion, Deduktion und Induktion in der qualitativen Forschung. In U. Flick, E. v. Kardorff & I. Steiske (Hrsg.), *Qualitative Forschung. Ein Handbuch* (S. 276-285). Rowohlt Verlag.

Reiser, H. (1992). Wege und Irrwege zur Integration (2. Auflage). In A. Sander & P. Raidt (Hrsg.), *Integration und Sonderpädagogik. Referate der 27. Dozententagung für Sonderpädagogik in deutschsprachigen Ländern im Oktober 1990 in Saarbrücken* (S. 13-33). Werner J. Röhrig Verlag.

Reiser, H. (1995). Die Weiterentwicklung der sonderpädagogischen Förderung in der Bundesrepublik Deutschland – Möglichkeiten und Grenzen. *Behindertenpädagogik, 34*(1), 11–24.

Ricking, C. (2005). Zum „Overlap" von Lern- und Verhaltensstörungen. *Sonderpädagogik, 35*(4), 235-248.

Ricking, H. & Schulze, G. (2010). *Schulabbruch – ohne Ticket in die Zukunft?* Klinkhardt.

Ricking, H. (2016). Förderschwerpunkt Emotionale und soziale Entwicklung. Schulische Förderansätze. In Ministerium für Schule & Weiterbildung des Landes Nordrhein-Westfalen (Hrsg.), *Sonderpädagogische Förderschwerpunkte in NRW. Ein Blick aus der Wissenschaft in die Praxis* (S. 41-46).

Ricking, H. (2017). Inklusive Förderung im Schwerpunkt emotionale und soziale Entwicklung im Kontext von Bewegung, Spiel und Sport. Einführung. In M. Giese & L. Weigelt, *Inklusiver Sportunterricht und Bewegungsunterricht. Theorie und Praxis aus Sicht der Förderschwerpunkte* (Band 34, S. 130-153). Meyer & Meyer Verlag.

Rischke, A. & Reuker, S. (2019). Wie verändert sich Sportunterricht durch Inklusion? Empirische Anhaltspunkte zur Sicht von Lehrkräften. *Sportunterricht, 68*(4), 163-168.

Rischke, A. (2013). Probleme und Herausforderungen des Lehrerhandelns im inklusiven Sportunterricht. In A. Gogoll & R. Messmer (Hrsg.), *Sportpädagogik zwischen Stillstand und Beliebigkeit. 25. Jahrestagung der dvs-Sektion Sportpädagogik vom 7. bis 9. Juni 2012* [in Magglingen] (S. 98-103). Bundesamt für Sport BASPO.

Rischke, A. Heim, C. & Gröben, B. (2017). Nur eine Frage der Haltung? *German Journal of Exercise and Sport Research, 47*(2), 149-160.

Rohlfs, C. (2011). *Bildungseinstellungen. Schule und formale Bildung aus der Perspektive von Schülerinnen und Schülern.* VS Verlag für Sozialwissenschaften.

Röhner, J. & Schütz, A. (2016). *Psychologie der Kommunikation. Basiswissen Psychologie* (2. Auflage). Springer.

Rosenshine, B. & Meister, C. (1994). Reciprocal teaching: A review of the research. *Review of Educational Research, 64*(4), 479-530.

Ross, M. (1975). Salience of reward and intrinsic motivation. *Journal of Personality and Social Psychology, 32*(2), 245-254.

Rouse, P. (2012). *Fitness, Motorik und soziale Kompetenz für alle. Inklusion im Sportunterricht.* Verlag an der Ruhr.

Ruin, S., Meier, S. & Leineweber, H. (2016). Didaktik, Leistung, Körper – Reflexionen zu grundlegenden Prämissen (inklusiven) Sportunterrichts. In S. Ruin, S. Meier, H. Leineweber, D. Klein & C. G. Buhren (Hrsg.), *Inklusion im Schulsport. Anregungen und Reflexionen* (S. 174-197). Beltz.

Ruin, S. & Meier, S. (2018). „Fragt doch mal uns!" – Potenziale und Herausforderungen im inklusiven Sportunterricht aus Schülerperspektive. *Leipziger Sportwissenschaftliche Beiträge, 59*(1), 67-87.

Ruin, S. (2017). Vielfältige Körper? Eine empirische Untersuchung zu Körperbildern von Sportlehrkräften vor dem Hintergrund des Inklusionsdiskurses. *German Journal of Exercise and Sport Research, 47*(3), 221-231.

Ruin, S. (2019). Alles halb so wild? Wie Schüler*innen inklusiven Sportunterricht erleben. *Sportunterricht, 68*(4), 158-162.

Ryan, R. M. & Connell, J. P. (1989). Perceived locus of causality and internalization: Examining reasons for acting in two domains. *Journal of Personality and Social Psychology, 57*(5), 749-761.

Ryan, R. M. & Deci, E. L. (2000). Self-Determination Theory and the facilitation of intrinsic motivation, social development, and well-being. *American Psychologist, 55*(1), 68-78.

Ryan, R. M. & Grolnick, W. S. (1986). Origins and pawns in the classroom. Self-report and projective assessments of individual differences in children's perceptions. *Journal pf Personality and Social Psychology, 50*(3), 550-558.

Ryan, R. M. & La Guardia, J. G. (2000). What is being optimized over development? A self-determination theory perspective on basic psychological needs across the life span. In S. Qualls & R. Abeles (Hrsg.), *Dialogues on Psychology and Aging* (S. 145-172). American Psychological Association.

Ryan, R. M. (1982). Control and information in the intrapersonal sphere. An extension of cognitive evaluation theory. *Journal of Personality and Social Psychology, 43*(3), 450-461.

Ryan, R. M. (1991). The nature of the self in autonomy and relatedness. In G. R. Goethals & J. Strauss (Hrsg.), *The Self: Interdisciplinary Approaches* (S. 208-238). Springer-Verlag Publishing.

Ryan, R. M. (1993). Agency and organization. Intrinsic motivation, autonomy and the self in psychological development. In J. Jacobs (Hrsg.), *Nebraska symposium on motivation: Developmental perspectives on motivation* (Vol. 40, S. 1-56). University of Nebraska Press.

Ryan, R. M. (1995). Psychological needs and the facilitation of integrative processes. *Journal of Personality, 63*(3), 397–427.

Ryan, R. M., Connell J. P. & Deci E. L. (1985). A motivational analysis of self determination and self regulation in education. In C. Ames & R. E. Ames (Hrsg.), *Research on motivation in education. The classroom milieu* (S. 13-51). Academic Press.

Ryan, R. M., Mims, V. & Koestner, R. (1983). Relation of reward contingency and interpersonal context to intrinsic motivation. A review and test using cognitive evaluation theory. *Journal of Personality and Social Psychology, 45*(4), 736-750.

Ryan, R. M., Stiller, J. & Lynch, J. H. (1994). Representations of Relationships to Teachers, Parents, and Friends as Predictors of Academic Motivation and Self-Esteem. *Journal of Early Adolescence, 14*(2), 226-249.

Ryan, R. M. & Deci, E. L. (2002). An overview of self-determination theory. An organismic-dialectical perspective. In E. L. Deci & R. M. Ryan (Hrsg.), *Handbook of self-determination research* (S. 3-33). The University of Rochester Press.

Ryan, R. M. & Grollnick, W. S. (1986). Origins and pawns in the classroom. Self-report and projective assessments of individual differences in children's perspectives. *Journal of Personality and Social Psychology, 50*(3), 550-558.

Saldern, M. v. (2013). Inklusion. Definition, Anspruch und aktuelle politische Umsetzung. *Sportpädagogik, 37*(6), 8-9.

Sander, A. (2003). *Über Integration zur Inklusion. Entwicklungen der schulischen Integration von Kindern und Jugendlichen mit sonderpädagogischem Förderbedarf auf ökosystemischer Grundlage am Beispiel des Saarlandes.* Röhrig.

Sarimski, K. (2003). Psychologische Theorien geistiger Behinderung. In G. Neuhäuser & H.-C. Steinhausen (Hrsg.), *Geistige Behinderung, Grundlagen, Klinische Syndrome, Behandlung und Rehabilitation* (3. überarb. Auflage, S. 42-54). Kohlhammer.

Schafer, R. (1968). *Aspects of internalization.* International Universities Press.

Scheid, V. & Friedrich, G. (2015). Ansätze zur inklusiven Unterrichtsentwicklung. In S. Meier & S. Ruin (Hrsg.), *Inklusion als Herausforderung, Aufgabe und Chance für den Schulsport* (S. 35-51). Logos Verlag.

Scherhorn, G. & Grunert, S. C. (1988). Using the causality orientation concept in consumer behavior research. *Journal of Consumer Psychology, 13,* 33-39.

Scherler, K. (2004). *Sportunterricht auswerten. Eine Unterrichtslehre.* Czwalina.

Schiefele, U. & Streblow, L. (2005). Intrinsische Motivation - Theorien und Befunde. In R. Vollmeyer, J. Brunstein, B. Frenz, S. Engeser & B. Lund (Hrsg.), *Motivationspsychologie und ihre Anwendung* (S. 39-58). Kohlhammer.

Schoo, M (2015). Inklusion im Schulsport – Erfahrungen von Schülerinnen und Schülern mit einem Handicap. *Betrifft Sport, 37*(5), 8-13.

Schoo, M. (2017). Inklusiver Sportunterricht aus Sicht des Förderschwerpunkts körperliche und motorische Entwicklung. Eine Einführung. In M. Giese & L. Weigelt (Hrsg.), *Inklusiver Sportunterricht und Bewegungsunterricht. Theorie und Praxis aus Sicht der Förderschwerpunkte* (Band. 34, S. 204-230). Meyer & Meyer Verlag.

Schreier, M. (2010). Fallauswahl. In G. Mey (Hrsg.), *Handbuch Qualitative Forschung in der Psychologie* (S. 238-251). VS Verlag.

Schütz, A. (2005). *Je selbstsicherer, desto besser.* Beltz.

Schulz von Thun, F. (2010). *Miteinander reden 1. Störungen und Klärungen. Allgemeine Psychologie der Kommunikation* (48. Auflage). Rowohlt.

Schulz von Thun, F. (2016). *Miteinander reden 2. Stile, Werte und Persönlichkeitsentwicklung: Differentielle Psychologie der Kommunikation* (35. Auflage). Rowohlt.

Schuppener, S. (2017). Einführung in den Förderschwerpunkt „geistige Entwicklung" im Kontext des Sportunterrichts. In M. Giese & L. Weigelt, *Inklusiver Sportunterricht und Bewegungsunterricht. Theorie und Praxis aus Sicht der Förderschwerpunkte* (Band 34, S. 65-90). Meyer & Meyer Verlag.

Schweinle, A., Turner, J. C. & Meyer, D. K. (2002). *Motivational and affective quality of students' experiences in mathematics classrooms.* Poster presented at American Psychological Association Annual Conference, Chicago, IL.

Seitz, S. (2012). Endlich werden wir normal – Inklusion als notwendige Innovation für Schule und Unterricht. *Sportunterricht, 61*(6), 163-167.

Seligman, M. E. P. (1975). *Helplessness. On depression, development and death.* Freeman.

Serwe-Pandrick, E. & Gruschka, A. (2016). Reflexion über Sport im Sportunterricht – Annäherungen an die Logik praktischer Versuche. In D. Wiesche, M. Fahlenbock & N. Gissel (Hrsg.), *Sportpädagogische Praxis – Ansatzpunkt und Prüfstein von Theorie* (S. 21-49). Czwalina.

Shaddock, A., Giorcelli, L. & Smith, S. (2007). *Students with disabilities in mainstream classrooms. A resource for teachers.* Australien Government.

Shannon, C. E. & Weaver, W. (1949). *The Mathematical Theory of Communication.* University of Illinois Press.

Shavelson, R. J., Hubner, J. J. & Stanton, G. C. (1976). Self-concept. Validation of construct of interpretations. *Review of Educational Research, 46*(3), 407–411.

Sheldon, K. M. & Elliot, A. J. (1998). Not all personal goals are "personal". Comparing autonomous and controlling goals on effort and attainment. *Personality and Social Psychology Bulletin, 24*(5), 546-557.

Sherrill, C. & Hutzler, Y. (2008). Adapted physical activity science. In J. Borms (Hrsg.), *Directory of sport science: A journey through time - the changing face of ICSSPE* (5. Auflage, S. 90-103). International Council of Sport Science and Physical Education (ICSSPE).

Six, U., Gleich, U. & Gimmler, R. (2007). Kommunikationspsychologie. In U. Six, U. Gleich & R. Gimmler (Hrsg.), *Kommunikationspsychologie & Medienpsychologie. Lehrbuch* (S. 21-49). Beltz.

Smith, A. L., Hoza, B., Linnea, K., McQuade, J. D., Tomb, M., Vaughn, A. J., Shoulberg, E. K. & Hook, H. (2013). Pilot Physical Activity Intervention Reduces Severity of ADHD Symptoms in Young Children. *Journal of Attention Disorders, 17*(1), 70-82.

Souvignier, E. (2008). Lernbehinderung. In W. Schneider & M. Hasselhorn (Hrsg.), *Handbuch Pädagogische Psychologie* (S. 663-673). Hogrefe.

Standage, M. & Gillison, F. (2007). Students' motivational responses toward school physica leducation and their relationship to general self-esteem and health-related quality of life. *Psychology of Sport and Exercise, 8*(5), 704-721.

Standage, M., Duda, J. L. & Ntoumanis, N. (2005). A test of self-determination theory in school physical education. *British Journal of Educational Psychology, 75*(3), 411-433.

Standage, M. & Gillison, F. (2007). Students' motivational responses to school physical education and their relationship to general self-esteem and health-related quality of life. *Psychology of Sport and Exercise, 8*(5), 704-721.

Standage, M., Duda, J. L. & Ntoumanis, N. (2003). A model of contextual motivation in physical education. Using constructs from self-determination and achievement goal theories to predict physical activity intentions. *Journal of Educational Psychology, 95*(1), 97-110.

Standage, M., Duda, J. L. & Ntoumanis, N. (2006). Students' Motivational Processes and Their Relationship to Teacher Ratings in School Physical Education. A Self-Determination Theory Approach. *Research Quarterly for Exercise and Sport, 77*(1), 100-110.

Standage, M., Gillison, F. B., Ntoumanis, N. & Treasure, D. C. (2012). Predicting Students' Physical Activity and Health-Related Well-Being. A Prospective Cross-Domain Investigation of Motivation Across School Physical Education and Exercise Settings. *Journal of Sport and Exercise Psychology, 34*(1), 37-60.

Stefanou, C. R., Perencevich, K. C., DiCintio, M. & Turner, J. C. (2004). Supporting autonomy in the classroom. Ways teachers encourage student decision making and ownership. Educational *Psychologist, 39*(2), 97-110.

Stein, P. (2014). Forschungsdesigns für die quantitative Sozialforschung. In N. Baur & J. Blasius (Hrsg.), *Handbuch Methoden der empirischen Sozialforschung* (S. 135-151). Springer Fachmedien Wiesbaden.

Stöger, H. & Ziegler, A. (2013). Heterogenität und Inklusion im Unterricht. *Schulpädagogik heute, 7*(4), 1-31.

Stöppler, R. (2014). *Einführung in die Geistigbehindertenpädagogik.* UTB.

Strauss, A. L. (1991). *Grundlagen qualitativer Sozialforschung. Datenanalyse und Theoriebildung in der empirischen soziologischen Forschung.* Fink.

Strauss, J. & Ryan, R. M. (1987). Autonomy disturbances in subtypes of anorexia nervosa. *Journal of Abnormal Psychology, 96*(3), 254-258.

Süßenbach, J. & Sträter, H. (2015). Inklusion im sportwissenschaftlichen Lehramtsstudium – die Perspektive der Studierenden. In S. Meier & S. Ruin (Hrsg.), *Inklusion als Herausforderung, Aufgabe und Chance für den Schulsport* (S. 129-142). Logos-Verlag.

Tausch, R. & Tausch, A. (1998*). Erziehungspsychologie.* Hogrefe.

Terfloth, K. & Bauersfeld, S. (2012). *Schüler mit geistiger Behinderung unterrichten.* UTB.

Tessier, D., Sarrazin, P. & Ntoumanis, N. (2010). The Effect of an Intervention to Improve Newly Qualified Teachers' Interpersonal Style, Students Motivation and Psychological Need Satisfaction in Sport-Based Physical Education. *Contemporary Educational Psychology, 35*(4), 242-253.

Thomas, G. (2011). A Typology for the Case Study in Social Science Following a Review of Definition, Discourse, and Structure. *Qualitative Inquiry, 17*(6), 511–521.

Tiemann, H. & Hofmann, A. (2010). Vom Sportförderunterricht zum Sportunterricht in inklusiven Settings. In H. Lange & S. Sinning (Hrsg.), *Handbuch Methoden im Sport. Lehren und Lernen in der Schule, im Verein und im Gesundheitssport* (S. 106-116). Spitta-Verlag.

Tiemann, H. (2008). Gemeinsam Fußballspielen in heterogenen Gruppen. *Sportpädagogik, 32*(1), 14-16.

Tiemann, H. (2012). Vielfalt im Sportunterricht. Herausforderung und Bereicherung. *Sportunterricht, 61*(6). 168-172.

Tiemann, H. (2013). Inklusiver Sportunterricht. Ansätze und Modelle. S*portpädagogik, 37*(6), 47-50.

Tiemann, H. (2015a). Inklusion im Sport. In H.-P. Brandl-Bredenbeck, C. Breuer, N. Neuber, T. Rauschenbach, W. Schmidt & J. Süßenbach (Hrsg.), *Dritter Deutscher Kinder- und Jugendsportbericht* (S. 297-316). Hofmann.

Tiemann, H. (2015b). Inklusiven Sportunterricht gestalten – didaktisch-methodische Überlegungen. In M. Giese & L. Weigelt (Hrsg.), *Inklusiver Sportunterricht – In Theorie und Praxis* (S. 53-66). Meyer & Meyer Verlag.

Tiemann, H. (2018). Inklusion im Schulsport. *Leipziger Sportwissenschaftliche Beiträge, 59*(1), 9-28.

Tiemann, H. (2019). Inklusiver Sportunterricht 2019. Standpunkte und Kontroversen. *Sportunterricht, 68*(4), 148-152.

Tuma, R., Schnettler, B. & Knoblauch, H. (2013). *Videographie: Einführung in die interpretative Videoanalyse sozialer Situationen. Lehrbuch.* Springer VS.

Turner, J. C, Meyer, D. K., Cox, K. E., Logan, C, DiCintio, M. & Thomas, C. (1998). Creating contexts for involvement in mathematics. *Journal of Educational Psychology, 90*(4), 730-745.

Turner, J. C., Meyer, D. K., Anderman, E. M., Midgley, C., Gheen, M. & Kang, Y. (2002). The classroom environment and students' reports of avoidance strategies in mathematics: A multimethod study. *Journal of Educational Psychology, 94*(1), 88- 106.

Turner, J. C., Thorpe, P. K. & Meyer, D. K. (1998). Students' reports of motivation and negative affect: A theoretical and empirical analysis. *Journal of Educational Psychology, 90*(4), 758-771.

Vallerand, R. J. & Ratelle, C. F. (2002). Intrinsic and extrinsic motivation. A hierarchical model. In E. L. Deci & R. M. Ryan (Hrsg.), *Handbook of self-determination research* (S. 37-63). University of Rochester Press.

Vallerand, R. J. (1997). Toward a hierarchical model of intrinsic and extrinsic motivation. In M. Zanna (Hrsg.), *Advances in experimental social psychology* (S. 271-360). Academic Press.

Vallerand, R. J., Blais, M. R., Briere, N. M. & Pelletier, L. G. (1989). Construction et validation de l'Echelle de Motivation en Education. *Canadian journal of Behavioral Sciences, 21*(3), 323-349.

Vansteenkiste, M., Sierens, E., Goossens, L., Soenens, B., Dochy, F., Mouratidis, A., Aelterman, N., Haerens, L. & Beyers, W. (2012). Identifying configurations of perceived teacher autonomy support and structure. Associations with self-regulated learning, motivation and problem behavior. *Learning and Instructions, 22*(6), 431-439.

Vansteenkiste, M., Simons, J. S., Lens, W., Soenens, B. & Matos, L. (2005). Examining the motivational impact of intrinsic versus extrinsic goal framing and autonomy-supportive versus internally controlling communication style on early adolescents' academic achievement. *Child Development, 76*(2), 483-501.

Vasconcellos, D., Parker, P. D., Hilland, T., Cinelli, R. L., Owen, K. B., Kapsal, N., Antczak, D., Lee, J., Ntoumanis, N., Ryan, R. M. & Lonsdale, C. (2019). Self-determination theory applied to physical education. A systematic review and meta-analysis. *Journal of Educational Psychology, 112*(7), 1444-1469.

Vogl, S. (2012). *Alter und Methode. Ein Vergleich telefonischer und persönlicher Leitfadeninterviews mit Kindern.* VS Verlag für Sozialwissenschaften.

Wachsmuth, S. (2006). *Kommunikative Begegnungen. Aufbau und Erhalt sozialer Nähe durch Dialoge mit Unterstützter Kommunikation.* Edition Bentheim.

Wacker, E. (2014). Inklusion bei Behinderung im Sport? Der neue Teilhabebericht der Bundesregierung als Richtschnur. In A. Hebbel-Seeger, T. Horky & H.-J. Schulke (Hrsg.), *Sport und Inklusion – ziemlich beste Freunde?! 13. Hamburger Symposium für Sport, Ökonomie und Medien 2013* (S. 39-61). Meyer & Meyer Verlag.

Wagner, I., Bartsch, F. & Rulofs, B. (2018). „Der Aufwand ist riesig." Unterstützungsbedürfnisse zum Umgang mit Heterogenität und zur Förderung von Inklusion aus Sicht von Sportlehrkräften. In J. Kleinert & J. Wolf (Hrsg.), *Schulsport 2020. Aktuelle Forschung und Perspektiven in der Sportlehrerbildung* (S. 11-26). Academia.

Walter-Klose, C. (2012). *Kinder und Jugendliche mit Körperbehinderung im gemeinsamen Unterricht – Befunde aus nationaler und internationaler Bildungsforschung und ihre Bedeutung für Inklusion und Schulentwicklung.* Athena.

Watzlawick, P., Beavin, J. H., Jackson, D. D. (2011). *Menschliche Kommunikation. Formen, Störungen, Paradoxien*. Hans Huber.

Weber, M. L., Rethorst, S. & Kastrup, V. (2017). Motivationsförderliche Kommunikation. Zur Bedeutung von Aufgabenstellung und Feedback im Sportunterricht. *Sportunterricht, 66*(10), 296-301.

Webster, R. I. & Shevell, M. I. (2004). Topical review: Neurobiology of specific language impairment. *Journal of Child Neurology, 19*(7), 471-481.

Wegener, M. (2018). *Kommunikative Anforderungen im Sportunterricht*. Tectum Verlag.

Wegener, M., Herder, T. & Weber, M. L. (2018). „Kommt noch mal kurz zusammen!" Zur Reflexion im Sportunterricht. *Sportunterricht, 67*(9), 393-397.

Wegener, M., Herder, T. & Weber, M. L. (2019). Drei Thesen zur Reflexion im Sportunterricht. *Sportunterricht, 68*(3), 132-134.

Wegener, M., Wegener, M. & Kastrup, V. (2012). Akustische Aspekte des Sportunterrichts - leiser statt heiser. *Sportunterricht, 61*(9), 258-264.

Weichert, W. (2003a). Heterogenität attraktiv machen. *Sportpädagogik, 27*(4), 4-7.

Weichert, W. (2003b). Mit den Unterschieden spielen. *Sportpädagogik, 27*(4), 26-31.

Weichert, W. (2008). Integration durch Bewegungsbeziehungen. In F. Fediuk (Hrsg.), *Inklusion als bewegungspädagogische Aufgabe. Menschen mit und ohne Behinderungen gemeinsam im Sport* (S. 55-95). Schneider Verlag Hohengehren.

Weigelt, L. (2015). Herausforderungen für den inklusiven Sportunterricht mit Blick auf Leistungssituationen. In M. Giese & L. Weigelt (Hrsg.), *Inklusiver Sportunterricht in Theorie und Praxis* (S. 80-92). Meyer & Meyer Verlag.

Weiner, B. (1994). *Motivationspsychologie*. Beltz.

Welsche, S. & Ritter, J. (2013). Wie erleben motorisch beeinträchtigte Kinder und Jugendliche inklusiven Sportunterricht? Ergebnisse einer qualitativen Befragung. *Sportpädagogik, 37*(6), 44-46.

Wenning, N. (2007). Heterogenität als Dilemma für Bildungseinrichtungen. In S. Boller, E. Rosowski & T. Stroot (Hrsg.), *Heterogenität in Schule und Unterricht. Handlungsansätze zum pädagogischen Umgang mit Vielfalt* (S. 21-31). Beltz.

White, R. E. (2012). *The power of play. A research summary on play and learning.* Abruf unter https://www.childrensmuseums.org/images/MCMResearchSummary.pdf

White, R. W. (1959). Motivation reconsidered. The concept of competence. *Psychological Review 66*(5). 297-333.

White, R. L., Bennie, A., Vasconcellos, D., Cinelli, R., Hilland, T., Owen, K. B. & Lonsdale, C. (2021). Self-determination theory in physical education. A systematic review of qualitative studies. *Teaching and Teacher Education, 99*, 1-13.

Wiesche, D. (2017). Der Zusammenhang zwischen Scham und Selbst im Sportunterricht. In D. Wiesche & A. Klinge (Hrsg.), *Scham und*

Beschämung im Schulsport. Facetten eines unbeachteten Phänomens (Band 35, S. 175-192). Meyer & Meyer Verlag.

Wilken, E. (2014). *Unterstützte Kommunikation. Eine Einführung in Theorie und Praxis* (4. Auflage). Kohlhammer.

Wittrock, M. (1998). Ansatz der Lebensproblemzentrierten Pädagogik. In M. Wittrock (Hrsg.), *Verhaltensstörungen als Herausforderung. Pädagogisch-therapeutische Erklärungs- und Handlungsansätze* (S. 138-156). Zentrum für Pädagogische Berufspraxis.

Witzel, Andreas (2000). Das problemzentrierte Interview. *Forum Qualitative Sozialforschung. Forum Qualitative Social Research, 1*(1), Art. 22. Abruf unter https://www.researchgate.net/publication/228581012_Das_problemzentrie rte_Interview

Wocken, H. (1998). Gemeinsame Lernsituationen. Eine Skizze zur Theorie des gemeinsamen Unterrichts. In A. Hildeschmidt & I. Schnell (Hrsg.), *Integrationspädagogik. Auf dem Weg zu einer Schule für alle.* (S. 37-52). Juventa.

Wocken, H. (2012). Rettet die Sonderschulen? Rettet die Menschenrechte! Ein Appell zu einem differenzierten Diskurs über Dekategorisierung. *Zeitschrift für Inklusion, (4).* Abruf unter https://www.inklusion-online.net/index.php/inklusion-online/article/view/81/81

Wolf, J. & Kleinert, J. (2018). Motivation von Schülerinnen und Schülern im Sportunterricht: Unterschiede in Abhängigkeit von Alter, Geschlecht, Schulform und sportbezogener Freizeitaktivität. In J. Kleinert & J. Wolf (Hrsg.) *Schulsport 2020. Aktuelle Forschung und Perspektiven in der Sportlehrerbildung* (S. 127-152). Academia Verlag.

Wolters, P. & Gebken, U. (2005). Schulsportverweigerer. *Sportpädagogik, 29*(2), 2-9.

Wolters, P. (2008). Von Fall zu Fall: Kasuistisch forschen. In W.-D. Miethling, M. Schierz & D. Blotzheim (Hrsg.), *Beiträge zur Lehre und Forschung im Sport. Qualitative Forschungsmethoden in der Sportpädagogik* (S. 137-162). Hofmann.

Yin, R. K. (2009). *Case study research.* Sage.

Ziereis, S. (2014). *Motorische Fähigkeiten und exekutive Funktionen bei Kindern mit einer Aufmerksamkeitsdefizit-/Hyperaktivitätsstörung.* Universität Regensburg, Institut für Sportwissenschaft.

Zimmer, R. (2013). *Handbuch Sprachförderung durch Bewegung.* Herder.